中国经济未尽的改革

张军 ◎主编
张媛 译

人民东方出版传媒
People's Oriental Publishing & Media
東方出版社
The Oriental Press

代序 改革与可改革的体制

中国每年3月的“两会”历来备受关注。不过，2013年3月的两会似乎格外引人注目。这不仅仅因为中国新一届国家和政府领导人的名单将在期待和猜测中揭晓，更重要的还在于，在这几年的经济持续减速和社会对改革的高涨需求面前，人们更期待中国政府如何制定出促进和确保未来新一轮增长的政策。

对改革的诉求和期望日益高涨，起因并不是经济的减速，但2010年后中国经济增长下滑让中国政府的处境变得更加复杂了。没有人确切知道按照现在的状况减速会持续多久，至于经济能否重回2009年之前的体面的增长速度，政府显然也把握不足，以至于这两年的增长目标都下调至7.5%以下了。而多数经济学家对未来中国经济增长前途的看法也开始表现出悲观的情绪。那么，一个有着30年超高速增长辉煌纪录的经济体是否真的就要迎来低速增长的时代？目前来看，回答肯定者居多。在这方面，很多经济学家常常喜欢把日本当作一个鲜明的参照。

在经历了之前20多年的超高速增长之后，日本经济的增长率在1973年出现了陡降，从9%跌到了4%，不仅如此，随后的40年里，日本经济的平均增长率都没有超过3%。今天的中国是否正在重演日本当年的一幕？不管是否认真对待了这一问题，多数经济学家表现得依然很悲观。

但悲观的诸项理由中，多数的讨论其实并不具有很强的说服力。比如，日本在1973年经济出现“跳水”时已经算是一个高收入国家，它的人均收入按照购买力估计已经超过了美国的60%。其实，即使是亚洲四小龙，在各自进入适度增长阶段时，它们的人均GDP按照购买力估计也已接近了美国的一半。而今天把人均GDP只有美国20%（同样是按照购买力估计）的中国与当年的日本相提并论是不符合经济学的“收敛论”的。也就是说，这样的判断大大低估了中国经济追赶前沿国家的潜力。

即便如此，今天多数经济学家依然怀疑中国是否还能继续发挥其过去的优势以实现快速追赶。不管是认为到目前为止的增长模式不可持续也好，还是认为20年前的体制改革创造的制度红利释放殆尽也好，总之，当下“糟糕的模式”或者“糟糕的体制”将把中国经济拖入“中等收入陷阱”。

其实，认真想来，“糟糕的体制”也不见得应成为另一个悲观的理由。动辄拿体制说事或者把所有问题归因于体制，这是一种典型的本土思维范式。即使我们不否认中国的经济体制演变得多么“糟糕”，也不见得会比那些同样实现了高速增长的经济体曾经的体制坏出多少。一个支撑中国经济高速增长30年的体制会比当年的日本和四小龙的体制更糟糕？经济学家应该不能回答这个。尤其是当我们对对方的体制一知半解，缺乏与他国体制打交道和生活在其中的感受时，我们对体制作出优劣的大胆评判不过是感情用事而已。

那些对制度和比较制度学的研究文献所告诉我们的正确看法（尽管常常被经济学家忘记）应该是，一个体制的形成与结构总是不能脱离当时的经济发展水平或阶段。今天的中国经济，在经济体制上是由计划经济经市场化的改革演变而来，其成功之处在于实现了30年的高速增长。正因为如此，该体制在过去30年的发展阶段上必有其独到之处。但这并不意味着体制的某些优点可以一成不变。增长和发展的进程会导致既有体制的某些方面不再适应新的增长阶段，不再能提供经济增长的支持，甚至反而可能正在成为增长的桎梏。因此，对经济发展而言，重要的不是哪种体制是最佳的，脱离了经济发展的阶段，谈论最佳的体制是没有意义的。真正重要的是，我们是否有可能让我们的体制随着经济发展的阶段变化而变化，让我们的体制去适应不同的和变化了的经济发展的阶段。在这个意义上说，改革是重要的。

从经济发展的世界经验来看，为了改变体制的某些方面以适应变化了的发展阶段为目的的改革，成功的例子并不多。即使撇开大多数经济转型国家的失败教训不谈，那些在经济发展中没有能够在新的阶段上维持增长动力的国家，大多数也是因为体制改革的不成功。而在为数不多的高增长经济体中，东亚经济之所以能够成功迈入发达经济的行列，重要之处也应归因于他们体制的可改革性。从经济发展的角度来说，有一个可改革的体制至关重要。

一个体制声称再优越，一旦不可改革，就不能为其长期的增长提供支持。

印度，拉美都是如此。日本也是如此。所以，可改革性比改革本身更重要，唯有体制的可改革性才能确保改革体制的成功。要理解这一点，看看今天的印度就够了。过去这些年来，辛格政府充分认识到了改革对印度经济增长的重要性，也出台了许多重要改革的思路与方案（包括试图建立经济特区以克服“最低工资法”的制约），但改革成效甚微，能改动的地方少之又少。印度的西方观察家们都知道，相对照东亚的体制，印度的体制有很多可圈可点的地方。可是，在印度的体制下，改革谈何容易。对经济持续的增长前景而言，印度体制的不可改革性是一个致命的弱点。

在东亚，尽管日本在二十世纪六七十年代取得了超常的经济奇迹，但由于其体制缺乏可改革性，最终还是陷入了之后40年的超低速增长，并使日本终究难以扳回失去的国际竞争力。相反，韩国过去的成功能发展成今天更大的成功，特别是在遭遇1998年亚洲金融危机的重创之后能成功站到国际技术的前沿，被国际学术界公认为是韩国能成功推进体制改革的结果。有意思的是，韩国在“汉江奇迹”后演变出来的体制常常被西方经济学家诟病不已，但这个体制却是可改革的，在一些关键的阶段上，可改革的体制表现出了巨大的韧性和灵活的优势。

经济学家需要去研究在什么条件下一个体制是可改革的，而另一个体制则不可改革。但经济学家在实证的政治经济学方面已有的研究暗示，利益集团的存在和游说势力的壮大是政府不能出台正确经济政策和错失良机的根源。经济发展会导致社会中各种利益集团的兴起和利益的冲突，不管这个利益集团是大企业巨头，还是弱势群体，最可怕的是他们的游说势力过于强大，足以影响乃至改变政府的长期政策。几乎难以想象墨西哥政府的有关改革政策可以免受世界首富、墨西哥的电信巨头的影响。俄罗斯也是如此。

另外，民粹主义政策之所以在拉美和欧洲流行，也多因政府囊中羞涩。一个可改革的体制需要政府的势力（或财富）大过任何一个利益集团，从而政府才有可能保持目标的长远和相对的中立。这是改革可以成功的条件。姚洋教授曾经提出，中国的经济转型和增长的成功在很大程度上是因为中国政府是“中性的”，不受任何一个利益集团的左右，不代表少数利益集团的利益，因此可以（在关键时刻）作出正确的政策选择。

中国经济正在步入新的发展阶段，改革体制中那些越来越不适应经济发展的部分（特别是涉及公共部门、收入分配、土地和户籍制度以及金融等领域）变得十分迫切。可是今天的局面与之前是否大有不同？即使今天在数量上不超过2％的国有企业的资产占了全部企业资产的40％，即使国有部门（特别是央企和金融部门）的权势日益增长，看上去中国依然没有变得更像俄罗斯或墨西哥。相反，这些财富的增长极有可能增强中国政府掌控局面和推进改革的能力。这是中国经济转型和发展成功的秘笈。当下和未来20年，中国政府继续保持“中性”至关重要，在政治上要力图避免被利益集团绑架和俘获，换句话说，中国需要长期保持体制的可改革性，唯有如此，适应未来发展阶段升级的重大改革的成功方可期待。

张军

CONTENTS

目 录

第一章
转型期国有企业如何突围

杜巨澜 香港中文大学经济系副教授，于复旦大学获得学士和硕士学位，后于哈佛大学获得经济学博士学位，研究领域包括组织机构经济学、金融、国际经济学、经济发展和转型等。

王　勇 香港科技大学经济学助理教授，美国达拉斯联邦储备银行助理研究员，于2009年在芝加哥大学获得经济学博士学位，此前分别在北京大学中国经济研究中心和复旦大学获得硕士和学士学位。其研究领域包括经济增长、政治经济学、国际贸易以及中国和印度经济，近期研究重点为结构变化的宏观经济分析、产业升级、发展中国家的产业政策等。

国企前景堪忧

过去十年中，发达国家的经济波动和新兴经济体国家资本主义的兴起构成了世界经济发展的两大显著特征。一方面，欧洲和北美洲的发达经济体遭遇了全球金融危机和欧洲主权债务危机的双重打击；另一方面，以“金砖四国”为代表的新兴市场调整了发展战略，从过去以“华盛顿共识”为基础的自由资本主义的目标模式向国家资本主义模式转型。这十年来，俄罗斯政府响应公众需求，重新将“战略性”产业握于掌中，由国家直接控制，私营垄断企业也不得不听从政府的行政指令。同一时期，中国国有企业大步前进，而私营部门却出现相对倒退。

在后金融危机时代，国家资本主义模式的力量逐渐凸显。中国政府通过国有企业实施了一系列财政刺激措施，较快地稳定了经济增长率和就业率，帮助中国度过了金融危机并引领全球走出了经济衰退。中国和其他主要新兴市场的经济活力使得不少国家的领导人和公众对国家资本主义模式刮目相看并充满信心，认为这种模式已不再是通往自由资本主义的过渡形式，而是一种可持续发展的经济模式。作为国家资本主义的中流砥柱，国有企业在各国社会中扮演着关键性的角色。在中国，国有企业占中国股市总市值的 80%（《经济学人》，2012）。大型国企的股份大多掌握在政府手中，而政府则通过优惠的产业政策和提供财政补贴支持国企的发展，以求帮助政府实现各种政治和社会目标。

国有企业通常不仅规模庞大，而且利润率也极为惊人。以 2011 年入选世界财富 500 强的 57 家中国企业为例，不难发现，这些企业几乎全部都是国有企业。不仅如此，在中国的 500 强企业中，总利润的 81.88%都来自国企，利润最高的10家企业无一例外均为国有。其中，5家国有商业银行和三大国有石油公司的利润竟是入围中国500强的所有184家私有企业利润总和的两倍。对比国有企业与非国有企业的平均利润率，我们可以看出，在过去十年里前者已超过后者，这与20世纪90年代的情况截然相反。

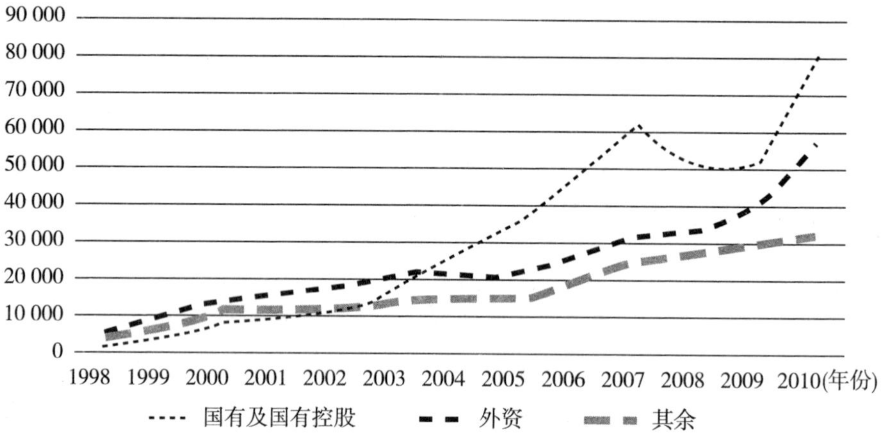

图1－1　1998—2010年雇员平均利润率（人民币）

资料来源：CEIC。

图1－1是1998—2010年期间不同所有制企业的雇员平均利润率。自2002年起，国有企业和国有控股企业的利润率就超越了非国有企业。中国GDP增长率和国有企业利润率在十年中持续维持高位，这与大众对国有企业在20世纪90年代持续亏损、削弱增长的印象完全相反，我们不禁产生了三个疑问。第一，在中国宏观经济和全球经济背景下，国有企业高利润率的根本源头何在？第二，如果国有企业维持现状，会产生什么结果？第三，如果实施国有企业改革，应该如何进行？

本章的目标就是解决第三个问题，但首先要对前两个问题有深刻的理解。国有企业目前处于营利状态，我们的担心从何而来？

国企为何利润如此高

世界银行对中国国有企业高利润的原因进行了分析，一针见血地指出其利润主要来自垄断。通常，各级政府都会实施行业准入和竞争限制的措施，其目的是帮助国有企业保持垄断地位，同时，政府更倾向于与国有企业签订政府采购合同，并提供其他优惠待遇。从这个角度讲，国有企业的高营利是行政垄断的直接结果。

Li，Liu，and Wang（2012）① 对国有企业在上游产业的行政垄断以及这种垄断对国民经济的各种影响进行了详细的研究。他们构建了一个一般均衡模型，试图分析为什么过去十年中国国有企业效益迎头超越非国有企业、形成与20世纪90年代截然相反的局面，而在整个20年间中国的整体经济始终保持高速增长。他们这份研究的核心观点可简要归纳如下：在20世纪90年代，随着经济自由化和国有企业改革，在2000年前后，中国形成了一种垂直型的国家资本主义的产业结构，即国有企业基本退出了大部分的下游产业（例如制造业和酒店餐饮等服务产业），但在上游的关键性产业则继续占据垄断地位。这些上游产业为下游产业提供中间产品和服务，例如能源、金融、电信等。下游产业开放带来的经济活力成为GDP高速增长的主要动力，特别是在2001年中国加入世贸组织之后，这一作用尤为显著。与此同时，下游产业的扩张增加了对上游产品和服务的需求，而这些上游产业被国有企业所垄断。所以，尤其在中国劳动力充足、工资水平极低的背景下，上游的国有企业能够从下游产业处获取巨额的垄断租金。这就是过去十年中国GDP高速增长、国有企业超越非国有企业的原因。

Li，Liu，and Wang（2012）还利用这一理论框架解释了国有企业在20世纪90年代普遍效益不佳的原因。当时，下游产业开始大规模的自由化改革，民营企业和其他非国有制企业进入市场，增加了市场竞争，国有企业无力与这些新进入的企业竞争，陷入亏损。同时，政府要求上游的国有银行为垂死挣扎的国有企业提供补贴，导致不良贷款普遍增加，进一步导致国有企业总体表现恶化。因此在这个时期，与私营企业和其他非国有企业相比，国有企业普遍表现不佳。但是，在资源从效率低下的国有企业转移到高效的非国有企业以及技术进步等因素的作用下，国民经济总量依然得到了快速增长。由此可以得出一个结论，国有企业走出20世纪90年代的财务困境、转向

---

① Li，Xi，Xuewen Liu and Yong Wang（2012）．"*A Model of China's State Capitalism*"，HKUST working paper.

2000年之后的高营利状态，其主要原因在于它们从下游产业退出、不再与非国有企业竞争，但同时在上游产业占据垄断地位、赚取垄断租金。政府保护、廉价劳动力供给充足、出口需求强劲等多方面因素成就了国有企业的繁荣发展。

Du，Lu，Tao，and Yu（2012）① 对1998—2005年期间国有企业的重组和私有化改革进行了研究，探讨了中国制造业中的国有企业拥有的行政垄断权力及其变化。这种分析难度很大，因为垄断权力通常很隐蔽且难以测量。他们研究了企业垄断溢价的变化，即产品价格与边际成本之间的差价，再将其与国有企业重组后的全要素生产率（TFP）相结合进行分析。他们分析了由中国国家统计局编制的《中国工业企业调查》这个全面的数据库，估算了企业的提价能力和TFP，研究了私有化的国有企业在重组前后的提价能力和TFP的变化，并将其与同时期保持国有身份的企业数据进行对比。一个隐含假设是进行了私有化改制的国有企业如果没有改革，其提价能力和TFP的变化趋势将与其他国有企业相同。进行了私有化改制和未被私有化的国有企业在提价能力和TFP上的差异反映了国有制属性对企业提价能力所产生的影响，也就是行政垄断权力。

他们的研究表明，国有企业在私有化改革之后经历了一个垄断溢价显著降低和TFP大幅增加的时期，这主要发生在实施改革的当年以及之后的一年，说明企业提价能力和TFP的变化主要来自其所有制属性的变化。从理论上说，企业垄断溢价的降低可能是由于产品价格降低，或生产成本增加，或这两个因素共同作用的结果。由于企业TFP增加紧随私有化改制的完成，垄断溢价的降低不可能是边际成本上升造成的，因此产品市场价格的下跌和企业垄断权力的削弱才是溢价下降的主要原因，这也进一步说明国有企业在私有化改革之前对产品定价过高，赚取了高额的垄断租金。

改革几十年中，随着非国有制企业和外资企业不断进入这一产业，国有企业逐渐退出。研究发现，即使在这些产业，行政垄断依然存在而且具有强大的影响力。所以不难想象，在政府严禁非国有制企业和外资企业进入的战略性行业，行政垄断必然更加猖獗。

简而言之，不论是在国有企业占据主导地位的上游产业还是逐渐开放的

---

① Du，Julan，Yi Lu，Zhigang Tao，and Linhui Yu（2012）. "Is State Capitalism Sustainable? Insights from an Examination of the Twin Costs of State Ownership in China"，working paper.

下游产业，行政垄断都是国有企业最重要的特征。随着国有企业以破产或私有化的方式“退出”，下游产业已基本实现了自由化，贸易自由化也在中国加入世贸组织后得到进一步深化，但上游产业却依然被国有企业垄断，它们依赖垄断地位从下游产业的非国有企业赚取垄断租金。

至此，我们不禁要问，如果国有企业继续垄断上游产业，会产生什么结果？换句话说，目前的这种国家资本主义发展模式具有可持续性吗？

要想理解国有企业在不同产业占据垄断地位的原因，首先要理解国有企业的关键特征及其在经济、政治和社会领域扮演的重要角色。

国企的特殊之处

首先，国有企业已经基本从制造业等下游产业退出，目前主要集中在能源、原材料、电信、银行等上游高利润产业。

其次，国有企业规模巨大。2007 年，中国共有约 11.2 万家国有企业，在政府的扶持下产生了一批全国性的领军企业，如中石油、中石化、国家电网等。表 1-1 和表 1-2 列举了 2007 年中国大型企业的主要数据。目前，在中国 500 强企业中，国有企业数量占 63.2%，其经营收入占 82.82%，总资产占比 90.40%。中国最大的国有企业中石化的经营收入达到中国最大的私营企业华为公司的 10 倍。

表 1-1 2007 年中国 500 强企业的结构和效益（按所有制划分，%）

所有制	国企数量	资产	利润	员工	纳税	资产回报
国有	69.8	93.6	87.9	89.3	92.7	1.4
集体所有	5.8	4.2	2.2	2.4	1.7	0.8
私有	17.8	1.7	7.1	7.0	3.9	6.1
外资	6.6	0.5	2.8	1.3	1.7	8.5

资料来源：Geng Xiao et al.（2009）。①

① Xiao, Geng, Xiuke Yang and Anna Janus (2009). “State-owned enterprises in China: Reform dynamics and impacts”, 155-178, in *China's New Place in a World in Crisis: Economic, Geopolitical and Environmental Dimensions*, edited by Ross Garnaut, Ligang Song, Wing Thye Woo, Asia Pacific Press.

表 1-2 2007 年中国服务业 500 强企业的结构和效益（按所有制划分，%）

所有制	国有企业数量	资　产	利润	资产回报率
国有	61.4	93.6	92.4	0.8
集体所有	11.4	5.4	1.1	0.2
私有	23.2	0.8	5.3	5.3
外资	4.0	0.1	1.2	8.3

资料来源：Geng Xiao et al.（2009）。

第三，大型国有企业，尤其是位于上游产业的国有企业大多由中央政府通过国资委直接监管，地方政府则通过地方国资委监管规模相对较小的国有企业。

第四，由于行政垄断的存在，国有企业普遍存在效率低下的现象，它们对国民经济产生的社会成本很可能已超过了自身制造的社会福利，它们以生产低效为代价为一小部分股东提供了社会保障，它们通过对产品和服务的高定价赚取垄断租金，严重损害了公众利益。在技术创新方面，国有企业远远落后于私营企业，在专利申请总量、技术创新总量以及新产品开发总量上，国有企业仅占 35%、25%和 20%。因此，它们的积极作用能否抵消负面影响我们无法确定。

第五，国有企业已经形成了既定利益集团，通过行政垄断积极谋取垄断租金。行政垄断权力使监管国有企业的政府部门、国企管理层和职员以及其他股东攫取了数额巨大的垄断租金，获得了可观的利润。令人震惊地是，它们上缴给国家的利润却并不成比例。从理论上说，国有企业不仅应像其他企业一样缴纳税费，还应向国家上缴利润，因为代表全体民众的国有政府是国有企业的所有者，有权利分享其利润。但事实上，国企上缴利润数额很小。2011 年的上缴额仅占其当年利润总额的 7.4%，绝大部分利润都用于增加企业管理层和员工的工资、额外福利、为各级政府官员谋取福利等。从这个角度看，可以说国有企业已变为一个既定利益集团，这个集团具有抵制市场化改革的强烈意愿。

国企在宏观经济政策中的角色

在财政政策和货币政策中的角色

在中国政府实施反周期财政政策和货币政策的过程中，国有企业扮演了极为关键的角色。例如，为了抵御最近一轮的全球经济衰退，中国政府出台了总额高达四万亿人民币的刺激政策，主要的实施途径就是向国有银行注资、由国有银行向大型国有企业提供低息贷款和大额投资。

一般来说，扩张性财政政策是指减税和增加政府支出的措施，但在中国，后者的使用显然多于前者，部分原因在于增加政府支出的政策具有更强的时效性并且效果显著，这一财政政策能更准确有效地将政府意图转化为特定领域和项目的投资。在此过程中，由政府控制的国有企业就是实施这些政策的最佳对象。中国是一个经济快速增长、人口众多的发展中国家，目前正在进行大规模的工业化和城镇化改造，需要建设大量的公共基础设施，不仅能对制造业提供支持、使其更好地满足国际市场的需求，而且能为大规模城镇化进程和房地产市场提供支持。换句话说，中国的扩张性财政政策不仅是凯恩斯主义主张的短期政策，更是一种长期投资。这与凯恩斯为发达国家设计的“先挖洞再填洞”的策略根本不同。

在中国，电力、电信、石油、石化、煤气、海外运输、钢铁及金属制造、铁路及铁路基建、造船、民航等上游产业几乎全被国有企业垄断，扩张性的财政政策自然会在上游国有企业实施，这有助于降低下游企业所需的中间产品和服务的价格。

中国政府更倾向于通过增加政府支出来实施扩张性财政政策还有另一个政治原因。地方政府官员出于个人升迁的考虑，通常不会选择降低个人所得税或企业税的措施，而是更倾向于大力投资公共基础设施和房地产等看得见的政绩工程，这些支出有利于吸引外商直接投资、促进制造业发展、增加公共投资，同时能够增加出口。此外，地方政府收入的主要来源是公有土地的租金，而地方政府收入是衡量地方官员政绩的一项重要指标，收入的一部分还将用于公共支出，因此地方官员在选择财政政策时通常不愿选择减税的措施。

货币政策的实施也主要依赖国有银行和国有企业。由于债券市场和股票市场尚不完善，银行是主要的金融中介机构，也是企业外部融资的主要渠道。大多数银行为国家所有，利率也并不完全由市场决定，所以中央银行就可以通过设定企业贷款总额的方式控制货币和信用供应量。相比私有企业，国有企业与国有银行具有更紧密的政治关系，因此，在同等条件下，国有企业能获得的贷款金额远远高于私营企业。有时，由于"敲竹杠"问题的存在，国有企业在无法及时偿还贷款的情况下依然能够获得更宽松的贷款。

国有企业能够相对轻松地获取贷款的另一个重要原因是中国目前的金融机构与工业结构之间存在不协调，也就是说，适合服务（大多为劳动密集型的）中小企业的中小型银行在中国十分欠缺。国有企业多为大型企业，而私有企业通常规模较小，国有企业能从大型银行（多为国有银行）得到更好的服务，财务预算方面受到的限制也相对较小。由此可见，国有企业虽然在数量上相比私有企业有所减少，但仍然在货币政策的实施过程中扮演着重要角色。

在产业政策和外部资本市场中的角色

2006年，中国政府确定了七个"战略性"产业，分别是国防、发电输电、石油石化、电信、煤炭、民航和水运产业，并明确表示国家将在上述产业保持"绝对控制"，上述产业虽然存在竞争，但竞争仅限于几家国有企业之间，非国有制企业严禁进入这些产业。中国还指定了"基础性或支柱性"产业，分别是机械、汽车、信息技术、建筑、钢铁、基本金属和化学产业，政府表示要在这些产业保持"较强影响力"，在这些产业中私有企业面临一系列进入壁垒或其他限制。

中国作为全球最大的制造业基地，每年消费大量的能源和原材料，因此开发新能源和新材料以替代不可再生资源对中国来说意义重大，对于保护环境也至关重要。新能源开发属于上游产业，具有明显的正外部性并且需要大规模投资，由于技术进步过程中的路径依赖，造成严重污染的技术往往会持续存在，因此政府应积极推行支持这些领域技术研发的产业政策。

不过在中国，这种看似对不同所有制企业一视同仁的政策其实上是一种偏向国有企业的政策，因为只有国有企业才能获准进入上述产业。产业竞争受到限制，而且技术研发具有高风险性，很可能造成效率低下和补贴过度。那么，政府为什么要通过国有企业实施产业政策呢？

首先，一部分国有企业是为国防和军事服务的，政府有必要对其提供补贴，中国这样一个大国对武器等各种军事装备的需求是巨大的，这些商品进口价格昂贵，有时由于政治原因根本无法在国际市场上买到。政府采购也是扶持这类企业的另一重要途径。

其次，处于产业链上游的能源、电信等民用工业通常也与国家安全密切相关，并且具有自然垄断的特征，必须引入政府监管以达到社会效率。由于这些产业需要大规模的固定投资和初始成本，即使国家允许私有企业进入，它们也很难进入且与现有的国有企业展开竞争。同时，这些产业具有明显的正外部性，以营利为目的的私有企业有可能供给不足。

第三，中国政府正在努力打造一批在国际市场上具有知名度的“国家领军企业”，虽然中国出口量巨大，但依然没有在国际市场上具有较高知名度的高品质品牌，其出口产品依然会被贴上低质廉价的标签。为了改变这种形象，实现从“中国制造”向“中国创造”的转变，中国政府正在努力培养一批中国品牌。国有企业规模庞大，尤其又拥有政府扶持，因此它们在国内和国际市场上都不太可能失败。其中许多大型国有企业已经借助政府的支持完成了海外上市，这些企业在国际股票市场上亮相意义重大，也为它们的品牌免费广告。所以中国政府认为继续支持它所熟悉的现有的国有大型企业的风险显然低于对新私有企业提供支持，而且国有企业也会对政府的指令言听计从、帮助政府实现某些非营利性目的。

第四，中国的对外直接投资大多来自国有企业，尤其是在能源和原材料领域的投资。中国已经积累了大量外汇储备，主要以收益率极低的美国国债的形式存在。提高外汇储备收益率的一个途径就是让国有企业使用外汇对外直接投资，重点投资于上游产业，如资源产出国的自然资源产业，这也可以提供一个不可再生资源的安全稳定供应渠道，为中国继续扮演全球最大出口国的角色提供支持。相比之下，私有企业的对外直接投资金额较小，一方面由于它们缺乏政府在资金和人员方面的支持，另一方面由于资本管制，私企无法获准进行对外直接投资。此外，中国政府时常通过对外直接投资的方式达到一些政策外交目的，出于这一考虑，政府更倾向于支持国有企业进行投资。

经济改革中的稳定器

在中国经济改革的过程中，国有企业一直扮演着社会稳定器的作用。在社会保障欠缺的情况下，国有企业为大量劳动力提供就业机会和社会服务，在维持社会稳定、为非国有企业发展创造稳定的商业环境方面发挥了巨大作用。很多现存大型国有企业已不仅仅是商业企业，还为在职员工、退休人员及其家属提供学校、医疗、住房、娱乐设施以及其他福利。由于国有企业有义务安排上级政府分配的新员工，所以国企普遍存在人员过剩的现象，在陷入逆境时，国企依然有义务保证就业、维持社会稳定，无法像非国有企业那样进行裁员。例如，大庆是一座新建城市，所有市民几乎都与大庆油田相关。假设将大型国有企业进行私有化改革，他们首先应该大规模裁员并停止非盈利、只具有社会功能的部门，这很可能引起社会动荡。由于同一国企的员工往往居住在同一个区域，根据集体行为的逻辑，在改革中利益遭到损害的群体能够更好地联合起来进行抗议。

如何进行国企改革

政企勾结寻租的关系源于多方面因素。首先，政府官员主观上希望国企部门达到较大规模，这有利于官员通过控制国民生产达到保持就业、维持社会稳定的政治目的。国有企业改革通常效果不佳，一个众所周知的原因是政府具有这些企业管理层的任命权。这种情况下，国有企业就必然成为政府官员实现政治目的的工具。其次，政府官员希望国有企业赚取垄断租金，这样能够减少政府对国有企业的财政支持压力，政府财政预算就可用于实现更多其他的政治目的。第三，政府官员具有通过国有企业的效益炫耀其政绩的动机。国有企业一直被认为是“社会主义市场经济”的主导力量，因此政府实施了各种措施改善国企效益。一种自然的方式就是通过降低来自非国有企业的竞争压力和提供政府采购合同来帮助国有企业保持垄断地位，这种行政垄断是政府官员和国企管理层共同寻租的有效途径。国企部门和政府官员形成的既定利益集团一旦尝到了垄断的甜头，就会强烈反对市场化改革，这已经成为目前社会经济改革中的关键阻力。要想确保国有企业改革得以继续，我们需要进一步解放思想、克服来自各个利益集团的阻力。

从方法论的角度分析，有关国有企业改革的讨论涉及如何划清市场与政府之间的界线，这一直都是学术界和决策层讨论的焦点。其实指导原则十分明确：政府只应该在市场存在严重失灵且政府失灵可控的情况下进行干预，而且要保证干预措施可以得到有效实施和监督，避免出现严重的效率损失和寻租行为。在分析政策实施的现实问题时，必须考虑到政治可行性。

经济理论的发展和中国改革史上出现的政策实践都清晰的传达了一个信息：改革应该注重实效，应该本着具体问题具体分析的原则提出现实、具体和详细的政策建议，切忌尚未分析具体情况就提出笼统的建议。“华盛顿共识”中提出的一举实现所有国企私有化改革的想法是天真可笑的。我们应该将中国改革试验和实践过程中的成功经验牢记于心，例如农村改革中的家庭联产承包责任制、建立经济特区、促进区域性产业集聚、培养乡镇企业等政策。历史还告诉我们，在改革环境尚不完善的情况下，相信并发挥群众和地方政府的创新精神非常重要。

另一方面，政府的干预程度越低越好，这有利于培养商业友好和公平竞争的市场环境。这一点的重要性愈来愈明显，因为中国已经达到中等收入国家水平，必须从目前以投资为基础的增长模式向以创新为基础的增长模式转变。而在促进创新方面，至今没有任何一种经济制度能超越自由的私有企业制度。

正如上述提到的，国有企业在上游产业占据垄断地位并长期拥有提价能力，有可能抑制下游私有企业的长期发展。从理论上说，不同行业形成垄断的原因可主要分为两类：一类是自然垄断，由规模经济效应和范围经济效应等行业技术特征所导致，典型例子包括电力电信等行业。另一类是行政垄断，由政府制定的行政法规对行业准入和运营活动进行限制所导致，最典型的就是国防。

本章之前提到的“战略性产业”和“支柱性产业”大多都是上述两种垄断的混合体，这些产业与上文的产业政策和政治因素有着错综复杂的关系。这极大地增加了政策分析的复杂性。

自然垄断和国企改革

首先必须强调，自然垄断本身并不是上述行业存在国有企业的合理理由，政府有必要在这些行业实施相关法规也并不意味着这些行业的企业须由国家所有或控制，尤其是在政府权威已经建立的背景下，更无须如此。此外，中国市场规模庞大，同一行业可有多家企业同时实现规模效应。

电信行业改革就是一个典型的例子。1999—2000 年，由于市场需求迅速增加，过去的中国电信根据业务类别被分拆为四家独立公司，分别从事固定网络、移动网络、卫星通讯和无线寻呼业务。与此同时，中国联通和中国网通等运营商也逐渐崭露头角。随着竞争不断加剧，这一行业的整体效益得到了迅速提升。2011 年，中国共有两家电信企业跻身全球财富 500 强，分别是中国移动（排名第 87 位）和中国电信（排名第 211 位）。

电信业改革已取得了丰硕的成果，但未来的改革空间依然巨大。相比其他国家，中国电信业许多种类的经营和服务虽然经过了质量调整但依然不具有较高的成本效率，而且私营企业对这一行业的投资行为依然受到限制。在市场呈现寡头竞争结构的条件下，高销售收入和质量调整后的较高成本共存，说明在这个行业仍然存在通过对大型企业进行私有化改革、鼓励更多企业进入来增加市场竞争、提高行业效率的可能性。这个结论也适用于中国的石油行业。

基础设施投资与国企改革

交通运输、电力供应、电信服务等公共基础设施对于经济发展至关重要，没有公共基础设施的完善，中国制造业不可能取得今日的成果，从其他国家可以看到许多负面教材。这些行业由于具有正外部性且固定投资巨大，没有政府扶持往往难以实现充分发展。在中国现有体制环境下（如土地公有、银行大多为国有等），由国有企业承担基础设施建设的任务不仅能有效的使用公共资源，还能避免许多协调成本和交易成本。从社会效率的角度来看，国有企业的确在基础设施的建设中起到了积极重要的作用。

但是，公共基础设施建成之后，其日常运营则无须交由国有企业负责，而可以通过公开拍卖、私有企业分包合同等方式引入竞争。中国国有的航空业就是一个例子，目前航空公司营利很低甚至经常亏损。中国航空市场如此巨大，足以保证多家企业同时营利。事实上已有一些航线开始对顾客进行竞争，可以考虑先对一部分区域性航空公司进行私有化改革以观察成效。美国联合航空和美国航空公司等美国主要航空公司都是私有公司，因此中国航空业进行私有化改革是有一定合理性的。

产业政策与国企改革

国防等非民用部门有必要保持国有属性，但在航空、电信等行业，国家安全似乎已经成为国有企业保持行政垄断地位和寻求政府保护的借口。在美国，AT&T 和 T-Mobile 是两家私营电信公司，许多石油公司、银行、保险公司也是私有公司，这说明国家安全并不是保持这些行业国有属性和行政垄断的充分理由。

申明一点，我们并不主张上述行业自由放任发展，合理的政府监管十分必要，但在尚未进行充分和客观论证之时，私人投资应该被纳入考虑范围，不可盲目排斥。如果出于正当理由（如国家安全）不允许私有企业进入这些行业，应考虑让更多的国有企业共同运营、形成竞争，同时，应将非核心生产环节尽可能外包给私有企业。

此外，对技术研发尤其是民用产业技术研发领域提供的扶持政策，通常不具有所有制属性。因此，从社会效率的角度来看，政府在政策执行过程中不应对私有企业区别对待。世界上最成功、最富创造力的公司如苹果、谷歌、微软、通用，无一例外都是私有公司。虽然政府有理由对这些公司及其相关行业的技术研发提供补贴，但这些公司本身也会出于利益最大化的考虑自愿在技术研发方面投入巨额资金。

为了更深刻的理解中国产业政策和国有企业改革，我们首先应该意识到发达国家和发展中国家产业升级的主要推动力是不同的。发达国家位于科技前沿，产业升级主要依靠技术研发带来的科技创新来推动，但发展中国家依然处于科技链条的低端，产业升级主要是通过采用和改造国外现存技术来实现，因此无法申请专利保护、获取合法的垄断租金。

在发展中国家，企业进行产业升级或进入新行业的主要动机是寻求能够充分利用本国最充裕、最廉价生产要素的生产机会。只有这样，企业才能借助禀赋上的比较优势在国际竞争中取得成本上的优势。更确切地说，在中国和其他发展中国家，社会最优的产业升级是要素禀赋驱动的产业升级，也就是从劳动密集型和低附加值产业向资本密集型和高附加值产业转移。

那么，我们就有了一个疑问：中国和其他发展中国家要素禀赋驱动的产业升级中，产业政策和国有企业扮演了什么角色？研究表明，在马歇尔外部效应存在的情况下，自由放任的市场均衡不再具有效率，政府应该制定产业政策修正市场失灵，引导企业进入具有比较优势的行业，这正是第二次世界大战后创造了经济发展奇迹的东亚国家所遵循的策略。

相比之下，中国政府在改革开放之前实施的产业政策均以失败告终，原因就是政府试图大力推动钢铁制造等过度资本密集型的产业的发展，违背了赫克歇尔－俄林的比较优势原则。同一时期的苏联、印度和许多拉丁美洲国家都犯了同样的错误，最终未能实现快速增长。政府不顾本国的要素禀赋优势，盲目跟风发达国家，过早地发展资本密集型产业。正是因为被政府选中的“赢家产业”违背了比较优势原则而无法得到市场自身的支撑，政府不得不建立国有企业并通过资源配给制度来实现原本就错误的产业目标。政府选定的产业与本国的要素禀赋结构之间的差异越大，对国有企业的需求就越迫切，就越需要政府通过计划手段和非市场化的方式进行资源配置，这也将导致寻租行为大肆盛行。这在一定程度上解释了国有企业不仅在中国和苏联大量存在（且不成功），也在印度和许多拉丁美洲国家普遍存在的原因。

从上述分析可以得出一点，如果中国遵循比较优势的原则，根据市场上生产要素价格信号的变动进行产业升级，那么它对国有企业的需求就会逐渐降低，寻租行为也会受到限制。随着经济的增长和实际工资的提高，中国应该逐渐退出劳动密集型夕阳产业，向资本密集型、高附加值产业转移和升级。认识到这一点不仅有助于我们理解国有企业改革的路径依赖，也有助于我们思考如何避免对国有企业过度依赖这一问题的答案。

税收与国企改革

在中国，烟酒行业等下游行业依然被国有企业高度垄断。政府不愿打破垄断的主要原因应该是这些行业纳税收入稳定并且需求的价格弹性很低。需要注意，国有企业赚取的高额垄断租金也来源于政府对这些消费品征收的高额关税。

只要政府能从私有部门获得稳定的财政收入，那么将上述行业私有化就是最佳的决策，因为这些行业没有明显的市场失灵，无须政府介入或由国家所有。Du et al（2012）表示，虽然非国有制企业在中国制造业占据越来越重要的地位，但依然存在进一步打破行政垄断的空间。

那么接下来的问题就是，政府为什么不对所有国有企业进行私有化改革、然后向其征收税费？Gordon and Li（2009）① 认为，许多发展中国家的征税能力有限，尤其是当非正式部门规模巨大、大量交易都无法在正式的金融机构进行追踪时，税收基础就只能局限于简单易行的税种（如关税）。因此可以这样说，政府对国有企业征税面对的执行限制显著小于对非国有企业的征税的执行限制。这就涉及金融机构和公共金融系统，后文将有所论述。

---

① Gordon, Rogerand Li, Wei (2009). "Tax structures in developing countries: Many puzzles and a possible explanation," *Journal of Public Economics*, Elsevier, vol. 93 (7-8), pages 855-866, August.

Besley and Persson (2009)[1] 认为许多发展中国家的“政府能力”薄弱，以至于无法有效取得财政收入，但这种理论并不适用于中国国情，因为比起那些非洲发展中国家，中国政府有很高的权威，有能力确保税收收入。

Acemoglu and Robinson (2006)[2] 认为，既得利益者拒绝打破垄断是因为担心其政治利益将在国企垄断地位的瓦解过程中受到损失。中国目前的国有企业大多是由国资委监管的大型企业，国企领导通常具有很高的行政级别，可谓手握重权，并且与中央领导之间存在千丝万缕的联系。国企领导层可以从国有企业的高营利中直接受益，享受公款消费、将国有企业资源转移、中饱私囊，也能享受管理大型企业的成就感。一旦国有企业被私有化，所有这些利益都将瞬间成为泡影。所以，即使国企私有化之后的缴税总额将有所增加，掌权者（以及他们的同盟）也很有可能反对改革，因为一旦进行改革，税收就难以直接转移到特殊利益集团的口袋之中。

国企改革的速度和顺序

既然国有企业继续享受行政垄断权力的不良后果显而易见，那么已经一举打破垄断还是应该循序渐进？如果采取渐进的方式，应如何确定改革的速度和顺序？是否应该将国有企业改制为私有？如果是，应该如何操作？

中国过去几十年的改革带给我们的经验教训是，以适当的速度和顺序进行的循序渐进的改革更容易获得政治支持并最终取得成功，而通过休克疗法、试图一次到位的改革往往缺乏政治可行性，而且代价昂贵。这种看法目前已被普遍接受。那么，循序渐进的改革应以什么顺序推进？

Wang (2011)[3] 对过去取得成功的渐进式改革作了一个总结：随着经济

---

① Besley, Timothy, and Torsten Persson (2009). “The Origins of State Capacity: Property Rights, Taxation, and Politics.” *American Economic Review*, 99 (4): 1218-44.

② Acemoglu, Daron, Philippe Aghion and Fabrizio Zilibotti (2006). “Distance to Frontier, Selection and Economic Growth”, *Journal of European Economic Association*. 4 (1): 37-74.

③ Wang, Yong (2011). “A Model of Sequential Reforms and Economic Convergence”, HKUST working paper.

不断发展，许多制度和政策成为经济增长最大的瓶颈，政府需要通过改革打破瓶颈，促进经济继续增长，直到新的瓶颈产生，则需要实施新一轮的改革，如此反复。文章还分析了改革的程度如何随时间的推移而变化，这种变化因政府的权力大小和改革再分配效应的不同而有所不同。政府权威越大，政策制定过程就越简单快捷，改革的固定成本也就越低。一项改革措施的再分配效应越明显，遇到的阻力就会越强烈，改革的可变成本就越高。所以，当改革的可变成本比固定成本更重要时，最优化的改革应是循序渐进的。这一情况适用于已经建立权威的中国政府。如果成本结构与此相反，政府改革的频率就不宜过高，但每次改革的力度须较大。这一情况适用于中央政府权力较弱、通过改革措施的立法程序较为复杂的国家。

更确切地说，要进行国有企业改革，我们需要首先确定，在经济发展的各个阶段，国有企业对国民经济的可持续发展造成的最大约束是什么。在劳动成本低廉的时期，上游国有企业的垄断不会对下游私有企业的发展造成严重的阻碍，因为下游行业产品的总体出口价格依然具有国际竞争力。但是随着工业化和城镇化的推进，劳动成本大幅上升，且全球金融危机导致中国商品的外部需求出现下滑，中国企业在国际市场上面临越来越激烈的竞争，那么上游国有企业对能源、原材料、电信服务以及金融服务的垄断溢价将成为下游行业乃至整个经济继续发展的严重约束。

如果中国政府希望在保持经济高速增长的同时避免陷入“中等收入陷阱”，那么上游国有企业就必须改革。换句话说，外部需求的疲软和国际竞争压力的增大有可能成为中国深化国有企业改革的催化剂。上游国有企业首先应调低其垄断溢价，降低下游行业的生产成本，从而提高其国际竞争力。其次，上游国有企业必须尽快提高生产效率以应对激烈的国际竞争，要做到这一点，政府需要在这些行业引入竞争，必要时甚至需要对其进行私有化改革。

20 世纪 90 年代下游行业的国有企业多规模较小，与此不同的是，如今的国有企业规模庞大，由地方政府直接监管的企业数量有所减少。因此在新一轮国有企业改革中，中央政府必须扮演更加积极主动的角色。不仅如此，如今的国有企业资金充沛、营利丰厚，这与 20 世纪 90 年代改革中国有企业大多亏损的情况有所不同。这些特征决定了这一轮国企改革的道路不会一帆风顺。

从政治可行性的角度而言，改革应该从难度最小的地方入手。首先，对于目前处于亏损并且没有明显正外部性的国有企业，尤其是下游企业，政府不应再提供任何优惠性的公共补贴，应允许这些企业申请破产。其次，对于营利的国有企业，政府应逐渐停止提供低息贷款、低税率等各项优惠政策，使其通过自身实力实现真正的营利。第三，政府应向“战略性产业”引入竞争，即使不能进行私有化改革，也可以将现有规模过大的企业拆分为多家企业、使其相互展开竞争，或者培养新的国有企业与现有企业开展竞争。第四，从经济学角度来看，国有企业对烟酒制造等行业的垄断完全不合理，中央政府应该立即采取措施确保这些行业的公平竞争、允许私有企业参与竞争，包括非国有企业与国有企业享受同等税率等，也可进行私有化改革。第五，政府应确保反垄断法的有效实施，至少应确保国有企业的非法垄断行为得到制止。第六，对于目前难以私有化的国有企业，政府应确保企业领导层的聘用过程更加透明，任命决定应建立在候选人的能力基础上，企业的薪酬和奖惩制度也应更贴近市场的通行规则，从而优化治理结构。

国企改革相关的政策和制度改革

目前国有企业在中国经济中所占的比重远远超过经济学认为的合理比重，已显现出一系列阻碍经济增长的症状，比如行政垄断现象和生产效率低下。我们对国有企业改革提出了建议，基本原则是将国有企业限制在能够克服市场失灵、提高经济效益的领域，制止寻租行为。

国有企业改革要想取得成功，相关政策和制度的改革不可或缺。在这些相关的改革举措中（例如金融改革和养老保险改革），法律制度和文化制度的现代化尤为重要。

合理的产业政策和适当的政府干预无疑会使中国经济受益。一般来说，在经济发展的“追赶”阶段，国家资本主义模式可以发挥积极作用。历史上，许多发达国家都曾采用过这一模式或其核心元素，如德国。从理论上讲，在私有企业动力不足、实力不够雄厚的阶段，国家资本主义模式能有效地克服市场失灵，推动国民经济的发展。政府可以在基础设施建设领域进行投资，而对私有资本而言这些领域收回成本的周期过长。政府也可投资于技术创新领域，这些领域投资额过大且风险太高，私人资本往往不愿涉足。此外，政府还可扶持新兴产业的发展，这些行业由于风险过大而难以吸引私有资本的投入。在上述领域以及其他相关领域中，国家资本主义模式可以克服市场失灵、引导经济发展。处于“追赶”阶段的发展中国家如果在这些领域实施政府干预，政府选择不恰当的行业进行扶持以及发展策略制定不当的风险相对较低，这是因为发展中国家可以总结发达国家的经验来选择政府应扶持的行业。从技术层面而言，发展中国家政府制定正确的战略来发展经济的难度不高，而相比之下发达经济体政府在制定发展战略方面并不具有信息优势。因此，发展中国家在经济“追赶”阶段无须依赖私有部门来探索具有发展潜力的前沿领域，国家资本主义可以发挥积极的作用。

虽然国家资本主义推动经济发展在技术上具有可行性，但这并不意味着这样的模式一定可以有效率的实现。在发展中国家，阻碍国家资本主义模式发挥积极作用的主要障碍是这些国家的公共制度不完善。政府官员贪污腐败，与利益集团相互勾结，利用政府的干预政策进行寻租。国有企业在范围和规模上过度扩大，帮助政府官员实现许多违背经济效益标准的社会政治目的，成为他们控制国民经济的有力手段和谋取私利的重要途径。在此背景下，腐败堕落的政府官员和利益集团之间形成联盟，使国有企业具有了行政垄断权力。国有企业借助这一垄断权力对产品和服务定价过高，而且他们在政府采购合同中享有特殊待遇，于是国有企业以牺牲公众利益为代价实现了高利润率。换句话说，国有企业的缺陷主要是由无限制的国家权力侵犯公民权益造成的。

中国的国家资本主义也面临同样的问题。过去十年里，中国国家资本主义呈现上升趋势，公众对于国有企业部门忧虑重重，尤其对其享受的行政垄断权力和这种权力培植的既得利益集团质疑颇多，抱怨颇深。同时，正如某些经济学者所担忧的，国家资本主义有蜕变为“官僚资本主义”之虞。比如，某些政府官员及其家属通过政治权力和政治纽带实现了对一些国有企业部门的控制。一般而言，“官僚资本主义”大多与掠夺性国家资本主义密不可分，政府官员和家属依托其政治力量控制了大型国有企业，使其成为寻租的工具。可以想见，如果“官僚资本主义”发展蔓延，必将把国家资本主义推向掠夺性国家资本主义，给政治经济改革造成严重的威胁，阻碍社会公平与和谐社会的建设。因此，任何真正改革都必须包括国有企业改革。正如世界银行在2012年所指出的，中国改革日程上的一个关键点就是打破行政垄断、深化国企改革。

对国有企业改革而言，最关键的政策和制度改革是推动法律制度和文化制度的根本转变，其核心在于在法律基础上建立一个政府行为能够得到有效约束的现代社会。对中国这样一个“官本位”意识浓厚，缺乏对公权力有效约束传统的国家来说，这一点尤为重要。不少学者研究了中国政治、法律和文化制度的历史和现在，他们的发现表明，要建立一个现代社会，我们还有很长的路要走。在过去的封建社会，法律仅仅是帝王和统治阶级用于约束民众行为的工具，中国几乎不存在民法典，统治阶级也没有在扩大法律范围、制定民法方面做过任何努力。法律主要集中在刑事领域，几乎被等同为对刑事罪行的惩罚，所以不难想象，我国并没有利用法律手段保护个人权益的传统和意识。自1949年以来，我国移植和实行了苏联体制，法律被主要作为无产阶级打击阶级敌人的工具。这并不奇怪，因为新生的人民政权是从激烈的阶级斗争和内战中建立起来的，但是这种对法律的认知进一步强化了忽视个人权利的政治和文化传统，强化了法律是统治民众的工具的形象，与西方国家利用法律约束统治者、保护公民权利的做法背道而驰。这在较大程度上为中国社会中对公权利约束不足现象提供了制度和文化土壤，造成了国家资本主义向掠夺性的国家资本主义模式蜕变的可能性。

可喜的是，中国的政治和法律制度改革已取得了显著的成效。正如谢千里和张军在本书中分析的那样，中产阶级的崛起、地方选举的出现、公众请愿的频繁发生、立法和司法的逐渐独立以及非政府组织的壮大都推动了中国向现代社会的转型。与此同时，互联网逐渐普及、政府对公共言论放松管制以及对公众关注的事宜快速回应等，都有助于社会民主的发展，增强了全社会对公权力的约束。同时最高领导层也一再强调要把权力放进制度的笼子里。这些都促进了中国社会向现代文明社会的发展转变，必将有效阻止掠夺性国家资本主义的形成。

第二章
中国经济再平衡：利率和汇率的市场化改革

陆前进　于2000年在复旦大学获得经济学博士学位，目前担任复旦大学国际金融系副教授，此前为哥伦比亚大学经济系访问学者，研究领域包括国际金融、货币理论和政策，曾在中国多家报纸发表文章并担任专栏作家。

中国利率、汇率的渐进式改革

中国的金融业见证了中国由计划经济向市场经济的转型。在计划经济时代，中国政府对汇率和利率实行严格管制，但在1978年改革开放之后，市场开始在资源分配中发挥重要的作用。随着社会主义市场经济体系的建立，利率和汇率这两个关键性的经济指标对国民经济的影响力逐渐增强，中国正在经历利率和汇率从政府管制向市场调整的转变过程。

中国的对外开放正逐渐深化，金融改革稳步推进。从长远来看，中国将按照循序渐进的原则推进以市场为导向的利率和汇率改革，确保改革中潜在的金融风险可以得到主动控制。首先，循序渐进的改革方式可以防止因金融市场过度自由化和投机资本过度流入而造成的混乱局面。其次，循序渐进的改革有助于从计划经济模式向以市场为导向的经济模式平稳过渡，市场参与者可以得到充分的引导，政府管制下的利率水平与市场决定的利率水平之间的差距也会缩小。第三，循序渐进的改革有助于货币政策的实施，在金融市场基础尚不成熟完善之时迅速取消对汇率和利率的管制会削弱中央银行对货币的控制。回顾过去中国利率和汇率市场化改革的道路，不难看出，循序渐进的方式是恰当的，中国成功抵御了1997—1998年的亚洲金融危机和2008年的全球金融危机。不仅金融资产的定价机制得到了完善，而且金融市场也得到了稳步发展。中国金融改革非常重视市场化体系的建立和规避潜在的金融风险，政府致力于在改革和风险两者之间找到平衡，最终确立了一条渐进式的改革道路。

在利率和汇率的市场化改革过程中，完善其形成机制、增加利率和汇率弹性是改革的主要内容。从理论上说，利率和汇率会互相产生影响，但是中国的利率和汇率几乎是相互独立的，分别在国民经济中发挥各自独立的职能。因此，建立市场化的利率和汇率定价机制有利于中国金融市场的发展和中央银行货币政策调控机制的转变。

中国利率和汇率改革的演变过程

中国利率市场化改革的历史回顾

在集中计划经济时代（1949—1978），中国的利率由政府严格管制，金融机构没有自行决定利率的权利。

首先，利率的管理体系是高度集中的。在计划经济时代，货币和信贷由国家分配，这大大削弱了货币的经济功能，当时的货币作为经济的辅助品，只能被动地根据实体经济的变化作静态调整。因此，政府不需要通过利率来调整货币供求，而是将利率维持在很低的水平从而为大规模经济建设提供便利。

其次，政府制定利率政策的目的是满足社会主义改造和社会主义建设的需要。利率作为经济杠杆的功能被削弱，利率政策的目的并非促进社会生产力，而是服务于社会主义改造和社会主义建设。

自1978年以来，政府逐渐放松对利率的管制，利率调整的频率逐渐增加，金融机构在一定范围内有调节利率的自主权。2003年，十六届三中全会通过了《关于完善社会主义市场经济体制若干问题的决定》，指出“稳步推进利率市场化，建立健全由市场供求决定的利率形成机制，中央银行通过运用货币政策工具引导市场利率”，虽然利率的市场化从未止步，但中国的利率依然存在一定的刚性，利率变化仍然没有在价格水平的变化中得到充分的体现。

货币市场利率的自由化

1996年，中国开始利率市场化改革。1996年6月1日，中国人民银行放松了对银行间同业拆借利率的管制。同年，财政部以市场化的方式，通过证券交易所债券市场交易平台发行国债。1997 年 6 月，在借鉴银行间拆借利率的经验基础上，中国人民银行放松了对银行间回购利率和现券交易价格的管制，两者均由交易双方协商决定。1998 年 9 月，国家开发银行首次以市场化的方式发行了债券。1999 年 10 月，财政部通过市场招标方式完成了国债发行。上述种种举措表明，中国实现了银行间拆借利率、国债发行利率和政策性金融债券利率的市场化。

扩大存贷款利率的浮动区间

1987 年 1 月，中国人民银行首次放松了对贷款利率的管制，允许商业银行贷款利率在国家确定的企业流动资金贷款利率的基础上向上浮动，最大浮动幅度达到 20%。从 1998—1999 年，中国人民银行连续三次扩大了贷款利率的浮动区间。为了鼓励金融机构支持中小企业的发展，央行将中小企业贷款利率浮动上限从最初的 10%扩大到 30%，农村信用合作社的贷款利率的浮动上限则由 40%扩大到 50%，对大型企业贷款利率的最大浮动区间依然维持在 10%上下。

自 2003 年起，中国人民银行推出了一系列重要举措推动贷款利率的市场化。2003 年 8 月，在试点地区，农村信用合作社的贷款利率可在基准利率的基础上向上浮动一倍。

2004 年 1 月 1 日，中国人民银行决定将商业银行和城市信用社的贷款利率浮动区间扩大至基准利率的 0.9～1.7 倍，农村信用合作社的贷款利率浮动区间扩大至 0.9～2 倍。贷款利率的浮动区间不再取决于企业的所有制属性和规模，而是根据企业的声誉、风险和其他因素确定。

2004 年 10 月 29 日，中国人民银行提高了商业银行的存贷利率，并宣布将金融机构（不包括城市和农村信用合作社）的贷款利率上限完全放开，城市信用合作社的贷款利率上限扩大到基准利率的 2.3 倍，下限维持在 0.9 倍不变。这些措施表明中央银行对利率的管制会越来越宽松，商业银行在确定利率方面将获得更大的自主权。

除了贷款利率，人民币存款利率的市场化改革也取得了重要进展。1999

年10月，中国人民银行批准中资商业银行为中资保险公司提供大额存单服务（最低存款额为3 000万元，存期超过5年，不包括5年），存款利率由双方协商确定，这是中央银行在存款利率市场化方面的首次尝试。2002年2月和12月，上述业务范围被扩大到全国性社保基金和完成了养老保险个人账户试验性改革的省级社保机构。2003年11月，农村信用合作社和商业银行获准提供邮政储蓄协议存款业务（最低存款额为3 000万元，期限降至3年，不包括3年）。2004年10月29日，中国人民银行批准金融机构人民币存款利率在不超过各档次存款基准利率的范围内下浮，这意味着存款利率市场化改革阶段性目标的实现，即“放开下限，管住上限”，经济行为对利率的敏感度逐渐提高。

2012年6月8日，中国人民银行宣布，金融机构存款利率的浮动上限扩大至基准利率的1.1倍，贷款利率的浮动下限达到基准利率的0.8倍，这是自2004年10月以来利率市场化改革中的一项实质性进展。在此之前，根据央行的相关规定，金融机构存款利率不允许上浮，贷款利率的浮动下限为基准利率的0.9倍。2012年7月6日，中国人民银行再次降低人民币存贷款基准利率，金融机构贷款利率的浮动下限也调整为基准利率的0.7倍。央行要求金融机构对个人房屋贷款的利率浮动区间保持不变，同时继续严格执行差别化房屋信贷政策，遏制投机性购房行为。

外币的利率自由化

除了本国人民币利率，外币利率的市场化改革也得到了推进。2000年9月，中国人民银行放开了对外币贷款利率和超过300万美元（不包括300万美元）的大额存款利率的管制，但金额小于300万美元的外币存款利率仍然受到央行管制。2002年3月，央行结束了对中国和外国金融机构的外币利率政策的差别对待，实现了统一管理。2003年7月，央行放松了对英镑、瑞士法郎和加拿大元小额存款利率的管制，商业银行可自行决定利率。2003年11月，央行决定只设定美元、日元、港币和欧元的小额存款利率上限，商业银行可在不超过上限的范围内自行决定利率。2004年11月18日，央行将一年期小额美元存款的利率上限提高至0.875%，中国人民银行不再公布两年期美元、欧元、日元和港币的存款利率，商业银行可自行决定并公布。

央行的上述举措表明，利率的市场化改革是按照从外币到本币、从贷款到存款、从大额存款到小额存款、从农村到城市、从货币市场到信贷市场的顺序推进的。在改革过程中，管制利率和市场利率并存，有限浮动利率与自由浮动利率并存，所以说，中国的利率依然受到市场和政府管制的共同影响，仍然存在许多问题有待解决。

中国人民币汇率制度回顾

计划经济时代国家控制人民币汇率（1949—1978）

1949 年 1 月 18 日，人民币对美元汇率首次在天津挂牌。从 1949 年至 1952 年年底，国民经济逐渐恢复，人民币汇率与价格水平基本挂钩。在此期间，从事外贸活动的主要是私人商家，为了给这些商人的贸易活动带来一定的赢利以及保护侨汇，当时人民币汇率的变动主要服务于出口和侨汇，并对其发挥调控的职能。

在社会主义建设期间（1953—1967），人民币汇率一直保持相对稳定，这与当时中国计划价格水平和中央计划的价格管理体系是一致的。在此期间内，人民币汇率基本固定不变，尤其是 1955 年以后，人民币汇率一直保持在 2.46 元/美元的水平，汇率水平逐渐与价格水平脱节，主要是作为国内经济核算的工具而存在。

1967 年 11 月，英镑大幅贬值。1972 年，西方主要国家纷纷采用浮动汇率制度。在此背景下，从 1968 年至 1978 年年底，中国进入了人民币对外计价结算的时期，为了防止汇率风险，人民币汇率是根据各种货币在国际市场上的波动情况，通过加权平均的方法计算的。

汇率双轨制的实行（1978—1993）

从 1981 年到 1984 年年底，中国同时存在人民币内部结算价和官方汇率。1979 年 8 月，国务院决定进行人民币汇率制度改革，除了保留用于非贸易结算的对外的挂牌价格，国务院决定为对外贸易设定内部结算价格。在此期间，非贸易结算汇率主要用于对外关系，贸易结算价格主要用于对内关系。建立内部贸易结算汇率的目的是鼓励出口、限制进口、加强企业的经济核算，从而为国家赚取更多外汇。

1985年，中国废除了人民币内部结算价，这标志着官方汇率与外汇交易市场汇率开始并存。为了满足外贸体制改革的需要，推行承包制，逐渐取消财政补贴。自1988年，中国政府提高了外汇留成比例，建立了外汇调剂市场，同时放松对外汇市场调剂汇率的管制，形成了官方汇率与市场调剂汇率并存的局面。

1994年之后有管理的浮动汇率制度

1994年1月1日，人民币汇率正式并轨，以市场供求为基础的有管理的浮动汇率制度建成，外汇黑市基本消除。人民币汇率并轨后，结售汇制度取代了此前的外汇留成制度，全国联网的银行间外汇市场取代了官方汇率市场和分散的外汇调剂市场，同时有管理的浮动汇率制度取代了双轨汇率制度，这些举措的实施显著增强了中国对外贸易的竞争力。在此期间，人民币汇率基本钉住美元并保持稳定。

为了建立并完善以市场供求为基础的有管理的浮动汇率制度，2005年1月21日，中国开始实行以市场供求为基础、参考一篮子货币的有管理的浮动汇率制度，人民币汇率不再钉住美元，而是参考一篮子货币，形成了更灵活的人民币汇率制度。在这一时期（2005—2010），人民币对美元汇率持续升值。

2010年6月19日，为了增加人民币汇率的弹性，新一轮汇率制度改革拉开帷幕，目标是进一步完善以市场供求为基础、参考一篮子货币的有管理的浮动汇率制度，以一篮子货币汇率目标取代美元是改革的重要内容，不过这次改革的显著特征是进一步提高了人民币对美元汇率的弹性。

中国的人民币汇率形成机制改革是循序渐进的，人民币对美元汇率弹性的提高也是逐步实现的。在改革过程中，人民币对美元汇率被保持在政府管理可控的水平，从而规避相关的风险。

中国利率和汇率面临的问题

利率的问题

基准利率

过去中国利率倒挂现象非常明显。例如，在1993年7月11日之前，商业银行贷款利率基本等同于或略微高于存款利率，有时甚至出现贷款利率低于存款利率的现象，导致从事存贷业务的商业银行产生亏损。同时，商业银行在中央银行的准备金利率较高。从1996年8月23日至1998年3月25日，准备金利率持续高于存款利率，再贷款利率高于贷款利率，利率倒挂现象十分严重。当准备金利率高于存款利率时，国有银行更愿意将资金存在中央银行赚取利息，而不愿向企业提供贷款，这就阻碍了资金向实体经济的流动，也阻碍了专业银行向商业银行的转型。再贷款利率高于贷款利率，无法发挥基础利率的功能，无助于中央银行对利率从直接控制的方式向间接调控的转变。

1998年3月25日之前，中国法定准备金比率为13%，备付金比率为5%～7%，两者总额达到了18%～21%。随着金融体系的发展和金融环境的变化，中央银行于1998年对准备金制度进行了改革，将法定准备金和备付金账户合并，允许准备金账户与清算直接挂钩。1998年3月25日，中央银行进一步调整了利率，将准备金利率、再贷款利率和再贴现率三者的关系进一步合理化，存款利率和贷款利率随着准备金率的下调而降低，商业银行所需的运营成本也随之降低。与此同时，准备金利率的降低也减少了中央银行的利息支付，这有助于中央银行降低再贷款和再贴现利率。通常再贷款利率应该略低于一年贷款利率，但高于再贴现利率。一般来说，为了保持一定的流动性、防范银行挤兑的风险，商业银行会在中央银行存储准备金，但一般中央银行并不会对准备金支付利息。

但在20世纪90年代，中国人民银行为商业银行的准备金存款支付利息，与存款利率几乎相同，此举虽然降低了商业银行准备金的机会成本，但不利于其流动性管理。1998年3月25日，准备金利率与一年期存款利率之间的差距缩小为零，一年期贷款利率与再贷款利率之间的差距也缩小为零，但这还不够，准备金利率应该低于存款利率，否则商业银行宁愿将资金存于中央银行，也不愿发放贷款赚取利息。1998 年 7 月 1 日，中央银行再次降低存贷款利率、法定准备金利率和再贷款利率。2003 年 12 月 21 日，央行实行了准备金利率制度改革，为金融机构同一账户下的法定准备金和超额准备金分别设定不同的利率，法定准备金利率保持在 1.89%不变，超额准备金利率则由 1.89%降低为 1.62%（表 2-1）。

表 2-1　准备金利率、存款利率、贷款利率、再贷款利率和再贴现利率的演变

序号	日期	一年存款利率	一年贷款利率	法定准备金利率	超额准备金利率	一年再贷款利率	再贴现利率
1	1990.3.21	11.34	10.08	7.92	7.92	9.00	(*)
2	1990.4.15	10.08	10.08	7.92	7.92	9.00	(*)
3	1990.8.21	8.64	9.36	6.84	6.84	7.92	(*)
4	1991.4.21	7.56	8.64	6.12	6.12	7.20	(*)
5	1993.5.15	9.18	9.36	7.56	7.56	9.00	(*)
6	1993.7.11	10.98	10.98	9.18	9.18	10.62	(*)
7	1996.5.1	9.18	10.98	8.82	8.82	10.98	*
8	1996.8.23	7.47	10.08	8.28	7.92	10.62	*
9	1997.10.23	5.67	8.64	7.56	7.02	9.36	*
10	1998.3.25	5.22	7.92	5.22		7.92	6.03
11	1998.7.1	4.77	6.93	3.51		5.67	4.32
12	1998.12.7	3.78	6.39	3.24		5.13	3.96
13	1999.6.10	2.25	5.85	2.07		3.78	2.16
14	2002.2.21	1.98	5.31	1.89		3.24	2.97
15	2004.10.29	2.25	5.58	1.89	1.62 **	3.87 ***	3.24 ***
16	2006.4.28		5.85		0.99 ****		
17	2006. 8. 19	2. 52	6. 12				
18	2007.3.18	2.79	6.39				
19	2007.5.19	3.06	6.57				

（续表）

序号	日期	一年存款利率	一年贷款利率	法定准备金利率	超额准备金利率	一年再贷款利率	再贴现利率
20	2007.7.21	3.33	6.84				
21	2007.8.22	3.60	7.02				
22	2007.9.15	3.87	7.29				
23	2007.12.21	4.14	7.47				
24	2008.9.16		7.20			4.68 *****	4.32 *****
25	2008.10.9	3.87	6.93				
26	2008.10.30	3.60	6.66				
27	2008.11.27	2.52	5.58	1.62	0.72	3.6	2.97
28	2008.12.23	2.25	5.31			3.33	1.8
29	2010.10.20	2.50	5.56				
30	2010.12.26	2.75	5.81			3.85	2.25
31	2011.2.9	3.00	6.06				
32	2011.4.6	3.25	6.31				
33	2011.7.7	3.50	6.56				
34	2012.6.8	3.25	6.31				
35	2012.7.6	3.00	6.00				

数据来源：Kong（1994）；《中国金融年鉴》(2009)；www.pbc.gov.cn。

注：（*）——较同时期贷款利率低5%～10%；

* ——较同时期再贷款利率低5%～10%；

** ——2003年12月21日，超额准备金利率由1.89%降至1.62%；法定准备金利率维持在1.89%不变；

*** ——2003年3月25日；

**** ——2005年3月17日；

***** ——2008年1月1日。

自2006年以来，中国人民银行多次调整了存贷款利率和央行基准利率，通过对利率的调整将存贷款利率、准备金利率、再贷款利率和再贴现利率的关系逐渐合理化，使利率能够在资源分配中发挥更好的作用。

人民币与外币利率的相互协调

随着以市场为导向的利率市场化改革的深化和中国资本账户的进一步开

放，人民币利率和外币利率的协调问题逐渐凸显，国内金融市场利率与国际金融市场利率之间的联动将进一步加强。外币利率和人民币汇率的变动都将对人民币利率产生影响，在高度一体化的市场经济中，由于套利和套汇交易的存在，国内外利率和汇率之间可能存在不协调的问题。

如何协调人民币利率、国内外币利率和国际市场上外币利率之间的关系是个十分关键问题（图 2-1）。从 1994 年 1 月至 2005 年 7 月 21 日，人民币基本钉住美元不变。从理论上说，如果人民币可以自由兑换，那么国内和国外的利率水平应该呈现相同的变化趋势。

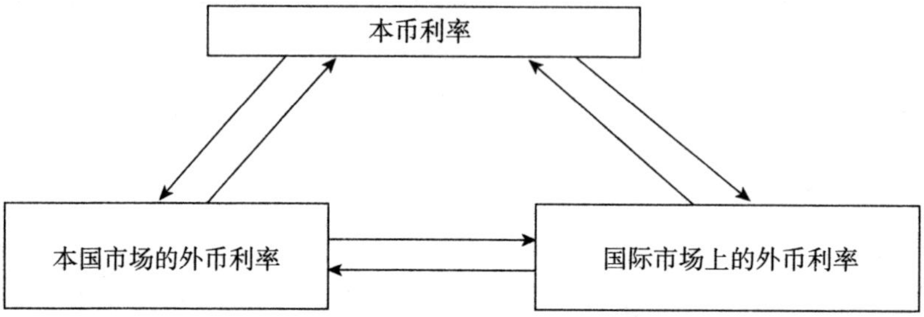

图 2-1　本币利率与外币利率的关系

由于中国的资本账户尚未完全开放，国内市场的美元利率和人民币利率相对独立。对比国内一年期美元存款利率和人民币存款利率，可以看出，两者的变化趋势完全不同（图 2-2），人民币和外币的利率变化趋势之间并不存在明显的相关性，之所以如此，原因就在于人民币无法自由兑换。

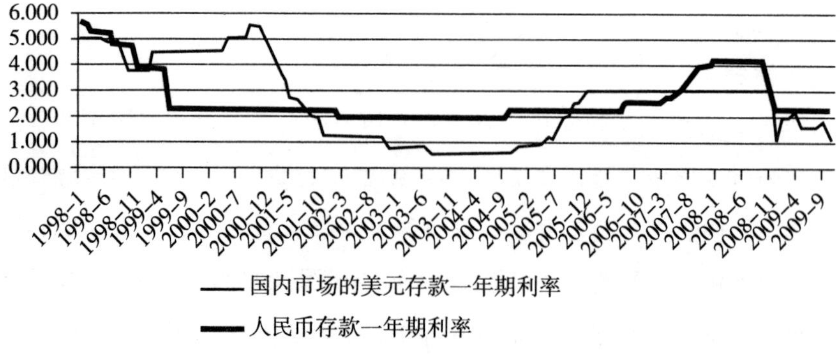

图 2-2　国内市场的美元存款一年期利率和人民币存款一年期利率

资料来源：中国经济数据库。

同样，人民币利率和国际市场上的外币利率之间也不存在明显的相关性，国内利率调整也完全独立于国际金融市场。但随着市场化改革的深化，国内金融市场与国际金融市场之间的相关性将得到加强。在高度一体化的市场经济中，外币的利率变化必将引起本国货币汇率的变动以及国内利率的变化，否则将出现套利资本单向流动。在人民币升值预期下，国内利率应该低于美元利率，这样才能防止投机资本的套利行为。试想如果国内利率高于美元利率，将有大量“热钱”涌入国内市场。

在2008—2010年期间，随着人民币基准利率、美元基准利率和人民币升值率（不考虑交易成本）的变化，大量热钱流入中国市场，由于人民币利率和人民币对美元升值率都高于美元利率，中国市场成了投机资本开展套利套汇交易的绝佳地点。2008年之后美元利率一路下滑，2010年人民币利率上调，这进一步扩大了套利套汇的营利空间，吸引了更多投机资本进入中国。

1996年12月，经常账户下已实现了人民币的自由兑换，国务院2007年颁布的《外汇管制条例》取消了强制性结售汇的规定，企业可保留经常账户下的外汇所得，个人外汇需求也基本得到了满足。与此同时，中国继续推动资本账户下人民币兑换的自由化，加快外汇市场国际化的步伐，从而国内和国际之间的资本流动将日益频繁。外汇制度改革的进一步深化有助于拓展外汇市场的广度和深度，加强人民币汇率与利率之间的关联，因此汇率和利率市场化改革将越来越具有重要意义。

负实际利率

1973年，美国经济学家肖和麦金农在他们的著作《经济发展中的金融深化》和《经济发展中的货币和资本》中深入分析了发展中国家的金融管制和金融深化，他们认为，由于发展中国家人为压低利率，实际利率往往为负值，投资需求过度扩张，政府不得不实行信贷配给制度，而这一制度会导致众多不良后果，如资本效率过低、金融脱媒等。多年来，中国多次出现通货膨胀率高于存款利率的现象，1987—1988年和1993—1994年，高通胀率导致实际利率水平为负（图2-3）。近年，中国再次面临负利率的局面，例如2007—

2008 年和 2010—2011 年就出现了这种情况。正利率能吸引资金、促进投资，而负利率会降低资源分配效率。正利率还有利于缩小银行利率与黑市利率之间的差距，为中央银行调节利率提供更大的空间。

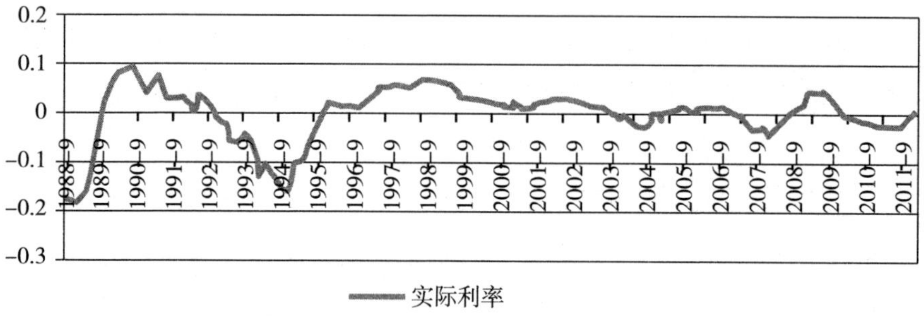

图 2-3　中国实际利率水平（1988 年 9 月—2012 年 2 月）

数据来源：中国经济数据库（名义利率—通胀率）。

从储户和借款人的角度来看，在存款利率和贷款利率都保持不变的情况下，通货膨胀率就是一个关键因素，会对储户和借款人产生不同的影响。通货膨胀率越高，储户损失越大，借款人收益越多，因此，在通货膨胀率较高的情况下，储户没有存钱意愿，但借款人的借钱意愿很强。储户更愿选择当前消费而不愿存款，因为同等金额在未来可购买的物品数量小于当前。而借款人愿意借款，因为同等商品当前的价格低于未来的价格。同样的道理，如果利率上升速度小于通货膨胀率，储户则不愿存钱，而借款人则愿意借更多钱。

2011 年，中国的价格水平快速上升，导致实际利率为负。中央银行希望通过上调名义利率的方法使实际利率转为正。如果名义利率上调并且超过通货膨胀率，实际利率将转负为正，虽然通货膨胀造成储户损失，但名义利率的提高会扭转这种局面。在央行上调利率的情况下，我们将费雪方程式“实际利率＝名义利率－通货膨胀率”变为“实际利率＝之前名义利率＋利率上升－通货膨胀率”。即使实际利率为正，本金和利息在存期结束时的实际购买力还要取决于利率和通货膨胀率的上升。此时需要考虑两种情况（表 2-2）。

表 2-2　中国的通货膨胀对储户的影响

实际利率＝之前名义利率＋利率增加－通货膨胀率	当前与过去存款购买力的对比
1. 之前名义利率＋利率上升＜通货膨胀率，实际利率为负	本金和利息的购买力＜之前本金的购买力，储户面临损失
2. 之前名义利率＋利率上升＞通货膨胀率，实际利率为正	本金和利息的购买力＞之前本金的购买力，储户获得收益
(i) 利率上升＝通货膨胀率	本金和利息的购买力＝之前本金和利息的购买力，当期存款的收入与上期存款收入相同
(ii) 利率上升＞通货膨胀率	本金和利息的购买力＞之前本金和利息的购买力，当期存款收入大于前期存款收入
(iii) 利率上升＜通货膨胀率	本金和利息的购买力＜之前本金和利息的购买力，当期存款的收入小于前期存款收入

从表 2-2 中可以看出，如果实际利率为负，本金和利息的当前购买力低于本金的购买力，对储户造成绝对损失。如果实际利率为正，本金和利息的当前实际购买力高于前期本金的购买力，储户可通过存款获利。但是，由于通货膨胀的存在，如果利率增幅与通货膨胀率相同，那么本金和利息的当前购买力则与前期相同，储户的实际收入也与前期相同；如果利率增幅大于通货膨胀率，本金和利息的购买力则高于前期，当前存款实际收入超过前期存款收入；如果利率增幅小于通货膨胀率，本金和利息的购买力则会下降。

2007 年就是一个例子，当时的名义利率与利率上调之和低于通货膨胀率，储户遭受了绝对损失，导致大量资金流入股票和房地产市场，推高了资产价格。

民间借贷及利率

多年来，中小企业融资难是中国经济面临的一个棘手的问题。全国工商联合会的一项调查表明，90％的中小企业与金融机构之间不存在借贷关系，95％的小微企业也不存在这种关系。根据官方数据，温州民间资本规模达到 6000 亿元；江浙两省 80％的中小企业都依赖于民间贷款，年利率高达 180％，而大多数中小企业的毛利润仅有 3%～5%。根据鄂尔多斯的官方调研数据，自从出现了房地产泡沫和采矿业投资热潮，鄂尔多斯成为中国北方民间借贷的热点地区，民间借贷资本已超过 2000 亿元。许多政府官员和银行职员与高利贷和非法集资案件存在牵连，中国银行内蒙古分行行长的妻子曾被绑架，勒索额度达到 2 亿元，而这起绑架案的最初起源就是非法集资和民间借贷。在温州的民间借贷市场上，80%的放贷人员为公务员。浙江、广东、内蒙古、江苏、河南和福建各省纷纷出现民间贷款泡沫破灭的事件。根据不完全统计，在一年多的时间内，仅浙江温州市共发生 10 起与民间借贷相关的自杀事件，200 多人出逃，284 人被以刑事罪名拘捕。

《中国人民银行关于取缔地下钱庄及打击高利贷行为的通知》于 2002 年颁布，该《通知》指出，民间借贷利率应由借贷双方协商决定，不得超过中国人民银行公布的金融机构同期贷款基准利率的 4 倍，超过此标准的贷款则被认定为高利贷，不受法律保护。但一些学者对 4 倍这个标准提出质疑，央行在 2004 年就表示原则上不对金融机构的贷款利率设定上限，这与上述《通知》中的规定存在矛盾。

中国中小企业融资主要依靠民间借贷，但民间借贷缺乏法律基础，贷款利率也相对较高，资金供应容易受到宏观经济形势和政策的影响，因此，民间借贷市场急需规范，使民间市场阳光化，并走上健康有序的发展道路。

人民币汇率面临的问题

人民币汇率过于刚性，对美元的汇率不够灵活

1994 年，中国开始实施外汇体制改革。自 1 月 1 日起，人民币缓慢升值，截至 1995 年 6 月底，人民币对美元汇率升值到 8.3011 元/美元，升值幅度 4.8%，此后人民币汇率进入了一个相对稳定的时期。1997 年，尽管亚洲金融危机来势凶猛，中国政府仍然坚持人民币不贬值，人民币对美元汇率保持稳定，在 8.27 和 8.28 之间变化。

2005 年 7 月 21 日，中国实行了又一轮外汇体制改革，人民币对美元一次性升值约 2%，达到 8.11 元/美元。实际上，由于中国国际收支双顺差，人民

币对美元持续升值，截至 2008 年 8 月底，升值幅度达到 18.58%，在此期间，人民币基本保持爬行钉住美元。2007 年，美国次贷危机爆发，美联储随即采取了一系列扩张性宏观经济政策以稳定经济、刺激增长，美国联邦基金利率持续下降，人民币对美元则一路升值。但是，随着美国次贷危机波及的范围不断扩大、愈演愈烈，全球经济每况愈下，中国也开始面临经济下滑和资本外逃的风险。在此背景之下，2008 年 8 月，人民币停止了持续升值的步伐，面对全球金融危机的袭击，中国政府将人民币对美元汇率稳定在 6.83 左右（图 2－4）。

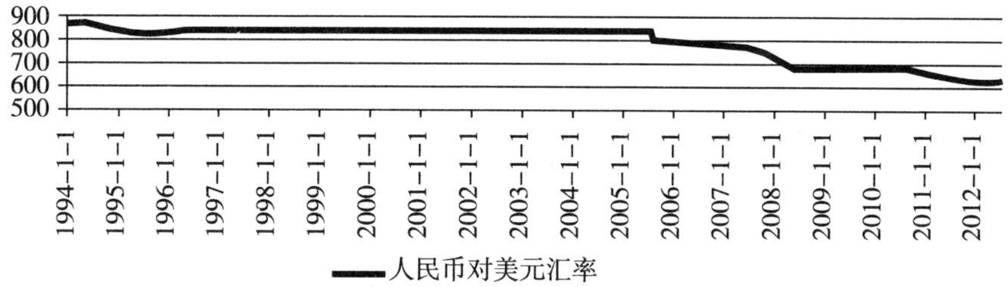

图 2－4 人民币对美元汇率（1994 年 1 月 1 日—2012 年 6 月 19 日）

资料来源：www.safe.gov.cn。

2010 年 6 月 19 日，中国人民银行重启汇率制度改革，人民币对美元再度升值。此后，人民币对美元经历了持续升值的过程，但汇率的弹性依然有待进一步增加。

人民币对非美元货币汇率

人民币对美元的汇率在中国汇率体系中占据主导地位。在人民币对美元持续升值的同时，人民币对非美元货币的汇率以及人民币有效汇率都出现了剧烈震荡。2006 年 1 月 4 日，根据央行规定，人民币对欧元、日元和港币的中间价由中国外汇交易中心根据当日人民币对美元中间价和国际外汇交易市场上午 9 点欧元、日元和港币对美元汇率的套算来决定。

在中国现行汇率制度中，为了防止人民币对美元以及人民币对非美元货币的投机套汇行为并保持外汇市场的稳定性，中国人民银行需要通过计算交叉汇率设定人民币对非美元货币的汇率，以增加投机资本利用汇率差异谋取利润的难度。当美元对人民币汇率、欧元对美元汇率和人民币对欧元汇率的变化总和为零，投机者就无法获得利润。在欧洲主权债务危机期间，美元持续走强，此时如果人民币对美元汇率保持不变，由于美元对欧元升值，人民币对欧元则会升值。因此，人民币对欧元汇率将反映美元对欧元汇率的变化，例如，从 2009 年 12 月 1 日—2010 年 6 月 18 日，人民币和美元对欧元双双大幅升值（图 2－5）。

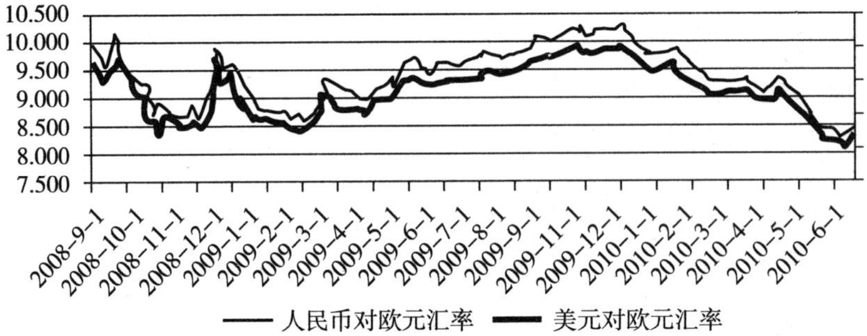

图 2－5　欧元对人民币汇率和欧元对美元汇率（2008 年 9 月 1 日—2010 年 6 月 18 日）

资料来源：CEIC database。

自 2010 年 6 月 19 日央行重启汇改以来，人民币对美元出现单边升值趋势，人民币汇率从 2010 年 6 月 21 日的 6.8275 元/美元上升至 2012 年 2 月 17 日的 6.2951 元/美元，累计升值 8.5%。在此期间，美元对欧元从 2010 年 6 月 21 日的 1.2391 美元/欧元贬值为 2011 年 2 月 17 日的 1.3158 美元/欧元，累计贬值达到 5.83%。相比之下，由于人民币对美元升值幅度较大，所以尽管美元对欧元贬值，人民币对欧元依然保持了升值趋势。这一时期，人民币对欧元汇率从 2010 年 6 月 21 日的 8.4825 元/欧元升为 2011 年 2 月 17 日的 8.2658 元/欧元，累计升值 2.62%，其主要原因就是人民币对美元的升值幅度大于美元对欧元的贬值幅度。

人民币有效汇率

为了充分理解人民币汇率的变化趋势，首先必须理解人民币的有效汇率。与双边汇率相比，人民币有效汇率作为重要的宏观经济指标，能够更好地反映整体外贸竞争力。人民币有效汇率是将人民币对所有贸易伙伴国家货币的汇率进行贸易加权平均所得到的综合汇率。

如果人民币对美元升值，人民币有效汇率与美元有效汇率将越来越接近。从 2005 年 7 月—2008 年 8 月，人民币对美元出现单边升值，与此同时，人民币有效汇率和美元有效汇率趋于接近（图 2-6）。

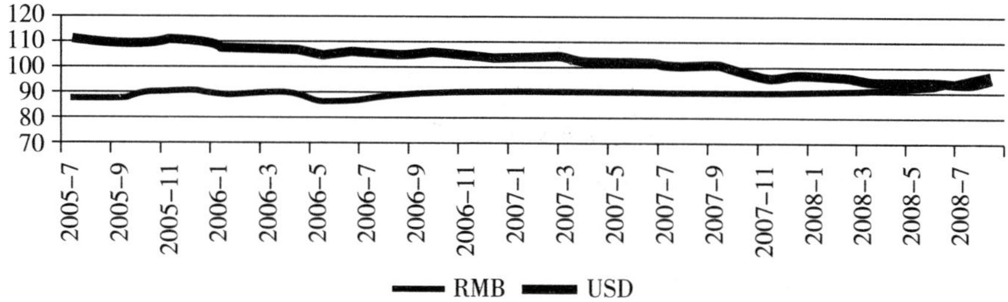

图 2-6 人民币和美元的名义有效汇率（2005 年 7 月—2008 年 8 月）

资料来源：www.bis.org（2010=100）。

在国际金融危机时期，人民币对美元汇率保持相对稳定，人民币有效汇率和美元有效汇率也保持相同的趋势，直到最近一轮汇率改革（2008 年 9 月—2010 年 5 月），这一趋势才有所改变（图 2-7）。由此可见，如果人民币钉住美元，那么人民币的有效汇率也将跟随美元有效汇率的变化路径。

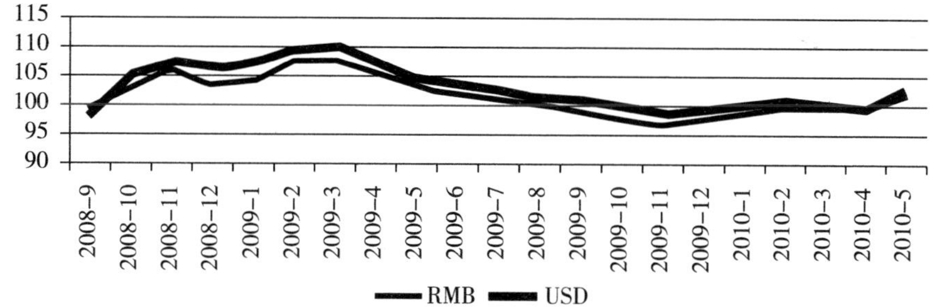

图 2-7 人民币和美元名义有效汇率（2008 年 9 月—2010 年 5 月）

资料来源：www.bis.org（2010=100）。

2010 年汇改重启之后，人民币对美元汇率持续升值，人民币有效汇率和美元有效汇率的差距逐渐拉大（图 2-8）。随着美元的总体升值，人民币的总体升值幅度也有所增加。

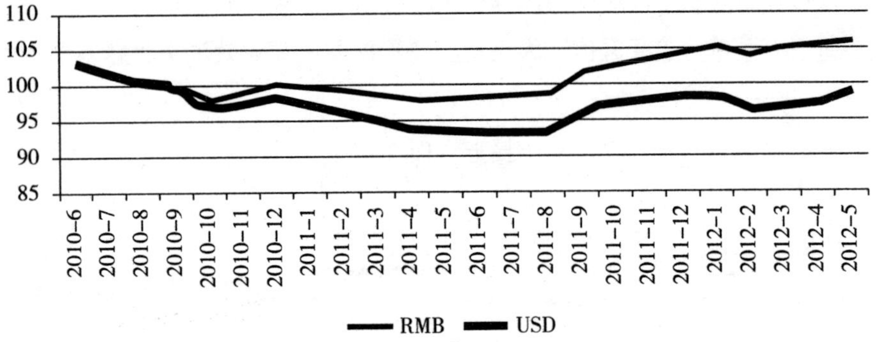

图 2-8 人民币和美元名义的有效汇率（2010 年 6 月—2012 年 5 月）

资料来源：www.bis.org（2010＝100）。

在上述分析的基础上，我们可以得出一个结论，如果人民币钉住美元，人民币的有效汇率的变动将跟随美元有效汇率的变动趋势。

人民币汇率的浮动区间

银行间外汇市场人民币汇率的浮动区间

2005 年 7 月 21 日的人民币汇率形成体制改革中，中国人民银行宣布在每个交易日的美元和其他货币对人民币的收盘价将被视为第二个交易日该货币对人民币的中间价。在银行间外汇市场上，美元对人民币汇率可以在美元中间价上下 3‰的区间内浮动，非美元货币对人民币的汇率可以在该货币中间价上下 1.5％的区间浮动，也就是上一个交易日该货币对人民币的收盘价基础上浮动。从三角套汇的角度来看，在每天的交易中，人民币对非美元货币的汇率变化很难反映国际金融市场上美元对非美元货币汇率的变化，由于人民币对美元、人民币对非美元货币以及国际金融市场美元对非美元货币之间的三角关系很难维持，所以经常会出现套汇机会。出于这一考虑，2006 年 1 月 4 日，中国人民银行宣布，人民币对非美元货币汇率中间价通过计算交叉汇率确定（表 2-3）。

由于人民币对非美元货币的汇率依赖于人民币对美元汇率，银行间外汇市场上非美元货币对人民币汇率的浮动区间、人民币对美元汇率的浮动区间以及美元对非美元货币的浮动区间三者之间相互影响，相互制约。

表 2-3　银行间市场人民币汇率的浮动区间

日期	人民币汇率中间价和浮动区间的调整
2005年7月21日	中国人民银行在每个交易日公布的美元和其他货币对人民币的收盘价将被视为是第二个交易日该货币对人民币汇率的中间价。在银行间外汇市场上，美元对人民币汇率可以在中间价上下3‰的区间内浮动，非美元货币对人民币的汇率可以在该货币中间价上下1.5%的区间浮动
2005年9月23日	非美元货币对人民币中间价的浮动区间从1.5%扩大到3%
2006年1月4日	央行在银行间外汇市场引入了询价交易制度和做市商制度，用于决定每个交易日人民币对美元的中间价；人民币对欧元、日元和港币的中间价由中国外汇交易中心通过计算每天人民币对美元中间价和9:00am国际金融市场上欧元、日元和港币兑美元的汇率套算来确定
2007年5月27日	人民币对美元汇率的浮动区间从3‰扩大至5‰
2012年4月16日	自2012年4月16日起，在银行间外汇市场上，人民币对美元汇率的浮动区间从5‰扩大到1%。换句话说，银行间外汇即期交易市场上，人民币对美元汇率可以在中国外汇交易中心公布的人民币对美元中间价的上下1%范围内浮动

资料来源：www.pbc.gov.cn。

场外交易市场商业银行挂牌汇率的浮动区间

自2005年7月21日起，央行要求，商业银行对客户挂牌的美元对人民币汇率买卖价的浮动不得超过央行公布的汇率中间价的上下0.2%（表2-4）。如果场外交易的汇率浮动区间小于银行间市场，商业银行会遭受损失，因为场外交易市场的美元卖出价会低于银行间市场的卖出价，因此商业银行必须将挂牌买卖价分别定为浮动区间的上下限，这样就使银行每个交易日的美元挂牌汇率都固定不变。

2005年9月23日，商业银行对客户挂牌美元汇率开始实行价差管理，美元买卖价差不得超过美元中间价的1%；在银行间外汇市场，美元对人民币汇率可在央行公布的美元中间价上下0.5%的范围内浮动，场外交易的汇率浮动区间与此基本相同，但浮动是不对称性管理，更具灵活性。2012年4月24日，中国人民银行扩大了银行间外汇市场及场外交易市场的汇率浮动区间。如果央行继续放开商业银行对客户挂牌的美元对人民币汇率浮动区间，那么银行间外汇市场的人民币对美元汇率的浮动区间也应同时扩大。试想，如果只扩大人民币对美元场外交易汇率的浮动区间，就可能出现套汇行为。如果场外交易市场美元买入价格较低，商业银行可以在银行间外汇市场卖出美元赚取差价，同时商业银行还会尽量压低场外交易的美元价格。因此，如果场外交易的汇率浮动区间小于银行间市场的汇率浮动区间，银行将面临损失；同样，如果场外汇率浮动区间大于银行间市场，银行就有机会进行套汇交易。

表 2-4　商业银行挂牌汇率的浮动区间

日期	商业银行挂牌汇率的浮动区间
2005 年 7 月 21 日	商业银行对客户挂牌的美元对人民币现汇买卖价的浮动范围不得超过央行公布的美元中间价的 0.2%。现钞买卖价格的浮动范围不得超过中间价的 1%。外汇指定商业银行的非美元货币对人民币现汇即期外汇交易挂牌汇率中间价通过国际外汇市场美元汇率的交叉汇率来确定。非美元货币对人民币的现汇买卖价差不应超过现汇交易中间价的 0.8%（[现汇买入价—现汇卖出价] /现汇交易中间价×100%≤0.8%）。现钞买卖价差不应超过现钞交易中间价的 4%（[现钞卖出价－现钞买入价] /现钞交易中间价×100%≤4%）
2005 年 9 月 23 日	商业银行的美元挂牌汇率的买卖实行差价幅度管理。美元现汇卖出和买入价差不得超过美元中间价的 1%；现钞买卖价差不得超过中间价的 4%，银行每个交易日可独立调节美元挂牌价格，使其保持在规定范围内。此外，商业银行非美元货币挂牌汇率的买卖价差的限制被取消，银行可自行设定非美元货币对人民币汇率，所有挂牌货币的现钞买入价和现汇买入价都可通过银行与客户协商确定
2012 年 4 月 14 日	外汇指定商业银行每个交易日的美元现钞最高卖出价和最低买入价之间的价差范围从 1%扩大到 2%，其他规定依照《中国人民银行关于银行间外汇市场交易汇价和外汇指定银行挂牌汇价管理有关问题的通知》执行

资料来源：www. pbc. gov. cn。

总而言之，在对人民币汇率完全放开管制之前，央行需同时确定和协调场外交易和银行间市场交易的人民币对美元汇率变动幅度。

中国内地与香港地区面临同样的汇率难题

人民币对美元相对固定的汇率会在一定程度上削弱中国货币政策的独立性。为了维持汇率稳定，央行必须干预外汇市场，货币政策不得不服务于汇率稳定，货币政策就失去了独立性。因此，央行有必要加强货币政策和汇率政策的协调。中国的现实是，不仅人民币对美元汇率保持相对稳定，而且香港特别行政区实行联系汇率制，港币对美元汇率也保持固定不变，因此香港的货币政策也不具有独立性。香港是经济高度开放的小型经济体，资本可自由流动，根据“三元悖论”，当港币钉住美元并且资本流动自由时，货币政策就不可能具有独立性。也就是说，在资本自由流动的情况下，在选择固定汇率、放弃货币政策独立性和选择独立货币政策、放弃固定汇率两者之中，香港只能选择其一。最终，香港选择了固定汇率，放弃了货币政策的独立性。为了维持汇率固定不变，香港的利率必须跟随美国利率的变化而变化，如果美国下调联邦基金利率，香港也必须降低基准利率来维持利率政策的高度一致性。

中国内地的情况稍有不同，虽然人民币对美元汇率也保持相对稳定，但由于人民币不可自由兑换而且资本流动受到政府管制，所以货币政策的独立性相对较高。不过，随着中国金融市场化改革的深化和政府对资本管制的进一步放松，货币政策的独立性也将被削弱。为了维持汇率固定不变，中央银行必须通过被动的购买美元、出售人民币的方式干预外汇市场。由此可见，在人民币对美元汇率保持稳定的情况下，中国内地与香港面临同样的难题。如果人民币的升值预期增强，将吸引资本流入中国，央行不得不购买美元、出售人民币。不仅如此，央行还须通过发行央行票据来消除对国内货币供应的影响，这在一定程度上削弱了货币政策的独立性。

在中国利率和汇率受到管制的背景下，利率和汇率的调整往往存在冲突。现实中，央行的确面临两难选择。例如，在全球金融危机期间，美国的宽松货币政策导致美元贬值，对人民币造成升值压力。为了稳定汇率，央行不得不购买外汇、增加人民币供应量，丧失了货币政策的自主性。换句话说，货币政策主要被用于稳定汇率，失去了政策的独立性。

简单来说，香港实行货币局制度，这一制度以固定汇率、资本完全流动、货币政策没有独立性为主要特征。在中国内地，虽然人民币对美元汇率维持相对稳定，但资本不可自由流动，所以货币政策在一定程度上具有独立性。美国货币政策具有完全独立性，而香港的利率政策必须与美联储保持一致。由此可见，美国货币政策对中国内地和香港地区存在巨大的溢出效应。

随着人民币汇率的灵活性不断加强和资本账户进一步开放，人民币汇率将更充分地反映未来市场供求关系的变化，货币政策的独立性也将得到增强。在开放经济中，货币当局可以通过组合实施货币政策和财政政策来实现宏观经济目标。在利率和汇率的市场化改革中，应充分考虑到利率和汇率浮动的调整节奏、顺序并作出协调安排，确保金融市场的相对稳定。

未来利率和汇率的市场化改革

中国利率市场化改革的政策趋势

与货币政策数量工具相比，价格工具（主要指利率）可能更加有效。一般来说，人们都认为金融市场化和金融危机之间存在某种必然联系，经济学家弗里的文章认为，管理和监督的缺失就是金融改革失败的主要原因。中国的利率市场化改革主要指放松利率管制，扩大利率浮动区间。但是，由于国有银行的垄断，信贷市场缺乏竞争，所以，利率的市场化改革首先应该打破银行业高度垄断，放宽市场准入。目前，信贷市场尚未实现完全竞争，民间贷款也有待进一步标准化，中小企业贷款难的现象日益凸显，很难在竞争中形成市场利率，因此，中国的利率市场化改革不应只着眼于利率本身，还应在广度和深度上拓展信贷市场。

一、打破国有银行垄断、鼓励民间资本进入金融行业是中国下一步金融改革的重要内容，如果垄断被打破，金融产品定价将更加合理，有助于存贷款利率的市场化改革。

二、发展小额贷款公司和村镇银行。中国银行业监督管理委员会于 2008

年颁布了《关于小额贷款公司试点的指导意见》，鼓励拥有大量财富的投资者为中小企业提供资金，利率可根据市场资金状况自由调整。小额贷款公司和村镇银行的建立有利于缓解中小企业融资难的局面、增加融资渠道。

三、建立存款保险制度。多年来，虽然中国尚未建立存款保险制度，但大众普遍认为，一旦银行系统出现严重问题，政府必然会出手干预，这其实就是政府提供的隐性保障，比起这种隐性保障，显性的存款保险制度其实更为有效，银行需要分担成本时，自然会谨慎行事。在隐性的存款保险体系中，责任和义务不明确，银行还可能进行寻租，不利于提高运营效率、完善监管和提高信息透明度。最近，中国决定打破银行业垄断，鼓励私有资本进入金融体系，存款保险制度的建立将会加快，为金融改革创造有利的外部环境。

四、逐渐扩大存贷款利率的浮动范围。由于中国企业的主要融资渠道依然是银行贷款，随着利率市场化的推进，银行应该主动承担资产定价的任务。商业银行应该具有风险定价的勇气和能力，央行将放宽人民币利率的浮动区间，人民币利率在未来将更多地由商业银行自主决定。

五、控制通货膨胀。一方面，通货膨胀导致实际利率下降，不利于资源的有效分配；另一方面，通货膨胀严重扰乱居民和企业的价格预期，导致金融产品的价格波动和不合理定价。

六、建立完善的信用评级系统。中国应该建立权威的信用评级机构，根据商业和信贷环境对商业银行和企业进行评估，这在利率的确定过程中具有重要的作用。拥有不同评级的银行和企业应该采用不同的利率，例如，央行对不同金融机构的贷款和商业银行对不同企业的贷款都应该根据其信用评级不同而有差别地选择利率。

七、完善法律法规和监管体系。在金融体制改革的实施过程中，加快金融机构改革、完善金融机构管理、提高运营效率、降低不良贷款、加强监管以及提高资金效率都是十分重要的内容，有助于使利率真正反映现实的资金状况。

人民币汇率中间价的改革

随着中国资本账户的逐渐开放，人民币汇率的灵活性应该得到进一步加强，人民币市场化改革的步伐也应根据中国经济结构的转型进行调整。过去，外需是推动中国经济增长的主要动力，经济增速和外贸顺差一直是宏观经济政策的主要目标，人民币钉住或爬行钉住美元，这是人民币市场化改革的第一阶段，这一阶段已经结束。2005 年 7 月 21 日，中国人民银行启动了人民币汇率改革，建立了参考一篮子货币的汇率制度，但事实上，人民币依然紧盯美元。如果央行根据人民币有效汇率目标价设定每个交易日的人民币对美元中间价，人民币对美元汇率的灵活性将大幅提高，但参考一篮子货币的人民币汇率只是个过渡阶段。在此后的第三个阶段，人民币汇率应该交由市场供求关系决定，其变化趋势将反映消费者和生产者的最优化决策，汇率最终将达到均衡。在这个阶段，经济增长的主要动力转向内需，外需对经济增长的贡献逐渐降低，人民币汇率将发挥资源配置和市场调控的作用。

总而言之，中国的汇率制度改革将采取循序渐进的方式，按照主动、渐进和可控的原则，逐渐增加汇率的灵活性。随着经济增长模式的改变，外需不再是经济增长的主要动力，内需尤其是家庭消费将大幅增加，人民币汇率制度的市场化改革将适应经济结构的调整和货币政策目标变化。

扩大人民币汇率浮动区间

随着金融市场逐渐开放，外汇供求变化将更加频繁，中国人民银行应继续扩大人民币对美元汇率的浮动区间，为确定更合理的人民币汇率水平创造条件。此外，由于人民币对非美元货币的汇率主要受到人民币对美元汇率和国际金融市场上美元对非美元汇率的影响，因此，人民币对非美元汇率的浮动区间也需相应扩大。

如果人民币汇率参考有效汇率目标，假设一篮子货币每日上下浮动区间为有效汇率中间价的 $a\%$，即 $[NEER_t(1+a\%), NEER_t(1-a\%)]$，那么人民币对美元或人民币对非美元货币的日波动区间也可同时确定。

在这个过程中，首先应该允许人民币对非美元货币汇率自由波动；其次，人民币对美元汇率的波动区间应该放宽，直至市场导向的人民币对美元汇率形成。最终，中国将实现人民币不同汇率之间的变动由市场供给和需求自动调节。

事实上，人民币汇率的市场化改革也是一个综合过程，需要多方面的配套措施。

首先，需要改革外汇管理制度。目前，外汇管制的放松主要体现在外汇买卖方面，外汇投资领域还需要进一步的改革。因此，中国应该深化外汇管理制度改革、放松外汇境外投资限制、鼓励国内居民充分利用国际金融市场优化投资、分散投资风险、增加资本回报，这些举措将有利于促进人民币汇率的市场化改革。

其次，降低中国人民银行对外汇市场的干预。央行的干预措施是影响人民币汇率变动的重要因素，除了外汇市场买卖双方之外，央行是外汇市场最大的参与者之一。通常，央行干预外汇市场的目的是确保市场的健康有序发展、防止汇率的大幅波动、消除短期资金造成的市场震荡。但是，如果央行长期进行干预，外汇市场就很难确定真正的市场汇率，公众也会对汇率产生错误的预期，导致汇率无法准确反映市场的供求关系。因此，逐渐降低央行对外汇市场的干预并通过市场机制调节人民币汇率非常重要。

第三，大力发展外汇衍生品市场。汇率的市场化就意味着人民币汇率的波动将更加频繁，汇率波动的不确定性也会有所增加，因此企业和居民将面临更大的外汇风险。应积极推进外汇衍生品市场的建立，引入更多的外汇市场金融工具，比如远期合同、期货、期权等，为外汇市场参与者提供规避风险的工具。汇率的市场化改革和外汇衍生品市场的发展相互影响、相互促进。

此外，人民币汇率和利率的相互协调也极为必要。在中国，人民币汇率和利率的变动基本相互独立，关联性很小，而在发达的金融市场，汇率对利率变化非常敏感。目前，央行对利率和汇率拥有一定的控制力。但是，为了完善定价机制，使市场机制能够充分发挥作用，央行应逐渐转向，通过调节利率来影响人民币汇率，从而使人民币汇率和利率的变动主要取决于国内和国际货币市场的供求关系。

总而言之，随着金融市场的发展，中国应进一步完善利率形成机制、确定合理的利率结构和利率水平，这将有利于中国人民银行实施宏观调控。与此同时，中国应该鼓励民间资本进入金融行业参与竞争，逐步促进利率的市场化，通过市场机制、央行调控的方式确定利率水平。同样，人民币汇率的自由浮动也与市场化体制改革紧密相连。人民币汇率的市场化改革是一个系统性工程，需要各个方面的配套措施，才能最终形成由市场供求决定人民币汇率的模式。

第三章
如何走好城镇化之路：制度“大推进”

陈　钊　复旦大学中国经济研究中心副主任、教授，重点研究企业家的政治参与、经济发展和政治体系以及城乡收入差距。

蒋仕卿　兴业证券股份有限公司研究员，研究方向包括劳动力市场、劳动力迁移和经济发展。

陆　铭　上海交通大学特聘教授，中国发展研究中心主任，复旦大学经济学教授。研究方向为城市劳动经济学，城乡和区域发展。

佐藤宏　日本一桥大学经济学研究学院教授，研究中国经济领域的知名专家。

城镇化滞后于工业化的疑惑

农村向城市的移民以及城镇化是经济发展的关键标志，特别是对发展中国家而言，推动农村人口向城市转移是保持经济可持续发展的结构性动力。但是，中国实行改革开放之后，在大规模农村居民向城市转移的过程中伴随着快速的工业化进程，但城镇化水平依然较低。中国已经成为世界制造业中心，相比之下，由于户籍制度和土地制度对移民的限制，城镇化进程滞后，未能充分促进国内消费增长，因此，理解人口迁移和城镇化是理解中国增长模式的关键。显然，任何有关中国人口迁移和城镇化的分析都应该为中国目前的增长模式给出解释。

许多实证研究都对劳动力迁移的决定因素进行了探讨，对于中国移民的研究，经典的理论框架也非常有用。Zhao（1999a；1999b）[①] 对四川农村地区的数据进行分析后发现中国与其他国家之间存在共性：男性劳动力移民率较高，老龄人口和拥有较多家庭承包土地的农村居民迁移率则明显偏低。Zhu（2002）[②] 发现，农业和非农活动之间的收入差距将对迁移决定产生影响，这

① Zhao, Yaohui (1999a), 'Leaving the countryside: rural-to-urban migration decisions in China', *American Economic Association Papers and Proceedings*, 89 (2), 281-286.

Zhao, Yaohui (1999b), 'Labour migration and earnings differences: the case of rural China', *Economic Development and Cultural Change*, 47 (4), 767-782.

② Zhu, Nong (2002), 'The impact of income gaps on migration decisions in China', *China Economic Review*, 13 (2-3), 213-230.

符合哈里斯一托达罗模型的推断。Cai et al.（2003）① 发现，虽然中国东西部地区之间的收入差距大于中部与东部之间的收入差距，但相比之下，从中部向东部地区的劳动力迁移更普遍，而从西部向东部的迁移则相对较少，这又似乎与哈里斯一托达罗模型的结论存在矛盾，但这可以用距离效应解释。

近来的研究表明，社会关系网也是影响迁移决定的因素之一。Zhang and Li（2003）② 对中国数据研究后发现，拥有城镇社会关系的农村居民从事非农业生产活动的比率较高。Bao et al.（2007）③ 发现，在劳动力跨省迁移中，随着在迁移目的地原农村移民数量逐渐增大，原农村家乡的迁移率也随之升高。Zhao（2003）④ 表明，某地向外迁移的人数越大，该地区其他居民外出打工的概率也越高，她认为同乡之间分享就业信息是这种现象背后的主要原因。

但是，目前的研究尚无法对中国的城镇化进程远远落后于工业化进程这一现象作出解释，这促使我们进一步探索劳动力迁移的决定性因素。本章试图回答以下两个问题：第一，邻里效应，即决策过程中的相互依赖性如何影响中国农村居民的迁移决定；第二，社会距离的差异性如何影响迁移决定中的邻里效应。正如 Bauer et al.（2002）⑤ 所指出的，同一群体的同伴关系增强了同群效应即邻里效应，也增加了群体成员行为的相互依赖，即使在存在移民关系网的情况下也是如此。在中国农村地区，居民在日常生活中形成了非常牢固的社会和经济关系纽带，在此背景下，个体行为往往受到邻里行为

---

① Cai, Fang, Meiyan Wang and Yang Du (2003), *The political economy of labour migration* (in Chinese), Shanghai: Shanghai Sanlian and Shanghai People's Publishing House.

② Zhang, Xiaobo and Li Guo (2003), 'Does *guanxi* matter to nonfarm employment?', *Journal of Comparative Economics*, 31, 315-331.

③ Bao, Shuming, Örn B. Bodvarsson, Jack W. Hou, and Zhao Yaohui (2007), 'Interprovincial migration in China: the effects of investment and migrant networks', IZA Discussion Paper No. 2924.

④ Zhao, Yaohui (2003), 'The role of migrant networks in labour migration: The case of China', *Contemporary Economic Policy*, 21 (4), 500-511.

⑤ Bauer, Thomas, Gil Epstein and Ira N. Gang (2002), 'Herd effects or migration networks? The location choice of Mexican immigrants in the U. S. ', IZA Discussion Paper No. 551.

的影响。Bauer et al.（2002）和 Araujo et al.（2004）① 发现有充足的证据表明墨西哥农村劳动人口向城市地区以及墨西哥劳动人口向美国的迁移过程中都存在邻里效应。我们对中国农村地区劳动力迁移进行了研究，进一步确认了邻里效应的存在。目前，有关劳动力迁移过程中邻里效应的文献尚未对如何确定邻里效应的程度和社会乘数提供分析，本文利用2002年中国家庭收入项目调查（CHIPS 2002）数据发现有充足的证据表明中国农村居民向城市的迁移决策中存在邻里效应。由于邻里效应或者所谓“社会乘数”的存在，加强农村居民教育等各项政策的实施效果都会大于预期。

邻里效应的存在导致劳动力迁移过程中存在多重均衡，一个是低层次均衡，正如本文模型所示，中国农村劳动力向城市迁移符合这一均衡特征，另一个则是高层次均衡。如果不同类型和不同频率的社会互动会对迁移过程中的邻里效应产生不同的影响，那我们就可以通过制定相关政策推动人口迁移和城镇化进程。如果政府希望鼓励农村劳动力向城市转移，则应加强村民间的信息共享，同时向农村居民提供更完善的社区服务，以之替代村民在农务中的互助。一旦人口迁移陷入低层次均衡，社会乘数效应和直接推动劳动力迁移的各项政策都难以打破这种均衡。因此，决策者应该大力消除城乡差距、取消偏向城市的政策、加快城乡融合，这就是本章要讲的另一个政策建议：制度“大推进”。

移民、城镇化以及增长模式：制度和事实

制度背景

中国农村人口向城市的迁移和城镇化进程都受到许多偏向城市的政策以及现有土地制度的约束和阻碍，尤其值得一提的就是农民工在就业、社会保

① Araujo, Caridad, Alain de Janvry and Elisabeth Sadoulet (2004), 'Peer effects in employment: results from Mexico's poor rural communities', working paper, University of California at Berkeley.

障和公共服务方面所受到的歧视。

首先，就业政策对农村移民存在严重歧视。城市政府早期的政策禁止企业聘用外来工，对违反相关规定的企业政府将征收额外费用作为处罚，政府还规定外来工不允许进入某些行业或从事某些工作。如今，虽然歧视政策大多已被废除，但没有本地城市户口的外来农民工依然无法获得政府机关或收入较高的垄断行业的工作机会。Qiao et al.（2009）① 在2006年中国健康和营养调查的数据中发现，城市里从事高收入工作的几乎全部是持有本地户口的居民，即使在层次较低的就业市场，城市居民依然占有优势。Zhou and He (2009)② 发现，自20世纪90年代以来，大多数农民工都在私有行业就业（所谓的“体制外”），很少进入“体制内”的行业。

第二，歧视性的社会保障体系。中国目前的社会保障体系由地方政府财政提供资金，因此，社会保障服务主要面对当地居民，虽然部分城市为特定的外来人口提供社保服务，但福利往往低于本地居民，参保人数也很低。值得一提的是，虽然中国政府大力推动个人社保账户在不同地区之间的转移，但目前仅在省内实现统筹。在本章所研究的2002年，外来人口只有在工作的城市参保15年以上，才有资格领取养老金，如果缴费年限少于15年，只能退出系统，也就是说只能提取个人缴纳费用，其雇主缴纳的部分则只能留在所在的城市中，这对外来人口来说是个很大的损失。

第三，歧视性的公共服务，尤其是教育。当地政府提供的公共服务中有一部分是不具有歧视性的，比如城市景观、公共交通等。但其他公共服务依然与户口挂钩，这在子女教育方面表现得最为突出。从学前教育开始，没有本地户口的孩子无法就读只为本地居民服务、收取标准学费的公立幼儿园；在义务教育阶段，本地中学过去不接受外来学生，即使一些外来学生被公立学校录取，也须缴纳高于本地学生的学费，这也促生了大批专门服务于外来

---

① Qiao, Mingrui, Xueya Qian and Xianguo Yao (2009), 'Labour market segmentation, Hukou and urban-rural employment differentials' (in Chinese), *Chinese Population Science*, No. 1, 32-41.

② Zhou, Jingxiang and Yan He (2009), 'An empirical study on the absorption of rural-to-urban migrant workers and regional economic growth' (in Chinese), *World Economic Papers*, No. 1, 33-49, 93.

工子女的私立学校，但这些学校得不到当地财政支持，教育质量也不及公立学校。如今，公立中小学名义上对外来人口子弟打开了大门，但一些集中了优质教育资源的大城市仍然不对外来学生开放高中教育。此外，城市地区集中了高等教育资源，这些高校对本地学生招生名额也相对较多，外地学生必须返回原籍参加高考，其原籍地的入学竞争往往更激烈，这导致高等教育机会具有不公平性，也阻碍了代际收入的提高和社会流动性。

农村向城市以及跨地区之间的人口迁移也受到现有土地制度的阻碍。为了保证“粮食安全”，中国须保留部分农业用地，由此产生了“建设用地指标制度”，每年由中央政府确定建设用地总额度。虽然中央政府在向各省分配指标时会考虑不同地区经济发展的需求，但这种土地指标制度依然倾向于平均分配，其结果就是，急需建设用地的沿海地区土地指标不足，而内陆地区土地指标过多，导致内陆地区的土地使用效率大幅低于沿海地区。如果能够建立一个土地指标交易机制，允许需要更多土地指标的地区从其他地区购买剩余的土地指标，那么前者就能够将更多农业用地用于非农业活动，而后者也能够相应提高农业用地数量。不过，截至本文交稿时，各省间建设用地指标交易依然被明令禁止。每个从农村迁移到城市的家庭都在其原籍地拥有一块宅基地，宅基地属于建设用地，不能作为资产出售，在宅基地使用权无法交易的情况下，这些移民更倾向于选择返回原籍农村。

移民和城镇化的典型特征

虽然城乡之间以及地区之间的各项分割制度严重阻碍了劳动力的自由、充分的流动，但在工业化、城镇化和全球化进程中，劳动力迁移依然达到了巨大的规模。中国劳动力迁移具有两个显著的总体特征。

首先，从时间上来说，中国劳动力迁移的规模随着时间推移而快速增加。在20世纪90年代初之前，跨地区以及农村向城市劳动力迁移的规模很小，但如今这一规模已非常庞大。第二次全国农业普查结果显示，2006年农村外出打工人数达到1.32亿，占农村总劳动人口的25%，此外，在当地农村从事非农业活动的人口达到8 000万～9 000万，因此，从事非农活动的农村人口总共约为2.1亿～2.2亿，占农村劳动人口总数的40%以上。Sheng（2008）①利用国家统计局调查结果得出了劳动力迁移规模的时序估测，其中迁移增加的趋势非常明显（表3-1）。

表3-1 农村劳动力迁移规模（1985—2005）

年份	农村劳动力总数（单位：万）	当地从事非农活动的农村劳动力总数（单位：万）	农村地区从事非农活动的劳动力比例（%）	外出打工人员数量（单位：万）	外出打工人员比例（%）	从农村向城市迁移的劳动力数量（单位：万）	使用城市户口人数计算的城镇化比率（%）
1985	37065	6233	16.8	800	2.2	260	20.2
1986	37990	6682	17.6	900	2.4	248	20.9
1987	39000	7050	18.1	1050	2.7	235	21.6
1988	40076	7361	18.4	1250	3.1	290	21.9
1989	40939	7558	18.5	1500	3.7	212	22.1
1990	42010	7694	18.3	1800	4.3	198	21.6
1991	43093	7916	18.4	2140	5	228	21.8
1992	43802	8380	19.1	2592	5.9	221	22.2
1993	44256	9209	20.8	2752	6.2	222	22.9
1994	44654	9798	21.9	2888	6.5	223	23.6
1995	45042	10257	22.8	3000	6.7	254	24.3
1996	45288	10378	22.9	3400	7.5	257	24.9
1997	45962	10610	23.1	3890	8.5	299	26
1998	46432	10804	23.3	4936	10.6	339	26.3
1999	46897	10955	23.4	5240	11.1	377	26.7
2000	47962	11224	23.4	7600	15.8	507	26.8
2001	48229	11532	23.9	9050	18.8	258	26.8
2002	48472	11873	24.5	10470	21.6	780	27.2
2003	48884	12080	24.7	11390	23.3	694	27.5
2004	49676	12753	25.6	11823	23.8	520	27.5
2005	50387	13480	26.7	12578	24.2	600	27.7

注："从农村向城市迁移的劳动力数量"指的是获得城市户口的移民，这一数量远远小于迁移人口总数。因此，使用具有城市户口的人数计算的城镇化比率远远小于使用常住居民数量计算的真正的城镇化比率。

① Sheng，Laiyun（2008），*Mobility or Migration：An Economic Analysis on Chinese Rural Labour Migration*，Shanghai：Shanghai Fareast Press.

第二，在劳动迁移的模式方面，中国劳动人口从农村向城市的迁移具有非全家迁移以及短期迁移的特征。由于农民工在就业、社保和子女教育上无法与城市居民享受同等的权利，这就增加了外出打工收入的不确定性，导致农民工的实际收入有所降低，而且城市的住房等生活成本较高，抑制了全家整体性的迁移。与此同时，背井离乡、不能与家人共同生活的外出打工者无法对家人提供照顾，承担着巨大的心理成本。如果他们举家迁往城市，就有可能丧失土地的使用权，于是老人妇女留守农村就成了一个合理的选择。据 Sheng's（2008）估测，2005 年举家迁移的农村劳动人口占农村劳动人口总数的 5%，而外出打工人数的比例接近 20%。不过有证据表明，中国的劳动力迁移逐渐出现长期化的趋势，举家迁移和妇女迁移近年来越来越常见。

城镇化滞后和发展模式

中国改革开放之后，快速的工业化进程引发农村人口大规模向城市转移，但城镇化水平却依然很低。中国借助大量脱离农业活动的劳动力发展为全球制造业中心，但对比之下，由于诸多制度性因素限制了劳动力的迁移，城镇化水平远远落后于工业化水平。图 3－1 描述了自 20 世纪 70 年代后期以来中国工业化和城镇化的发展趋势，其中第二产业在 GDP 中所占的比重保持在 50%左右；由于第三产业快速发展，第二产业和第三产业在 GDP 的总比重已增长至 90%左右。从事非农业活动的人口总数也在上升，但依然低于 50%。应该注意，尽管外来打工人员并不拥有城市户口，但只要他们每年在城市生活的时间超过 6 个月，就会被纳入非农业人口统计当中。如果城镇人口只包括拥有城市户口的居民，那么 2005 年的城镇化比例连 30%都不到。

城镇化进程本该加速消费增长，但在中国却并非如此。农村移民流动性比城市居民大，其社会保障覆盖率更低，受到的信贷限制的更多，因此户籍制度严重抑制了移民的消费（陈斌开等，2010）。

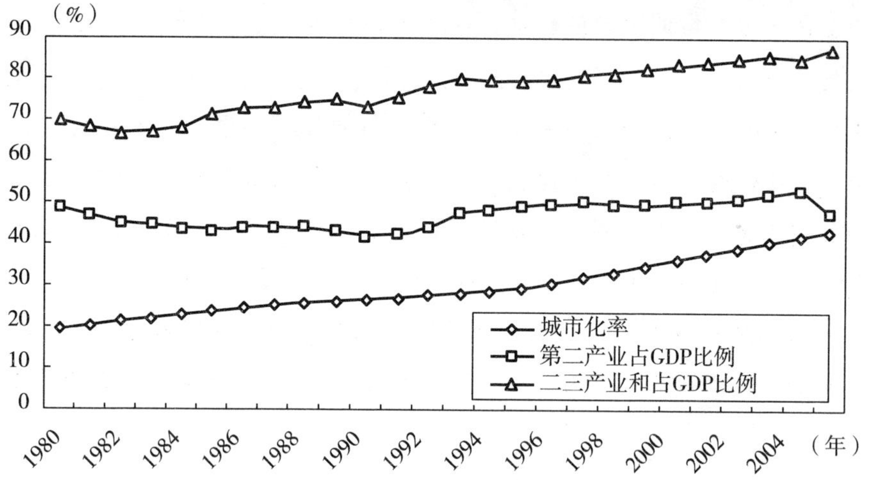

图 3-1 工业化和城镇化(1980—2005)

由于城镇化尚未充分发挥促进消费增长的作用,中国依旧严重依赖投资和出口吸收其产能。储蓄率和投资占 GDP 的比重居高不下,导致产能快速增长,进一步加深了中国对投资和出口吸收产能的依赖性。所以,理解中国经济及其结构问题的关键在于理解受到人口迁移的制约因素和滞后的城镇化。

邻里效应和公共政策

我们进行的实证研究结果表明,中国农村劳动力迁移过程中的确存在邻里效应。不仅如此,邻里效应表现出非线性特征,信息共享和少量的劳动力市场互动都会增强邻里效应,但过于频繁的互动反而会降低邻里效应的强度。非线性邻里效应的存在对于决策者具有极为重要的意义。从理论上说,邻里效应将在经济进程中产生多重均衡,当群体行为达到较低层次的均衡状态时,由于存在决策过程中的相互依赖性,经济也将达到低层次均衡。但是,如果群体行为超越了某个临界值,经济过程将在社会互动的作用下达到较高层次的均衡。

一旦中国农村劳动力向城市迁移过程达到了较低层次的均衡,中国的城镇化进程就会受阻。图 3-2 描绘了村民迁移率和个人平均迁移率之间的关系，横轴代表村民迁移率，竖轴代表个人迁移率，实线为 45 度线，虚线为个人反应曲线，表示个人迁移率与村民迁移率之间的关系。此处，个人迁移率曲线与 45 度线只有一个交点，斜率小于 1，这时村民移民斜率为 8.56%，处于稳定均衡状态。由于概率单位模型的概率密度分布函数符合标准正常分布，假定累计分布函数为 S 形，低级和高级均衡可根据 45 度线与个人反应曲线的交点来区分。如果交点位于村民迁移率的 50%之下，那么这一均衡为低级均衡；相反，如果交点位于 50%之上，则此均衡为高级均衡，且为稳定均衡，任何脱离均衡一定范围的运动，最终都可以通过动态调整回归至均衡点。从图 3-2 中可以看出，反应曲线与 45 度线的交点位于 S 曲线的下半部，也就是说，如果保持模型系数不变，即使有外部冲击使村民迁移率沿反应曲线增加，移民率依然会在邻里效应的作用下重新陷入低级均衡状态。

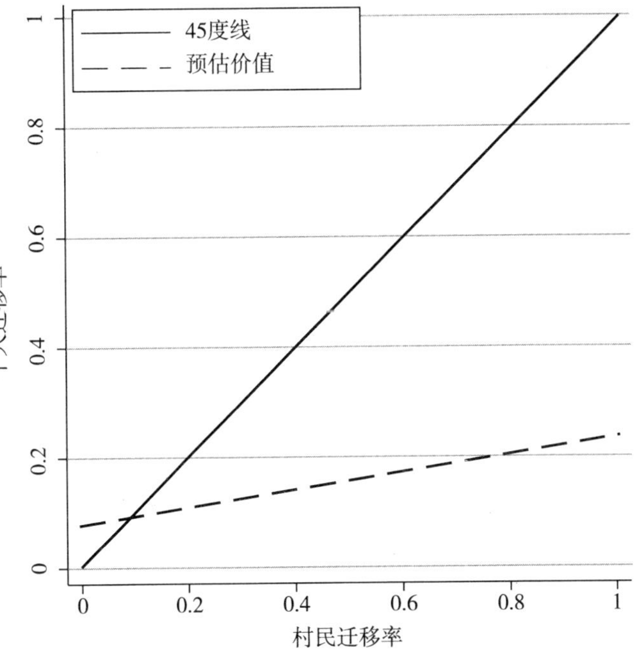

图 3-2　劳动力迁移均衡模拟

注：图 3-2 描绘了村民迁移率与个人平均迁移率之间的关系。当两者相同时（与 45 度线相交），其数值就是均衡迁移率。如图 3-2 所示，均衡迁移率是 8.56%。

推动农村劳动力向城市转移不仅对农村居民有利，也有助于中国经济的增长，因此，相关政策主要目标就是促进劳动力从农村地区向城市迁移。在下文的政策情景分析中，我们将相关政策分为三类，并分别进行政策效果模拟。

第一类政策是通过改变教育水平等个人特征的途径移动反应曲线，此类政策可以提高移民概率，但对村民之间的社会互动没有影响，因此不会改变反应曲线的斜率。在控制变量中，只有教育程度这一变量可以通过经济政策大幅提高。图 3－3 中，我们假设政府实行了相关政策提高村民的教育程度，假设所有此前没有接受过教育或只受过小学教育的村民将都完成初中义务教育。在回归分析中，我们了解到农村居民教育程度的提高将增加其向外迁移的概率，图 3－3 再次证明了这一结论。我们发现，村民教育程度提高后，个人迁移概率曲线向上移动，与 45 度线的交点上移，此处村民迁移率为 9.47％。不过需要注意的是，政策效果依然有限，交点依然属于低级均衡状态。

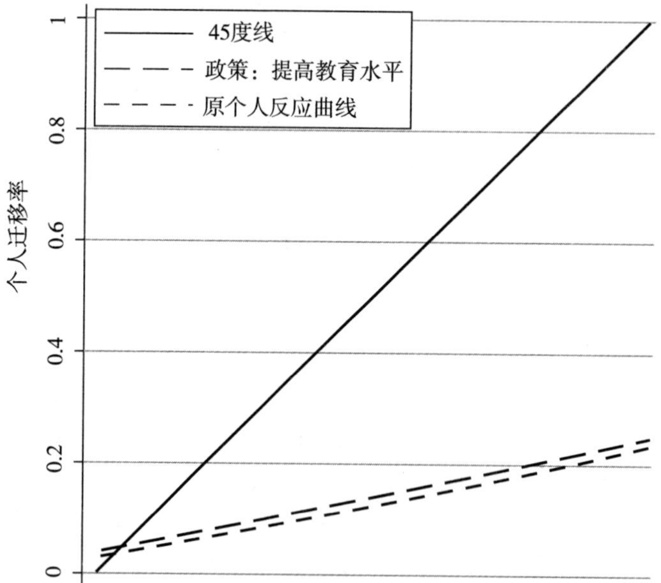

图 3－3　政策效果：提高教育水平

注：图 3－3 描述了增加教育投资的政策对劳动力迁移产生的影响。假设每个样本个体都至少接受过九年义务教育（初中水平），均衡迁移率将提高至 9.47％。

第二类政策是促进可以增强邻里效应的社会互动，同时降低可抑制邻里效应的社会互动。从图上来看，就是在保持反应曲线截距不变的情况下，将其逆时针旋转，图 3－4 描述了这一变化。如果制定相关政策鼓励村民间进行广泛的就业信息共享（此处将“就业信息交换”规定为“非常频繁”），同时建立一个农村劳动力服务市场，从而降低劳动市场互动（此处将“农忙季节的互助”规定为“无或很少”），可以看到迁移曲线出现大幅度的逆时针转动，与 45 度线的交点向上移动，与之相应的村民迁移率为 10.51％，此外，从图 3－4 中还可以看到，个人迁移曲线变成 S 形，但其均衡状态依然处于低级水平。

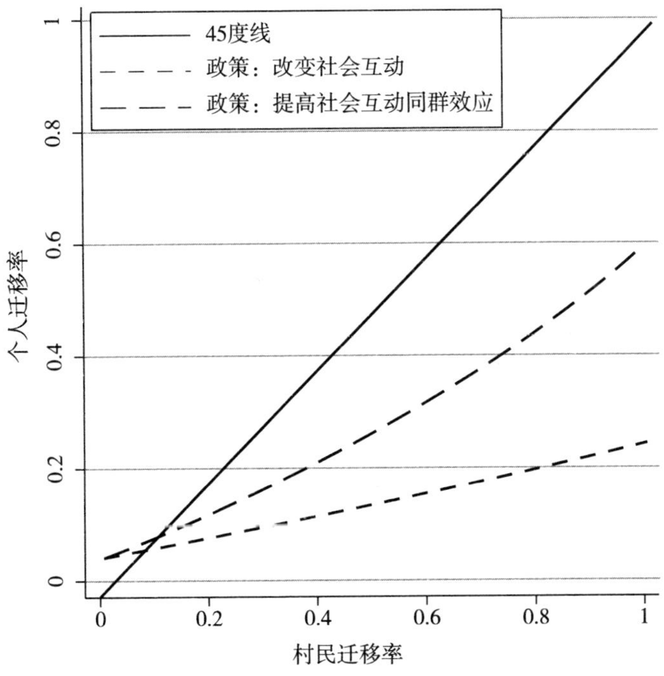

图 3－4　政策效应：增加社会互动的同群效应

注：图 3－4 描述了增加社会互动同群效应的政策对劳动力迁移的影响。此处，我们将信息共享设定为“非常频繁”，将劳动力市场互动设定为“没有或很少”。最直接的政策是在农村地区建立正式的就业信息传播机制和提供社会服务。如果实施这些政策，均衡移民率将达到 10.51％。

如果将上述两种政策相结合，将会出现什么情况？在图 3－5 中，我们同时改变了村民的教育程度和他们的社会互动强度，这将提高均衡迁移率，使村民迁移率达到 11.89％。但是，即使同时实施这两种政策，劳动力迁移的均衡状态依然处于低级水平，换句话说，我们要寻求一种能够摆脱低级均衡的新型政策。

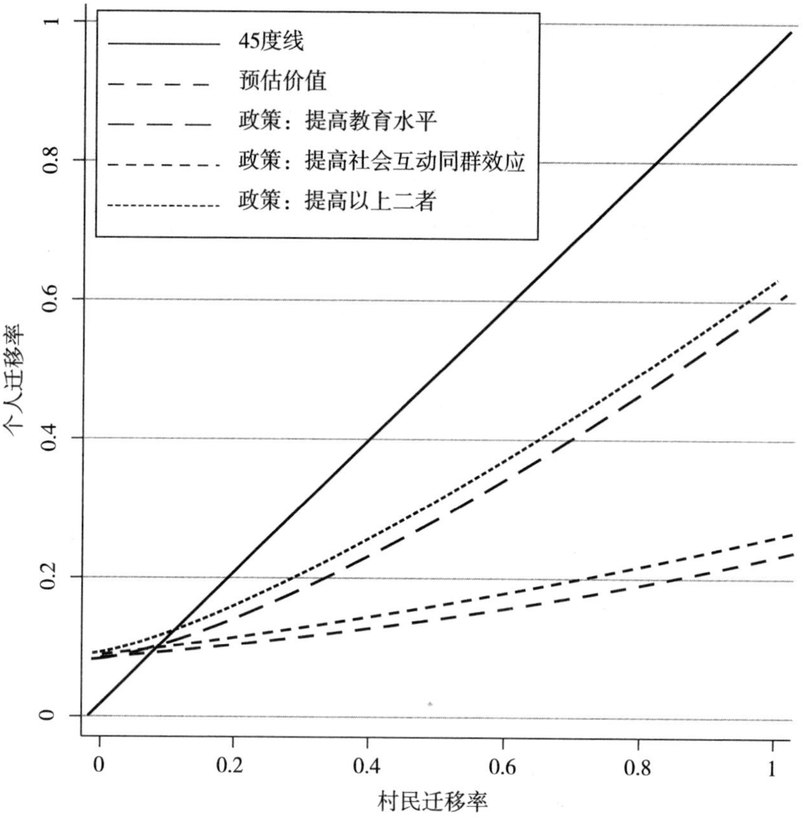

图 3-5　政策效果：提高教育水平和社会互动同群效应

注：图 3-5 结合了图 3-3，进一步表明了提高教育水平和增强社会互动同群效应的政策的总体效果，这样的政策组合将使均衡迁移率上升至 11.89%。

为了实现从低级均衡状态向高级均衡状态的提升，一个重要的途径就是通过制度改革整合城市和农村的劳动力市场，这就是我们认为可以提高劳动力迁移率的第三类政策。从图 3-6 来说，这类政策将使反应曲线的截距进一步提高。虽然目前农村劳动力向城市的迁移决策基本属于自由决策过程，但事实上，由于存在城乡差距以及各种偏向城市的经济政策对农村移民的严重歧视，劳动力迁移受到了限制。如果能够消除这些歧视性政策、促进城乡整合，增加移民的预期回报，迁移率就会提高。在图 3-6 中，我们对此类政策进行了模拟，将截距从－4.6672上升至－4.1255，增加了0.5417。与此同时，提高农村居民的教育水平、鼓励社会互动，使均衡迁移率达到50%，即高级均衡的临界值。如果图中出现了高级均衡，通过改变邻里效应和社会乘数可对劳动力流动产生小幅的推动作用，使迁移率达到更高层次的均衡。在从低级均衡向高级均衡的升级过程中，制度“大推进”是不可或缺的。

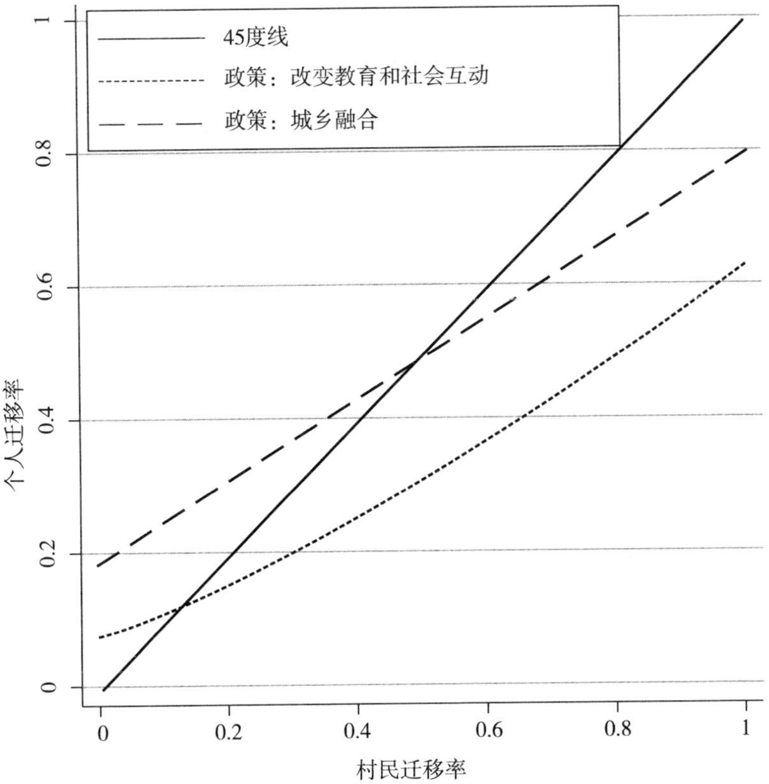

图3－6 政策效果：促进城乡融合的制度性“大推进”

注：图3－6描绘了城乡劳动力市场整合对迁移决定的影响。虽然模型中并没有测量劳动力市场对农民工的歧视程度的参数，但是我们可以增加截距，截距对每一个样本个体都有外生性和同质性，可以代表“制度性变化”，证明市场整合的影响。将截距从－4.6672增加至－4.1255，均衡迁移率将达到50%。

能够对劳动力迁移和城镇化产生推动作用的“大推进”制度应该由下列政策组成：首先，逐步改革户籍制度，将其功能降低为单纯的居住登记，移民获得城市户口的门槛应逐渐降低，同时缩小本地居民与不具有本地户口的外地移民在劳动力市场待遇、社会保障、医疗卫生、教育和公共住房等各个方面的差异。其次，财政政策应给予配合，中央政府的财政转移应直接用于支持吸纳较多移民的城市，同时为移民原籍地区的公共服务提供补贴，接收移民的城市应在其财政支出增长的基础上在边际上为移民提供更多公共服务。第三，土地改革必不可少，虽然土地具有不可转移的属性，但土地使用权可以转移，应该允许吸收移民的城市从移民原籍地区购买“非农业用地指标”，也应允许移民将他们在家乡拥有的宅基地“非农业土地使用权”出售给为他们提供户口、社会保障和公共服务的城市，并将他们原有的宅基地复耕为农业用地，从而保持全国农业用地总量不变。最后，制定促进城乡融合的政策为移民的生活提供帮助。为了降低外地移民与本地居民之间的差异带来的社会成本，政府应实施政策消除外地移民在日常工作和生活中的所受到的歧视。

第四章
农业大国的工业化之路：中国减少农村贫困的经验

章元 复旦大学中国经济研究中心副教授，研究领域包括家庭金融活动、劳动力迁移、中国农村贫困等。同时，他还在中国的核心经济期刊《世界经济论文》担任编辑，在《亚太经济杂志》《牛津发展研究》以及其他中国顶级经济期刊上发表论文。

中国的减贫成就举世瞩目

改革开放给中国这样一个农业人口大国带来了持续快速的经济增长，从而被誉为“中国奇迹”。对于中国经济发展的成就，甚至有学者提出“北京共识”以试图总结来自中国的经验，这表明中国经济在世界经济发展过程中的地位和影响力。实际上，中国除了在经济增长的速度和持续时间上有着惊人的表现外，在降低农村贫困方面也依然有着惊人的表现：根据中国官方公布的数据，农村贫困人口比例由1978年的30.7%下降到2007年的1.6%（表4-1）。当然，有不少学者批评中国政府制定的贫困线过低，从而低估了农村贫困的实际状况，但是就连世界银行也承认，即使采用国际标准贫困线，中国的农村贫困人口依然表现出了明显的下降趋势（World Bank，2001）[①]，联合国开发计划署（UNDP）在《2005年人类发展报告》中则指出，“按照1＄ a day，中国的贫困指数自1990年以来已经下降了一半，提前完成了千年发展目标。”这些评价肯定了中国在降低农村贫困方面的成绩。所以，可以说中国在过去的三十多年里也创造了一个降低农村贫困的“中国奇迹”，正如前世界银行行长Paul Wolfowitz在2005年10月访问中国时所说：“众所周知，中国在过去20年是亚洲增长最快的经济体，并在此期间帮助4亿多人口脱离了每天1美元的贫困线。自1980年以来，中国的脱贫人口在发展中国家脱贫人口中占75%——这是一个惊人的事实，中国的减贫成就举世瞩目。”

---

① World Bank，2001，World *Development Report* 2000/2001，*Attacking Poverty*，New York：Oxford University Press.

表 4-1　中国的经济增长速度与农村贫困的降低（1978—2008）

年份	GDP 增长率（%）	第一产业的 GDP 增长率（%）	绝对贫困数（万）	贫困指数（%）
1978	11.7	4.1	25000	30.7
1980	7.8	−1.5	22000	26.8
1981	5.2	7.0	15200	18.5
1982	9.1	11.5	14500	17.5
1983	10.9	8.3	13500	16.2
1984	15.2	12.9	12800	15.1
1985	13.5	1.8	12500	14.8
1986	8.8	3.3	13100	15.5
1987	11.6	4.7	12200	14.3
1988	11.3	2.5	9600	11.1
1989	4.10	3.1	10200	11.6
1990	3.84	7.3	8500	9.4
1991	9.18	2.4	9400	10.4
1992	14.24	4.7	8000	8.8
1993	13.96	4.7	7500	8.2
1994	13.08	4.0	7000	7.7
1995	10.92	5.0	6540	7.1
1996	10.01	5.1	5000	6.3
1997	9.30	3.5	4962	5.4
1998	7.83	3.5	4210	4.6
1999	7.62	2.8	3412	3.7
2000	8.43	2.4	3209	3.4
2001	8.30	2.8	2927	3.2
2002	9.08	2.9	2820	3.0
2003	10.03	2.5	2900	3.1
2004	10.09	6.3	2610	2.8
2005	10.43	5.2	2365	2.5
2006	11.60	5.0	2148	2.3
2007	13.00	3.7	1479	1.6
2008	9.00	5.5	—	—

数据来源：1993、1996 两年的数据来自世界银行的 *World Development Report* 2000/2001，*Attacking Poverty*，其他年份的绝对贫困人口和贫困发生率来自历年《中国农村贫困监测报告》和 2005 年《中国农村住户调查年鉴》，GDP 增长率来自 2009 年《中国统计年鉴》。

中国作为一个农业人口大国，在降低农村贫困方面取得令世人瞩目的成就对于世界经济发展都具有重要意义。这里自然产生的需要我们回答的问题是：Has China's Economic Growth Been Pro－poor？而为了回答这一问题，我们将其分解为如下几个小问题：中国的农村扶贫政策是有效的吗？中国的农业增长有利于降低农村贫困吗？中国的工业化是 Pro－poor？中国降低农村贫困的经验是什么？这些问题的答案对于其他发展中国家具有重要的启示，对于未来中国经济发展道路和发展政策也尤其重要，正如中国著名经济学家蔡昉（2008）① 所指出的："中国迄今为止的改革、开放与发展都是史无前例的，形成许多成功的经验，为发展经济学做出了应有的贡献。"然而，现在对于中国减少农村贫困和经济发展的经验总结并不多。实际上，有少数经济学家或学者都曾努力总结其他发展经济的成功经验，例如威廉姆森于 1989 年提出了"华盛顿共识"，以 Stiglitz 为代表的经济学家在对其反思之后又提出了"后华盛顿共识"；1998 年 4 月在智利首都圣地亚哥举行的美洲峰会上形成了一些关于政府在经济发展中的作用的新共识，被当时的世界银行总裁沃尔芬森及其他人称为"圣地亚哥共识"。对于中国经济发展经验较早的一个总结来自林毅夫等（1994）②，他们阐述了为什么当初经济落后的中国会选择赶超战略和实现了经济腾飞，并总结中国经济改革的经验；Naughton（1994）③ 和 Che and Qian（1998）④ 等总结了乡村工业在中国经济转型成功中的意义，Xu（2010）⑤ 则从制度的角度出发探讨了中国经济改革成功的原因；Swinnen and

---

① 蔡昉，2008，《中国经济如何跨越"低中等收入陷阱"?》，《中国社会科学院研究生院学》第 1 期，13—18 页。

② 林毅夫、蔡昉和李周，1994，《中国奇迹：发展战略与经济改革》，三联书店和上海人民出版社 1994 年版。

③ Naughton Barry，1994，"Chinese Institutional Innovation and Privatization from Below，" *American Economic Review*，Papers and Proceedings of the Hundred and Sixth Annual Meeting of the American Economic Association 84（2），pp. 266-270.

④ Che Jiahua and Qian Yingyi，1998，"Insecure Property Rights and Government Ownership of Firms，" *Quarterly Journal of Economics*，113（2），pp. 467-496.

⑤ Xu Chenggang，2010，"The Institutional Foundations of China's Reforms and Development，" CEPR Discussion Paper No. DP7654.

Rozelle（2006）[①] 基于中国和其他国家农业改革的成败对比研究，认为中国农村改革的成功经验在于有“自下而上”的推动和“自上而下”的认可，这两者对于农业改革的成功缺一不可。最近的一个总结中国经济发展成功经验的应该是曾担任《时代》周刊的编辑 Ramo（2004）[②] 发表的 *The Beijing Consensus*，自那以后，“北京共识”一词便不胫而走，在他看来，建立在“北京共识”基础上的中国经验具有普适价值，不少可供其他发展中国家参考。

除了上述文献外，只有极少数研究曾试图直接总结中国降低农村贫困的经验，例如世界银行（2001）认为：由于农业收入构成了贫困人口的收入主体，农业发展的不平衡直接影响了中国的贫困率，在那些农业增长速度缓慢的地区，贫困减少的速度就慢，而在农业发展速度迅速并能够赶上其他产业的发展速度时，贫困减少的速度就快；类似地，Ravallion and Chen（2004）[③] 和 Montalvo and Ravallion（2009）[④] 认为，就农村贫困降低而言，农业部门的增长远比工业和服务业的增长重要，在另一个研究中，Ravallion（2008）[⑤] 对比了中国降低农村贫困的成功和非洲的失败，总结出两点中国经验：第一，小农户生产率的提高很重要，而这又需要基于市场的激励和来自政府的公共支持；第二，强有力的中央和地方政府以及一套高效的公共管理体系具有重要作用。然而，上述这几个文献只是关注了农业增长对于降低农村贫困的直接效应，而忽视了其他产业的增长对于降低农村贫困的间接效应；基于上述理由，本章试图在现有文献以及对 20 世纪 90 年代的一个农户面板数据的分析基础之上，总结中国经济增长与降低农村贫困之间的关系，并对中国经济发展未来之路中的一些问题进行简单的讨论。

---

① Swinnen Johan and Scott Rozelle，2006，*From Marx and Mao to the Market：The Economics and Politics of Agricultural Transition*，Oxford University Press，USA.

② Ramo Joshua Cooper，2004，“The Beijing Consensus，” The Foreign Policy Centre of U. K.，London.

③ Ravallion Martin and Chen Shaohua，2004，“China's（Uneven）Progress against Poverty，” World Bank Policy Research Working Paper 3408，World Bank.

④ Montalvo Jose G. and Martin Ravallion，2009，“The Pattern of Growth and Poverty Reduction in China，” World Bank Policy Research Working Paper 5069，World Bank.

⑤ Ravallion Martin，2008，“Are There Lessons for Africa from China's Success against Poverty?，” World Bank Policy Research Paper 4463，World Bank.

中国的农村扶贫政策是有效的吗

要评价中国农村扶贫政策的效果是一个相当大的难题①，因为研究者缺乏很必要的两类统计数据：关于贫困人口数量的统计数据和关于各种扶贫资金的投放和落实情况的数据。现有研究在这方面做出了不少努力并得出了一些结果。有一项针对“以工代赈”的影响的早期研究表明：它把救济、增长和发展有机地联系在了一起，以劳动力密集型技术为特征的该政策发挥了贫困地区劳动力资源丰富的优势，有助于改善贫困地区的基础设施和社会服务，同时增加了贫困者的就业和收入（朱玲和蒋中一，1994）②。世界银行2001年的国别报告对中国农村贫困问题给予了重点关注，其中引用了Jalan和Ravallion基于中国政府扶贫项目覆盖县1985年和1990年的农户数据的研究，他们的研究发现居住在国定贫困县的家庭消费增长率高于原来的预期；而Park等分析了1981—1995年间中国的县级数据后发现，1985—1992年期间的扶贫投入使人均收入每年增加2.28%，1992—1995年期间增加0.91%。但是Jalan和Ravallion等指出Park等的研究可能在相当程度上夸大了扶贫项目的影响，因为他们并未把所有的扶贫公共支出都计算在内（World Bank，2001）。另外，还有研究运用四川和陕西的农户数据分析了贫困率降低的原因，结果发现：贫困率的绝大部分变化能够用经济增长来解释，经济增长是贫困减少的最重要因素，中国的扶贫政策对缓解贫困几乎没有作用（Rozelle *et al.*，2000）③。另一项类似的实证研究发现，在众多的政府扶贫投资中，扶贫贷款对缓解贫困的作用最小，而政府的反贫困项目之所以对减轻贫困的效果一般都非常小，主要在于其目标瞄准机制的低效率以及对资金的错误使用（Fan，

---

① 这里主要强调狭义的扶贫政策，即专门针对贫困农户或贫困地区的各种投入。

② 朱玲和蒋中一，1994，《以工代赈与缓解贫困》，上海三联书店和上海人民出版社1994年版。

③ Rozelle Scott，Linxiu Zhang and Jikun Huang，2000，“China's War on Poverty.” Working Paper No. 60，Center for Economic Research on Economic Development and Policy Reform，Stanford Institute for Economic Policy research，Stanford University.

2003)①。另外还有研究发现中国的开发式扶贫措施有助于慢性贫困，但对于暂时性贫困却无能为力（Jalan and Ravallion，1998，2000）②。另外一个导致中国农村扶贫政策效果不佳的重要事实在于：中国政府的农村扶贫资金主要投入到了“国定贫困县”，然而分布在国定贫困县中的贫困人口只是全国农村贫困人口的一部分，所以，我们显然不能将分布在非国定贫困县的那部分农村贫困人口的减少与政府的扶贫投入联系在一起。

经济增长才是中国降低农村贫困的根本动力

上述研究告诉我们，中国降低农村贫困的成就与农村扶贫政策之间并没有必然的因果联系。另一方面，很多研究则揭示出中国农村贫困的降低主要归功于一系列市场化改革和对外开放所推动的快速经济增长。现有研究几乎一致地认为，中国的经济增长对农村贫困的减少具有非常重要的作用，陶然和徐志刚（2005）③ 认为中国在市场化转型过程中的快速经济增长使得贫困的状况大为改观，CSLS（2003）④ 则认为中国经济的快速增长主要由快速的生产力增长所推动，同时伴随着贫困发生率的大幅度减少；另外，还有些研究着重关注了农业与农村的公共投资对于农村贫困的影响，有一项研究表明：政府在教育上的支出对贫困减少具有第一重要的作用，对生产增长具有第二重要的作用，政府在研发与技术推广上的支出对农业增长具有第一重要的作

---

① FanShenggen，2003，“Public Investment and Poverty Reduction，What Have We Learnt from India and China?” Paper prepared for the ADBI conference，“Infrastructure Investment for Poverty Reduction：What Do We Know?” Tokyo，June 12-13，2003.

② Jalan J. and M. Ravallion，1998，“Transient Poverty in Post-reform China，” *Journal of Comparative Economics*，Vol. 26，pp. 338-357.

Jalan J.，and Ravallion M.，2000，“Is Transient Poverty Different? Evidence for Rural China，” *Journal of Development Studies*，36（6），pp. 82-99.

③ 陶然和徐志刚，2005，《城市化、农地制度与迁移人口社会保障——一个转轨中发展的大国视角与政策选择》，《经济研究》第12期45—56页。

④ CSLS，2003，“China's Productivity Performance and Its Impact on Poverty in the Transition Period，” Centre for the Study of Living Standards Research Report 2003-07，Ottawa.

用，对于贫困减少具有第三重要的作用，而在农村电讯上的投资对于贫困减少具有第二重要的作用，对于农业增长具有第三重要的作用（Fan *et al.*，2000）①。另一项对中国与印度的对比研究则发现，在许多欠发达地区进行更多的投资不但能够获得最大限度的贫困降低，而且还能带来最高的经济回报，尽管在过去的二十多年中全球贫困的减少速度在下降，但是中国却取得了减少贫困的巨大成就，这主要归功于一系列的政策和机构改革，农村居民获得社会服务和生产性资产的公平途径，以及在农村地区的公共投资（Fan，2003）。

实际上，经济学家关于经济增长有利于降低贫困的观点由来已久。早在20世纪60年代早期，Bhagwati 就提出了“Bhagwati 假说”——经济增长是降低贫困的基本动力，其后许多经验研究证实了这一假说。还有学者认为贸易自由化对经济增长的推动对于战胜绝对贫困是最有帮助的，因为它能够创造利于穷人的新市场、刺激穷人对相对价格和新的市场机会产生反应、提供有利于穷人的间接溢出效应、提高政府的公共支出等（Anderson，2004）②。Dollar and Kraay（2002）③ 基于92个国家的宏观数据研究了经济增长对贫困人口收入的影响，发现收入最低20%人口的平均收入水平上升或下降的比例与这92个国家的平均收入水平上升或下降的比例保持一致，所以他们强调经济增长对于穷人而言，也如同对其他人一样有帮助，高经济增长的政策应该作为有效的扶贫政策的核心。类似于中国，越南、印度尼西亚和印度等国的市场自由化和贸易自由化改革的成功对于贫困人口的降低也使其被看成反贫困的成功案例。有很多研究都发现市场自由化和贸易自由化改革是这些国家

---

① FanShenggen，Zhang Linxiu，Zhang Xiaobo，2000，“Growth and Poverty in Rural China：The Role of Public Investments，” EPTD Discussion Paper，No. 66，International Food Policy Research Institute，Environment and Production Technology Division.

② Anderson Kym，2004，“Agricultural Trade Reform and Poverty Reduction in Developing Countries，” World Bank Policy Research Working Paper 3396，Washington DC.

③ Dollar David andAart Kraay，2002，“Growth Is Good for the Poor，” *Journal of Economic Growth*，Vol. 7，pp. 195-225.

降低贫困的重要促进力量，例如 Minot and Goletti（1998）[1] 利用越南的农户数据研究了农产品价格的变化对于农户福利水平的影响，发现大米价格的自由化能够增加农户的平均真实收入并降低农村贫困；Liu（2001）[2] 也运用越南的微观数据研究了市场化改革对于收入不平等和贫困的影响，发现市场化改革显著降低了贫困，但是农村贫困却比城市贫困降低的速度慢。

农业增长对于降低农村贫困真的更重要吗

前面的文献综述表明现有研究一致地得出了经济增长有利于降低农村贫困的结论，这与现有大部分研究关于农业部门的增长有利于降低农村贫困的观点基本保持一致。综述现有文献我们发现，以世界银行为代表的观点普遍强调中国农业部门的增长在降低农村贫困方面具有“更重要”的意义，但是也有一些研究提出了完全相反的结论，例如 CSLS（2003）的研究发现，相对于降低贫困而言，中国工业部门的生产率增长比农业部门的生产率增长更重要，在控制了不同部门之间的生产率水平之后，他们发现工业部门的劳动生产率是贫困降低的主要动力，而农业部门的劳动生产率与贫困降低只是微弱的正相关，他们认为这主要是由于农产品价格相对于工业产品价格更低，使得农业人口无法从农业生产率的增长中获得相应的好处。我们认为有很多理由需要反思世界银行提出的关于农业增长对于降低中国农村贫困“更重要”的观点。

显然，直接考察农业的增长与农村贫困人口数量之间的关系会得出误导性的结论，因为农业的增长可能来自产量的增长、投入的增加、农产品价格的上升等众多因素。比如，如果农业生产资料价格快速上升推动农业生产成本快速上升，即使农业总产值增长了，也未必一定会增加农户的纯收入并降

---

① Minot Nicholas and Francesco Goletti，1998，“Export Liberalization and Household Welfare：The Case of Rice in Vietnam，” American Journal of Agricultural Economics，Vol. 80，No. 4，pp. 738-749.

② Liu Amy Y. C.，2001，“Markets，Inequality and Poverty inVietnam，” *Asian Economic Journal*，Vol. 15，pp. 217-235.

低农村贫困。我们都知道，中国经济早期采取的城市倾向政策主要包括对农业生产的控制、人为地压低农产品价格以及通过户籍制度限制劳动力由农村向城市流动，这一系列政策使得农业生产的比较利润降低，甚至有很多微观数据表明中国某些地区的农户从事的家庭农业生产的净利润是负的（Wan，2004）①。为了进一步考察农户来自农业的收入情况，我们下面利用 20 世纪 90 年代的一个面板农户展开研究。

本章所使用的农户面板数据来自于澳大利亚国际农业研究中心（ACIAR，Australian Centre for International Agricultural Research）资助、由澳大利亚阿德雷得大学中国经济研究中心（CERC，Chinese Economy Research Centre）和中国农业部政策法规司共同组织的中国农村居民谷物生产的五年（1993—1995 年、1999—2000 年）问卷调查所建立的“CERC/MoA 中国农村居民问卷调查数据库”。该调查包含了河南、吉林、山东、江西、四川、广东等六个省份，每个省份每年的样本为四到五个县中的大约 200 个农户。虽然不同年份的调查范围有所调整，但数据的主体为面板数据。该数据详细记录了农户进行农业生产的各种投入、产出、销售、消费、土地政策、农产品价格等，为我们研究农户的生产行为提供了丰富的信息。由于它是一个面板数据，所以能够更好地跟踪考察农户在 20 世纪 90 年代的农业生产行为的变迁。由于河南和广东两省的调查只包含了 1999 年和 2000 年，所以本章只使用来自吉林、四川、山东和江西的每年 800 多个农户的面板数据。

表 4-2 主要粮食作物的平均亩产量（单位：市斤）

年份	玉米	冬小麦	早籼稻	中晚籼稻	粳稻
1993	765.47	610.40	799.32	793.56	930.29
1994	778.68	628.03	846.97	858.33	943.19
1995	833.14	665.41	717.25	871.27	1013.78
1999	821.61	674.24	709.27	875.57	997.49
2000	725.35	695.66	771.44	875.53	1016.98

数据来源：本章表格中报告的统计数据全部是作者根据“CERC/MoA 中国农村居民问卷调查数据库”的数据计算的结果。

---

① Wan Guanghua，2004，“Accounting for Income Inequality in Rural China，” *Journal of Comparative Economics*，Vol. 32，No. 2，pp. 348-363.

表4－2首先报告了农户种植的5种主要粮食作物的平均亩产量，从中可以看出，从1993年到2000年，玉米平均产量的上升幅度不大，冬小麦和水稻的产量都有所上升。但是总体而言，这些粮食作物的平均亩产量上升的幅度都不是很大，所以我们可以预期，如果粮食的价格水平上升的幅度不高，那么农户来自粮食种植的亩均收入水平将不会有显著的上升。

表4－3 主要粮食作物的亩均投入成本（单位：元）

年份	玉米	冬小麦	早籼稻	中晚籼稻	粳稻
1993	77.58	81.44	57.69	47.86	63.90
1994	53.06	84.92	87.40	80.34	104.46
1995	77.78	108.87	106.37	97.57	138.22
1999	67.42	127.77	108.46	104.89	153.26
2000	75.10	132.83	100.00	92.03	173.59

农产品平均亩产量的提高意味着农业生产率的提高，然而，农业生产率的提高能否降低农村贫困，还要取决于它能否增加农户的纯收入，农户纯收入的增长则要取决于农产品和农业生产资料的价格。在农业生产利润非常低或者为负的情况下，农业总产值的增长并不必然会带来农村贫困的降低。由于“谷贱伤农”规律的存在，农业总产量的增长甚至还有可能加剧农村贫困而不是降低农村贫困。表4－3报告了面板农户在20世纪90年代种植的5种粮食作物的亩均投入成本，从中可以看出一个明显的趋势，即除了玉米外的其他粮食作物的亩均成本都有非常明显的上升，其中冬小麦的成本上升幅度超过50％，而水稻的成本则几乎翻了一番。

表4－4 亩均和人均税费负担

	1993	1994	1995	1999	2000
亩均农业税	—	25.35	28.91	16.23	20.10
亩均提留统筹费等	—	9.13	4.94	70.20	82.64
人均农业税	22.12	33.86	37.02	32.86	31.04
人均提留统筹费等	8.26	11.96	6.46	127.41	125.31

注：1993年的农业税和提留统筹费等数据缺失。

就中国农村的情况而言，农业生产的纯收入除了要考虑直接投入成本之外，还要考虑农业税和村集体及基层政府征收的各种费用（例如村提留、统筹费、农村教育事业附加费等），因为农户缴纳这些税费会直接减少他们的可支配收入。表 4－4 报告面板农户按耕地面积和按人口数量平均的税费负担，从中可以看出，亩均农业税有所下降，而人均农业税则有所上升，但是农业税的绝对水平并不高；然而，亩均和人均的各种费用都有极其明显的上升，从 1994 年到 2000 年基本上升到了原来的 10 倍。

表 4－5 主要粮食作物亩均毛收入

年份	玉米	冬小麦	早籼稻	中晚籼稻	粳稻
1993	197.65	177.91	203.26	310.20	283.91
2000	246.56	184.07	310.20	359.24	352.99

最后，表 4－5 报告了农户种植主要 5 种粮食作物的亩均毛收入，其计算方法是亩产量乘以粮食的市场价格水平，然后扣除各种直接投入要素的成本，但是未扣除上缴的税收或费用，也未扣除农业用固定资产的折旧。从表 4－5 中可以看出，从 1993 年到 2000 年，各种粮食作物的亩均毛收入最高增长了 50%左右，如果扣除分摊到每亩耕地上的各种税费和其他未计算的成本，则农户来自粮食种植的亩均纯收入水平的上升幅度将会比亩均毛收入的增长幅度更低。

综合上述分析我们发现，农户来自这些粮食种植业的纯收入上升的幅度非常有限，从而也说明粮食种植业对于增加农户的收入水平和降低贫困的作用有限。由于粮食种植业构成了农业生产的主体，我们可以从上述结果推断：农业增长对于农户纯收入的增长以及农村贫困降低的作用有限。

非农收入的增长对于降低农村贫困更重要

前面分析了农业增长对于降低农村贫困的直接作用，我们基于宏观和微观数据的研究基本上得出了农业增长降低农村贫困的意义并非如世界银行所断言的那样显著。本章认为，农户来自非农产业的收入才是中国降低贫困的重要力量，换言之，非农产业的增长对于降低农村贫困而言才是更重要的力量，它的作用机制是通过渗透效应影响农户的就业机会、劳动时间和收入水平。

我们知道，由于中国早期制定了重工业优先发展的经济战略，并采取了工农业产品价格剪刀差等形式的城市倾向政策剥夺农业利润以补贴工业，因而从事非农业生产的比较利润或收入要高于农业生产，有大量的微观研究提供了这方面的证据。例如，根据国家统计局的农村住户调查数据，在20世纪90年代初从事第二产业的劳动力的人均纯收入是从事农业生产劳动力的2.6倍，兼业户的人均纯收入比纯农户高出50%左右；对于中国农村经济发展来说，非农产业的发展是其成功的标志（李实，2003）[①]。另外，Yao（2000）[②]的研究则发现，乡镇企业的发展和壮大有利于中国农村贫困的降低[③]。这些研究表明：在中国经济的发展过程中，非农业部门的壮大提供了越来越多的就业机会，创造了对于农业剩余劳动力的大量需求，使得低收入农户能够进入非农部门就业并分享到比农业增长更快的非农业部门的增长。

为了解释上述机制，表4－6首先报告了本章使用的面板农户在20世纪90年代的收入来源及其增长率，从中可以看出：从1993年到2000年，农户的人均总收入由1269.87元增长到2534.88元，增长幅度恰好为2倍。当我们把农户的收入来源分解后则发现：在同一时间段内，农户来自农业的收入也仅仅增长到了原来的2.02倍，这和农户总收入的增长幅度几乎完全相同，但是我们却可以发现农户来自工业、建筑业、运输业、商业和外出打工人员寄回这五项收入的增长幅度都非常高，他们对于农户收入水平的增长显然比农业的贡献要大很多，而这些收入几乎全部都是来自于非农产业（外出打工的农户中有一小部分还是从事农业生产，但是很多调查数据都表明这个比例较小）。

---

① 李实，2003，《中国个人收入分配研究回顾与展望》，《经济学（季刊）》，第2卷第2期，379—403页。

② Yao Shujie，2000，"Economic Development and Poverty Reduction in China over 20 Years of Reforms," *Economic Development and Cultural Change*，48（3），pp. 447-474.

③ 基于本章的农户面板数据，我们发现农户来自乡镇企业的收入的增长幅度并不明显，这可能是因为乡镇企业大都集中在东部沿海省份，而本章使用的样本大部分都不在东部沿海地区。

表 4-6　农户的收入来源及其增长（1993—2000）

	总收入	农业总收入	林业总收入	畜牧业总收入	渔业总收入	工业纯收入	建筑业纯收入	运输业纯收入
1993	1269.87	599.29	15.34	251.54	13.56	15.63	31.62	17.17
2000	2534.88	1213.23	7.95	393.27	22.93	59.93	75.53	67.13
增长	2.00	2.02	0.52	1.56	1.69	3.83	2.39	3.91
	商业纯收入	其他服务业纯收入	乡镇企业工资	集体分配	集体误工补贴	打工人员寄回	利息红利	其他收入
1993	15.14	88.31	38.49	19.66	51.91	59.15	9.91	43.19
2000	52.29	183.73	40.08	29.13	96.89	202.64	11.22	78.94
增长	3.45	2.08	1.04	1.48	1.87	3.43	1.13	1.83

本章认为中国降低农村贫困的关键动力在于经济增长对贫困农户所产生的渗透效应（Trickle-Down Effect），而这种渗透效应的实现，是通过给他们提供进入非农部门就业的机会并获得比农业部门更高收入的渠道实现的。例如，表 4-7 提供了当年陷入贫困的农户的劳动时间的统计描述，从中可以看出贫困农户的年度总劳动时间从 1993 年到 2000 年有所波动，但是基本上呈现不变的态势。但是，当我们把贫困农户的劳动时间分解为农业劳动时间和非农业劳动时间后却发现，他们从事农业的劳动时间在此期间呈现明显的下降趋势，而从事非农劳动的时间则呈现了非常明显的上升趋势。这表明中国的经济增长为贫困农户提供了越来越多的从事非农就业的机会。

表 4-7　贫困农户的劳动时间分配（单位：天）

	1993	1994	1995	1999	2000
总劳动时间	529.16	514.77	355.08	417.42	531.39
农业劳动时间	434.43	343.39	249.37	333.94	358.56
非农业劳动时间	94.73	171.38	105.72	83.48	172.84

为了进一步考察非农就业对于降低农村贫困的意义，我们筛选了面板农户中1993年陷入了贫困而到了2000年则脱离了贫困的样本，通过考察他们的收入来源及增长情况，可以更直接地揭示不同的收入来源对于他们脱离贫困的作用。表4-8报告了统计结果，从中可以看出：首先，从1993年到2000年，贫困农户的人均收入增长到了原来的3.45倍，这要比全体农户在此时间段内的人均收入的增长速度快；其次，在不同的收入来源中，来自农业的收入确实增长较快，在这个期间内，脱贫农户来自农业的收入增长到了原来的4.02倍，但是，农业收入显然并不是增长最快的，我们可以看出，来自渔业、建筑业、运输业、商业和打工人员寄回这五种来源的收入增长幅度都远远高于农业收入和总收入的增长幅度，而其中的后四种收入来源基本上都属于非农产业；另外，由于调查数据统计的打工人员寄回的收入很可能只是打工收入的一部分（因为部分打工人员的收入可能并没有邮寄回家，从而在调查时被遗漏），所以，表4-8提供的统计数据显然会低估了外出打工对于增加农户或贫困农户的收入的贡献。

表4-8　脱贫农户的收入来源及其增长

总收入及其来源	1993	2000	1993—2000的增长幅度
总收入	682.20	2355.02	3.45
农业总收入	217.14	873.12	4.02
林业总收入	5.87	20.18	3.44
畜牧业总收入	215.50	498.67	2.31
渔业总收入	9.26	48.30	5.22
工业纯收入	13.21	24.51	1.86
建筑业纯收入	14.39	125.33	8.71
运输业纯收入	3.02	28.95	9.59
商业纯收入	3.37	29.31	8.70
其他服务业纯收入	57.96	156.72	2.70
乡镇企业工资	4.26	4.44	1.04
集体分配	3.58	12.26	3.42
集体误工补贴	27.51	46.28	1.68
打工人员寄回	74.94	423.27	5.65
利息红利	3.64	1.23	0.34

中国的工业化是益贫的

本章前面的分析实际上构成了中国降低农村贫困的一个"谜"：为什么中国采取了对于农村和农业极其不利的城市倾向政策，却也能够显著地降低农村贫困？而且，Ravallion（2001）① 曾指出，虽然现有的证据表明发展中国家的贫困人口确实能够分享总产出的增长，但是不同国家内的贫困人口分享总产出增长的程度有很大差别，贫困人口所受到的影响也有很大差异。跨国研究往往被数据问题所困，并且会掩盖真实的福利影响，从而会对发展政策造成误导。所以，他认为有必要对增长与收入分配的变化进行深入的微观实证分析，只有如此，才能够拥有确认特定政策或项目的效果的坚实基础，而这一基础正是实施增长导向政策所需要的。对于中国降低农村贫困的奇迹，本章认为它的关键动力在于工业化创造了大量的非农就业岗位并吸收了大量的农村剩余劳动力，从而对于贫困农户产生了明显的渗透效应（Trickle-Down Effect）。

农村劳动力移民进入城市对于他们的福利具有极其重要的意义，因为它表明农户能够进入城市劳动力市场找到更多的非农就业机会并获得更高的收入水平，所以我们继续利用这个面板数据检验农户是否移民的决定因素。表 4-9 报告了分别基于 1994—1995、1999—2000 年的数据所进行的回归分析，模型的被解释变量为农户中是否有移民外出打工，我们关心的自变量是"pvt93"，即农户在 1993 年是否陷入了贫困，以及"pvt"，即在后续年份中农户是否贫困。表 4-9 的回归结果很有趣："pvt93"的回归系数显著为正，这表明 1993 年曾陷入贫困的农户在后续年份里更多地进行了移民，而"pvt"这个变量的回归系数显著为负，表明当年陷入贫困的家庭在当年更少地移民。上述回归结果表明：当年陷入贫困的农户未必能够更多地移民（当然，这里也可能存在双向因果关系），但是过去的贫困会显著增加后续年份中移民的概率，由于移民主要是进入城市从事工业生产，所以这说明他们更多地融入到了中国的工业化进程中；与这一结果对应的是李实和魏众（1999）② 的研究，

---

① Ravallion Martin, 2001, "Growth, Inequality and Poverty: Looking Beyond Averages," *World Development*, Vol. 29, No. 11, pp. 1803-1815.

② 李实和魏众，1999，《中国农村劳动力流动与收入分配》，载赵人伟等主编《中国居民收入分配再研究》，中国财政经济出版社 1999 年出版：北京。

他们也发现在富裕地区的移民主要来自于那些低收入农户而不是高收入的农户。

表 4-9 家庭成员中是否有移民的决定因素（Probit Model）

变量	1994—2000		1999—2000	
	模型 1	模型 2	模型 3	模型 4
pvt93	0.319***		0.357***	
	(0.069)		(0.096)	
ptv		−0.191***		−0.288***
		(0.074)		(0.102)
hhage	−0.000	0.000	−0.003	−0.002
	(0.004)	(0.004)	(0.006)	(0.006)
hhedu	0.001	−0.003	−0.015	−0.019
	(0.014)	(0.014)	(0.020)	(0.020)
hhlabor	0.021	0.050	0.066	0.102**
	(0.030)	(0.031)	(0.043)	(0.045)
landsize	−0.008	−0.019**	0.012	0.001
	(0.007)	(0.007)	(0.009)	(0.010)
logfixasset	0.020**	0.020**	0.009	0.009
	(0.010)	(0.010)	(0.014)	(0.014)
timetrend	0.092	0.080	−399.908**	−399.980**
	(0.060)	(0.059)	(177.093)	(176.689)
constant	−185.057	−161.352	0.357***	−0.288***
	(118.853)	(117.111)	(0.096)	(0.102)
observation	2432	2432	1226	1226
Pseudo R^2	0.1251	0.1191	0.1240	0.1194
Log likelihood	−1039.51	−1046.70	−523.53	−526.29

注：括号中的数值为标准误；*、**、***分别表示在10%、5%、1%的程度上显著；省份虚拟变量的回归系数没有报告。

所以，分析表明：中国的工业化是益贫的，它可以帮助农户脱离贫困陷阱，其背后的机制在于：过去的贫困会显著增加后续年份中移民的概率，由于移民进入城市从事非农就业能够显著增加收入水平。

最后，上述事实也给我们提供了正确理解工业化的内涵的证据。许多发展经济学家以及发展中国家的决策者对工业化的认识曾是片面和错误的，他们仅仅把工业化看作是制造业（尤其是重工业部门）在国民经济中比重的增加，这样就不可避免地导致了两个错误倾向：一是只注重集中资源投资于制造业，而忽视了传统农业的改造和农村经济的发展；二是只注重先进技术和设备的引进应用，而忽视了社会经济结构的相应变革。这是战后发展中国家工业化进程步履维艰和屡屡失败的重要根源之一，所以张培刚（1949）[①] 提出"工业化的概念是很广泛的，包括农业及工业两方面生产的现代化和机械化"，它的特征可以用各种方式说明，"如果着重技术因素，工业化可以定义为一系列基要生产函数发生变动的过程。若着重资本这个要素，则工业化也可以定义为生产结构中资本广化和深化的过程。若着重劳动这个因素，工业化更可以定义为每人劳动生产率迅速提高的过程。所有这些特征合起来指明一件事——经济飞跃进步"；"而想要获得经济发展，就先必须实现国民经济基本产业部门（包括工业和农业）的机械化和现代化"。基于微观数据所总结出的一系列事实为中国的工业化影响农业生产的渠道提供了明确的证据：如果中国能够更早地正确认识到工业化的内涵并调整发展战略和改变投资结构，中国的农业技术进步可能更快并且农业生产会有更好的表现，进而整个国民经济可能会有更好的表现。

中国战胜农村贫困的经验

第一，在一定的历史条件下，城市倾向政策固然对降低农村贫困和缩小城乡收入差距不利，也对于农业增长不利，但是如果没有城市倾向政策的支持，中国几乎不可能在短期内积累起实现经济腾飞所需要的资本，而没有经济的腾飞，就仅仅从降低农村贫困的角度看，现有研究实际上普遍批评中国早期采取的经济发展战略以及与之并行的城市倾向政策，例如，Carter（1997）[②] 认为城市倾向政策所导致的对于农业生产的负面影响主要体现为农

---

① 张培刚，1949，《工业与工业化》，哈佛大学博士论文，香港花千树出版社 2003 年重印。

② CarterConlin A.，1997，"The Urban-Rural Income Gap in China：Implications for Global Food Markets，" *American Journal of Agricultural Economics*，Vol. 79，pp. 1410-1418.

业增长速度的下降，同时也造成了农产品和农业生产要素市场的扭曲。Yang (1999)① 也认为中国实行的城市倾向政策会影响人力资本投资以及进一步扩大城乡收入差距，从而将对于中国未来的经济增长不利。Yang and Cai (2000)② 也认为城市倾向政策给经济造成了扭曲，并最终会导致农业的增长速度以及整个经济增长速度的下降。更有大量研究批评由于城市倾向政策而导致的城乡收入差距扩大。但是从经济发展的角度看，城市倾向政策支持下的工业化构成了中国经济增长的基本动力，新中国成立后的重工业优先发展战略以及与之相应的计划经济体制解决了在一个经济十分落后的发展起点上把积累率提高到15%以上的问题，并以较快的速度建成了比较完整的工业经济体系（林毅夫等，1994）。可以说，新中国早期的经济发展战略对于中国这样一个农业人口大国的工业化和经济起飞具有关键意义，也为1978年的改革开放和随后的持续快速经济增长奠定了基础。所以，尽管有很多针对中国早期经济发展战略和城市倾向政策的批评意见，但是我们必须清楚地认识到：不可能有农村贫困的持续快速下降。

第二，中国是农业人口大国，在一个极其落后的发展起点上，要发动工业化，就必须有庞大的资本积累，在无法从外部获得大量资本的条件下，也只能依靠在内部走“先增长后分配”的发展道路，过早的再分配政策很可能导致整体经济的积累不足，所以，从历史的角度来看，城市倾向政策至少推动中国实现了经济起飞的梦想。

第三，中国是世界第一人口大国，人多地少是一个非常突出的发展瓶颈，在这样一个背景下，通过发展附加值比较低的农业经济来推动经济增长、降低农村贫困和参与国际贸易未必是一个好的策略；而且，即使有农业的增长，也未必一定会带来农村贫困的降低，因为这还要取决于农产品价格和农业生产投入要素

---

① Yang, Dennis Tao, 1999, “Urban-Biased Policies and Rising Income Inequality in China,” *American Economic Review*, Vol. 89, No. 2, Papers and Proceedings of the One Hundred Eleventh Annual Meeting of the American Economic Association (May 1999), pp. 306-310.

② Yang, Dennis Tao and Cai Fang, 2000, “The Political Economy of China's Rural-Urban Divide,” Working Paper No. 62 of Center for Research on Economic Development and Policy Reform, Stanford University.

的价格变化情况，而这些价格的变化又和市场化和贸易自由化密切相关。

第四，在一定历史阶段中依赖城市倾向政策完成了推动经济腾飞的历史使命所需要的资本积累后，中国政府开始逐步推进对内改革和对外开放，逐步扭转城市倾向政策（和计划经济）所造成的资源配置的扭曲，并成功地实现了由计划经济向市场经济的转型。

第五，林毅夫等（1994）认为，由于违背了资源的比较优势，人为地推行重工业优先增长的发展战略使得中国的经济结构遭到严重扭曲，由此丧失了本来可以达到的“更快的增长速度”；过密的资本构成抑制了劳动力资源丰富这一比较优势的发挥，加剧了传统部门和现代部门相互分离的二元经济结构现象，由此丧失了本来可以达到的劳动就业和城市化水平；依靠积累维持的经济增长扭曲了国民收入的分配，致使人们生活水平提高缓慢；扭曲的产业结构还导致经济的封闭性，造成既不能利用国际贸易发挥自身的优势，又不能借助于国际贸易弥补自身的比较劣势的局面。基于上述论述所产生的一个非常有趣的问题是：中国已经创造了一个经济增长的世界奇迹，而如果中国的经济发展战略能够设计得更好并达到“更快的增长速度”，那么中国将创造一个“奇迹中的奇迹”，而创造这个“奇迹中的奇迹”的力量又是什么？从新古典经济学或内生经济增长理论中我们未必能够找到这个问题的完整答案，但是从发展经济学中我们却可以找到一些重要线索：首先，新中国成立后经济增长的起点非常低，如果经济增长的初始水平较高，后期的经济增长速度就不太可能长期维持在一个较高的水平上；其次，新中国过去60年走过的道路归根到底是一条工业化之路，而工业化又是社会进步和经济发展的核心动力（张培刚，1992）①，而在中国的工业化进程中，实际上是走着一种“结构主义”式的增长道路——工业化创造了大量的非农就业岗位，并吸收了大量的农业剩余劳动力，剩余劳动力从农村经济中转移出去，不但没有降低农业的产出，反而额外增加了工业产出，从而有利于推动整体经济的增长；第三，中国是世界上拥有最多劳动力的国家，虽然从宏观统计数据上我们无法看到中国劳动力的增长率非常高，但是有一个事实被掩盖在宏观数据中，那就是工业化过程中农村剩余劳动力不断转移到工业和第三产业中去，以及隐性失业的消化，从以上提供的微观数据中我们也可以看出，有越来越多的移民进

---

① 张培刚，1992，《新发展经济学》，河南人民出版社1992年出版。

入城市，并且他们从事非农劳动的时间在绝对增加。

最后，我们还必须清醒地认识到，中国经济到目前为止的成功只是工业化第一阶段的成功，依靠城市倾向政策推动的工业化显然不可能继续推动中国经济健康持续地增长，中国在下一个阶段的工业化能否继续创造新的辉煌并跨过“中等收入陷阱”还存在一个大大的问号，如果中国经济能够再能快速增长二十到三十年，那将真正是“奇迹中的奇迹”。

综合上述分析，我们认为中国经济增长的奇迹与市场化改变了资源配置的扭曲以及工业化对经济腾飞的推动密切相关，而在这个过程中，中国农村贫困的降低主要还是来自于经济结构转变中的农村贫困人口有机会参与经济增长成果的分享，分享的最重要途径是移民进入城市，并在增长得更快的非农产业部门或城市部门中就业；在这个发展道路中，我们发现中国降低贫困并非主要通过推动农业增长实现，而是通过优先将有限的资本或资源投入到工业部门中去，并反过来以工业部门的壮大来吸收农业剩余劳动力和推动农业技术进步。综合前文的研究和讨论，我们将中国降低农村贫困的经验总结如下：

中国是一个农业人口大国，人多地少是一个显著的瓶颈，在这种条件下通过优先发展附值较低的农业来推动经济发展和降低农村贫困未必是一个好的策略。中国经济增长的奇迹与中国的市场化和工业化密不可分，在这个过程中，中国采取了不平衡的发展战略：首先通过城市倾向政策积累了大量的工业资本并创造了经济增长点（即工业部门的壮大和快速增长）和实现了经济的腾飞，然后，逐渐壮大和快速增长的工业部门提供了大量的就业岗位吸收农村剩余劳动力，贫困农户也能够和非贫困农户一样分享到工业化的好处，进入城市或工业部门就业，是他们能够分享到工业化带来的经济增长“蛋糕”的关键条件。同时，中国的工业部门有相当部分是劳动力密集型，在这种条件下，拥有低教育和低技能的农村贫困人口完全有机会加入工业化的进程中去并分享到工业和整个经济增长的好处。中国的市场化改进了资源配置的效率，它在总体上有利于经济增长，但是贫困农户却未必能够如同非贫困农户那样分享到市场化的好处，所以，市场化是中国降低农村贫困的必要条件，而工业化则是中国降低农村贫困的充分条件。

在这个经验中，我们强调通过给予穷人进入城市和工业部门就业的机会这一关键点，因为只有如此，才能够使他们有机会分享经济增长的成果。类似地，Bardhan and Udry（1999）[①] 也认为，一般来说，通过经济增长帮助穷人的最重要方式就是增加他们能够得到有生产力的就业机会，包括在农场和城市非正式部门的自我雇用机会。因此，使得穷人能够被纳入经济增长的轨道对于缓解贫困是非常关键的。但是，有一些穷人因为很多原因却被排除在经济增长的过程之外。一个特别重要的例子就是资本市场非常不完善会使得那些技能水平较低、又没有资产的穷人难以逃脱贫困的命运。另外，经济增长过程本身的性质也可能带来问题，比如，存在规模经济时，经济增长过程中所存在的集聚向心力可能会使资源流出落后地区，进而强化了区域间的不平等。所以，通过不平衡的发展战略创造了经济增长点之后，穷人是否就有机会获得分享增长的机会这一点对于能否成更低降低贫困非常关键。本章认为，就中国而言，中国逐步改革户籍制度和降低对农民工的歧视性就业政策非常关键，因为这是给予他们分享经济增长成果的关键渠道。如果在通过不平衡的发展战略创造了经济增长点后，无法保证制定出能够使得农村家庭和贫困家庭也有机会平等地分享经济增长成果的政策，则可能会导致严重的两极分化和经济发展成果的夭折。

最后，我们也必须认识到，中国的经济发展道路和降低农村贫困的经验可能更适合于那些发展起点较低的人口大国；特别地，一个国家是否存在一种政治制度能够保证政府制定出让低收入群体也能够平等地分享经济增长的果实的政策，这一点尤其值得重视。同时，农村地区的土地制度改革的影响也极其复杂，家庭联产承包责任制在中国的成功未必意味着在其他发展中国家推行类似的土地改革也一定会成功。

中国经济发展未来之路的一道门槛：如何跨越“中等收入陷阱”

前文总结了城市倾向政策对于中国积累工业资本和实现经济腾飞的意义，但是这并不是说城市倾向政策推动下的经济增长必然具有可持续性，中国的

---

① Bardhan Pranab and Christopher Udry, 1999, *Development Microeconomics*, Oxford University Press.

重工业优先发展战略和城市倾向政策正是我们当前所面临的许多突出问题的一个重要根源，我们现在所观察到的中国经济发展的不平衡大多与它们有关：城乡之间与地区之间的收入差距不断扩大、贫困人口主要集中在农村地区；城乡居民之间分享很多公共产品和公共服务的机会不均等；经济发展在地区之间、城乡之间和产业之间都存在着不平衡；经济增长严重依赖于出口和国内投资；环境和能源问题日益成为经济发展所面临的重大挑战。综合这些问题，我们认为未来中国经济发展道路所面临的一个重大挑战就是能否跨越“中等收入陷阱”这道门槛①。

对于一个发展经济而言，很多因素都可能会导致其跌入“中等收入陷阱”，比如产业结构无法升级、技术水平落后、收入分配差距过大等。就中国的情况来看，按照人均GNI或者人均GDP的水平，目前中国已经进入低中等收入（lower middle income）国家的行列，下一步的发展目标就是进入高中等收入国家或高收入国家的行列。中国这样的人口大国是否会跌入“中等收入陷阱”对于未来全世界的经济发展都将具有极其重大的影响，因而这一问题也引起了世界范围内的关注。2007年世界银行在其报告中就警告东亚经济要防止陷入“中等收入陷阱”，其中被特别指出的挑战就是如何解决该地区普遍存在的收入差距扩大问题（Gill and Kharas，2007）②。世界银行的这一担忧是有道理的，因为国际上公认成功地实现了从中等收入向高收入跃升的日本和“亚洲四小龙”的收入分配普遍比较公平，而那些被公认陷入“中等收入陷阱”的拉丁美洲国家的收入分配则高度不公平。按照世界银行的观点，如果收入分配恶化到伤害经济激励和社会稳定的程度，就会产生一系列阻力阻碍经济增长，使人均收入水平不能继续提高。中国的收入差距的逐步扩大也引起了类似的担忧，根据世界银行2006年的年度报告提供的127个国家近

---

① 根据世界银行的定义，以2006年人均GNI作为度量标准，人均GNI低于905美元的是低收入国家；人均GNI为906—3595美元的是低中等收入国家；而人均GNI为3596—11115美元的属于高中等收入国家；人均GNI高于11116美元的则是高收入国家。而所谓的“中等收入陷阱”，就是指一个发展中国家的GNI的增长速度在进入低中等收入之后放慢或停滞，从而无法上升为高收入国家。

② Gill Indermit and Homi Kharas，2007，*An East Asian Renaissance：Ideas for Economic Growth*，Washington DC：The World Bank.

年来收入分配不平等状况的指标表明，基尼系数低于中国的国家有 94 个，而高于中国的国家只有 29 个，这其中有 27 个是拉丁美洲和非洲国家，在亚洲，只有马来西亚和菲律宾两个国家的基尼系数高于中国。未来中国能否跨越“中等收入陷阱”与中国能否及时地扭转不平衡的发展战略以及城市倾向政策密切相关，如果不及时地向贫困和低收入群体提供更多的分享经济增长成果的机会，则有可能出现“成也萧何，败也萧何”的结果。

另外，基于前文的分析，我们知道允许农业剩余劳动力转移到快速增长的工业部门中就业对于降低农村贫困的重要意义，而在未来，这一点对于国民经济的持续健康发展依然具有重要的意义，理由在于：首先，根据张培刚（1949）的发展经济学理论，一个国家是否实现了工业化，不是仅仅看工业产出在整个国民经济产出中所占的比例，还要看工业部门的就业在全部就业中所占的比例，目前中国的工业 GDP 的比重已经超过 50%，但是工业部门雇用的劳动力所占的比例还远不到 50%，从这个意义上看，中国的工业化还远远没有完成，所以，如何创造更多的就业岗位进一步吸收农业劳动力将是中国经济未来需要长期面临的重大问题，这也同时是进一步降低农村贫困和缩小城乡收入差距的关键渠道；其次，在制定未来经济发展战略的同时，我们还需要意识到，中国的农村劳动力的教育水平和工业技能都相对较低，而且农业的技术进步还会继续解放更多的农业劳动力，工业化进程中的资本深化也会加剧机器对劳动力的替代；然而，中国的城镇登记失业率自 2000 年后进入了一个相对较高的水平，2008 年的金融危机导致 2000 万民工失业而返乡①，而如果假设当年有 1.3 亿外出农民工的话，这就意味着农民工的失业率高达 15.3%；所以，继续推进工业化，甚至在一定阶段内或者在一定区域内继续推进劳动力密集型的工业的发展，以提供更多的就业岗位依然是未来中国经济发展的一个重要政策目标。同时，继续放松对于农民工的各种歧视性就业政策，建立城乡统一的医疗和养老保障体系以及覆盖全体居民的最低生活保障体系，这些都是未来中国经济健康发展的必要条件。

但是，上述政策讨论只是针对如何进一步降低农村贫困而言的，这些政策并不足以帮助中国跨越中等收入陷阱。除了通过国民收入的初次分配和再

---

① 2009 年 2 月 10 日新华社报道，《两千万失业农民工返乡之后——川豫鲁皖四省调查》，http://www.gov.cn/jrzg/2009-02/10/content_1226480.htm。

次分配来缩小日益扩大的城乡差距、地区间差距和不同群体间的差距外，还需要考虑更多的政策选择：第一，如何在结构转变中实现产业升级；虽然现有研究关于发展中国家的产业政策有效性的大量讨论都无法给出一个明确的答案，但是，中国的中央政府和地方政府却无疑都在绞尽脑汁地努力制定着各自的产业政策，它们除了表现出转型经济所普遍具有的“投资饥渴症”外，还似乎同时具有“技术饥渴症”，产业技术升级在所有的政府目标中具有极其重要的地位；虽然中国各级政府已经意识到依靠劳动力密集型产品的出口推动增长越来越困难，但是，对于如何实现技术升级，它们却并没有很多成熟的考虑。引进外国先进技术当然是政府的一个重要考虑，胡锦涛主席（时任）2011 年 1 月下旬访问美国所提出的美国放宽对中国高新技术产品出口的限制的要求就明确证明了这一点。但是，一个庞大的中国显然不太可能依靠技术进口来实现其技术升级。而在国内，M 型的政府组织下，各级地方政府都在努力寻找着自己的“最优”产业政策，而此时面临的问题是：局部最优的产业政策很可能不是全局最优的，甚至，不同地区间的产业政策很可能是以邻为壑的。尽管有争论说，这种情况下的政策或改革往往并不会导致全局性的灾难，但是这肯定不是一个国家制定成功的产业战略的充分条件。第二，庞大的中国经济在未来如何实现持续的技术进步，如何更加从容地参与激烈的国际竞争，如何和平崛起，还面临着很多挑战，至少目前，中国似乎还没有找到明确的解决方案。但是，能否找到和找到什么样的政策可能并不是中国未来面临的最关键挑战，最关键的挑战还是如何处理经济改革与政策改革之间的关系，并且保证有一个稳定的环境能够孕育和执行中国政府所期望的政策以技术进步和产业升级。一个明显的事实是：中国的未来改革不太可能再像前 30 年所进行的那样，仅仅通过某一个部门或某一个行业的局部改革（比如农村部门的改革、城市部门国有企业的私有化改革、国有银行的改革、税收体制改革等）就能够推动经济的增长，中国未来的改革必然更多的是综合性的一揽子改革，而这种改革也必然是中国的战略家们所需要重点考虑的问题。

第五章
中国农民的贫困现象：政府应该做些什么

袁堂军 复旦大学经济学院副教授，日本一桥大学经济研究所访问学者，主要研究领域包括发展经济学、产能分析、国际比较和数量经济学历史，重点研究亚洲经济体尤其是中国，以英文、日语和中文发表多篇文章，其主要研究成果在《收入与财富评论》《经济史探索》《中国经济和企业研究》等国际杂志上发表，他最近完成的《中国经济发展——初始条件、政策选择和资源配置，1860—2004》（东京大学出版社，2010）荣获日本第五届 Junzo Kashiyama Prize。

为何现代农民会如此贫困

库兹涅茨认为，就经济发展与收入分配的关系而言，在一个国家的经济发展初级阶段，其国民生活水平基本处在生存线的边缘，收入分配相对平等。但是随着经济高速发展，不同行业之间生产效率的差异性导致各行各业收入差距不断增大；当经济继续增长并达到资源被充分利用的阶段时，收入分配将再次达到均等，这就是库兹涅茨倒U形假说。在计划经济时期，中国经济发展缓慢，决策者试图在克服工业化资本匮乏与提供足够食品和衣服之间寻找一种平衡，城乡居民都处于极为贫困的生活状态。在经济改革的早期阶段，人民公社这种集体农业生产模式被废除，家庭承包责任制登上历史舞台，大幅提高了农业生产率。与此同时，1978—1984年，政府大幅提高了对农产品的采购价格，从而显著增加了农民家庭收入。20世纪80年代后期，农村乡镇企业异军突起，农村居民收入剧增，缩小了城乡收入差距。然而，到了90年代，地区之间以及城乡之间收入差距却出现了前所未有的扩大趋势。中国拥有超过13亿的庞大人口，其中70%依然生活在农村地区，2009年城镇人均可支配收入达到农村居民的3.3倍，较1990年的2.2倍有明显上升（图5-1)。随着城镇地区生活水平继续提高，农村地区相对贫困的矛盾愈发凸显，这不仅会导致社会动荡不安，更将阻碍中国经济从外需驱动模式向内需驱动模式的转型。

目前有大量有关中国的贫困问题研究文献，其中很多都极具洞察力，例如关于多重制度因素的研究、“价格剪刀差”问题、开支不合理问题、就业问

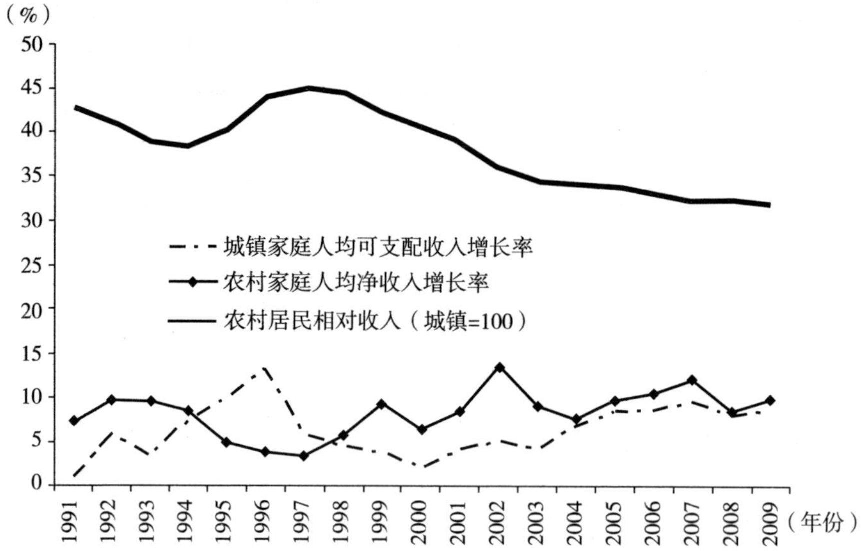

图 5-1 逐步增大的城乡收入差距

资料来源:《中国统计年鉴(若干年份)》。

题、教育和社保体系不公平问题等。在改革开放时期,城乡收入差距上升的问题尤为明显。Lu and Chen (2004)① 认为,城镇化进程、经济逐渐开放、私有化等因素都大幅增加了城乡收入差距,政府支出结构也促进了城乡收入的差距。Wang (2006)② 明确指出,随着改革开放的深化,市场化进程在一定程度上降低了城乡收入差距,但与此同时,政府向工农业产品提供的财政支持薄弱以及"价格剪刀手"的存在却加大了城乡收入差距加大。Hu, Lai and Hu (2007)③ 认为,经济增长本身并不会自动改善收入分配,它只是降低贫困的必要条件,而非充分条件,还需要法律、法规和政府制定相关政策在公平与效率之间建立联系,才能将这一必要条件转换为充分

---

① Lu, Ming and Zhao Chen (2004), 'Urbanization, rural and urban economic policy and tendency of urban-rural income gap', *Economic Research*, 6, 50-58.

② Wang, Ren (2006), 'Analysis on the changes of China's urban-rural income gap: also on the applicability of "inverted U" hypothesis', *Statistical Research*, 4, 14-19.

③ Hu, Bing, Jingsheng Lai and Baodi Hu (2007), 'Economic growth, income distribution and poverty alleviation-evidence from rural China: 1985—2003', *Technical and Econometric Research*, 24 (5), 33-42.

条件。He（2004）① 指出，中国农村地区绝对贫穷的产生原因建立在下述事实之上：农村土地资源减少、土地质量下降（由于缺乏农业投资），农业生态环境恶化，农村人口基数庞大，生育年龄、生育率较高的妇女数量巨大等。同时，农业相关政策和制度加剧了农村贫困现象，比如尚不完善的农业土地所有权体系、不够发达的财税体制以及国家粮食采购政策都会造成农村实物资本过度的隐性流失。

对于消除农村贫困的措施，Ning（2009）② 也指出，从教育的角度来分析，如果缺乏配套的教育体制和劳动力市场改革，仅仅依靠增加教育投入很难缓解收入分配不公平的现象。他的建议是，改革考试制度、提高教育质量、通过市场机制调整教育收益，使其能够充分反映劳动生产率，同时发展劳动力市场，从而降低行业之间以及行业内部的收入差距。Zhang and Zhan（2006）③ 认为，金融发展可以从三个不同方面对城乡收入差距产生影响：首先是门槛效应，即在金融管制的情况下，由于贫困人群无法通过自身能力实现财富积累，难以达到门槛水平（例如可享受金融服务的门槛），因而失去获得高收益回报的机会，但富裕人群有能力实现资本积累，因此有机会获得高收益回报，在这样的情况下，金融发展水平会影响一个社会的收入差距。第二，金融发展不均衡的影响。在发展中国家，金融资源总量有限，导致金融资源在不同地区和不同行业以及城乡之间的分配不均衡。也就是说，金融发展的失衡加大了部门间及地区间的收入差距。第三，金融发展的减贫效应。金融发展会促进经济增长，有助于贫困人群获得机会享受更多的金融服务，降低贫困度，因此金融发展影响社会收入差距。

但是，大多研究仅局限于描述问题，从某个具体原因着手对中国农民的贫困问题进行分析，但"三农问题"是个长期问题，是经济发展中的普遍现象。农业经济学的定义为"三个阶段的农业问题"，分别是（1）收入较低时

---

① He，Daizhong（2004），'China's labour migration from the perspective of poverty'，*Market Economy Research*，6，28-30.

② Ning，Guangjie（2009），'Can education expansion improve the income distribution gap? —evidence from CHNS 2006 data'，*World Economic Forum*，1，1-14.

③ Zhang，Lijun and Yong Zhan（2006），'Impact of China's rural financial development on the urban-rural income gap'，*Financial Sciences*，4，53-60.

的粮食问题（即温饱问题）；（2）达到中等收入水平时的城乡收入差距问题；（3）收入达到较高水平时的结构调整问题。在中国，这些问题被称为“三农问题”。在长期经济发展中，从时间上来看，各种农村问题并不是完全独立的，不同的发展模式和政策选择使这些问题无法避免的相互交织、相互影响。总体来说，在二元经济结构背景下，产生上述各种问题的是相对落后的农业生产率，因此，解决这些问题的关键是提高农业生产率以及劳动力、资本和其他资源之间的分配效率，从根本上消除二元经济结构，实现城镇和农村共同繁荣的政策目标。

中国经济发展的过程是从计划经济向市场经济转型的过程，计划经济时期和改革开放时期的一个共同特征是工业部门的快速扩张，但是考虑到中国早期工业基础非常薄弱，而且工业部门自身没有足够的盈余，那么资本积累究竟从何而来？是否存在对农业的挤压呢？改革开放之后，市场经济成分上升，人均收入快速增加，中国农业问题是否已经转变为所谓的中等收入相对贫困问题？政府已经取消了农业税，并实施了一系列政策减轻农民负担，但并未取得显著的成效，原因何在？政策和制度问题是否影响了资源分配，并在无形中对农业产生挤压效应？为了研究农村和农民贫困现象的原因并就此提出解决方案，作者力图在中国长期经济发展的背景下对现存的农业问题作出解释，这有助于我们找到产生中国农业生产率长期低下以及农民工无法在城市地区顺利定居这两个问题的原因的答案。

在第一部分中，我们将中国经济增长的特征与其他国家进行对比，在此基础之上可以证明中国资本积累的惊人速度。第二部分对目前有关中国农业的研究进行了简要概述，其中包括对挤压效应和现有理论研究与实证结论之间的矛盾进行了论述。第三部分用自 1950 年至今的国际价格作为标杆来衡量工农业产品国内价格与国际价格的差异，因此我们将“相对价格”定义为农业“间接征税”，这种方式可以有助于理解中国农业生产率长期低下的原因所在。最后，文章第四部分进一步探讨了中国现有经济发展模式对收入分配的影响及其对缩小城乡收入差距的政策意义。

中国经济增长的特征——高资本形成率

惊人的工业化速度

发展经济学在经济发展和结构转变方面强调“克拉克定律”，即随着经济的发展，第一产业的比例逐渐下降，跟随其后的是第二产业和第三产业的比例相继下降。这一规律在中国战后的长期经济发展过程中得到了完全体现，最显著的特征就是工业部门的快速扩张，不论是在计划经济时期还是改革开放之后，如果将中国与其他处于类似发展阶段的国家相比，其工业化速度都位于高速车道上。1990—2009年的20年中，第一产业的GDP占比从27.1%下降至10.3%，而第二产业的占比则由41.3%增加至46.3% [《中国统计年鉴（2010）》]，与日本20世纪60年代和中国台湾地区20世纪70年代中期的产业结构相似。总体就业结构的变化趋势也符合上述规律，与亚洲主要国家相比，表明中国工业部门的GDP占比高于其他处于相同发展阶段的国家（图5-2中，横轴上的位置相同表明人均GDP相同），但是对比农业就业率与农业产出结构，可以看出前者略高，服务业的情况则正好相反。这种产业结构的变化与计划经济时期的重工业发展策略相关，也是改革之后发展模式的必然结果。

20世纪90年代之后的经济发展模式

进入20世纪90年代之后，中国经济增长主要具有以下特征：首先是外贸驱动型的增长模式，进出口总额在GDP中的占比超过40%，其中出口的占比从80年代的不到7%上涨至26%，形成了对外贸的高度依赖性，制成品出口份额从80年代的不到50%增加到了90%。可以这么说，中国经济的快速增长是由工业生产的外部扩张驱动的。

第二个特征是投资引导型增长。自20世纪90年代以来，这种增长趋势越来越明显。1992年之前，投资在GDP中的比重平均为30%，但这个数字

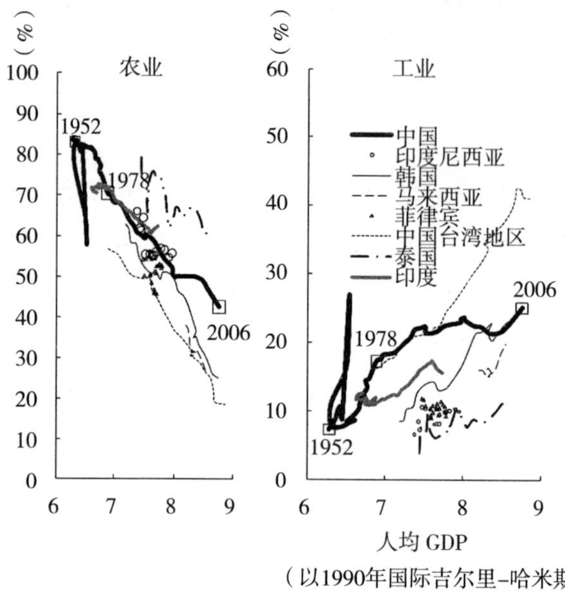

图 5－2　就业结构的国际对比

资料来源：世界大型企业联合会和格罗宁根增长和发展中心，总经济数据库，(http://www.conference－board.org/economic)，世界银行世界发展指标（2007）。①

如今已超过 40％，远高于日本高速发展时期的投资比重。但是值得注意的一点是，投资的增加过程中包含了诸多低效率因素，所以由此推动的经济增长被称为粗放型增长（即要素投入型增长），尤其是在 90 年代后半期，支持国有企业的政策导向导致公共部门投资过剩，造成工业资本的年利润出现下降。例如，地方政府、企业以及国有银行的地方分支行全力以赴为国有工业企业扩大生产提供支持，导致重复投资的状况愈演愈烈。以增加要素投入为特征的经济增长对促进技术进步效力甚微。例如，20 世纪 90 年代的平均经济增长率高达 9.5％，其中资本的绝对贡献率为 63％，而全要素生产率的贡献率仅为 21％，其余 16％则归功于劳动力投入。与日本在高速发展时期 40％的年平均增长率相比（年经济增长率为 9.2％），中国的这一数字非常低。Wu and

---

① 通过对数测量的人均 GDP 数值。

Yuan（2010）① 最近的一项研究也表明，中国在加入世界贸易组织之后经历了 TFP 增长速度快速下降的过程。

第三个特征与上述第二个特征相关，改革开放后的前十年，乡镇企业快速发展并吸收了大量农村剩余劳动力，但 90 年代之后，由于沿海地区主要依靠吸引外资和政府优惠政策支撑发展，因此工业部门的劳动力吸收能力大幅下滑。中国经济仍然处于二元结构阶段，上述发展模式对于收入分配产生了决定性的影响。

农业发展相对落后

与工业形成鲜明对比的是，农业的发展并不理想。改革之前，农村经济经历了三个发展阶段。第一个阶段是改革后的第 ·个十年时期（1949 1958），土地改革取得成功，农民拥有了自己的土地，这极大调动了农民的生产积极性，农业产量连续九年保持增加，农民生活得到普遍改善。第二个阶段是 1958 年之后，农民公社制度的迅速实施、农业技术推广的不合理性以及工业部门的飞跃发展严重挫伤了农民的劳动积极性，农业生产一蹶不振，此时又逢 1960 年自然灾害，中国经济从此陷入了长达三年的经济困境，即众所周知的“大饥荒”。1961 年之后，政府政策重新聚焦农业，人民公社分解为生产大队，农业肥料投资增加，农作物耕种方式也得到调整，促进了农业生产率的提高，截至 1966 年，生产水平恢复到了 1957 年的水平。第三个阶段是“文化大革命”（1967—1976）时期，政治动荡严重影响了农业生产，进入长期停滞的状态。

在改革开放初期，政策重心重新回到加快农村经济发展，调整工农关系、增加农业投资、提高农副产品价格、并用家庭承包责任制替代了之前的集体管理方式，所有这些措施都有效地调动了农民的生产积极性，大幅提高了农村生活水平。1984 年之后的改革将重点转向了工业。2001 年加入世贸组织之

① Wu，Harry X. and Tangjun Yuan（2010），‘Has resource allocation in China been in line with the productivity performance of industries? — implications for the role of the government’，in JCER（ed.），*Chinese Economic Growth and the Role of the Government*，Chapter. 1，Japan Center for Economic Research，pp. 1-22.

后，中国政府大力确保粮食安全和粮食的自给自足，保证农产品在国际市场的竞争力，但直到2005年，中国农业发展和农民收入增加的三农问题才真正重新成为政府的关注焦点。

上述发展模式重工轻农，充分反映了发展经济学结构意识的影响，也就是说，工业是中国经济发展的重心，因此资源大多被用于促进工业部门的发展，如图5－3所示，工业部门设备投资在GDP中的比例长期处于高位。

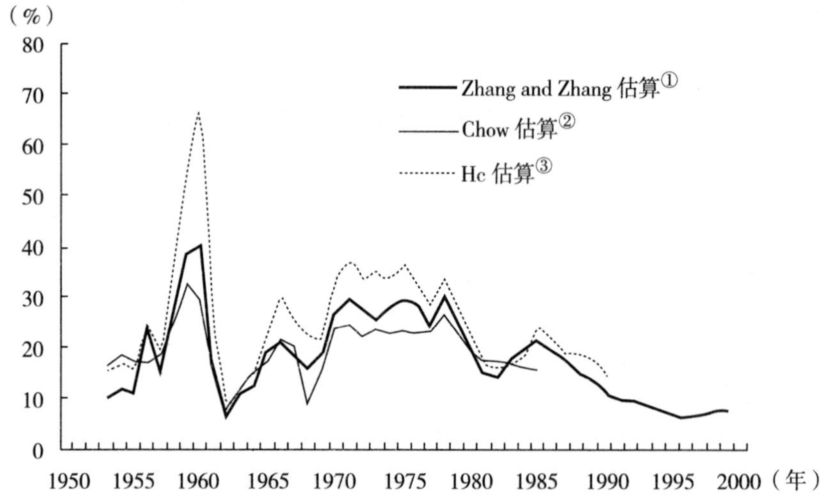

图5－3 工业设备投资在GDP中的比重（%）

资料来源：Zhang and Zhang（2003），Chow（1993）and He（1992）④。

初始条件恶劣与资本积累巨大并存背后的秘密

在经济发展初期阶段，资本极度匮乏，资本价格昂贵，若想加快工业化

① Zhang，Jun and Yuan Zhang（2003），'Again on the estimation of China's capital stock'，*Economic Research*，7，35-43.

② Chow，G. C.（1993），'Capital formation and economic growth in China'，*The Quarterly Journal of Economics*，108（3）（Aug.），809-42.

③ He，Juhuang（1992），'Estimation of the assets'，*Quantitative and Technical Economic Studies*，8，24-27.

④ 减去资本折旧之后的净值。

步伐，主要的困难在于如何确保工业部门的资本形成。在中国，从晚清洋务运动到第二次世界大战前夕，经济发展总体水平滞后，虽然中国经历了一个短暂的高速发展期，但现代工业部门的产值占比不足10%，将近90%的国民收入来自农业和传统手工业，近90%的人口生活在农村地区。需要强调的一点是，传统手工业生产规模很小，几乎无法产生任何盈余用于工业部门的现代化改造。

一般来说，在这样的发展初期阶段，如果没有国际金融市场的资金支持，要实现资本积累就必须通过提高农业生产率克服人口增长的压力、保证基本的生活水平，这个过程将持续至农业部门有能力为工业化提供足够的资金盈余，有些国家农业发展水平低下，所以决策者严格控制人口增长及消费，尽可能实现盈余。在此之后，政府对农业征税，政府的投资重点也将在工业部门，这就是直接由政策因素引起的资源转移。还有一些国家实行价格干预、对劳动力转移进行限制或采取其他间接措施，使工农产品相对价格偏离市场聚恒价格（剪刀差），从而间接促进了资源从农业部门向工业部门的转移，实现资本积累的目的，这也被称为 Preobrazhensky 第一假说（简称 P1），这种社会主义资本积累的方式在苏联以及其他社会主义国家被广为采用。

回顾中国经济发展的历史，在中华人民共和国成立之后、1978 年经济改革之前的时期，农业生产率没有明显上升，而人口增长率却相对较高，因此，资本积累的第一个条件显然不够充足，即中国农业人均产出水平较低，无法为工业部门的资本积累提供充足的资金。此外，在内战期间，中俄关系恶化，外加其他原因，工业发展所需的资本积累不可能通过吸引外国资本来实现。不过事实上，这一时期中国工业增长和扩张的成果显著，资本积累速度甚至超过了曾经创造二战后经济增长奇迹的日本（图 5-4），许多研究都认为这是政策引导的资源转移所产生的“价格剪刀差”所实现的成果。但从计划经济时期至今的若干年中，一直有学者对中国工农业之间的资源转移问题持有争议。

20 世纪 60 年代，日本学者和中国学者对工农业之间的资源转移作了大量实证分析，1980 年后，以美国为主要代表的学者运用新古典经济学理论对这一课题进行了理论分析。虽然多数观点认为中国存在农业发展遭到挤压的现象，但对此缺乏相关实证研究的支持，因此，诺顿强调中国工业发展中五个农业职能失灵。我们在官方文件中发现了很多有关如何通过财政措施支持农业发展、通过降低税费压力改善农民生活的文章，如果说外资是中国改革开放后工业资本的主要来源，那么中国巨额资本形成的源泉，至少在计划经济时期，仍然是个谜。

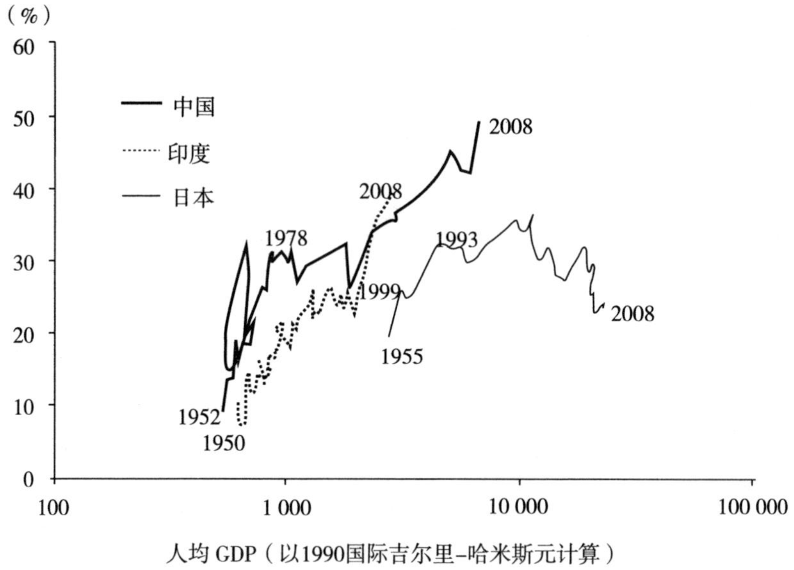

图 5-4 资本形成的国际对比

资料来源：人均 GDP 数据来自麦迪森的著作《世界人口、GDP 和人均 GDP 统计，1—2008 AD》；对于总资本形成率，日本的数据来自日本内阁府经济和社会研究所，印度的数据来自印度储备银行，中国数据来自中国国家统计局。①

关于农业遭到挤压的争论

学术界的困惑

在有关中国工业和农业之间资源转移的实证研究领域中，最早的研究是

① 通过对数测算的人均 GDP 数据。

由日本发展经济学领域的创始人 Yishikawa（1966）[①] 完成的，他在研究中国第一个五年计划时期中的资源转移时使用的计算方法：跨部门资源流动（ISRF）后来被 Yishikawa（1990）[②]，Nakagane（1982，1992），Yamamoto（1999）[③] 等多位学者采用。通过这种方法进行的一系列实证研究结果表明，从新中国成立以来，没有出现资源从农业部门向工业部门的大规模转移，相反，资源曾多次从工业部门向农业部门流动。Yimaoka（1976）[④] 假设农业净储蓄等于资源流出量，对农业部门的净储蓄进行了集中研究。他对第一个五年计划的研究也确认了一点，农业对工业部门的资本积累并没有显著的贡献，我们认为上述研究结果是对农业遭到挤压观点的否定。与此相应，Hyashi（1976）[⑤] 使用资金流转的方法进行研究，结果表明，在第一个五年计划时期，除了 1956 年之外，其他年份中农业部门都产生了盈余，而政府通过“价格剪刀差”和财政货币政策将盈余向工商业部门进行转移。Lardy（1983）[⑥] 是第一位指出中国统计系统所存在的问题的学者，他认为上述持有否定观点的研究使用的数据不具有可信度，他使用自己收集的数据证明了农业是中国工业化的主要资金提供者。与此相关的研究还包括 Feng and Li（1993）[⑦] 的研究，

---

① Yishikawa，Shigeru（1966），'Transfer of resources between agriculture and industry in the process of development'，*Economic Research*（Institute of Economic Research，Hitotsubashi University），17（3），202-208.

② Yishikawa，Shigeru（1990），*Basic Issues of Development Economics*，Tokyo：Iwanami Shoten.

③ Yamamoto，Hiromi（1999），*China's Agriculturl Policy in the Reform and Opening-up—Economic Analysis of Institutions and Organizations*，Kyoto：Kyoto University Academic Press.

④ Hideki，Yimaoka（1976），'Mechanisms of China's capital savings，1952－1970'，in Society of China's Capital Savings（ed.），*China's Economic Development and System*，Chiba：Institute of Developing Economies.

⑤ Hyashi，Nobumichi（1976），'Structural adjustment of China's capital'，in Institute of China's Capital and Savings（ed.），*The Development and Institution of China's Economy*，Chiba：Institute of Developing Economies，pp. 112-113.

⑥ Lardy，N.（1983），*Agriculture in China's Modern Economic Development*，Cambridge：Cambridge University Press.

⑦ Feng，Haifa and Li Cheng（1993），'The quantative research on capital accumulation of agriculture for industrialization'，Economic Research，9.

他们从农业税、储蓄率和“价格剪刀差”的角度进行分析，找到了支持 P1 的实际证据，即农业为中国的工业化作出了巨大牺牲。

总而言之，认为中国存在农业挤压的观点大多是通过直接途径计算农业盈余，但这种研究未能正确地对农业对资本形成的全部贡献作出量化分析。但是，Nakagane（1992）① 指出，在社会主义国家农业和农村问题上，政治因素往往扮演着隐性角色，农业牺牲观点的基础——“农业和工业之间的不公平转移”以及“价格剪刀差”，在政治和社会学领域意义重大，在经济学领域则影响较小。

自 1980 年以来，从事这一领域研究并积极分析社会主义国家的“价格剪刀差”的主要是欧美经济学家，其中 Sah and Stiglitz（1984）② 使用一般均衡模型证明在社会主义经济体系中，对农产品和工业产品相对价格进行人为改变是资本形成的有效途径。Sah and Stiglitz（1986，1987）③ 考虑了不均衡的对外贸易及 Blomqvist（1986）④、Carter（1986）⑤ 以及其他学者提到的其他因素后对模型进行了改进，进一步证明了 P1 的有效性。但不幸的是，Li and Tsui（1990）⑥ 使用上述模型进行实证研究时却未能获得相似的结果，而是表明在存在政策干预的前提下，P1 的有效性可能并不明显。最近，Lin and Yu（2009）⑦ 对 Sah and Stiglitz 的模型进行了改进，证明从 1949 年至 1992 年，在中国政府经济政策的目标方程中，农民的比重小于工人，农民所享受的福

---

① Nakagane，Katsuji（1992），*The Political Economy of Agro-industrial Relationships in Contemporary China*，Tokyo：University of Tokyo Press.

② Sah，R. K and J. E. Stiglitz（1984），‘The economics of price scissor’，*The American Economic Review*，74（1），125-138.

③ Sah，R. K and J. E. Stiglitz（1986），‘The economics of price scissors：reply’，*The American Economic Review*，76（5），1195-1199.

Sah，R. K and J. E. Stiglitz（1987），‘Price scissors and the structure of the economy’，*The Quarterly Journal of Economics*，102（1）（Feb.），109-34.

④ Blomqvist，A. G.（1986），‘The economics of price scissors：comment’，*The American Economic Review*，76（5），1188-1191.

⑤ Carter，M. R.（1986），‘The economics of price scissors：comment’，*The American Economic Review*，76（5），1192-1194.

⑥ Li，D. and K. Y. Tsui（1990），‘The generalized efficiency wage hypothesis and the scissors problem，’ *The Canadian Journal of Economics*，23（1），144-158.

⑦ Lin，JustinYifu and Miaojie Yu（2009），‘The political economy of price scissors in China：theoretical model and empirical evidence，’ *Economic Research*，1，42-56.

利的比重也小于其贡献的资本积累比重。另一项由 Knight（1995）[①] 进行的研究运用国际贸易理论的供应条件曲线分析，也为 P1 的有效性提供了理论支持。但上述理论分析仅仅提供了定性分析，没有准确地衡量出中国农业和农民对工业化的牺牲程度。

有关之前实证分析的问题

以 Sah and Stiglitz 为代表所进行的理论分析没有得到实证研究的支持，一个原因可能是缺乏可信数据。但更重要的是，这些研究都忽视了社会主义经济的特征，即资源分配依靠国家规划而非自由的市场体系。也就是说，要素在部门之间自由流动这一假设并不成立。因此，这种情况下的价格包含多种非市场因素，因此与市场均衡价格有很大差异。接下来，我们将集中讨论三个主要的实证结果：（1）基于农产品和工业产品相对价格的 ISRF 方法；（2）强调农村消费和储蓄的资金流转方法；（3）体现 Preobrazhensky 关于社会主义原始积累的“价格剪刀差”方法。同时，我们还将解决上述方法存在的问题。

（1）Yishikawa，Nakagane and Yamamoto 使用 ISRF 方法进行估算，除了所讨论时期中的个别年份之外，没有出现从农业向工业的明显的资源转移，但相反情况有所发生，这个结果与图 5－5 所示相似。

ISRF 方法在分析长期资源转移量的增加或减少以及资源流动方向的变化时是有效的，但无法正确分析政策干预引起的资源流动方向和数量，原因在于：首先，隐性流动的计算结果在一定程度上与起始点的选择有密切关系，由于起始点的相对价格被假设为 100，这表示，按照国际经济学，应选择市场均衡价格为起始点。第二，价格干预会对可见流动产生影响，有时甚至会产生与实际资源流动方向完全相反的结果。一般来说，与农业相比，工业属于资本密集型产业，技术进步迅速，而且随着工业部门的扩张和农产品需求的增加，工业产品价格将相对下降，而农产品价格则出现上升。

但如图 5－6 所示，与国际市场相比，中国农产品价格上升速度并不快，

---

① Knight，J.（1995），‘Price scissors and intersectional resource transfers：who paid for industrialization in China?’，*Oxford Economic Papers*，（New Series），47（1），117-135.

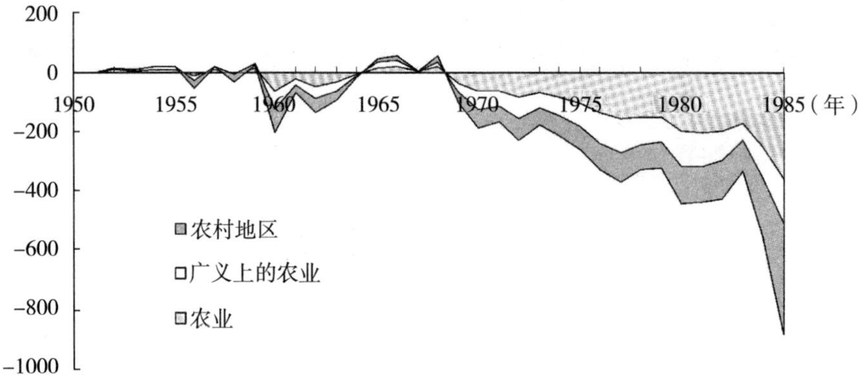

图 5-5　通过 ISRF 方法得出的农业与工业之间的资源转移（单位：亿元）①

资料来源：Nakagane（1992 年，第 55 页，表格 2-1）。

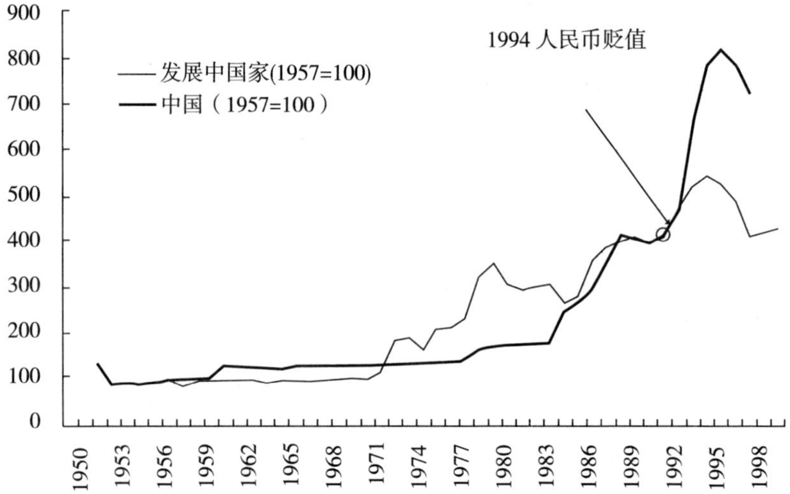

图 5-6　国内和国际农产品价格指数（1957＝100）

资料来源：中国农产品价格指数数据来自 Cheng（1998），其他发展中国家数据来自世界货币组织。

在 1972 年至 1984 年之间这一速度甚至有些缓慢。1994 年，人民币贬值，农产品价格得到一定程度的上升，但之后又重现下降趋势。

（2）资金流通方法

资金流通方法考虑了农业部门的净盈余，将资金净流出定义为农村收入

① 负值代表从工业向农业的资源转移。

以及农业自身消费与资本积累之间的差距。*Ohkawa*，*Shimizu and Takamatsu* (1978)[①] and Teranishi（1982，2004)[②] 对二战前的日本作过精确的测算。值得注意的是，他们虽然使用同样的方法，却得到截然不同的结果。前者分析表明，在日本工业化的早期阶段，农业对工业发展作出了巨大贡献，但后者的研究却表明，日本工业化初始资本主要来自商业，农业的贡献并不明显。如表 5－1 所示，使用资金流通方法的分析结果受到农业部门消费倾向的影响，而且，如果采用不同的消费倾向，就会得到不同的结果。

表 5－1　消费倾向的差异性产生的对农业盈余估算的差异

年份	Teranishi estimate		Ohkawa Takamatsu estimate	
	A%	S－I（mil yen）	A%	S－I（mil yen）
1899—1902	97.9	1	83.5	44
1903—1907	90.4	13	82.1	86
1908—1912	95.6	4	80.5	144
1913—1917	88.0	43	77.0	266
1918—1922	92.0	207	85.8	243
1923—1927	96.6	24	90.7	－65
1928—1932	93.4	－12	93.7	－189
1933—1937	87.9	222	87.5	80

资料来源：Teranisi（1982，第 4 章，表格 4－19 年）。[③]

两个不同消费倾向中哪个更为准确？如果国内市场并非完全自由市场，那就很难得到准确的判断。在一个完全竞争和开放的经济体中，不同行业以及国内外市场都可以达到均衡状态，内外价格差异可以通过生产要素的流动而被消除，只有在这种情况下才能使用基于国内市场价格的消费倾向。相反，在一个封闭经济体或者一个市场体系不完善的发展中国家，生产要素市场尚不完善，因此国内价格与国际价格之间存在差异，所以使用基于国内价格计

---

① Ohkawa，K.，Shimizu and N. Takamatsu（1978），'Agricultural surplus in an overall performance of saving-investment'，*Papers of Proceedings of the Conference on Japan's Historical Development Experience and the Contemporary Development Countries：Issues for Comparative Analysis*，Tokyo：International Development Center of Japan（Feb.）.

② Teranishi，Jyuro（1982），*Japan's Economic Development and Finance*（2004 reprint），Tokyo：Iwanami Shoten.

③ A＝消费倾向估算值。

算的消费就会产生误差。

新古典经济学理论认为，只有在完全竞争市场中资源的有效配置才能实现，生产要素才能流向生产率较高的工业部门，使社会效益实现最大化。政府干预或者市场缺陷都会对商品价格和商品生产造成直接影响，因此资源的转移会因不同部门的边际消费（储蓄）倾向的差异而有所不同。

（3）社会主义价值理论

中国经济发展以挤压农业发展为代价这个观点主要是建立在“价格剪刀差”的基础之上。Han and Feng（1992）① 指出，使用不同价格时，“价格剪刀差”的影响有所不同。一般来说，“价格剪刀差”这一观点与下列方面有关：①农产品与工业产品相对价格的上升和下降；②农产品收购价格和零售价格的差距（上升或下降）。

显然，即国内农产品和工业产品的相对价格中所包含的政策和市场信息不完全，第一点中需要考虑到这种价格与市场均衡价格之间的偏差。第二，对流动费用的减除额等于消费税，但问题在于社会主义计划经济中这种消费税不仅对农产品征收，也对工业产品征收。如图 5－7 所示，在计划经济时期，工业产品的生产者价格很低，消费者价格相对较高。此外，社会主义价值理论也强调，在计划经济条件下，政府以较低的统一价格购买商品并将商品提供给工业部门工作人员，从而保证以更低的劳动力成本实现工业发展。但是，农民对工业化所做贡献的定量分析取决于选择合理的价格，显然这个合理的价格是自由市场中的均衡价格，而不是含有政治色彩的人为定价。

什么价格可以做基准价格

通过上述讨论，我们可以看出，过去的实证研究最大的问题在于其选取的价格体系，没有任何清晰可信的价格可以作为相对价格基准。新古典经济学理论表明，只有完善的市场才能实现资源的有效配置，对于一个规模较小

---

① Han，Zhirong and Yafan Feng（1992），*New China 40 Years of Agricultural Prices*，Beijing：China Water Power Press.

的开放型经济来说，国内生产要素在不同部门间的自由流动，各部门可以达到相同的边际生产率。同时，出口和进口相对价格也可以在国内外行业之间达到相同水平，因为它们是价格接受者。但是，当政府干预生产要素市场或者出现市场失灵时，资源分配效率就会下降，国内价格将偏离对外价格，从国民收入的角度来看，这将导致不同部门之间的资源转移。根据这一逻辑，当一个产品的国内相对价格偏离其国际相对价格时，将出现生产力从生产价格被低估的行业向其他行业的转移，这相当于对被低估行业间接征税。显然，理论研究没有得到现有实证研究支持的原因就是理论研究忽视了国内部门之间相对价格与国际价格存在的偏差。

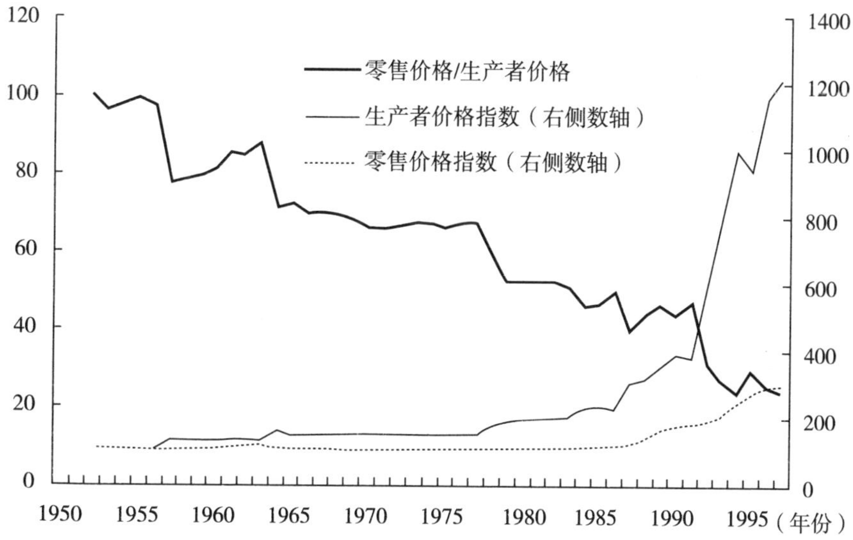

图 5－7 中国工业产品的生产者价格指数和零售价格指数（152＝100）

资料来源：工业产品的生产者价格指数数据来自 Yuan（2010），零售价格指数数据来自 Yuan（2010）。①

Lardy（1983）曾对中国农产品和工业产品的国内及国际价格差异进行了研究，但由于资料有限，他只研究了大米和化学肥料。此外，他所进行的国际比较也局限于为数不多的几个国家，例如印度和泰国。Yuan（2010）②

---

① 零售价格指数特指农村工业品。

② Yuan, Tangjun（2010），*China's Economic Development: Initial Conditions, Policy Choices, and Resource Allocation*，1860—2004，Tokyo: University of Tokyo Press.

的研究涵盖了更多的商品，他针对特定行业的估算涉及从1949年至今期间国内和国际价格差异的长期趋势（图5－8），从中可以看出，在中国经济发展的不同时期和不同行业，贸易产品的国内和国际价格差异表现出以下特征：

1. 农产品、煤炭、矿产和其他初级产品的国内价格大幅低于国际价格；
2. 化学产品和机械产品的国内价格大幅高于国际价格；
3. 纺织产品和日常生活用品的国内价格和国际价格基本持平；
4. 新中国成立初期的几年中，国内价格和国际价格差异相对较小；
5. 国内价格和国际价格的最大差异出现在1957年至1984年这个计划经济占主导的时期，此后，双轨制建立，价格自由化进程展开；
6. 从开始实行改革开放到1994年期间，人民币贬值，国内外价格差异出现下降趋势，但在此之后这一差异重新回到上升轨道。

存在国内外价格差异的原因如下。

计划经济重视重工业发展，为了赚取总够外汇，为进口设备提供外汇资金，政府大力出口农产品和其他初级产品，将人民币设定在较高水平。在发展初期，城镇工资水平主要用于食品消费，为了降低工业化的成本、保证粮食供需平衡，农产品主要采用统一的采购和销售价格——低价采购并低价向城市居民定量供给，因此国内农产品价格低于其国际价格。在此期间，工业资本积累相对匮乏，有限的资本被用于有限发展资本密集型的重工业，因此工业生产的整体成本很高但质量低下，而且大多数工业产品的国内价格高于其国际价格。

1994年，中国粮食歉收，政府大幅提高了国内粮食采购价格。虽然这一举措提高了农民的生产积极性，但同时也增加了政府的财政负担。1998年，粮食流通体制改革开始实施时，粮食储备盈余以及其他多种因素导致农产品价格再次下滑。2001年加入世界贸易组织后，政府的农产品价格政策一直倾向于保护具有国际竞争力的农产品，农产品总体价格也更加趋于市场化，与国际市场价格差距逐渐缩小。但值得一提的是，在2001年之后，中国的出口产品从过去以农产品和初级产品占据主导的结构转向出口工业产品。1994年

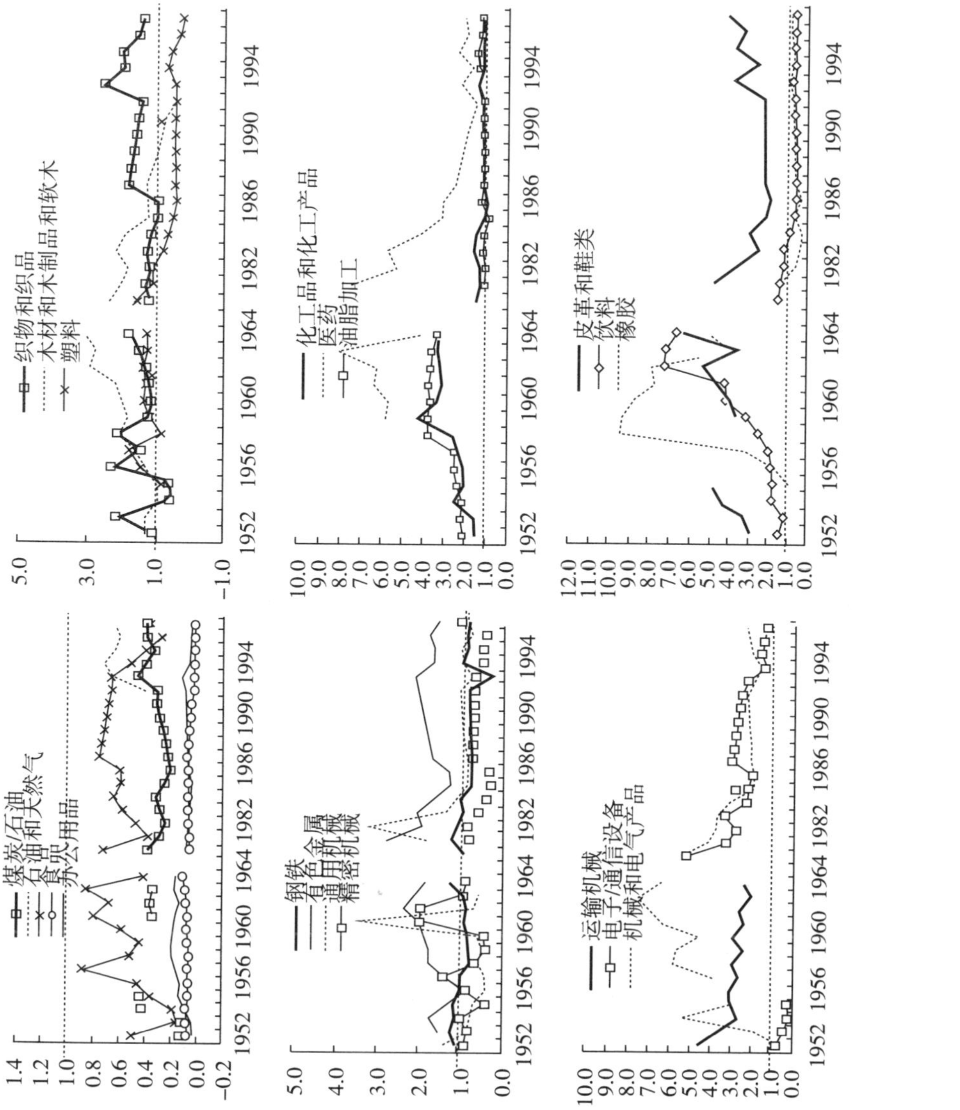

图 5-8　根据产业划分的内部价格和外部价格差异（国际价格＝1）

资料来源：Yuan（2010）。

人民币贬值的目的无疑是为了促进出口，工业产品的国内价格与国际价格相比，又出现了上升趋势。从 1997 年亚洲金融危机到 2006 年，人民币汇率基本保持固定。随着中国国内经济的快速发展，工业产品的出口量大幅上升。由于人民币汇率被低估就相当于对工业产品实行补贴，所以工业产品的国际价格也低于其国内价格，中国农业被长期以来置于不利位置（图 5-9）。

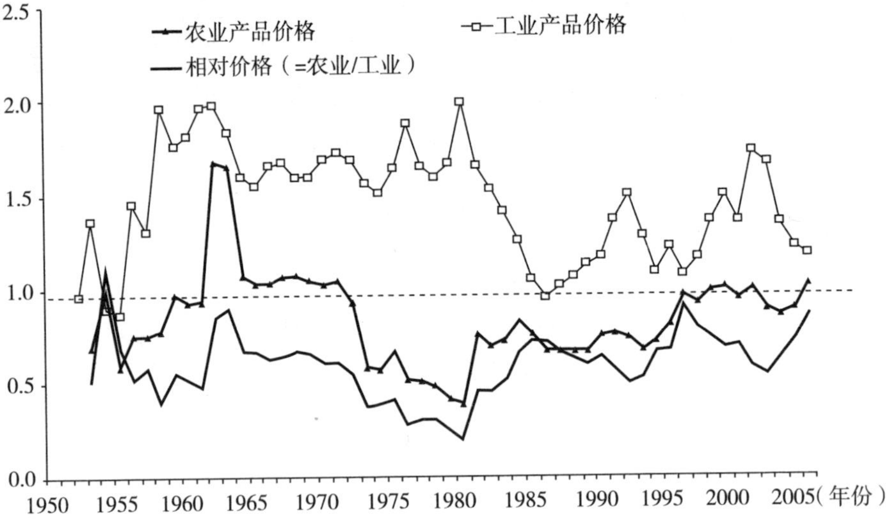

图 5-9　工农业产品的内外相对价格比率（国际相对价格=1）

资料来源：根据 Yuan（2010）的数据结算的结果。

农业和工业之间的隐性资源转移

20 世纪 60 年代早期，Bellerby 指出，生产要素市场的不完善以及制度缺陷将影响不同产业部门的产品价格，导致资源流向效率较低的部门，使未受到保护的部门出现贫困现象。他通过计算欧洲及其他发达国家经济发展初期的农产品和工业产品的价格差异，对农业相对贫穷现象作出了解释。Schiff and Valdes（1992）① 将国际价格作为基准，进一步分析了发展中国家对农业部门的间接征税，但由于资料有限，他的研究并不涵盖中国。Yuan（2010）通过收集中国农产品、工业产品以及进出口产品的价格信息测算了 1952—2000 年期间特定行业产品的国内和国外价格差异，计算了中国对农业的间接征税。

如表 5-2 所示，与 Schiff and Valdes（1992）的计算中所涵盖的 13 个国家相比，中国的间接农业征税率更高。从图 5-6 所示的长期趋势可以判断，从新中国成立初期到 1994 年这一期间，人民币币值表现出了倒 U 形状，也就

① Schiff, Maurice and Valdes Alberto (1992), 'The political economy of agricultural pricing policy,' in *A synthesis of the Economics in Developing Countries*, A World Bank Comparative Study.

是说，从 20 世纪 50 年代到改革开放后，国内和国际价格差异出现明显的收窄趋势。在整个计划经济时期，这一差异持续处于较高水平，并于 70 年代后期达到最大值，这说明在改革开放前夕，如进口替代等政策干预的强度很高，这一结果与我们的理论推测一致。根据优先发展重工业的战略，中国政府对国民经济各行各业的政策干预比其他任何发展中国家都严重，因此国内价格与国际价格的差异也最大。

表 5－2　基于工农业产品相对价格的农业间接税率（%）

国家	1960—1972 年	1976—1984 年
韩国	－0.8	－77.5
马来西亚	17.4	17.6
菲律宾	15.5	37.6
泰国	47.3	35.4
巴基斯坦	22.3	57.7
斯里兰卡	37.0	37.4
阿根廷	41.8	44.7
巴西	62.6	18.7
智利	29.3	4.0
哥伦比亚	26.6	32.3
多米尼加	50.1	29.7
科特迪瓦	49.7	74.1
加纳	70.6	32.9
	1957—1984 年	1985—1997 年
中国	48.2	33.7

注：正值代表对农业的征税，负值代表对农业的补贴。
资料来源：其他国家的数据来自希夫和巴尔德斯（1992）。

应该注意的是，在 20 世纪 90 年代后期，国内和国际工农业产品相对价格差异再次显示扩大趋势。在此期间，虽然农产品和除石油和其他能源产品之外的绝大多数工业产品价格都实现了市场化，但工农业产品相对价格的国内与国际差异却没有缩小，这可以归因于非价格因素，例如上文提到过的汇率政策产生的工业产品出口补贴，导致了工业产品国内价格高于国际价格的现象。此外，户籍制度对劳动力的自由流动具有抑制作用，社会保障体系、不平等的教育机会以及其他不公平的制度也阻碍了农村剩余劳动力向城市的自由流动。在 20 世纪 90 年代后半期，偏向国有企业、忽视民营企业的资源分配方式也阻碍了民营企业的健康发展，导致生产要素以及产品市场的扭曲。所有这些做法，虽然提高了工业部门的劳动生产率，但却增加了农村剩余劳动力向城市地区转移的障碍，进一步抑制了农业劳动生产率，降低了农产品相对于工业产品的价格。

对农业部门的挤压效应和投入不足

自新中国成立以来，政府在对农业部门征税的同时，也通过财政支出进行补贴。我们需要理解的是，在存在隐性的农业间接征税的情况下，农业部门产生的净效应如何？

财政收入和直接征税

根据支出计算方法，国民收入主要用于消费、投资和政府支出三个方面，投资方向主要在以下方面体现：(1) 旨在扩大生产、增加企业流动性的基础设施投资；(2) 非生产性基础投资，例如国防、文化、教育及其他项目；(3) 国家储备（储蓄），消费包括政府消费和民间消费。社会主义资本积累就是通过财政收入和财政支出的方式对国民收入进行再分配来实现的。

图 5－10 描绘了财政收入结构的变化。其中，在改革开放之前，工商税占比约 40%，并长期占据最主要的税种的地位。营业税占总税收的比例从早期的 10%上升到 1956 年社会主义改造完成之后的平均 50%。1985 年之后，经过“利改税”改革，营业税被逐渐纳入工商税以及新设立的企业所得税之中。新中国成立之前，农业税是“解放区”收入的主要组成部分，但后来，尤其是 1953 年之后，农业税征收额维持在 30 亿～35 亿元的水平，在总税收中的比重也逐渐降低。

如果将农业、轻工业和重工业对财政收入的贡献进行对比（图 5－11），不难发现，轻工业纳税长期维持在 20%～30%的水平，而重工业纳税占比在改革开放之前一直处于上升趋势，最高时甚至达到 45%，但随着经济自由化的推进，这一比例大幅下降，在1995年降至大约20%的水平。农业税的贡献在新中国成立初期较为明显，但在70年代后逐渐降低，此后维持在大约5%的水平。

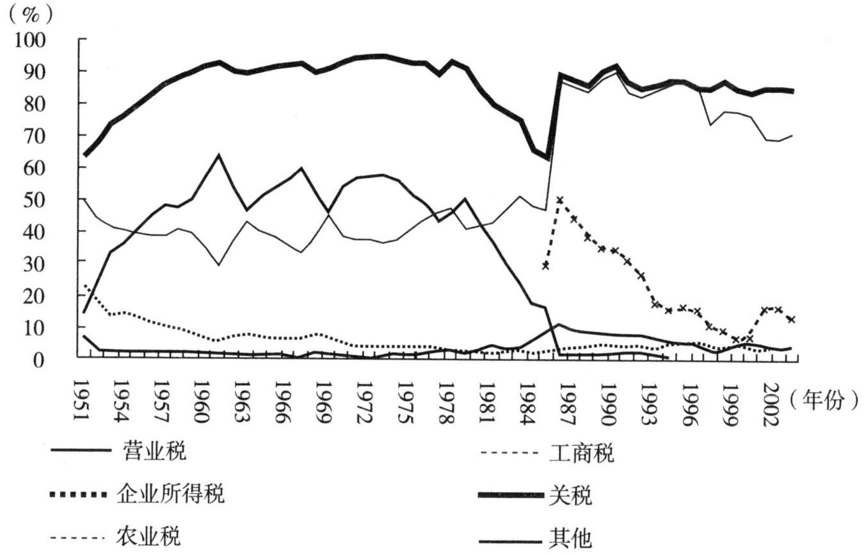

图5-10 财政收入的主要组成

数据来源：《中国固定资产投资统计》。

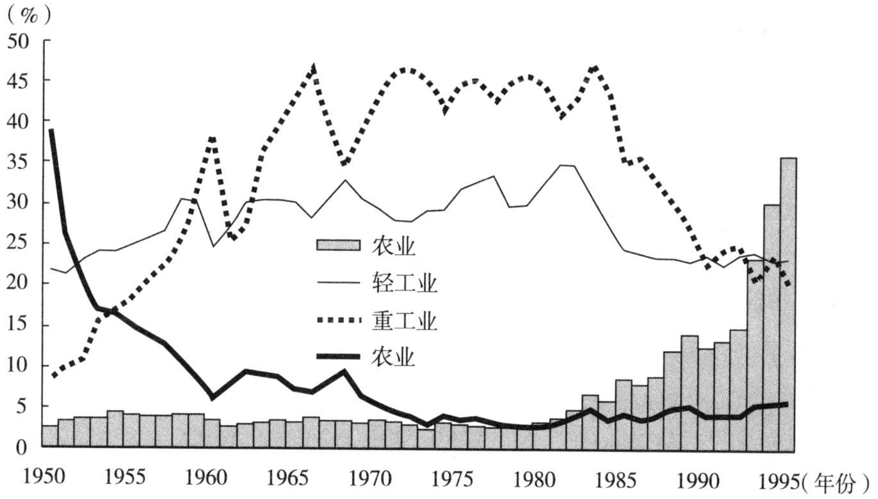

图5-11 农业、轻工业和重工业分别对财政收入的贡献（%）

数据来源：《中国固定资产投资统计》。

农民的主要负担源自何处

中国的财政支出主要涵盖了经济建设、社会文化教育项目、国防、行政机构等支出。如图 5 - 12 所示，在计划经济时期，中国政府收入的大部分用于经济发展，新中国成立以来，对工业的投资，尤其是对重工业的投资一直占据政府支出的绝大部分，在改革开放之前，这一比例甚至超过 50%。在财政收入和支出方面，重工业接受的投资高于其纳税额，轻工业投资长期维持在 5%～10%的水平，轻工业的纳税高于其接受的政府投资，这实际上等同于更重的间接纳税，这也是中国轻工业长期发展不足的原因所在，最终阻碍了经济发展。从开始实施改革开放到 90 年代上半期，中国经济发展的主要动力来自于乡镇企业和其他非国有劳动密集型产业的崛起，其中重工业一直都是政府财政支持的重点。到了 90 年代后半期，政府一味支持国有企业，而忽视了民营企业，能源、运输以及其他垄断性行业一直享受着政府的优惠融资，所有这些都导致了一个结果：工业总体投资回报率下降（图 5 - 14），与重工业投资相比，除了三年自然灾害期间，农业投资一直处于较低水平。从收入分配的角度看，在改革开放之前，农业产出较高但接受投资较少；改革开放之后，农业纳税较少，但接受投资依然较低。

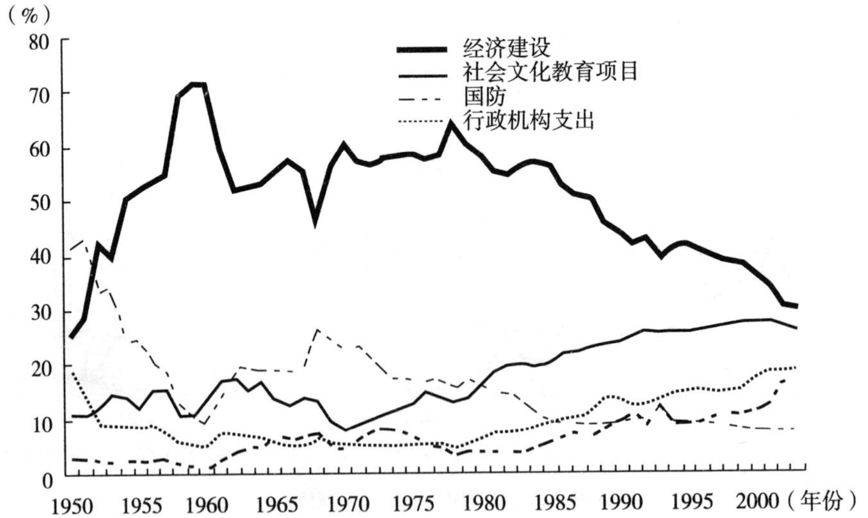

图 5 - 12 财政支出的构成

数据来源：《中国固定资产投资统计》。

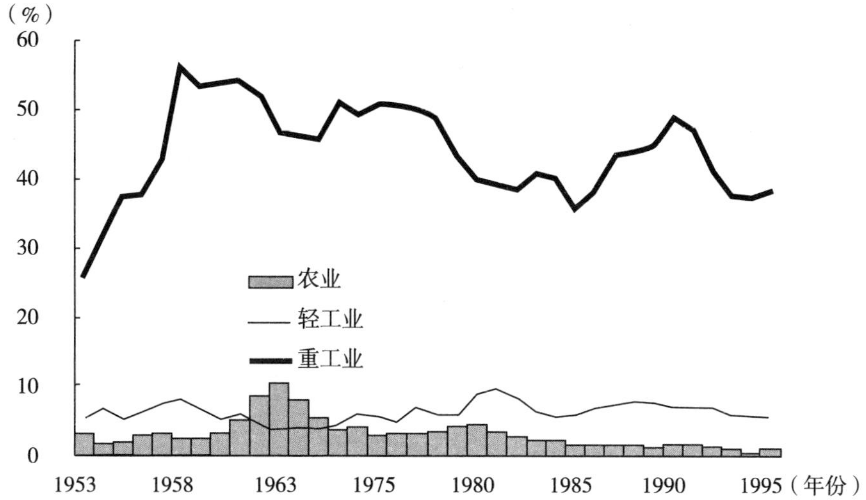

图 5－13　各部门投资在总投资中的比重（%）

数据来源：《中国固定资产投资统计》。

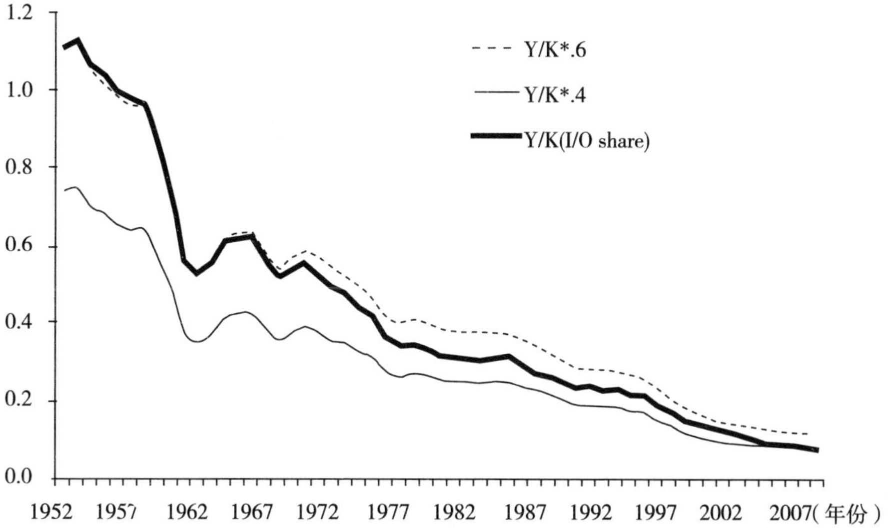

图 5－14　工业部门的资本回报率（边际产出系数）

资料来源：Wu（2011）。①

总而言之，政府通过财政收入和支出的方式进行收入再分配，各行业以

① Y/K＊.6 and Y/K＊4，假定资本收益比例分别为 60％和 40％。Y/K（I/O share）代表中国 I/O 表格和估算的资本收益比例。

纳税或营业收入的方式向政府上缴部分产出，同时接受政府以投资和补助的形式提供的补贴。上述两项之差被称为农业税净税率，据此可以计算农业直接净税率（图 5－15）。从图中可以看出，除了新中国成立早期，其他时期的农业净税率达到 7%～8%，但从 70 年代后期至今，农业净税率长期保持为负值，这表明至少显性的财政支出对农业部门产生了补贴效应。近年来，政府通过一系列措施增加农民收入，例如取消农业税减轻农民生活压力，但实证研究结果表明，农民的主要负担并非来自农业税，而是来自重工轻农的政策导致的资源分配扭曲现象，政府对农业的直接补贴依然不足以抵消这种市场扭曲带来的压力（如间接征税）。

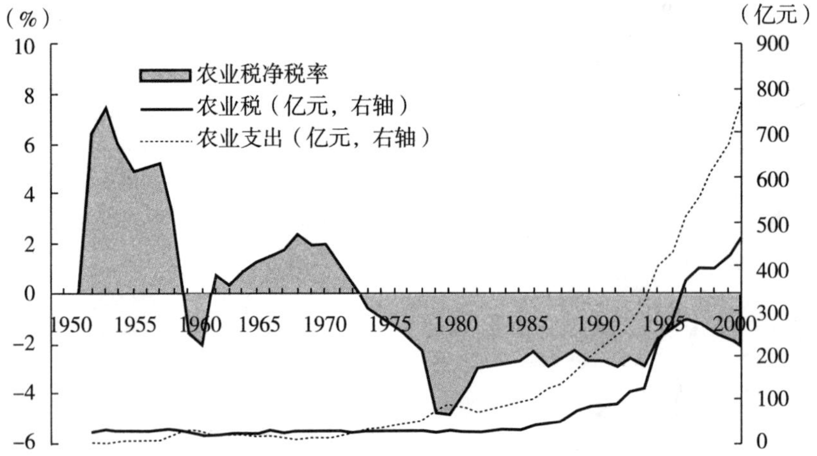

图 5－15 农业税净税率（%）①

资料来源：《新中国 50 年财政数据》。

过度挤压和农业生产率低下

从上述分析结果中大致可以计算出每年从农业部门向工业部门的隐性资源转移（图 5－15），计算结果非常惊人，显而易见，长期对农业的隐性掠夺造成了资源匮乏的农村地区发展落后。由于重工轻农的发展战略，针对农业

① 农业税净税率＝（农业税－农业财政投入）/农业产值。

的财政支出无法满足其发展需要，这导致农业发展步伐远远落后于改革开放和工业化的步伐，图 5－13 证明了这一点。在 1980 年及以前，中国农业投资在国民经济投资总量中的比例总体维持在 9.5％之上，在 1994 年迅速下降至 2.4％，但此后又有所回升，但增幅有限。不过，中国加入世贸组织之后，农业固定资产投资所占国民收入投资总额比重稳步下降，从 2002 年的 2.38％下降至 2005 年的 1.67％，2007 年进一步下降至 1.42％。

投资不足直接导致了中国农业劳动生产率停滞不前，相比于亚洲其他国家，中国农业生产率不仅低于日本、韩国和其他中等收入国家，也低于亚洲低收入国家。20 世纪 60 年代，中国农业劳动生产率水平是样本国家中最低的，这种状况直到 2000 年之后才有所改变（表 5－3）。相反，同期的土地生产率却得到了迅速提高，几乎达到日本和韩国的水平，这主要源于对种子改良和化学肥料的大量投资。值得注意的是，农业生产资料的价格上升，尤其是化肥价格的提高，推高了粮食作物的生产成本，而成本的上升直接导致了农作物价格的提高，最终削弱了中国农产品在国际市场的竞争力。

同时，劳动生产率低下也说明中国农村存在大量剩余劳动力。在当时的发展阶段，中国依然存在各种制度障碍，比如户籍制度、社保制度、教育机会不平等等问题，如何降低农业就业比率仍然是中国经济发展面临的主要困难之一。如果说在计划经济时期，劳动生产率低下的原因主要是价格受到严重干预，那么如今，其主要原因就是农业以及非农业相关政策引起的资源分配扭曲导致国内外价格存在差异，从而对农业产生无形的挤压。如不改变这种状况，它将抵消对政府对农业部门的财政投资所产生的积极效应，若农业投资得不到有效增长，农业劳动生产率则难以提高。

表 5－3　农业生产率的国际对比

	人均国内生产总值 (in USD2000)		劳动生产率 (based on value added, in USD2000)		土地生产率 (rice，t/ha)	
年份	1961—1963	2001—2003	1961—1963	2001—2003	1961—1963	2001—2003
尼泊尔	138	242	171	208	1.9	2.8
柬埔寨		303		292	1.1	2

（续表）

	人均国内生产总值 (in USD2000)		劳动生产率 (based on value added, in USD2000)		土地生产率 (rice, t/ha)	
年份	1961—1963	2001—2003	1961—1963	2001—2003	1961—1963	2001—2003
老挝		343		459	0.9	3.1
孟加拉国	259	383	220	309	1.7	3.5
缅甸					1.6	3.5
越南		444		290	2	4.5
印度	182	485	253	399	1.5	2.9
巴基斯坦	197	535	323	690	1.4	2.9
印度尼西亚	183	762	263	538	1.8	4.5
斯里兰卡	286	886	556	737	1.9	3.5
中国	***71***	***988***	***118***	***357***	***2.4***	***6.1***
菲律宾	641	1022	673	1013	1.2	3.3
泰国	356	2156	248	583	1.8	2.6
马来西亚	844	3900	1814	4571	2.1	3.2
韩国	1155	11799	1745	9888	4	6.4
日本	8500	37665	6620	25340	5	6.4

资料来源：Tsubota（2007）。

中国未来农业发展的政策

中国农业政策回顾

中国加入世界贸易组织以后，国际贸易对其工业产生了巨大的影响，对农业也是如此，在中国农业结构一直强调粮食生产的背景下尤为如此。粮食生产是劳动密集型产业，主要集中在人口密度高、劳动力—土地率很高的东部地区，由于长期偏向重工业的发展战略，农业投资向来不足，农产品在国际市场的竞争力不足。

改革开放以后，为了促进农业和农村地区的发展，中国政府调整了农业生产结构，例如在1984年粮食生产盈余的情况下，中国政府鼓励农民生产食用油、种植大麻作物、饲养家禽等等。1992年，政府采取措施以实现高生产率、高产量、高质量和高利润的目标，扩大了水果蔬菜生产规模。为了应对加入世贸组织后国际贸易带来的潜在影响，1998年之后，政府进行了产业结构调整，重点培养具有竞争力的农业生产、建立绿色食品生产基地和提高储藏保鲜技术。通过建立农村乡镇企业、发展农产品加工业、增加农产品附加值，推动了农业现代化进程。绿色食品以有机栽培为特色，降低了农药和化肥的使用，追求"安全、高质、健康食品"（包括原材料和加工品）的目标。

绿色食品的加工主要集中在东部地区，属于劳动密集型产业，在国际市场上具有比较优势。可以预见，由于中国内陆地区的粮食生产缺乏竞争力，所以在未来的国际贸易环境中，这些地区的农业发展将受到严重的打击，导致粮食价格下跌，农村剩余劳动力增加，进一步扩大了城乡收入差距。

为了提高农村收入以及农业生产率、解决极为关键的"三农问题"，自2004年以来，中国政府每年都召开中央农村工作会议，并在中共中央1号文件中公布需要解决的主要问题以及主要政策，虽然每年的文件在一些关键字眼有轻微改动，但大意一致：

（1）增加农业和农村地区投资；

（2）加强对农业的支持；

（3）稳定农产品价格；

（4）加强农村金融服务。

例如，2004年的主题是增加农民收入；2005年的主题则是维持稳定、完善和加强农业政策；2006年的主题为巩固基础设施建设、促进农村综合改革以及增加农村收入；2007年的主题是发展现代农业、建立社会主义新农村；2008年的主题为加强农业基础设施建设、促进农业发展、提高农民收入；2009年政策主题是促进农业稳定发展、保持农民收入增长，包括进一步增加农业和农村地区投入、加大农业补贴力度、维持农产品的合理价格以及加强农业金融服务功能，其中农业补贴包括对从事农作物种植的农民的直接补贴、对农业生产资料的综合补贴、对优质种子的补贴以及对农民购买机械设备的补贴，这些补贴统称为农业"四补"。2010年，政府进一步大幅提高农业和农村投资、完善农业补贴制度、提高粮食收入价格，并竭力推动资源向农村地区的转移，改变了农业发展模式，力图缩小城乡公共设施差距并加强农业和农村发展动力。全球金融危机之后，作为扩大内需的举措之一，政府推动了家用电器在农村地区的销售，2011 年，政策重点为水资源的使用和保护，其中包括淮河流域的发展，重中之重就是农业水利基础建设的改善和保护。

总体来说，近年来的农业政策导向从过去通过保护农民利益、维持社会稳定转向了全面振兴农村地区和农业发展以及扩大内需。与此同时，农业保护也成为越来越重要的关键措施之一，尤其在 2001 年之后，政府采取了农产品价格保护和直接补贴农民的措施，目的在于提高农民收入和保证粮食供应。但是，从日本和其他国家的经验来看，这些措施并不合理，虽然直接补贴能短期内在一定程度上增加农民收入，但这有可能会阻碍农村劳动力向工业部门的转移。更为重要的是，这些政策无法直接并且有效地提高农业生产率。Cao，Ye and Lin（2009）[①] 的实证分析表明，农村经济增长率和农业资本回报率之间具有稳定的协整关系，农产品价格水平和资本利润率之间存在明显的正向关系。因此，政府不应该将价格保护作为政策重点，而应该重点完善农产品价格形成机制，在国际市场规范的影响下，农业产出结构将从土地密集型的粮食作物生产转向具有比较优势、劳动密集型的经济作物生产，农作物的安全性和附加值都将得到提高。

当然，农业政策产生效果需要一个长期过程，虽然近年来政策效果尚不明确，但是随着农业机械化的推广、农产品国际贸易规模的扩大以及农产品消费结构的变化，可以预见，在未来十年，中国农业将实现从土地密集型的粮食作物生产向劳动密集型的经济作物生产的转变。为了保证国际竞争下的粮食安全（粮食工业和价格的稳定），粮食作物的机械化大生产将成为主要趋势，但随着农村剩余劳动力越来越多，如果这部分剩余劳动力无法顺利向城镇转移，而是继续留在农村，这将不可避免的抑制农业劳动生产率总体水平的提高，最终阻碍“三农问题”的根本解决。

---

① Cao yuequn，Changhua Ye and Chuan Lin（2009），‘Empirical study on the trend and causes of changes in the profit margins of agricultural capital’，FED Working Papers Series，No. FC20090165.

二元结构下缩小城乡收入差距

提高农业劳动生产率的另一个途径是促进农村劳动力脱离农业（土地），在二元结构下，最初阶段使其实现还需要相关政策的引导。二元结构可以分为两类：Lewis 模型和 Harris－Todaro 模型，分别代表了不同收入分配平等程度的模型。Lewis 强调，工业部门的资本储蓄会引导农村剩余劳动力向工业部门的转移，当所有农村剩余劳动力都被城市吸收时（即所谓的转折点），城乡收入分配将趋于平等，这一模型强调了农民离开农业的积极作用。但根据 Harris－Todaro 模型，如果城市就业机会不足，盲目离开农业的农民就无法转化为城市的充分就业，形成所谓的城市非正式部门的隐性失业人口，阻碍了城乡收入差距的缩小过程。

在 Lewis 模型中，中国的转折点到来之前的工业资本积累对提高农村地区相对收入的作用有限。因此，如果此时工业发展集中在资本密集型产业，那么城乡收入差距将会加大。在 Harris－Todaro 模型中，只有在农村劳动力向城市的流动使城市工资水平保持稳定不变，同时农村地区收入因人口流出而上升的情况下，城乡收入差距才会出现相对缩小。但是，如果制度因素或劳动力质量不足的因素导致农村剩余劳动力或城市隐性失业人口无法顺利向现代部门转移，那么农村人口会选择回到农村或留在城市非正式部门，从表面上看，城乡基尼系数有可能降低，但对消除城乡收入差距无法产生显著作用。因此，在二元结构下，缩小城乡收入差距的前提条件就是城市部门的资本积累能够有效降低从事第一产业的人口比例，从而增加农村地区的相对收入。

关键问题是纠正扭曲的资源配置

根据本章的讨论，中国“三农问题”的存在既与历史因素有关，也与不合理的农业政策所产生的直接影响以及非农业政策的间接影响密不可分。城乡之间的收入差距是发展中国家存在的普遍现象，是社会主义原始积累以及改革开放中结构因素留下的后遗症。其中，扭曲的资源配置体系所产生的间接影响最大。不同的经济发展战略会产生不同的资源配置，一般来说，违背本国比较优势的发展战略及其相应的增长策略不仅会导致资源配置的扭曲和低效，更重要的是，会造成资源的隐性转移，对未受保护的行业造成挤压，这就是中国农村地区绝对贫穷和相对贫穷的根源所在。

中国的资源禀赋依然没变，劳动力充足，但资本相对匮乏依然是主要特征，因此，继续以发展国有企业占据主导地位的资本密集型产业为重点将会降低对工业劳动力的需求，继而阻碍劳动力从农业部门向非农业部门和从农村地区向城镇地区的转移，最终增加解决劳动力分配二元结构的难度。与此相反，如果发展战略的制定能够遵循比较优势原则以及中国目前资源禀赋的特征，则应继续大力发展劳动密集型产业，为农村剩余劳动力的转移提供机会。在二元结构下，增加农民收入、缩小工农收入差距的关键在于使农民顺利脱离农业（土地），因此，消除农村贫困并不取决于农村地区和农民自身，而是取决于造成资源配置扭曲的制度和政策因素是否能在宏观层面得到纠正。

同样需要强调的是，在恩格尔系数很高的消费结构中，农业生产率得不到提高的盲目的城镇化不仅会导致 Harris－Todaro 二元结构出现恶化，还会造成粮食供应不足的严重后果。20 世纪 80 年代上半期改革开放过程中乡镇企业发展模式的经验，即鼓励农民脱离土地（农业）但不离开家，以及日本在战后高速发展时期为农民创造多行业就业机会的发展模式，我们可以看到确保粮食供应、增加农民收入政策的积极作用。

第六章
不同行业间的收入不平等现象：如何缩小差距

陈　钊　复旦大学中国经济研究中心副主任、教授，研究领域涉及中国的城乡与区域发展、产业政策评估以及中国发展中的政治经济学。学术论文发表于 *Journal of Comparative Economics*，*Review of Income and Wealth*，*International Small Business Journal*，*Journal of the Asian Pacific Economy* 以及中文顶级经济学期刊。

陆　铭　上海交通大学特聘教授、中国发展研究中心主任、复旦大学经济学教授，研究方向为城市劳动经济学、城乡和区域发展。在 *Journal of Comparative Economics*，*Review of Income and Wealth* 以及中国顶级经济期刊上发表论文。

万广华　亚洲开发银行主任经济学家、云南财经大学教授，国际知名的发展经济学家，发表专业文章超过百篇。他是第一位对贫困和不平等现象进行基于回归分解分析的学者，这一创新获得了国内外的一致赞誉。数次进入《世界名人录》。

目前的市场化改革降低不了工资差距

作为全球发展速度最快的国家之一，中国面对着收入差距日益扩大的挑战，虽然已有许多研究集中探讨了地区间和城乡间以及个体之间的收入差距问题，但很少有学者对不断增大的行业间工资差异进行研究。在本文中，我们使用基于回归分析的方法对收入差距进行分解，按照重要性的不同将影响收入差距的多种因素进行排序。结果显示，不同行业之间工资差异在1988年、1995年和2002年对中国城市收入不平等所产生的影响越来越显著，其主要原因是垄断性行业收入的快速增长。这一发现对于理解中国市场经济的发展方向尤为重要，打破垄断对于中国深化改革，建立竞争性和高效率的市场至关重要，同时对于缩小收入差距、实现社会公平也必不可少。

在全球范围内，针对不同行业之间工资差异的研究已有超过20年的历史，中国的研究表明，垄断行业的高工资不仅仅是由就业人员教育程度、专业技能差异而引起的“不平等”，更被普遍认为是一种“不公平”。虽然已有许多学者建议中国需要重视行业间日益扩大的不平等，但目前还没有研究对收入不平等现象中行业因素的重要性以及变化趋势作出测量，所以我们无法得知打破垄断、引入竞争的政策对于缩小收入差距的有效性，也无法确定中国目前实施的市场化改革是否能够降低行业间的工资差距。

在发展较为完善的市场体系中，劳动力市场存在有效竞争，这确保了不同行业之间的收入能够达到平等。换句话说，只要某个特定行业的劳动力市场不存在进入壁垒，那么行业间的收入差距将完全取决于劳动力的个体特征，与其所从事的行业无关。因此，只有行业因素在收入差距中所占的比重逐步降低才能表明中国建立了公平竞争的市场经济。

但遗憾的是，我们的结论却恰好相反，虽然市场竞争的确越来越激烈，但不同行业中的竞争程度却大为不同，改革对国有垄断性行业的影响微乎其微，反垄断法律体系几乎无效，这在2008年8月中国实施首部《反垄断法》之前尤为明显。在金融行业中，国有四大银行于1995年依据《商业银行法》完成了商业化改造，但这并不能说明银行部门已经实现了高度竞争。例如，20世纪90年代后期，城市信用合作社被合并入一些城市商业银行，这一举动增强了银行部门的市场力量。电信行业的竞争政策也不尽如人意，2002年，中国网通脱离了中国电信，独立门户，此举旨在其独立之后与中国移动展开竞争。当时，中国网通占有北方市场，中国移动则占有南方市场，但在2007年2月，中国网通和中国移动达成协议互不进入对方市场。

上述案例表明，中国的渐进式改革不一定能建立完全竞争的市场经济，目前的市场化改革无法降低行业间的工资差距，最终可能形成一个不公平的市场经济。这些结论也表明，旨在控制行业间工资差距的政策有助于降低城市不平等现象且作用重大。

关于行业间差距我们都了解什么

自20世纪80年代中期以来，各界广泛认同的观点是不同行业间存在明显的工资差距，此后的研究主要集中于这种差异的原因所在，其基本结论是：在使用OLS估计的收入方程中，被忽略的变量（如个人能力）可能与行业变量之间存在相关性，导致行业间的工资差距被高估。近来，在基于兄弟数据来控制未观测的固定效应的研究中，北欧国家的行业间工资差距中11%～24%与兄弟所具有的未观测因素具有相关性，而在美国，这一比例高达50%。通过区分兄弟数据对这些未观测的固定效应进行控制之后，美国和北欧的行业间工资差距非常接近。Haisken-DeNew and Schmidt（1999）① 使用了德国

① Haisken-DeNew, John P. and Christoph M. Schmidt (1999), 'Industry wage differentials revisited: a longitudinal comparison of Germany and USA (1984-1996)', IZA Discussion Paper Series No. 98.

和美国的样本数据来控制固定效应，他们得出的结论是：个人差异性几乎造成了行业间工资差异中的一半。即使在控制了人力资本、职业特征、职业身份以及地域因素的情况下，德国和美国的行业间工资差距依然很大，而且这种差异性在两国极为相似。Pinheiro and Ramos's (1994)[①] 对巴西进行了研究，他们发现劳动力市场存在巨大的行业间工资差距，即使对工人生产率和职业特征的差异性进行控制之后，这种工资差距依然存在，而且无法在工作质量、工人个体差异性、歧视现象、特定行业短期需求过剩或宏观经济形势和政策等方面得到解释。

除此之外，还有什么因素能对行业间的工资差异产生影响呢？从理论上说，商品市场竞争性的下降是造成行业间工资差距的重要因素，例如垄断企业利用垄断权力攫取垄断利润，因此有能力支付更高的工资。劳动力市场缺乏竞争性是造成行业间工资差异的另一因素。如果劳动力市场不存在进入壁垒，那么雇主就无须支付高于市场均衡价格的工资。Krueger and Summers (1988)[②] 得到结论，即使在对可测量和不可测量的劳动质量、工作条件、高福利、短期需求冲击、工会化威胁、工会议价能力、企业规模等因素进行控制之后，行业间的工资差异依然存在，而且一个行业的高工资与该行业的劳动产出低下之间存在相关性，这表明高薪行业从市场的非竞争性中获得了垄断租金。Katz and Summers (1989)[③] 也表明，高薪行业的从业者获得了垄断租金，这些租金的存在原因可能是某些行业愿意支付高于市场水平的工资以达到更高的生产效率，这被称为“效率工资”。Chen and Edin (2006)[④] 提

---

① Pinheiro, Armando Castelar and Lauro Ramos (1994), 'Inter-industry wage differentials and earnings inequality in Brazil', *Estudios de Economia*, 21, November, 79-111.

② Krueger, Alan and Lawrence Summers (1988), 'Efficiency wages and the inter-industry wage structure', *Econometrica*, 56 (2), 259-293.

③ Katz, L. F. and L. H. Summers (1989), 'Can inter-industry wage differentials justify strategic trade policy', in R. Feenstra (ed.), *Trade Policies for International Competitiveness*, Chicago: University of Chicago Press, pp. 85-124.

④ Chen, Paul and Per-Anders Edin (2006), 'Efficiency wages and industry wage differentials: a comparison across methods of pay', *The Review of Economics and Statistics*, 84 (4), 617-631.

供的证据为效率工资假说提供了支持。同样，Gittleman and Wolff（1993）[①]也发现，行业间工资差距与该行业的生产效率增长速度、产出增长率、资本密度以及出口导向存在正相关性。Arbache（2001）[②] 用可比较和可测量的生产率特征对工资差异进行了解释，他没有发现可以支持补偿性工资的证据，但他发现制造业中的确存在效率工资机制。

在中国和俄罗斯这样正在经历转型期的经济体中，行业间的工资差距表现出扩大的趋势，但在发达经济体中，这一差异则保持稳定。Shi（2007）[③]的研究表明中国的行业间工资差距存在日益扩大的趋势，20 世纪 80 年代，中国行业间工资水平的排名发生了巨大的变化，但在 90 年代中后期则保持稳定。在俄罗斯，各行业平均工资的相对变化是其收入差距扩大的主要原因。就其他国家而言，实证研究结果表明，美国行业间工资差异在 70 年代之后开始扩大，其主要原因是第一产业和第二产业工资水平的差距有所增大。Gittleman and Wolff（1993）对 14 个经合组织国家的样本数据进行分析，他们发现这些国家的行业间工资水平排序较为稳定，其中美国行业间工资差距总体保持扩大趋势，但其他国家的趋势不明显。Haisken-DeNew and Schmidt（1999）发现，在他们所研究的 13 个年份中，德国和美国的行业间工资差距保持稳定。从 1984 年到 1998 年，巴西经历了结构性大变革，但其工资结构依然保持相对稳定。Krueger and Summers（1987）对美国的历史数据进行了研究，结论表明，在 1900—1984 年之间，美国九大主要行业相对工资的相关系数为 0.62，而 1970—1984 年间这一数字为 0.91。

在我们回顾的所有相关文献中，很少有使用分解法来确定不同因素分别对收入差距所产生的影响以及这种影响的变化趋势的。不过其中，Pinheiro and Ramos（1994）[④] 使用分解法对巴西的数据进行了研究，他们在控制了其

---

① Gittleman, Maury and Edward N. Wolff (1993), 'International comparisons of inter-industry wage differentials', *Review of Income and Wealth*, 39 (3), 295-312.

② Arbache, Jorge Saba (2001), 'Wage differentials in Brazil: theory and evidence', *The Journal of Development Studies*, 38 (2), 109-130.

③ Shi, Xiancheng (2007), 'Monopoly causes inter-industry wage differentials', *China Economist*, November, 53-61.

④ Pinheiro, Armando Castelar and Lauro Ramos (1994), 'Inter-industry wage differentials and earnings inequality in Brazil', *Estudios de Economia*, 21, November, 79-111.

他变量之后，发现劳动力市场分割对收入差距的贡献率在7%和11%之间。本文中，我们使用中国的数据来确定行业间工资差距对收入差距的贡献率，并总结出了这一数字的变化趋势，为研究中国经济转型期间行业之间工资差距提供全新的证据。Knight and Song（2003）[①] 对中国城市人口的收入差距进行了分解，但他们并没有考虑行业间的收入差距。Gustafsson and Li（2001）[②] 根据收入来源对收入差距进行了分解，但他们所使用的方法无法确定收入的基本决定因素对收入差距所产生的影响。

据我们所知，只有Deng and Li（2009）[③] 的研究论文对城市收入差距进行了分解并得出了每个因素在特定时间段内的贡献，他们的结论表明，性别因素以及中国共产党党员的身份对收入差距的影响几乎没有变化，但工作经验的影响有所减小，教育和职业的影响出现上升，地域因素是近些年来收入差距的最大根源所在。Deng and Li（2009）的研究认为行业因素作用很小，但我们的研究与之不同，重点对中国行业间工资差距对收入差距产生的影响以及这种影响随时间的变化趋势进行分析。我们还证明了由国有企业主导的多个行业的收入相对增加可以解释行业因素对收入差距的影响增加的现象。在设定模型时，我们使用的收入决定方程也与Deng and Li（2009）的稍有区别，其中采用了更多的解释变量，例如是否从事兼职以及全年的就业状况，试图以此反映劳动力市场的结构变化，降低由变量遗漏造成结果偏差的可能性。

中国劳动力市场改革和行业间差距：背景和现状

在总体收入差距的各组成部分中，城市居民之间的收入差距日益明显，

---

① Knight, John and Lina Song (2003), 'Increasing urban wage inequality in China: extent, elements and evaluation', *Economics of Transition*, 11 (4), 597-619.

② Gustafsson, Björn and Shi Li (2001), 'The anatomy of rising earnings inequality in urban China', *Journal of Comparative Economics*, 29 (1), 118-135.

③ Deng, Quheng and Shi Li (2009), 'What lies behind rising earnings inequality in urban China? regression-based decompositions', *CESifo Economic Studies*, 55 (3-4): 598-623.

城乡居民之间收入差距以及总体收入差距都有扩大趋势。城市居民收入差距小于农村居民之间的差距，但这种收入差距之间的差异性越来越小。2001 年，农村基尼系数为 36.48，城市基尼系数为 32.32，全国整体基尼系数为 44.73。图 6－1 描绘了中国的收入差距在不同方向呈现不断上升的基本模式。其他研究对 1988 年、1995 年以及 2002 年的数据进行了分析，结果表明 1988—1995 年期间，收入差距快速扩大，但 1995—2002 年之间则变化很小，总体基尼系数从 46.9 降低为 46.8，同期的城市基尼系数从 33.9 减小为 32.2。事实上，总体收入差距的稳定趋势主要源于东部省份出现的收入收敛。

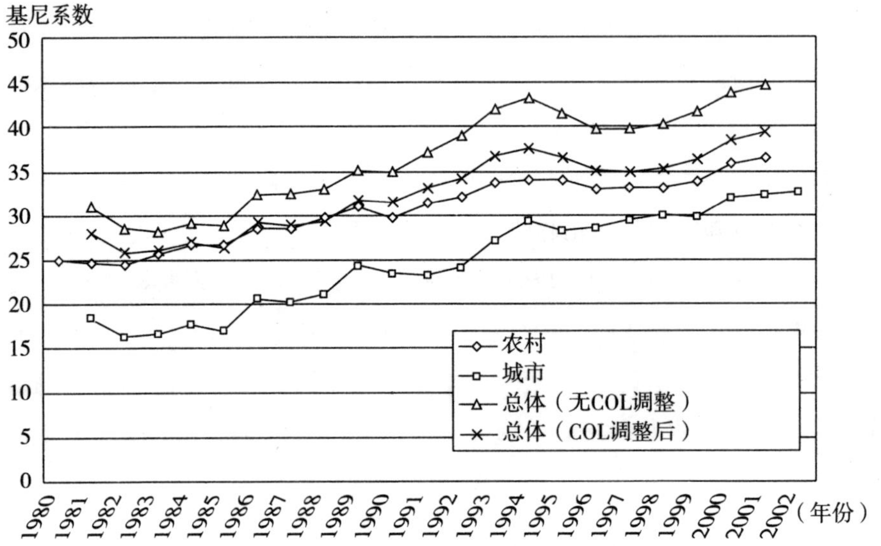

图 6－1　中国逐步增大的收入差距

数据来源：根据 Ravallion 和 Chen（2007）的数据绘制。

城市改革进程中的一些因素加剧了收入差距。改革开放之前，所有城市工作人员都在国有或集体企业工作，其全部收入都来自工资，而工资水平则由计划方式决定。除了职位和年龄的因素，“同工同酬”的价值系统将教育和年龄等因素的回报率控制在较低的水平。就工资的决定因素而言，工龄比生产效率（教育水平）更具重要性。由于工资水平是由劳动管理部门规定的，一般来说，不同行业或不同企业的利润差异并不会造成员工工资水平的不同。

改革开放之后，工资和收入的决定因素发生了变化，其中最显著的一点是教育的回报率有所增加，行业之间的工资差距被拉大。市场化改革提高了长期被计划经济体系所扭曲的人力资本回报。许多实证研究发现，随着中国改革开放的推进，教育回报持续上升，教育对收入差距产生的影响持续增加，例如，对中国的商业中心上海进行实证分析后可以看出，教育是造成收入差距的最重要因素。

下面我们来看看日益扩大的行业间工资差距。图 6－2 根据两个不同的指数列出了 1978 年以来十几个行业的工资差距，最简单的指数代表了这些行业中最高的平均工资与最低平均工资的比率。从 1978 年到 1997 年，这一指数从 1.66 上升至 2.26，之后快速增加至 2006 年的 4.75。另一指数是所有行业工资的基尼系数。我们将同一行业的所有从业人员认为是工资相同的一个群体，用该行业的就业人数表示这个群体的规模，据此计算基尼系数，计算结果也显示出上升趋势，1978 年的基尼系数为 0.05，1997 年为 0.1，2006 年迅速增加至 0.19。

由于 1996 年是劳动力市场改革的分水岭，所以我们将 1997 年作为分界线来比较行业间工资差异的变化。1996 年之前，劳动力市场改革力度相对较小，当时最显著的变化是总收入中工资所占比重持续下降。80 年代的分权改革使企业拥有了更大的工资和奖金自主决定权，企业之间的收入差距在个人收入差距中开始有所反映。同时，有关激励制度的改革显著提高了企业生产效率。但同时，这些改革使不同行业、不同企业的收入差距成为员工工资差距的主要组成部分。根据 1981 年和 1987 年国有企业的调查数据，Meng and Kidd (1997)① 发现中国国有企业之间存在的行业工资差距从 1987 年开始日益明显，他们认为，企业在就业制度改革之后实行的与利润挂钩的奖金制度是其主要原因。1996 年，上海以再就业服务中心为中介机构，开始在国有企业内部进行裁员。此后，劳动力市场改革加速，就业结构快速调整，劳动参与率急剧下滑，1996 年之后的城市收入差距就是由这种劳动力市场结构的调整造成的。

---

① Meng, Xin and Michael P. Kidd (1997), 'Labour market reform and the changing structure of wage determination in China's state sector during the 1980s', *Journal of Comparative Economics*, 25 (3), 403-421.

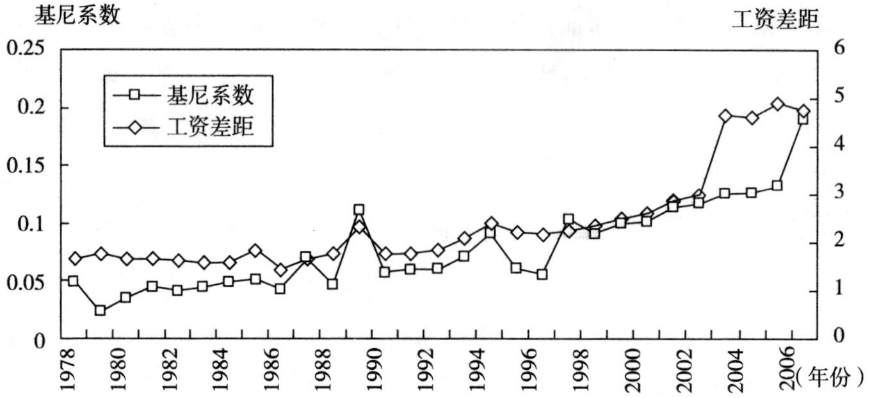

图 6-2　中国行业间工资差距（1978—2006）

数据来源：本文作者根据中国统计出版社出版的《中国统计年鉴》计算获得。

值得注意的是，1996 年之后的劳动力市场改革是从亏损企业开始的，这些企业大多处于竞争性行业，当时的政策允许亏损两年的国有企业通过裁员或下岗的方式削减多余的员工。但是，整体劳动力市场几乎不存在竞争性，公用事业、邮政电信、金融等垄断性行业受市场竞争的影响很小。到了 80 年代，虽然市场灵活性有所增加，但城乡之间以及不同城市之间的劳动力流动依然不明显。90 年代中期以后，大量从农村移民到城市的农民工增加了城市劳动力市场的竞争性，但这只集中在市场进入壁垒较小的行业。由此可见，市场竞争性提高所产生的影响因行业不同而有所差异，这是导致不同行业之间工资差距不断扩大的主要原因。

中国不断扩大的行业收入差距：差距能否缩小

未来，城市居民收入差距将出现怎样的变化？要回答这个问题，我们首先需要观察过去的趋势。与地区因素、教育因素、企业所有制因素以及职业类别等因素相比，行业间的工资差异对收入差距的贡献似乎并不突出，但其增长速度却远远快于表 6-1 中列出的其他因素。换句话说，降低行业间的工资差异对于缩小逐步扩大的城市居民收入差距具有重要意义。

表 6-1 个别因素对收入差距贡献的增长速度

	1995	2002
教育	333.73	32.25
企业所有制	5.19	22.91
职业	37.12	63.19
行业	643.60	68.47
城市变量	112.27	8.03

那么，行业之间的工资差距能够缩小吗？应该如何缩小呢？根据我们的分析，要想减小行业之间的工资差距，需要实施有效的竞争政策。例如，在行业层面上，私有企业的进入壁垒应该被打破，同时，消除劳动力市场的进入壁垒对于实现各行业的收入平等也极为重要，根据 Chen et al. (2009)① 的理论，要实现这一点，需对目前的户籍制度进行改革。

但是，行业之间的工资差距能够轻易缩小吗？我们很难给出答案，对这个问题最好不要过于乐观。为什么呢？我们来看看自实行改革开放以来不同行业平均工资的变化模式。在此之前需要说明，不同行业平均工资的差异不一定能反映我们本文所说的工资差距，因为较高的工资水平有可能是行业内员工人力资本水平较高所造成的结果，这再次强调了基于回归分析的收入差距分解方法的重要性。

为了表现不同行业平均工资的变化模式，我们使用斯皮尔曼等级相关系数。假设有 n 个行业，我们拥有每个行业两年的平均工资数据。第一年，行业 i 的平均工资在所有行业工资从高到低排序中的位置是第 X_i 位，第二年的排序位置为第 Y_i 位，然后我们用 $D_i = X_i - Y_i$ 来计算行业 i 在排序中的变化。斯皮尔曼等级相关系数如下：

① Chen, Zhao, Lu Ming and Hiroshi Sato (2009), 'Social networks and labour market entry barriers: why inter-industrial wage differentials in urban China?', working paper.

$$R_s = 1 - \frac{6\sum_{i=1}^{n} D_i^2}{n^3 - n}$$

R_s 的值介于－1 和 1 之间，数值越大，表示行业平均工资排序的变化就越大。如果 R_s 等于 1，表示工资排序没有变化；如果 R_s 等于－1，表示第一年的工资排序完全变化，即第二年的工资排序与第一年正好相反。

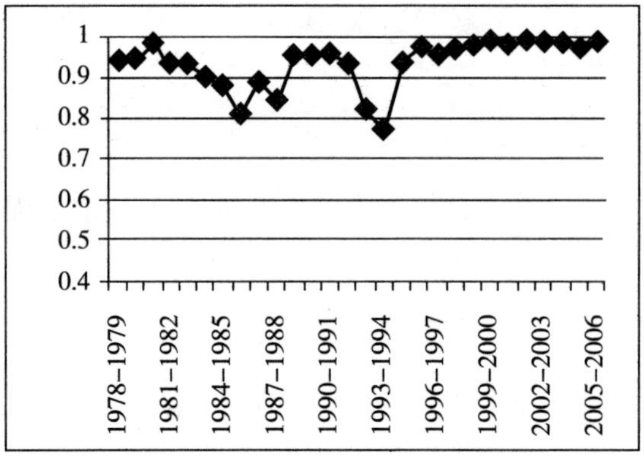

图 6－3　中国各行业平均工资斯皮尔曼等级相关系数（1978—2006）

数据来源：本文作者根据《中国统计年鉴》数据计算得出的结果。

从图 6－3 中可以看出，在 80 年代中期和 90 年代早期，斯皮尔曼等级相关系数大幅减小，原因是劳动力市场改革和企业改革。在 80 年代中期，中国启动了劳动力市场改革，国有企业用工自由度增加，到了 90 年代早期，国有企业开始裁员。但从 90 年代后期开始，斯皮尔曼等级相关系数收敛向 1，表明行业间的收入提排序模式趋于稳定。下列两个表格中列举了 1990—2006 年之间四个行业平均工资的排列顺序，由于行业分类在 2002 年前后有所变化，因此这些数据被分为两类分别列于两个表格中。

表 6－2 表明，金融保险行业的平均工资大幅增加，在上述调查的 15 个行业中位居首位，但它在 1990 年的位置仅是第 12 位。也就是说，金融保险行业是一个典型的在经济转型期间获益的行业。2003 年之后，金融保险行业的平均工资排序维持不变，“交通、仓储和邮政电信业”和“电气供应业”的平均工资一直保持在较高水平，所有垄断性的行业都处于前列。因此，我们不能对缩小中国行业间收入差距过于乐观。

表 6-2 个别行业平均工资排名（1990—2002）

从 15 个行业选择的个别行业	1990 年排名	2002 年排名	排名变化
金融保险	12	1	18.17
交通运输、仓储、邮政和电信	4	4	0.44
农业、林业和渔业	15	15	0.00
供电和供气	2	3	0.86

表 6-3 个别行业平均工资等级（2003—2006）

从 19 个行业中选择的个别行业	2003 年排名	2006 年排名	排名变化
金融保险	2	2	0.00
交通运输、仓储、邮政和电信	9	6	2.25
农业、林业和渔业	19	19	0.00
供电和供气	4	4	0.00

综上所述，我们可以进一步得出结论，有效缩小行业间收入差距的关键在于打破行业垄断，而能否成功打破行业垄断取决于能否成功打破垄断利益集团的阻力，同样取决于政府管治这些利益集团的决心。

首先，垄断利益集团会对改革的深入造成阻力。在市场改革过程中，政府逐步放松定价管制，这就增强了垄断行业攫取垄断利润的能力。其结果是，这些行业的权力得到增强，地位得到巩固。移动电信行业就是一个典型的例子，整个中国的移动电信市场基于由两大运营商占据——中国移动和中国联通。为了进入这个利润丰厚的市场，中国电信于 1998 年开展了一项名为“小灵通”(PHS) 的新业务，以扩大固定电话覆盖面为名，绕过了政策设定的限制并获得了监管部门的默许，从而成功进入了移动电信市场。

与中国移动和中国电信的移动服务相比，中国电信的“小灵通”因其话费较低且单向收费的价格优势以及待机时间长和辐射较低的性能优势而获得了广泛认可，迅速赢得了城市中低收入群体的欢迎。但是，“小灵通”面临着来自其他移动电话服务商的抵制，并被批评为技术落后。2009 年 2 月，工信部下发通知，要求“小灵通”为 3G 技术让路，其相关业务不得继续吸收新用户，要求中国电信在 2011 年年底之前停止向“小灵通”用户提供网络。这实际上就是一条要求“小灵通”撤离移动电信市场的行政命令，标志着中国移动和中国联通在移动电信市场的垄断地位的进一步巩固。虽然我们很难找到确实的证据证明上述两大移动运营商对政府监管部门进行游说，使其维护它们的垄断地位，但我们至少可以看出，目前垄断企业的地位很难被削弱。

接下来，我们来看看政府是否有打击垄断行业利益集团的决心。正如上文所述，中国的行业垄断源于政府管制造成的行政垄断，上文提到的电信行业就属于此类。遗憾的是，虽然中国出台了《反垄断法》，但法律条文本身却对行政垄断避而不谈，所以，这部各界期待已久的《反垄断法》的实际作用也就被大打折扣。

除了打破行业垄断，政府还可采取其他措施缩小收入差距。例如，允许公众在平等的基础上分享垄断行业上市公司的利润，但这项措施似乎依然难以落到实处。总体而言，中国上市公司很少分红，政府在这个方面对上市公司没有切实有效的约束，一方面造成上市公司不对公共投资者进行分红；另一方面，这些公司为员工，尤其是高级管理人员支付的薪水过高。

总而言之，一方面垄断利益集团的力量越来越壮大，另一方面政府对于打破垄断、缩小行业间工资差距犹豫不决，因此我们对于中国行业之间的收入差距很快出现缩小的趋势并不乐观。

中国行业间工资差距缩小短期内难实现

本章主要通过研究行业因素对城市居民收入差距所产生的影响来探讨行业之间的工资差距，同时分析了这种影响的变化趋势。我们发现，在城市居民收入差距不断扩大的过程中，行业之间工资差距也相应增大了。我们使用的模型中，在能够扩大收入差距的所有因素当中，行业之间工资差距的重要性不断增加。在1995—2002年之间，行业间工资差距对城市居民收入差距的贡献率上升主要归因于“交通、仓储、邮政和电信业”和“金融保险业”这两个垄断行业工资的变化。在市场化进程中，某些行业获益较大，劳动力市场竞争的增大对每个行业的影响程度并不相同。此外，我们还发现，地区、教育、企业所有制性质、职业类别、是否从事第二职业等因素对收入差距的贡献也有所上升，但年龄以及全年充分就业与否这两个因素的贡献有所下降。

至此，本章的主要政策建议已经显而易见：如果中国想要达到控制城市收入差距的目的，那么消除劳动力市场的进入壁垒和打破商品市场的垄断就至关重要。中国只有建立一个公平竞争的市场经济才能使收入差距得到控制。根据对 2002 年数据的分析结果，如果中国能够消除行业之间的工资不平等，城市居民收入差距将会缩小 5%～10%。事实上，只要消灭部分行业工资过高的现象，行业因素在城市收入差距中的重要性就能大大降低。但是，随着垄断利益集团的力量不断强大，它们的地位也不断得到巩固。同时，政府尚未下定决心打破垄断（尤其是行政垄断），因此在未来短期内，中国可能还不会出现行业工资差距缩小的趋势。

当然，要想降低城市收入差距，促进区域平等和教育平等的政策也至关重要。地区间收入差距较高表明劳动力难以跨区域自由移动，现行的户籍制度是劳动力自由流动的最大障碍，因此，降低地区间收入差距的政策应该以消除劳动力流动障碍为重点，而不能依赖于当前的地区间财政转移。受教育程度较高者收入较高是市场化改革的必然结果，所以，实现教育机会平等能更加有效地减小收入差距。将来地区间劳动力流动更加自由时，倘若农村居民在进入城市之前无法获得足够的教育，收入差距也难以缩小。

本章的实证研究结果表明，目前实施的许多市场改革措施不利于建立公平的、促进竞争的经济环境，行业间工资差距的扩大反映了劳动力市场存在不公平现象，引起了公众的普遍不满。我们已经提供了行业间收入差距的相关证据，现在还需要证据解释这种差距产生的原因，Chen et al.（2009）提供了相关证据，研究了谁更可能进入高收入行业，发现除了体现劳动生产率的因素之外，关系或家庭背景也是帮助人们进入高收入行业的重要原因。

第七章
中国医疗体制转型中政府与市场的作用

封　进　封进，复旦大学经济学院教授，博士生导师，复旦大学就业与社会保障中心、复旦大学发展研究院研究员。曾作为访问研究员工作于阿姆斯特丹大学和丁伯根经济研究所、法国就业研究中心、法国人文社会科学之家、芬兰中央银行、巴黎第一大学。2012 年入选国家教育部新世纪优秀人才支持计划。主要研究领域为养老保险、医疗保险、健康经济学和劳动经济学。研究得到国家自然科学基金、教育部、农业部，以及上海社科等资助。获得教育部“第六届高等学校科学研究优秀成果三等奖”、“上海市哲学社会科学优秀成果一等奖”、“上海市邓小平理论研究和宣传优秀成果二等奖”、“上海市决策咨询三等奖”等奖项。

中国面临日渐沉重的疾病负担

随着经济发展的转型，中国开始面临社会变化带来的各种挑战，其中包括健康状况的转变以及对医疗保健需求的日益增加。过去几十年中，中国人口的平均寿命大幅增长，一些健康指数也显著提升，但总体健康指数（寿命、婴儿死亡率等）的提高速度滞后于经济表现和结构调整。一项研究对全国范围内的数据进行了回归分析，考察了 5 岁以下婴儿的死亡率与人均收入水平之间的关系，结果表明，虽然中国的健康状况在 20 世纪 60 年代和 70 年代明显改善，但在 80 年代和 90 年代的状况却不尽如人意（人口死亡率的下降速度小于“预期速度”）。除此之外，随着经济转型和人口结构转型，一些慢性疾病的发生率上升，根据世界卫生组织的数据（2005），目前中国的总体疾病模式已与发达国家相似，90％的死亡源于非传染性疾病。

中国面临的疾病负担已越来越严重，这从医疗卫生支出日益增加中可见一斑。目前，针对中国医疗卫生支出的决定因素的研究文献数量很少，其中大多数文献所持观点医疗卫生财政分权以及公立医院负激励机制是造成医疗卫生支出上升的主要原因。对宏观数据的研究结果表明，城市和农村地区的医疗卫生支出的收入弹性都低于 0.55。本文中，我们使用 2002—2008 年的省级数据对医疗卫生支出的决定性因素进行了研究，结果表明，人均收入的上升和老龄人口的增加显著推高了医疗卫生的支出。不仅如此，时间变量也解释了支出增加中的三分之一，这表明技术和制度变化也是中国医疗卫生支出增加的重要推动力。在对未来经济增长、人口老龄化以及医疗成本增加的可能性进行假设的基础上，我们模拟了中国未来的医疗卫生支出。

在经济转型期间，中国医疗卫生行业未能满足社会各界的需求（卫生部，2005)，未来，中国可能会在防范财务风险和增加医疗需求方面面临更严峻的挑战。值得庆幸的是，医疗卫生改革已经起步。2009 年 4 月，中国推出了一系列医疗卫生改革方案，力保在 2012 年之前使每个公民都能享受在其支付能力之内的基本医疗卫生服务。这一举动明确表明了中国政府在保证公平、提供公共物品方面的距离，同时也鼓励在这一行业引入市场机制。在此后的 3 年中，总额达到 8500 亿人民币（1250 亿美元）的资金将投入到 5 个具体领域，分别是扩大医疗保险覆盖面；增加政府公共卫生服务支出；在城市地区建立社区卫生中心；在农村地区建立乡镇卫生院；基本药物制度改革和公立医院改革。

本文将重点剖析医疗卫生融资问题，对通过增加政府投资、改革医疗保险制度和鼓励非政府投入改善医疗服务融资的前景进行分析。

经济转型期的医疗卫生转型

从 20 世纪 70 年代后期到 80 年代的经济转型令十多亿民众的生活发生了翻天覆地的变化，经济发展提高了生活水平，提供了更优质的医疗服务，提高了民众的教育水平，所有这些都促进了平均寿命的延长以及婴儿和儿童死亡率的下降（表 7 - 1)。例如，婴儿死亡率从 1950—1955 年的 195‰下降至 1980—1985 年的 39.9‰，近些年来，这一比率进一步下降至 22.9‰。平均寿命在过去 30 年中延长了将近 8 岁，最近达到 73 岁（表 7 - 1)。值得注意的是，对于经济改革并不必然带来健康状况的改善。俄罗斯和其他中东欧国家的经验表明，经济转型对医疗健康状况有可能产生不利影响。俄罗斯的平均寿命在经济改革之后有所缩短（表 7 - 2)，心理健康和社会健康问题加剧，事故、自杀和谋杀成为该国民众死亡的主要原因。但中国与之有所不同，由于中国的渐进改革没有对经济和社会造成很大冲击，因此中国经济改革战略没有对社会健康状况产生明显的负面影响。

表 7-1 中国健康指标变化

指数	1950—1955	1960—1965	1970—1975	1980—1985	1990—1995	2000—2005	2005—2010
粗算出生率（每 1000 人的出生人数）	43.8	38	28.6	21.5	18.9	14	13.5
粗算死亡率（每 1000 人的死亡人数）	25.1	17.1	6.3	7.3	7.1	6.6	7.0
婴儿死亡率（每 1000 人的死亡人数）	195	120.7	61.1	39.9	29.9	25.6	22.9
平均寿命（岁）	40.8	49.5	63.2	66.4	68.8	72.0	73.0
男性平均寿命（岁）	39.3	48.7	62.5	65.3	67.4	70.5	71.3
女性平均寿命（岁）	42.3	50.4	63.9	67.6	70.3	73.7	74.8

资料来源：联合国秘书处经济和社会事务部人口司，《世界人口前景：2008 年修订版》。

但是，如果将中国与除俄罗斯和一些中东欧国家之外的其他国家相比，中国总体健康状况的改善程度则相形见绌。中国人均寿命延长速度与一些中高收入国家或地区在同一时期的速度相比较低。例如，中国、马来西亚和墨西哥最初的人均寿命水平相同，但 30 年之后，马来西亚人均寿命比中国长 1 年，墨西哥比中国长 3 年。中国婴儿死亡率的绝对下降幅度非常明显，但是比起大多数经济体，中国目前的婴儿死亡率依然过高，大约是日本和中国香港的 6 倍，是马来西亚的 2 倍（表 7-2）。

表 7-2 中国与各国比较

国家与地区	平均年龄（岁）			婴儿死亡率（每 1000 人的死亡人数）		
	1975—1980	2005—2010	增幅	1975—1980	2005—2010	增幅
中国	65.3	73	7.7	52	22.9	−29.1
马来西亚	65.3	74.2	8.9	33.8	8.9	−24.9
墨西哥	65.3	76.1	10.8	56.8	16.7	−40.1
韩国	64.6	79.4	14.8	34	4.4	−29.6
中国香港	73.6	82.2	8.6	12.9	3.7	−9.2
日本	75.3	82.7	7.4	12	3.2	−8.8
美国	73.3	79.2	5.9	14.1	5.9	−8.2
俄罗斯	68	66.5	−1.5	29.5	11.9	−17.6

资料来源：联合国秘书处经济和社会事务部人口司，《世界人口前景：2008 年修订版》。

在对中国近年来的健康状况及其转型进行估测时需要注意，除了要关注代表总体健康状况的各种健康指数之外，对健康状况的多方面测量能够提供详细的信息，对健康状况的改进以及未来医疗卫生改革具有更重要的意义，这其中包括多种疾病的发病率、慢性疾病的发生率、肥胖发生率等。在过去几十年中，经济发展和人口老龄化是健康状况转型的最主要原因。

流行病和其他疾病的变化趋势

主要疾病的发生率处于持续变化之中。可预防的传染性疾病在低收入国家极为常见，但中国的传染病发病率出现了快速下降。根据国家卫生服务调查统计，1993—2008 年，城市地区和农村地区的传染病发病率分别下降了 56%和 62%，与此同时，非传染性疾病的发病率却明显上升，上升速度较快的疾病包括高血压、糖尿病、脑血管疾病和心脏病。表 7－3 中的结果是针对医生诊断、自我报告的疾病。虽然城市地区的传染病发病率较低，但在表格中的每一个时期，其他疾病的发病率都明显高于农村地区。无论是城市还是农村的数据，都呈现一种明显的趋势——传染病发病率下降，与此同时，与经济发展和人口老龄化相关的其他疾病发病率都出现上升。

表 7－3　发病率的变化（‰）

疾病	城市			农村		
	1993 年	2008 年	变化（%）	1993 年	2008 年	变化（%）
传染病	4.85	2.1	－56.3	6.04	2.3	－62.3
呼吸疾病	72.04	40.5	－43.7	62.42	50.4	－19.3
消化系统疾病	27.72	20.6	－25.8	21.85	28.5	30.3
高血压	9.51	60.8	539.4	1.95	20.9	971.9
心血管疾病	3.28	7.7	134.0	0.89	5.2	484.1
心脏病	11.48	20.4	77.4	2.36	7.2	207.0
糖尿病	2.54	15.5	510.3	0.15	2.6	1635.5
癌症	1.05	2.2	106.8	0.35	0.7	89.8
创伤	4.7	4.4	－6.2	4.2	6.0	43.8
精神病	0.81	1.7	109.7	0.68	1.2	74.0

资料来源：《国家卫生服务调查（1993，2008）》。

慢性非传染性疾病在高收入国家较为常见，在中国也日益普遍。目前中国总体疾病状况与发达国家非常相似，90％的死亡源于非传染性疾病或伤害（世界卫生组织，2005），引发死亡的主要疾病包括心血管疾病、癌症或慢性呼吸道疾病。年龄介于 15～60 岁之间的人口死亡率显著下降，每 1000 人中有 130 人死亡，这一比率稍高于美国（世界卫生组织，2010）。世界卫生组织计算了 2007 年其成员国的出生时预期健康寿命，日本位居首位，预期健康寿命达到 76 岁，美国为 70 岁，印度为 56 岁，中国的这一数字为 66 岁，远远高于 191 个成员国家的平均水平 59 岁（世界卫生组织，2010），这说明非传染性疾病和伤害成为中国目前最主要的健康状况特征。慢性病和非传染性疾病成为影响中国预期健康寿命的主要因素。

多种慢性疾病的发病率上升在所有相关调查中都有所体现。中国在 1992 年和 2002 年对营养健康领域进行了综合调查，结果显示，高血压发病率从 1991 年的 14.4％上升到 2002 年的 18.8％。2002 年，在高血压患者中，30％对自己的病情知情，25％已接受了治疗。到了 1991 年，这两个比例分别下降至 26.6％和 12.2％。在 1993 年和 2003 年之间，心血管疾病患者比例从 31.4％上升到 50.0％，糖尿病患者比例从 1.9％上升至 5.6％（Wang et al.，2007）①。在国民健康调查结果中，上述高血压和糖尿病的发病率较低，但其上升趋势与其他调查结果一致（图 7－1）。

经济发展和健康状况转型

自 1978 年以来，中国经济取得了惊人的发展，健康状况得到显著改善，这不仅归功于卫生知识的普及和对传染病的防疫和治疗，还要归功于国民教育程度的提高、家庭空间的增大、营养的改善以及对传染病媒介的控制，许多慢性疾病比如传染病、消化道疾病和呼吸道疾病的发病率都逐渐下降。

另一方面，中国人的生活方式发生的巨大的变化，这主要源于家庭收入

① Wang，Y.，J. Mi，X-y Shan，Q. J. Wang and K-y Ge，2007，'Is China facing an obesity epidemic and the consequences? The trends in obesity and chronic disease in China'，International Journal of Obesity，31，pp. 177-188.

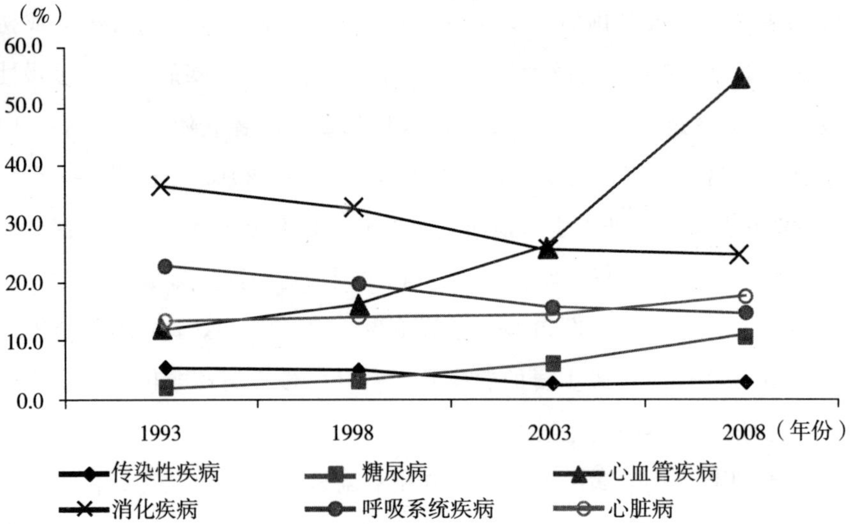

图 7-1　慢性疾病发病率

资料来源：《国家卫生服务调查》。

的迅速增加以及农业发展、国际贸易规模扩大带来的充分的粮食供应。居民对肉食和食用油的摄取量有所增加，快餐和软饮料消费量也大幅上升，因而增加了饮食中的能量密度。据最近的一项调查研究结果，中国体重超标和肥胖的现象日益增加。肥胖会增加许多慢性疾病的发病风险，例如心血管疾病、高血压、糖尿病和某些癌症。根据 1992 年和 2002 年的调查结果，总体体重超标和肥胖的发生率的从 1992 年的 14.6%增加至 2002 年的 22%，上升了 50.6%，绝对增加人数达到约 2 亿人口。1992 年和 2002 年之间，男性和女性中、各年龄阶层中，以及城乡地区的肥胖和体重超标比率都日趋上升。根据国际卫生组织的体重指数，中国年满或超过 18 岁的人群中有 2.9%的人口存在肥胖问题，体重超标的比率也很高，达到了许多欧洲国家的水平，而且这一比率的增长速度更快（图 7-2）。中国肥胖人口比例的上升趋势将持续增加主要慢性疾病的发病风险。

城市居民的生活水平较高，总体来说，城市居民对自身健康状况的了解程度高于农村居民，但在不同发展阶段，城市和农村居民慢性疾病的发病率存在明显差异（图 7-3）。大城市的发病率远远高于中小城市和农村地区，在农村地区，收入较高的农村发病率更高。近些年来，中国城市面积快速扩大，城市人口比例也随之增加，从 1978 年的 18%增加至 2008 年的 46%，城市数量也达到将近 700 个，可以预见，随着城镇化的继续推进，慢性疾病的发病率将持续上升。

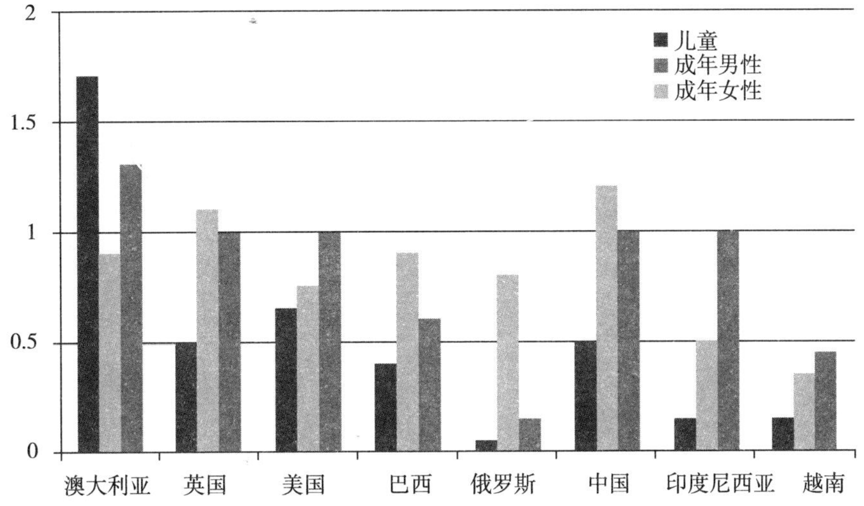

图 7-2　8 个国家中体重超标和肥胖症比率的年变化率（%，从 1985—1995 到 1995—2004）

资料来源：Popkin，2008。

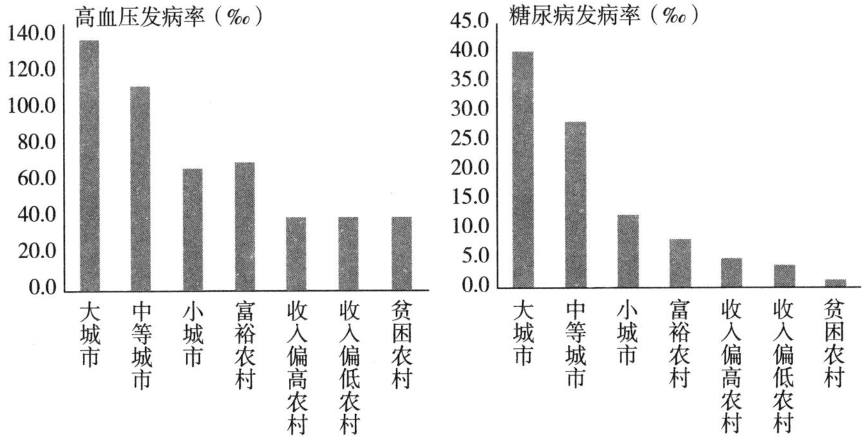

图 7-3　高血压和糖尿病的发病率（2008）

资料来源：《国家卫生服务调查》。

人口老龄化和健康状况转变

除了经济转型因素，人口构成的转变是健康状况变化的另一主要推动力。由于人口出生率和死亡率双双下降，年龄达到或超过65岁的人口比例从1950年的4.4%上升到了1980年的4.7%，到2010年增长至8.2%。根据联合国的预测，这一数字将继续增加，2030年有望达到16%，2050年达到23%（图7-4）。老年人口比例的上升将促使疾病发病率的增加。不同年龄段的发病率数字显示，65岁以上人群的发病率远远高于其他年龄层，15～44岁的发病率较低，慢性疾病的发病率也具有同样的模式（表7-4），这表明随着人口的老化，死亡率和慢性疾病的发病率都将上升。

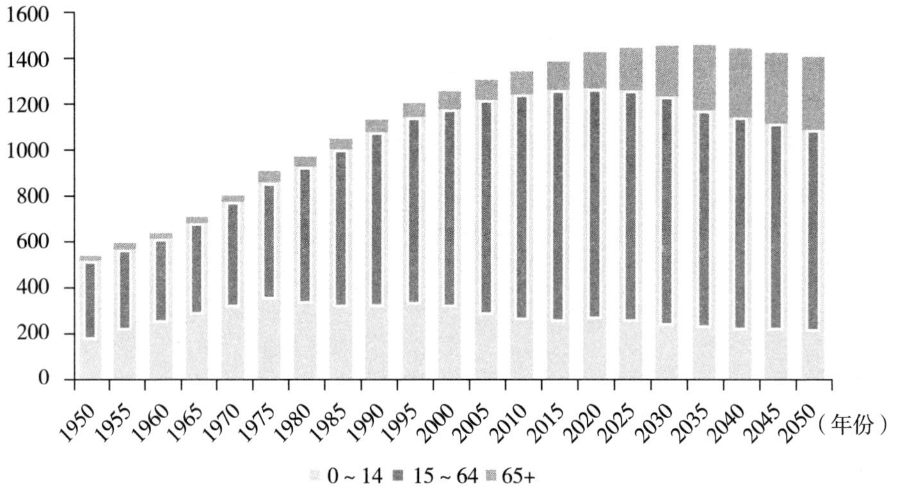

图7-4 中国人口结构（中位变量）

资料来源：联合国秘书处经济和社会事务部人口司，《世界人口前景：2008年修订版》。

表7-4 不同年龄群的慢性疾病发病率（‰）

年份 / 年龄（岁）	1993	1998	2003	2008	变化（2008—1993）
0～4	19.2	13.4	6.3	6.4	－12.7
5～14	19.2	18.6	9.6	8.7	－10.5
15～24	26.0	25.8	18.0	20.2	－5.8

（续表）

年龄（岁）＼年份	1993	1998	2003	2008	变化（2008—1993）
25～34	66.4	72.5	58.3	51.3	－15.1
35～44	162.0	142.2	117.1	121.7	－40.3
45～54	263.4	232.0	219.5	259.5	－3.8
55～64	430.5	386.5	362.1	419.9	－10.6
65 及以上	540.3	517.9	538.8	645.4	105.1

表 7-5　城乡健康状况差距

	1991	2000	2005	2007
婴儿死亡率（‰）	50.2	32.2	19	15.3
城市	17.3	11.8	9.1	7.7
农村	58	37	21.6	18.6
5 岁以下儿童死亡率（‰）	61	39.7	22.5	18.1
城市	20.9	13.8	10.7	9
农村	71.1	45.7	25.7	21.8
产妇死亡率（1/百万）	80	53	47.7	36.6
城市	46.3	29.3	25	25.2
农村	100	69.6	53.8	41.3

资料来源：《中国卫生统计年鉴》。

需要注意的是，儿童和年轻群体的死亡率持续下降，但老年人口的死亡率却不断上升，尤其是由慢性疾病引发的死亡比率明显上升，这说明，慢性疾病发病率的增加主要出现在老龄人群中。当然，这一点很容易理解，随着平均寿命的延长，特定疾病的患者人数将会增加，因此我们可以看到 65 岁以上人群的发病率逐渐增加。此外，每个年龄组的肥胖率也出现持续上升的趋势，可能引起的后果之一是随着年龄增加，慢性病的发病率会上升。不过，要了解不同慢性疾病在各年龄组的分布模式，我们还需要进行更仔细的研究。例如，在 2002 年的调查中，年满或超过 18 岁的群体中高血压的发病率较 1991 年的发病率上升了 30％。

健康状况的不平等

在健康状况的转变时期，健康结果的不平等持续加剧，在居民可获得的公共医疗卫生服务和医疗卫生资金水平方面，城乡之间以及发达地区与不发达地区之间存在巨大差距。据 Liu et al.（1999）① 的研究，城乡居民之间健康状况差距的上升趋势与城乡收入差距以及医疗卫生资源使用不平等有关。在城市地区，每 1000 人中医疗卫生行业人数比例达到农村地区的 3 倍。中国国家孕产妇和儿童监测结果表明，在城乡差距方面，2007 年农村地区孕妇、婴儿以及 5 岁以下儿童死亡率是城市地区的 2 倍，农村地区的上述比例分别是 0.04%、1.9%和 2.2%，城市地区为 0.02%、0.8%和 0.9%（表 7－5）。我们利用世界卫生组织（2005）的数据可以证明这种差异性在省级数据中得到了支持。各省平均寿命的差异性表明，农村人口比例较高省份的健康状况比较恶劣（图 7－5），农村人口比例最低的省市——上海、北京、天津和广东的平均寿命较长，而贵州、甘肃和云南等农村人口较多省份平均寿命较短。

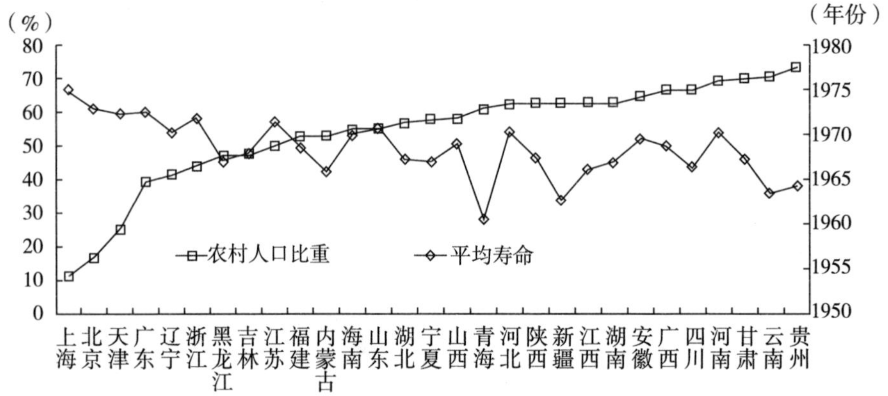

图 7－5　城乡平均年龄差距

资料来源：《中国统计年鉴（2006）》。人均寿命数字来自 2000 年人口普查数据，人均 GDP 为 2005 年数据。

在地区差异方面，区域发展和平均寿命之间存在明显的相关性：人均国内生产总值越高，该省份的平均寿命越长。沿海地区婴儿和儿童的死亡率与

① Liu，Y，W. C. Hsiao and K. Eggleston（1999），'Equity in health and health care：the Chinese experience'，*Social Science and Medicine*，49，1349-1356.

工业化国家接近，西部省份的这一比率则较发达国家高出3～5倍。Yip and Mahal (2008)[1] 发现，1980—2000年之间，各省之间平均寿命和婴儿死亡率的差距有所扩大。图7-6将7个最富裕省份与6个最贫困省份的平均寿命进行了对比，平均差距高达8岁，这与城乡间的差异性一致，因为城乡差距是地区差异的重要来源之一，农村居民比例较高的省份更多的处于落后地区。

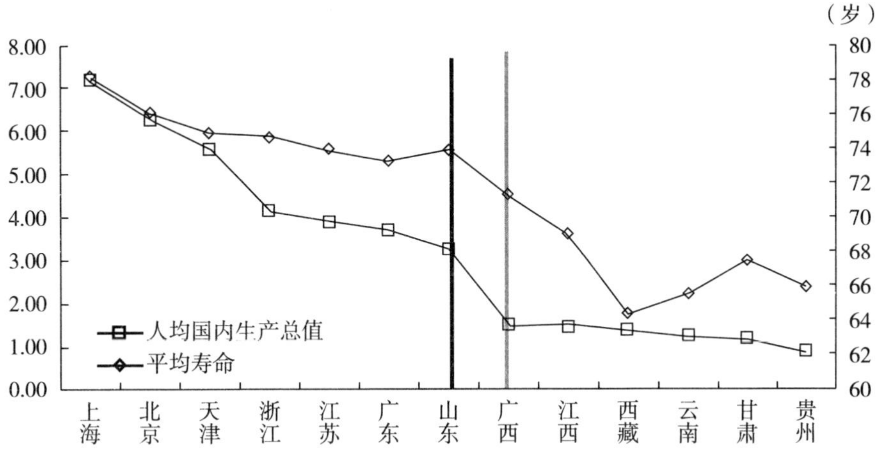

图7-6 地区间平均寿命差距

资料来源：《中国统计年鉴（2009年）》。人均寿命数字来自2000年人口普查数据，人均GDP为2008年数据。

医疗卫生支出及其前景

健康转变的一个重要结果就是对医疗卫生服务需求的增加以及医疗卫生开支的上升。回顾过去30年，医疗卫生开支占国内生产总值的比例以及人均开支都出现上升，图7-7表明，前一比例从1978年的3%上升到2009年的5%，同期人均开支从11.5元增加为1289元。支出的上升趋势在全世界范围内普遍存在，对发达国家和发展中国家都在其列。医疗支出的上升源于多种因素，其中包括经济发展、人口老龄化以及科技普及程度的提高。

但是，中国面临的关键问题与许多发达国家有所不同，控制成本是中国

---

① Yip, W. and A. Mahal (2008), 'The health care system of China and India: performance and future challenges', *Health Affairs*, 27, 921-932.

图 7－7　中国医疗保健开支上升趋势

资料来源：《中国卫生统计年鉴（2010 年）》。

的主要目标。一方面，政府将增加医疗卫生投资以满足不断增加的需求，缩小城乡之间以及地区之间医疗卫生条件的差距。作为一个发展中国家，中国医疗卫生开支在国内生产总值中所占的比重还远远低于发达国家，如日本（8.0%）、法国（11%）、德国（10.4%）、英国（7%），甚至低于许多发展中国家，如巴西（8.4%）和越南（7.1%）（世界卫生组织，2010）。另一方面，自经济转型开始以来，疾病带来的经济负担一直是困扰大多数家庭的主要问题，医疗负担已经成为导致贫困的主要因素之一，因此，政府需要有效的解决医疗卫生拨款以及融资问题，从而减少居民在医疗保健自付费用。对中国这样正处于老龄化过程的发展中国家来说，极为重要问题是：医疗卫生开支增加的主要推动力是什么？未来变化趋势如何？

经济发展、人口老化和医疗保健支出

健康卫生经济学家在计量经济学和国际、不同国家和地区的数据基础上，试图研究医疗卫生开支的主要推动因素，他们重点对经合组织成员国进行了研究。这些分析可以分为两类，一类研究了不同国家之间人均支出的差异，另一类则研究了各国人均医疗卫生支出增长率的差异。可以确定，收入增长是主要驱动力，研究界对全国范围内人均实际医疗卫生支出与人均实际国内生产总值之间的关系进行的早期研究表明，不仅发达国家的上述两个变量之间存在明显的正向相关性，而且国内生产总值还可以对医疗卫生开支差距的很大部分提供解释。许多基于截面数据和面板数据的回归分析试图解释健康支出的国际差异性，都得到了相同的结果：总收入的差异是决定不同国家之间健康支出差异性的最重要因素。但是，针对这一课题虽有大量文献，但这些研究都无法对收入弹性得到确切的结论。在总收入层面上，许多研究发现收入弹性很大，甚至大于1，这表明医疗卫生成了一种奢侈品，但这一结论受到了质疑，因为我们的直觉是医疗卫生不是奢侈品，而是必需品，所以上述研究可能存在遗漏变量偏差，它们在计算收入弹性时可能还存在未观察到的特定国家或特定年份的影响。Getzen（2000）① 后来发现，个人收入弹性一般都接近于0，国民医疗卫生的收入弹性通常大于1。

人口老龄化或者说老年人口占比是国民医疗卫生开支的另一个可能的推动力。虽然人口老龄化增加了对医疗卫生服务的需求，其成本也自然上升，但是很难通过实例证明人口老龄化与全国医疗卫生总支出之间的确切关系。有一些研究通过大量统计数据对此作出了证明，但很多研究都没有找到相关证据，目前大多数研究仅限于经合组织国家。这些研究的主要结论是：对于发达国家，老年人口占比的上升对医疗卫生总体支出及其增长趋势并不会产生显著的正向影响。但现实情况是，人口老龄化与医疗卫生支出之间的联系远比我们之前想象的复杂，制度变化和技术变化与人口老龄化同时发生，如果不对制度和技术因素进行控制，就无法估算出人口老龄化的实际影响。

在医疗卫生行业，技术进步同时具有推高成本和节约成本这两方面的效果。如果新科技创造了价格低廉的医疗保健方法，那么它可以降低开支。如果技术进步创造了昂贵的医疗手段，那么医疗卫生支出将因此增加。各种各样的技术革新都推高了医疗卫生支出，例如计算机断层扫描仪（CT）、磁共振成像系统（MRI）等，有研究确定证明了科技因素是医疗卫生成本增加的主要决定因素。

---

① Getzen，T. E.（2000）'Health care is an individual necessity and a national luxury: applying multilevel decision models to the analysis of health care expenditures'，*Journal of Health Economics*，19（2），259-70.

医疗卫生领域最重要的制度改革要属融资制度改革，医疗保健制度的推广在医疗卫生总开支中扮演重要的角色。一般来说，医疗保险金额越大，医疗卫生支出的比重就越大。研究表明，医疗卫生系统的特征（如全科医生、公共卫生筹资）对其支出具有重大影响。

目前的研究文献主要对发达国家的这一行业进行了讨论，发展中国家医疗卫生支出的相关信息非常有限。中国的背景环境极为特殊：收入较低，政府投资较少，医疗保险覆盖率较低，城乡间差距较大，人口快速老龄化，这些特征使中国与经合组织国家的情况完全不同。各界普遍认为，医疗卫生行业的权力下放和下文将谈到的公立医院的激励机制不当都是导致医疗卫生支出增加的重要原因。

中国医疗卫生支出增长的主要推动力

我们使用省级数据对中国医疗卫生支出增长的主要推动力进行分析。在经济转型和人口结构转型的背景之下，年龄结构指数如 65 岁及以上的人口比例、14 岁及以下人口比例，人均收入都受到控制。此外，包括人力资本（如该省大学生比例）、环境质量（如二氧化硫排放量）、城乡收入差距、保险覆盖率以及特定省份的固定特征和时间因素也得到控制。

人均实际医疗卫生支出的这一因变量由三个部分组成，分别是政府开支、居民自付费用和医疗保险支付的费用，我们使用消费者价格指数对其进行调整可以得到人均实际医疗卫生支出，以此排除通货膨胀和人口增长率的影响。2002—2008 年的省级数据表明，人均实际医疗卫生支出与该地区人均实际收入之间存在正相关性，人均实际医疗卫生支出与 65 岁以上人口比例也存在正相关性（图 7－8 和图 7－9）。

我们采用固定效应模式来测算人均实际医疗卫生支出的决定因素。这些结果表明，在经济增长时期，医疗卫生服务的可获得性和可负担性并没有随着经济增长而上升。同时，保险覆盖率对医疗卫生支出有正向影响，存在保险覆盖率（制度因素）拉高医疗卫生支出可能性，从而降低了人均收入和 65 岁以上人口比例的影响作用。年份因素的影响也很明显，2006 年、2007 年和 2008 年尤为明显，这与我们的直觉一致，近年来的确存在医疗膨胀的现象。

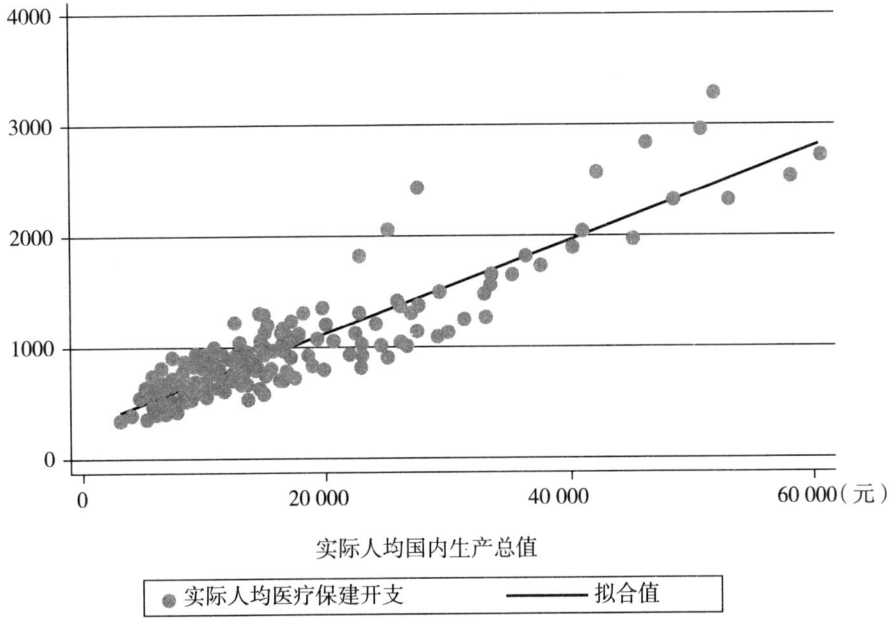

图 7-8 实际人均医疗保健开支与收入之间的关系

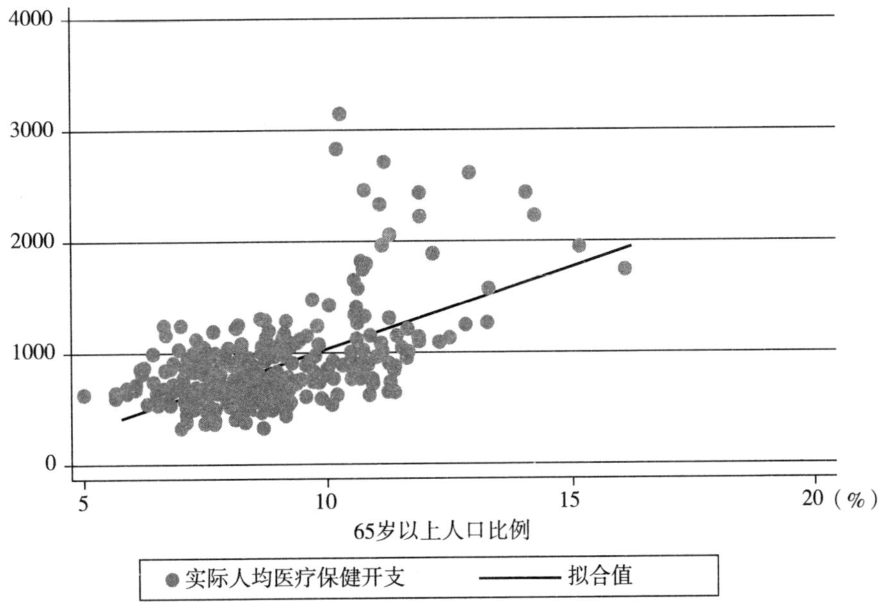

图 7-9 人均医疗保健开支与人口老龄化之间的关系

资料来源：《中国统计年鉴》及《中国卫生统计年鉴》。

医疗卫生融资：未来的挑战和改革

面对未来医疗卫生需求持续上升的局面，我们必须思考，中国应如何为医疗费用融资，满足基本的医疗需求。事实上，中国的医疗卫生行业在经济转型期间没有能够满足不断增加的需求。国家医疗卫生服务调查结果显示，2003年，14%的受访者在生病期间拒绝门诊医疗，在被建议接受医院治疗的病人中，有41%拒绝住院。从收入较高的四个群体到收入最低的三个群体，拒绝医疗服务的比率明显上升。在这一现象的背后，经济困难是主要原因，拒绝接受医疗服务的人群中，67%表示经济困难是主要原因，在某些特定群体中，这一比例更高，例如，在农民中这一数字为76%，失业人员中为77%。

另一方面，虽然医疗服务中个人承担的费用较高，但许多人出于健康甚至生存的原因，依然不得不寻求医院治疗，因此，对一个家庭来说“灾难性”现金支付的出现率以及贫化率都较高。Van Doorslaer et al. (2007)① 发现，2000年，中国人口中“灾难性”医疗费用出现的比例高于亚洲其他国家，贫困群体中这一比例更高。Liu et al. (2008)② 发现，在1998—2003年，城市地区“灾难性”医疗费用的出现比率下降，而同期农村地区的比率却出现上升。

大量文献已经讨论了中国医疗卫生行业的问题以及改革。中国这一行业面临的资金困难和疾病带来的经济压力主要与以下两个因素有关。首先，医疗卫生服务的成本和价格以惊人的速度上升；第二，中国大部分人口依然依靠个人资金支付医疗健康相关费用。经济改革之后，医疗保险覆盖率大幅下降。中国在如何满足医疗卫生需求、缓解疾病对个人和家庭造成的经济负担

---

① Van Doorslaer, E., O. O'Donnell, RP. Rannan-Eliya, A. Somanathan, SR. Adhikari, C. C. Garg, D. Harbianto, A. N. Herrin, M. N. Huq, S. Ibragimova, A. Karan, T. Lee, G. M. Leung, J. Lu, C. W. Ng, B. R. Pande, R. Racelis, S. Tao, K. Tin, K. Tisayaticom, T. L. risnantoro, C. Visasvid and Y. Zhao (2007), 'Catastrophic payments for health care in Asia', *Health Economics*, 16, 1159-1184.

② Liu, Y, K. Rao, J. Wu and E. Gakidou (2008), 'China's health system performance', *The Lancet*, 372 (9653), 1914-1923.

方面困难重重，如何控制医疗价格、增加政府投资以及提高医疗保险的作用，都为中国这一行业的未来融资系统带来巨大的挑战。

表 7-6 因经济负担过重而放弃医疗服务（2003）

	总数	经理	技术人员	办公文员	工人	农民	退休人员	失业人员及个体户
样本数量	111795	4522	4055	8423	3894	73644	5967	11290
调查前两周内生病者（%）	14.4	9.51	8.80	8.63	10.81	14.96	26.63	13.54
未治疗者（%）	14.00[a]	9.53	12.32	8.53	11.88	15.39	9.31	14.52
生病但未住院者（%）	41.03[b]	12.99	20.17	25.22	52.29	42.10	48.15	56.92
由于经济困难者（%）	67.38	36.84	33.33	32.69	34.62	76.31	55.00	77.27

注：上述比例数字包括调查进行之前两周内生病或受到创伤，但并未寻求治疗者。该比例代表调查进行之前两周内生病、被医生建议住院，但选择不住院治疗者。

资料来源：卫生部（Chen and Standing，2007）。

医疗卫生行业的融资结构及其未来变化

中国医疗卫生行业中受到最多批判和质疑的问题是对个人自付医疗费用过高。自 1986 年以来，政府支出在医疗总支出中所占的比重持续下降，截至 2002 年，这一比例已降至 15.7%。与此同时，个人现金支付的比例也就相应提高，2001 年，这一比例达到最高值，占医疗卫生总支出的 60%（图 7-10），在农村地区，这一数字更是高达 90%。各界普遍认为，财政分权是造成这一现象的重要原因。中央政府将大部分医疗卫生融资职责下放到省级和地方政府：2007 年，政府医疗卫生总支出中 95%来自地方政府。不仅如此，财政分权还造成了发展程度不同的地区在医疗卫生支出方面的巨大差距，2002 年，人均公共卫生支出范围从贵州的 40 元到上海的 187 元，这一差距后来继续扩大，到 2008 年，贵州和上海的人均支出分别为 177 元和 678 元。

总体来说，地方政府缺乏对医疗卫生行业进行投资的动力，地方政府的政策重点是短期内能够带来经济增长的项目，因此，医疗卫生支出在地方政府总支出中的比重从 20 世纪 90 年代初期的 6%下降至 2000 年的 4.5%。政府

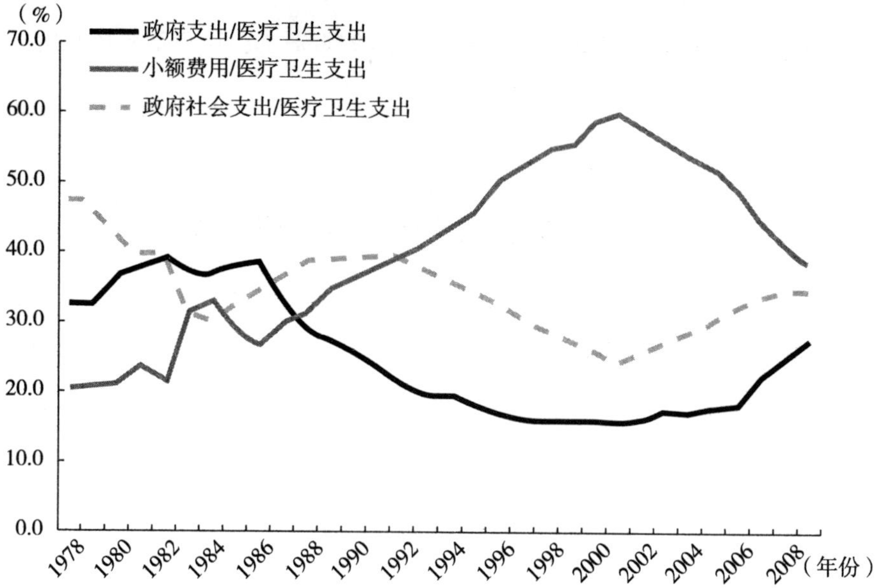

图 7-10 中国医疗卫生融资结构的演变

投入不足导致公立医院的行为方式发生了变化。医院收入中，只有10%来自政府补贴，于是，医院不得不通过推广高科技医疗服务和推销价格高昂的药品的方式增加收入。医院融资方式的改变明显提高了患者的医疗成本，从1990—2008年，患者每次就医的门诊费用增长了20倍，人均住院费用增加了10倍。

我们发现，2003年是一个转折点，从那一年起，政府对医疗卫生行业的投入比重逐渐上升，截至2009年，这一比例达到了27%（图7-10）。此图说明，中央政府此时已经意识到了政府对医疗卫生行业投资不足的这一根本问题，并采取了相关措施。2003年年初，由政府运营和政府补贴的医疗保健系统（新型农村合作医疗）在农村地区启动，中央及地方政府分别为中西部省份的农民提供人均10元的补贴，农民自己只需支付10元就可以被纳入这一项目。2010年，政府人均补贴增加至126元，这一费用由中央和地方政府共同承担。截至2009年年底，共有8.3亿人参加了这个项目，覆盖率高达94%。在资金供应方面，政府更多的投资于基本医疗设备以降低医疗成本，政府还批准了医疗卫生体系改革纲要，并于2009年公布了这一计划。根据有关预测，政府未来对医疗卫生行业的投资额（包括中央政府和地方政府）将达到8500亿元（约合1250亿美元），这是2008年政府对该行业总投资的两倍。政府已正式公布了未来目标，即在不远的将来，实现现金支付比重下降至不超过30％。

医疗保险覆盖率和未来的改革

中国实施经济改革以来，医疗保险覆盖率大幅下跌。在农村地区，覆盖率从1975年的大约85％下降至2003年的9.5％。在1993—2003年期间，城市医疗保险覆盖率从70％降低为55％，贫困人群中这一比率的下降更为明显，在收入最低的五分之一人群中，医疗保险覆盖率从37％下降到12％（国家医疗卫生服务调查）。经济转型之后，医疗卫生行业公共融资的方式被改变，取而代之的是医疗保险制度，而不再是过去的财政拨款。1998年，城镇基本医疗保险制度（BMI）开始实施，但这一制度只针对城市职工，其覆盖率从1998年占城市职工的20％增加至2009年的52％。2003年，相关政策开始出现变化，这一覆盖率继续上升（图7－11）。首先，上文提到的新型农村合作医疗制度是这一覆盖率上升的主要原因。2007年，城镇居民基本医疗保险计划覆盖了未被BMI计划覆盖的城镇居民，这项全新的医疗保险覆盖了儿童、老人、残疾人以及其他未就业的城镇居民。与新农合相似的是，城镇居民基本医疗保险项目的保险费也有政府补贴。截至2009年，在全国13亿人口中，12亿人口拥有医疗保险，其中8亿人为新农合保险，2亿人为基本医疗保险，2亿人为城镇居民基本医疗保险，因此全民医疗保险的目标有望很快实现。

不过，医疗保险的作用未来还有待提高。根据经济理论和各国经验，当医疗保险覆盖面不断推广时，如果不对医疗费用进行合理的控制，那么医疗卫生支出就会因需求方和供给方的道德风险而出现增加，后者尤为明显。中国就发生了这样的情况，医疗保险制度的引入造成医疗卫生服务价格上涨，抵消了政府补贴的作用。我们发现，新农合对村级医疗费用没有影响，但造成了县级医院医疗费用上升。此外，报销比例越高，价格越高，价格上涨的比例几乎与报销比例相同。这一结果表明，在医疗卫生行业，由于县级医院等医疗服务提供方具有市场支配力并且以营利为导向，所以，引入医疗保险导致了医疗服务价格膨胀，医疗保险的作用被抵消。其他研究表明，城镇医疗保险制度似乎并没有降低灾难型医疗费用，反而可能增加了住院期间的经济风险，因为医院往往会为有医疗保险的患者安排更多的治疗程序。

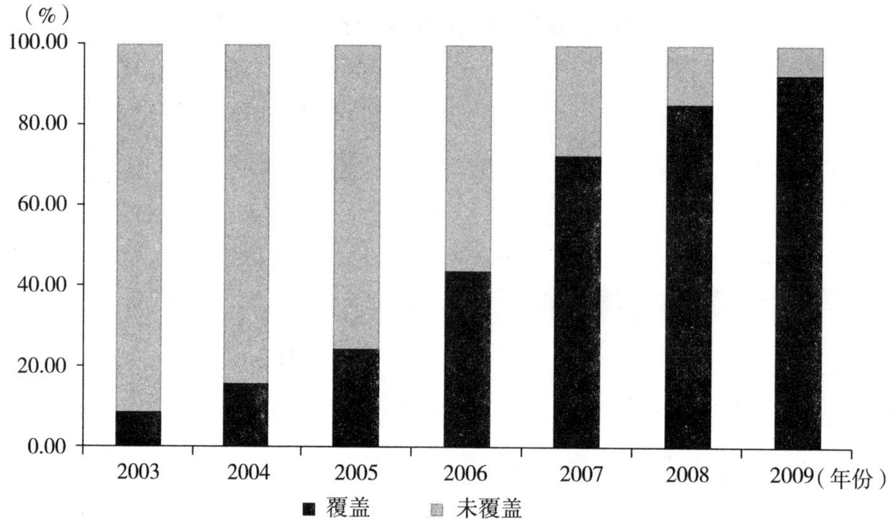

图 7-11　日趋扩大的医疗保险覆盖率

资料来源：《中国卫生统计年鉴》。

医疗保险制度的另一个问题是保险项目提供的报销范围较小，门诊治疗中可以报销的项目数量很少，在一些农村地区，门诊费用完全不属于保险范围，即使是住院费用，也有一大部分由患者自己承担。研究发现，新农合系统中的报销制度对医疗服务的需求具有明显的影响。对农民来说，门诊治疗费用占家庭收入的很大部分，因此将门诊费用纳入可报销费用能够在很大程度上减轻农民的经济负担。对不同报销制度结果的模拟表明，只报销住院费用无法减轻经济负担，门诊费用和住院费用同时报销才能更有效降低居民的经济负担。目前，由于农村地区报销比例很低，因此医疗保险中的道德风险并不严重。

上述讨论可以解释为何大多数研究都发现新农合在提高医疗服务的覆盖率和降低农民经济负担方面作用有限。仅仅提高医疗保险的覆盖率尚不够，还需要其他政策安排，政府还应考虑调节价格、改变服务支付收费、增加医疗卫生服务领域的竞争等措施。中国在许多地区的尝试都很成功，比如在海南省和宁波市，城镇保险制度中按服务付费的做法开始变为预付方式转变。研究发现，与实行按服务付费的同等医院相比，实行预付费的医院的支出增长速度较慢。报销制度改革也已启动，卫生部最近设定了一个目标，力图在“十二五”期间将政府对新农合的人均筹资标准达到300元，这将提高医疗费用的报销比率。此外，决策者目前正在考虑提高住院费用报销率并将更多门诊项目纳入保险范围。

医疗卫生行业的非政府投资及未来相关政策

民间投资是医疗卫生行业的另一融资渠道。从20世纪50年代到70年代后期，中国建立了大型公立医疗卫生机构，目的是为民众提供价格合理的基本医疗服务。随着经济的快速增长，中国陷入医疗设施匮乏的困境。1980年，国务院批准了卫生部关于允许民间开设医院的申请。1989年，卫生部和当时的外贸部下发了关于合资医院管理规定的文件。2000年，中国政府公布了非营利和营利医疗卫生组织的管理规定，将医院分为三类：政府非营利医院、私营非营利医院及私人营利医院。非营利医院享受免税优惠，但其定价受到政府管制，营利医院则具有自行定价的权利。此外，私人营利医院在经营前3年也享受免税待遇。

20世纪90年代中后期，私营医院迅速发展。民间投资在该行业的增长不仅源于中国的私有化进程，也源于医疗卫生行业准入。所有制改革大多以股份制经营的方式展开，建立公共机构、个人和机构投资者共同持股的股份制结构。农村地区私有医院的出现及发展主要是通过所有制转变的方式进行，而在城市地区，新建医院，包括与外国投资者建立合资医院则是更重要的方式。不过，中国民营医院在一定程度上受到歧视，导致这些医院很难吸引到高技术医生，其服务质量难以改善，究其主要原因，这些医院缺乏官方人事考核制度和社会保障。此外，一个地区的高科技设备引进也受到政府管制，私营医院很难获得购买许可证，其结果是，私营医院的数量虽然不断增加，但其市场份额依然很小并呈现下降趋势（图7-12）。

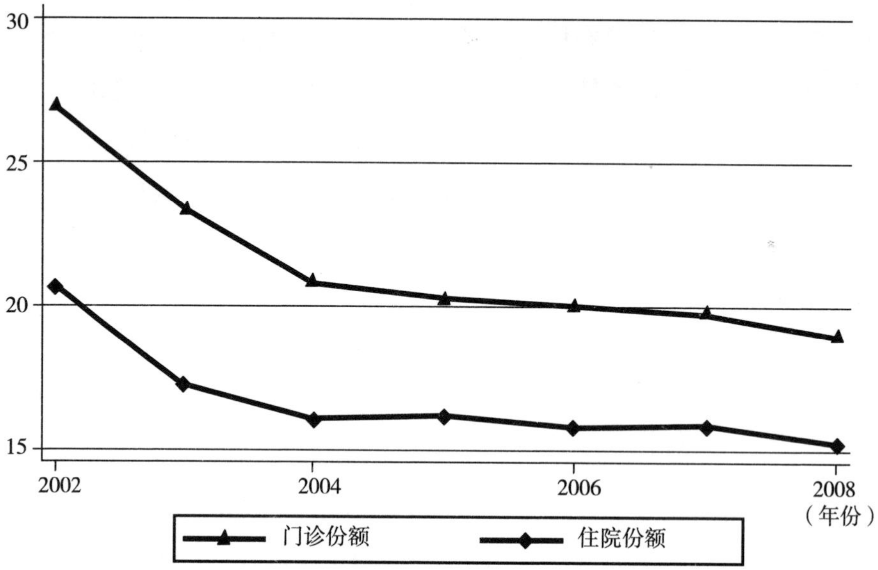

图 7－12　非政府医院的市场份额

资料来源：《中国卫生统计年鉴》(此处提到的医院包括综合医院、中医医院和专科医院，不包括预防保健中心、社区保健中心、农村卫生院等)。

其市场份额的下降有可能是近年来政府对医疗卫生投资增加造成的。此外，私营医院的市场份额随着人均 GDP 的上升而出现下降，在发达国家，社会对非公立医院的医疗服务需求很小，私营医院通常都是医疗质量不高的代名词，一些研究也已证明私营医院价格较低、服务质量不高。Huang et al.(2006)① 从广东省的一项调查数据中发现，私营医院的医疗价格一般低于公立医院。Liu et al. (2006)② 使用个人问卷调查资料证明，私营医院凭借较低的价格，成为一大部分中低收入群体的主要医疗服务提供者。

无论是在理论上还是在许多国家的实践中，政府和民间在医疗卫生市场中的定位依然存在争议，中国也不例外。在有关中国医疗卫生机构的所有制

① Huang, C., Z. Zhai, B. Sun, S. Chen, and H. Liang (2006), 'Analysis of problems with the development of non-governmental hospital in Guangdong Province' (in Chinese), *Chinese Health Economics*, 25 (8), 31-33.

② Liu, Y., P. Berman, W. Yip, H. Liang, Q. Meng, J. Qu and Z. Li (2006), 'Health care in China: the role of non-government providers', *Health Policy*, 77 (2), 212-220.

和服务质量的有限资料基础上，我们尚无法得出确定性结论。有许多研究对其他国家进行了分析，但在所有制区别上也没有得出确切的结论。回顾有关医疗卫生机构所有制和服务质量以及所有制和财务状况的文献，我们可以发现，不同研究结果的差异性在很大程度上是由地区差异、使用方法的不同以及资料质量的差别引起的。不过可以确定的是，对医疗服务的较高需求以及对差别化医疗服务的需求是私营医疗卫生组织得到发展的原因之一（Hou and Coyne，2008）①。我们预计，中国的医疗卫生需求将持续增加，公立医院难以满足快速增加的市场需求，如今的公立医院已经人满为患。

2009 年，医疗卫生改革呼吁民间扩大医疗卫生行业的投资，改变政府所有制医院独霸市场的地位，提高所有制结构的多样性。政府投资将集中在基础医疗方面，并制定相关政策对私营医院进行引导，鼓励其为富裕人群提供更优质的服务。

医疗卫生领域仍需政府发挥作用

经济的转型使中国人口的总体健康状况得到了显著的改善，婴儿死亡率降低，平均寿命延长。但与其他国家包括一些发展中国家相比，中国健康状况的改善速度相对较低。在中国经济转型过程中，健康状况存在一个特殊的转变，其主要特征是传染病发病率下降，非传染病如高血压、心血管疾病和糖尿病的发病率上升。收入的增长和人口的老龄化改变了人们的消费行为以及慢性疾病的发病率，这是中国健康状况转变的主要原因。但值得注意的是，制度因素在中国医疗卫生覆盖率和可负担性的变化方面扮演了关键的角色，是健康状况不平等的原因之一。一般来说，农村人口比例较高的省份健康状况较差，区域收入水平与平均寿命水平之间存在明显的正相关性。

医疗卫生支出的快速上升是该行业面临的最大的质疑，可以预见，未来人均实际支出的上升趋势还将继续。根据我们的模拟测算，经济增长、人口

---

① Hou，X. and J. Coyne（2008），'The emergence of proprietary medical facility in China'，*Health Policy*，88，141-151.

老龄化、技术变革和制度改革将使2010—2050年期间的人均实际医疗卫生支出的增长速度达到7%～10%。过去30年中，医疗卫生行业的财政负担和疾病带来的经济困难主要与两个因素相关：一个是公立医院激励制度不当，导致处方过量或治疗程序过多；另一个是医疗保险覆盖率较低。

近年来的医疗卫生改革呼吁政府增加投资，中央政府从2003年开始增加医疗卫生投入，医疗保险制度改革和公立医院改革也需要地方政府增加相关支出以配合中央政府的投入。但是，公立医院激励制度仍然存在不合理之处，这不可能通过增加政府支出得到解决，支付制度改革和医疗卫生行业的竞争对于改变公立医院的寻利行为和提高服务效率非常必要。

政府已针对城市在岗职工、城市非就业居民和农村居民推出了三个不同的医疗保险项目。目前，医疗保险的覆盖率已超过90%。未来的目标不仅是实现医疗保险的全民覆盖，而且要提高医疗保险在降低医疗经济负担方面的有效性，应更加重视医疗保险与医疗服务提供方之间的相互作用。医疗保险作为第三方付款人，可以将付款制度由一次一付的方式向提前预付的方式转变，中国在这方面已经有一些成功案例，但还需要更深入的研究和政策分析。

现有的研究文献对医疗卫生行业的竞争结果尚未作出确定性的结论，其他各国的情况多种多样。在美国，60%的医院为私有非营利医院，25%由政府运营，主要是地方政府。2000年，英国公立医院占全英医院总数的95%。2003年，德国有37%的医院为公立医院。目前，私营医院在门诊服务方面的市场份额不及20%，住院服务的份额更低。大多私营医院的医疗质量较低，价格也比较低廉。私营医院合理的市场比例以及私营医院在中国医疗卫生市场中的角色依然有待研究。

第八章
中国如何加强社会保障体系的收入分配效应

何立新 复旦大学经济学院副教授，复旦大学公共经济研究中心副主任。就职于复旦大学之前，曾就读于日本一桥大学经济研究院，并担任日本学术振兴会的外国研究员。主要作品包括《中国公共养老制度改革：经济制度转型时期的制度和实证分析》（东京大学出版社，2008）、《中国城市公共养老制度改革的分配效应》（《经济研究期刊》Vol. 3，2007）、《中国城市的公共养老和家庭储蓄》（与封进和佐藤宏共同完成，《经济研究》Vol. 10，2008）。目前，她的研究重点是社会保障、收入再分配和公共财政。

中国的社会保障制度被寄予更高期望

现代社会保障制度起源于19世纪80年代的德国俾斯麦政府，之后逐渐传播到其他工业化国家。通过过去一百多年的发展，社会保障制度已经成为所有政府的一项重要的社会职责，对发展中国家的政府来说也是如此。与其他措施相比，社会保障在调节收入再分配方面具有独特的功能。随着社会经济的发展，社会保障制度在国民收入和公共支出中所占的比重日益上升。20世纪70年代之后，人口老龄化加速，经济不确定性加强，社会保障成为一个热门话题，一直以来都是决策者、学术界，甚至普通大众关心的焦点。

在中国，社会保障制度也受到广泛关注。与其他国家相比，中国不断扩大的收入差距和新型贫困问题都使人民群众对社会保障制度寄予了更高的期望，希望它能在收入分配中发挥充分的作用。过去30年的经济发展使城市和农村居民的生活水平都得到了显著提高，生活在贫困线以下的人口数量大幅降低，但与此同时，收入差距也逐渐拉大。世界银行（2003）的数据显示，中国的基尼系数增长幅度达到发展中国家之最，从20世纪80年代初期的大约0.20增长至1993年的0.42，1999年达到0.437。更让人担忧的是，中国基尼系数在冲破了0.4这个国际警戒线之后继续保持逐年上升的趋势，2007年达到了0.485。同时，正如Chen et al.（2006）① 所指出的，某些群体的生

---

① Chen，Shaohua，Martin Ravallion and Youjuan Wang（2006），'Di Bao：a guaranteed minimum income in urban China?'，Policy Research Working Paper Series 3805，World Bank.

活状态出现后退，他们由于技能不足、长期疾病或残疾而无法获得新的经济机会。虽然总体贫困率呈现下降趋势，但其中有一些“落后”家庭最初就贫困，而有些家庭则由非贫困状态变为贫困状态。在城市地区，这种“新贫族”现象非常突出。

人口老龄化也是对中国社会保障的一个关键考验。根据联合国的人口预测，到2025年，年龄超过65岁的人口在中国人口总量中所占的比例将达到14%，从2000年7%的水平大幅攀升。在2025—2030年之间，这部分人口数量将超过2亿。到2040年，这一人口数量将突破3亿，超过日本、英国和许多其他国家的总人口。可以预见，如何保持长期财政平衡、满足老龄人口的收入和不断增加的医疗需求将是中国在未来几十年中无法逃避的核心问题。

社会保障制度一般包括保险制度、社会救助制度和社会福利制度。社会保险要求受保人缴纳一定数量的保险费或税费从而获得相应的权利，但这一制度的目的并非收入再分配。不过，在一些保险计划中，受保人实际收到的补偿金额与缴费关系不大，补偿金额并不完全取决于其缴纳的金额，所以社会保险制度也在一定程度上起到了收入再分配的作用。社会救助和社会福利主要由公共财政提供资金，是直接发挥收入再分配作用的制度安排。从理论上说，如果一个国家社会保障制度的主要目标是提供社会保险，那它的收入分配效应就较为薄弱；如果公共财政出资的社会救助和社会福利是社会保障的主要部分，或者社会保险受保人可获得的回报金额与其缴费金额之间关联性很小，那么社会保障制度就具有较强的收入分配效应。此外，社会保障覆盖面和它所提供的保护力度也对收入分配效应产生直接影响。因此，社会保障制度在收入分配中所扮演的角色取决于这一制度的组成和具体设计。

目前中国的社会保障制度是以计划经济时期的各项制度为基础并对其进行改革后建立的。截至目前，中国已经建立了一套包括社会保险（其中包含养老保险、医疗保险、失业保险等）和社会救助（如最低生活保障等）的社会保障制度。要对这一制度对收入分配所产生的影响进行完整的评估目前尚有很大难度，因此，我们在总结了中国社会保障的主要成就和突出问题的基础上，将从代内和代际的角度展示中国社会保障的收入分配效应，并提出相关的政策建议。

社会保障制度的发展状况

中国在计划经济时期的社会保障制度可追溯至20世纪50年代。在双轨经济结构中，保证工业发展和城市建设是所有社会政策的首要目标。城乡社会保障制度之间存在差异，农民的社会保障主要依赖于土地和家庭保障，而城市居民的社会保障以1951年颁布的劳动保险管理规定为基础，这一规定是包括退休、残疾、死亡、疾病、怀孕、工伤和医疗的社会保障制度，由工作单位在其组织管理中落实保障政策。福利部分包括养老金、医疗、住房和其他收入补贴，由企业或国家财政拨款，员工无须为此支付费用。

随着中国向市场经济不断转型，过去的社会保障制度越来越无法满足经济发展的需求。自20世纪80年代以来，中国开始对其进行改革。尤其是在90年代后期，城市地区包括养老保险和医疗保险的社会保险制度经历了大幅调整，目前，中国已经建立了一套城镇社会保障制度，其中包括社会保险制度（由五个部分组成，分别是养老保险、医疗保险、失业保险、工伤保险和生育保险）和社会救助制度（包括最低生活保障、医疗补助等）。从21世纪初开始，中国逐渐引入了针对农村居民的包括医疗保险、养老保险以及农村居民社会救助的社会保障制度。可以这么说，在21世纪的最初十年中，覆盖城市和农村居民的社会保障制度框架已基本建立起来。但同时，这项制度依然存在许多问题，比如覆盖率有限、支付标准过低、地区差异过大等等。为了对目前中国社会保障制度的角色有全面的了解，我们简单介绍一下这一制度改革的时间表，首先介绍社会保障主要项目的内容及实施情况。

社会保险制度

最具重要意义的养老保险改革始于1995年，此后于1997年经过修订。国务院于1997年7月颁发了第26号文件，建立一个覆盖城市企业职工的全新养老金系统，即所谓的基本养老保险制度。这一保险将涵盖城市地区国有企业、集体企业、外资企业等所有企业的全部员工。1997年的养老保险制度共有三大支柱，即覆盖所有受保人的公共账户、强制性的个人账户以及由商业保险提供、员工自愿建立的补充养老金。其中，第一个支柱的资金来源为17%的工资税（由雇主自行缴纳），这一税收的目的是保证参保超过15年的企业员工都能获得20%的养老金替代率。第二个支柱（由员工和企业共同缴纳）为每个员工建立个人账户，其缴费率为工资的11%，其中企业缴纳份额在3%～8%之间。员工退休后每月可从这个账户获得账户总额除以120的金额。2005年12月，个人账户的缴费比例、退休工资的计算方法以及支付方式有所调整，但公共部门人员福利的计算和支付依旧遵照改革之前的方法，例如根据退休前工资的一定比例（75%～100%）支付退休工资。

中国在20世纪80年代后期开始探索农村居民公共养老金制度。1992年，民政部颁布了《农村社会养老保险计划》，提出了建立农村社会养老保险制度的基本理念，并建立了基本框架。但是，计划本身存在缺陷，例如养老金额较低、鼓励措施不够和社会经济条件不成熟等，于是这一计划在1999年之后被搁置。2009年9月，国务院颁布了《关于建立新型农村社会养老保险试点的指导意见》，决定在全国10%的县（市、区、旗）建立新型农村社会养老保险试点，并逐步扩大试点范围。截至2009年年底，这一保险计划的参保人数为8691万，占农村总人口的比例仅为12.19%，这说明，家庭养老依然是农村养老的主要方式。

1998年，国务院针对城镇职工推出新型医疗保险制度，取名为基本医疗保险体系（BHIS），以此取代过去针对城镇职工及其家属的劳动医疗保险制度和针对公务员和公共行业职工的政府医疗保险制度。基本医疗保险体系几乎已在全国所有统筹地区得到实施，但尚未完成，许多应该被纳入这一保险体系的职工目前仍然使用过去的保险，或者未被医疗保险体系覆盖。基本医疗保险体系的目的是通过个人账户提供门诊医疗资金、由社会统筹提供住院医疗资金，保险缴费额是员工工资的2%。对农村居民，2003年起开始实行农村新型合作医疗制度，这是一项由政府主办并给予补贴的医疗保险制度，农民每人出资20～30元，中央、地方财政分别配套出资各40～60元资金，形成人均总计缴费100～150元的资金量，发挥“蓄水池”式的共济功能。

1999年1月，国务院颁布了《失业保险条例》，将失业保险覆盖范围从原有的国有企业扩大至所有企业和机构，同时调整了保险费率。自此，个人需缴纳一部分费用，共同支付的机制也建立起来，其中企业和个人的缴费额分别为工资总额的2%和1%。失业保险赔付额与最低生活保障相联系（低于当地最低工资，高于最低生活标准），保险待遇的给付期最长为24个月，最短为12个月。该条例自实施以来，投保职工从1999年的9852万人增加了2009年的1.2715亿人，其中外来工占比为16.43%，比前一年年底增加了94万人。

社会救助制度

1999年10月1日，国务院颁布了《城市居民最低生活保障条例》，标志着城市最低生活标准保障制度在全国范围内建立。这一制度主要针对家庭人均收入低于当地最低生活标准的城市居民，项目资金需求被列入当地政府财政预算计划，纳入社会保障专项资金项目，最低生活标准由当地政府民政部门与财政、统计和价格管理部门共同确定。2007年，国务院颁发了《关于在全国建立农村最低生活保障制度的通知》，建立了农村最低生活保障制度。该制度针对人均纯收入低于当地最低生活标准的农村家庭，即因疾病、残疾、衰老和生活条件恶劣等原因造成生活困难的农村居民。当地政府负责农村最低生活保障制度的实施，其资金需求列入地方政府财政预算，贫困程度较严重的地区可获得中央政府的补贴。最低生活保障制度项目是目前中国针对低收入人群实行的规模最大的转移支付，截至2008年年底，全国有2335万人口被纳入这一项目，每月人均最低保障标准为205元，是城市家庭每月可支配收入的15.61%；有4305万人口被纳入农村最低生活保障制度项目，每月人均最低保障为82元，是农村家庭人均每月净收入的5%。

除了收入方面的救助，中国还建立了医疗救助体系，从2003年和2006年开始分别向农村和城市提供医疗救助服务，城乡医疗救助体系的资金来源于政府资金和社会捐献，救助对象为农村“五保”家庭、受严重疾病打击的农村贫困家庭、接受城市低保但不享受城市基本医疗保险的人群、享受城市基本医疗保险但依然承担巨大经济负担的人群以及有其他特殊困难的群体。截至2009年年底，全国农村医疗救助项目的受益人数达到4789万，是2004年729万的7倍和2005年115万的13倍。

总而言之，截至2010年，中国已经建立了由企业和职工共同缴费、包含养老、医疗、失业和工伤保险等项目的社会保险制度以及由公共财政资助、包括最低生活保障和医疗救助的社会救助体系，一个同时覆盖城市和农村地区的社会保障制度已经形成。但是，农村地区社会保障制度的建设依然处于初期阶段，农村居民的养老保险覆盖范围及其保障程度低于城市地区。此外，在城市地区，各种社保项目在覆盖率和资格认定方面存在很多差别。

主要社会保障制度的覆盖率

中国社会保障制度的改革主要发生在20世纪90年代后期。根据不同改革措施的时间表和政府公布的宏观数据，我们可以计算出改革之后社会保障的覆盖率（图8-1）。

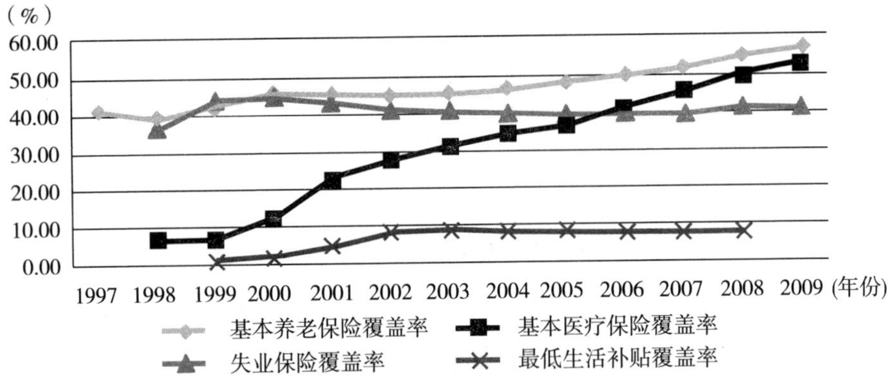

图8-1 改革之后的社会保障体系覆盖率

注：
基本养老保险覆盖率＝基本养老保险缴费人数/城市地区在职人数×100%；
基本医疗保险覆盖率＝基本医疗保险缴费人数/城市地区在职人数×100%；
失业保险覆盖率＝失业保险缴费人数/城市地区在职人数×100%；
最低生活补贴覆盖率＝接受最低生活补贴的城市居民/城市地区在职人数×100%；
此处，缴费人数表示参加保险项目的职工。
资料来源：《2010年中国统计年鉴》，《2009年中国民事统计年鉴》。

如图8-1所示，过去十年期间，所有针对城镇职工的社会保险项目覆盖率从1998年的7%增加到2009年的52%，养老保险的覆盖率从1998年的

38%上升至2009年的57%，但失业保险的覆盖率一直维持在40%左右。总体来说，虽然有越来越多的城镇就业人口被新的社会保险所覆盖，但截至2009年，仍有近一半游离于各种社会保险制度之外。

一般来说，扩大社会保障的覆盖面积有利于增强社会保障的收入分配效应、降低收入分配不平等的现象。但在20世纪90年代后期，也就是社会保障制度改革之前，个人几乎不需要为社会保障缴纳任何费用，还可以从工作单位获得各种补贴，退休人员也可获得占退休前工资一定比例的养老金，因此，这个时期的社会保障制度以高低收入群体同时获得大于其缴费额的福利为主要特征。在改革之后，养老保险和医疗保险的个人缴费都有所增加，个人还需支付一定比例的医疗费用，但有些本该到位的社保福利却没有到位，这一制度仍在完善过程当中。因此，与改革前相比，个人获得的社会保障福利是否大于其个人缴费贡献这一点无法确定，中国居民个人通过社会保障制度的收入转移而实现的收入改善程度如何需要实证检验。本章接下来将利用宏观数据和微观数据对中国社会保障制度的收入分配作用进行具体的估计。

中国社会保障制度收入分配效应的实证研究

文献和概念

建立社会保障制度将产生收入转移、影响最初的收入分配状况，从而调节不同收入群体之间的收入差距、减少贫困现象。许多国家的研究文献都证实了社会保障在缓解贫困和收入再分配方面作用，其中巴里恩托斯（2007）[①]的结论是，发展中国家由政府税收资助的社会保障体系有望对全球贫穷状况产生影响，他们面临的主要困难在于如何将其发展成为综合的社会保障制度。戴蒙德（2004）[②]分析了美国的社会保障制度在提供老年人退休收入方面的作

① Barrientos, A. (2007), 'The role of tax-financed social security', *International Social Security Review*, 60 (2-3), 99-117.

② Diamond, P. (2004), 'Social security', *AER*, 94 (1), 1-24.

用，并探讨了改革当前制度、实现保险资金平衡的可能性。卡塞克（2010）[①]认为南非的社会保障制度的主要目标是预防和降低贫穷、促进社会团结，这一制度还有待改善以提高其有效性。

有关中国的研究主要集中在贫穷相关事宜和特定的社会保障体系。桑德斯（2007）[②]将中国城市地区独自生活（或与配偶生活）的老年人口贫困率与其他国家进行了对比，主要与富裕的工业化国家进行比较，他在研究中使用了中国2000年关于中国老年人的调查资料以及由卢森堡收入研究所推导得出的估值，对中国在降低老年贫困率方面的成就作了有效评估。He（2004）研究了不同地区和不同职业之间养老福利的差异。Wei and Gustafsson（2005）发现，城镇居民之间以及中国东部、中部和西部地区之间存在医疗费用开支不平等的现象。Ren et al.（2004）使用代际核算的方法对养老制度的代际失衡进行了宏观研究。He（2008）[③]利用一年的微观数据估计了不同养老计划的收入转移效应之间的差异。总体来说，这些研究只对社会保障制度的某一个方面进行了分析或者仅使用了一年的有限数据，没有涉及所有社会保障政策的总体收入再分配效应，也没有分析这种收入再分配效应对收入不平等现象的影响。

评估收入分配政策效果的一个基本方法是将初始收入的不平等程度与再分配之后的收入不平等程度进行对比。初始收入指通过再分配之前个人劳动所得和资本所得组成的全部收入，包括工资收入、企业收入、利息收入、商业保险收入、实物收入等，再分配后的收入等于初始收入减去各种税金和其他缴费，再加上社会救助福利以及养老金等保障性收入。社会保障福利不仅包括养老金等现金福利，同时包括医疗服务和教育服务等非现金福利。缴纳

---

① Kaseke，Edwell（2010），'The role of social security in South Africa'，*International Social Work*，53，159-168.

② Saunders，Peter（2007），'Comparing poverty among older people in urban China internationally'，*China Quarterly*，June 2007，190，451-465.

③ He，L. X.（2008a），'The distributional effects of public pension reform in urban China'，*Frontiers of Economics in China*，3（2），55-278.

He，L. X.（2008b），*The Public Pension System Reform in China：an Institutional and Empirical Analysis of the Economic System Transition Period*，Tokyo：University of Tokyo Press.

的税金和其他费用包括所得税、房产税、社会保障制度中的养老保险和医疗保险缴费等。通过初始收入与再分配后收入的对比，我们可以研究收入再分配政策的效果。确切地说，分配效应可以用两个指数进行衡量。第一个是Musgrave-Sinn指数（MT），这是计算绝对差异的经典方法。如果初始收入的基尼系数大于再分配后收入，说明再分配政策降低了收入不平等，具有积极的再分配效应，反之则说明这一政策加剧了收入不平等，其再分配效应为负。第二个指数是衡量相对差异的再分配系数。由于资料有限，过去的研究往往使用某一特定年份的收入数据来衡量收入分配效应，但年收入往往具有局限性，若使用终生收入更为合理，尤其是在衡量公共养老金体系的收入分配效果时，这一点尤为重要。

由于养老保险所需缴纳的金额和提供的养老金金额将伴随一个人的不同生命阶段，这一制度的收入分配效应在人的整个一生中都会得到反映。因此，除了在某个特定时间点进行分析，还需从一生的成本收益角度进行分析。从微观视角对公共养老系统的收入分配效应以及养老改革进程的研究可追溯至20世纪80年代。近年来，费尔德斯坦、利伯曼（2002）① 和 Borelia（2004）② 分别估算了美国和意大利公共养老改革措施的收入分配效应。内利森（1998）③ 从不同角度详细讨论了使用年收入和终生收入的必要性。

基于年收入数据的分析

在中国，由社会保障制度带来的收入转移收入主要由现金转移收入和非现金转移收入组成，前者包括养老金、失业救助金、社会救助金等，后者包括医疗卫生服务、义务教育等。但是，公开数据一般只反映现金转移收入部分。如果能获得若干年的城市家庭收入支出数据，就能够描绘出中国社会保

① Feldstein, M. and J. B. Liebman (eds) (2002), *The Distributional Aspects of Social Security and Social Security Reform*, Chicago: University of Chicago Press.

② Borelia, M. (2004), 'The distributional impact of pension system reforms: an application to the Italian case', *Fiscal Studies*, 25, 415-437.

③ Nelissen, Jan H. M. (1998), 'Annual versus lifetime income redistribution by social security', *Journal of Public Economics*, 68, 223-249.

障制度收入分配效应的演化过程。但是，2002 年之前公布的城市家庭支出数据并不包括养老保险等社保支出，统计中收入的组成部分也与 2002 年之后的数据有所不同。因此，这一章节中，我们首先使用统计局公布的 1995—2002 年期间的微观数据进行计算，之后再使用 2002—2008 年期间城市家庭年现金收入和支出的统计数据。

本章中使用的微观数据来自中国社会科学院经济研究所在 1996 年和 2003 年进行的中国家庭收入项目（CHIP）调查，CHIP 的数据样本是从国家统计局年度家庭调查样本中抽取的。上述两组 CHIP 调查数据分别涵盖了 11 个省市的 21696 人（6931 个家庭）和 12 个省市的 20632 人（6835 个家庭），涉及家庭成员个人特征及收入、家庭财产情况，从资料中可以得出有关个人收入、年龄、就业状况、工作单位的所有制性质和所属行业的信息。

首先，我们来看看社会保障体系在降低中国城市贫困现象方面所扮演的角色。我们参考了 Cai，Giles and Meng（2006）使用的方法计算了处于贫困线以下的家庭比例，贫困线是根据各省会城市劳动和社会保障部计算的人均最低生活标准消费线来确定的。CHIP 调查中 12 个省会城市的平均年贫困线是人均 2454 元。2002 年，初始人均年收入低于 2454 元的家庭的比例为 17%，再分配后人均年收入低于贫困线的家庭比例仅为 2%，这表明社会保障体系对降低贫困数量作出了巨大贡献。但在 1995 年，最低生活保障制度尚未实施，因此无法获得人均最低生活标准消费数据，所以我们使用了相对贫困率的数据。

与经合组织对收入分配进行各国间比较是使用的定义相同，我们将收入低于总体收入中位数 50%的群体称为相对贫困群体。1995 年，初始收入中位数为 4875 元，收入低于这一数字 50%，即 2438 元的家庭占比为 18.2%，但再分配后收入低于这一数字的家庭比例则下降为 3.2%，下降率达到 82.4%。同样，2002 年，初始收入的相对贫困率为 23.6%，而再分配后收入的相对贫困率为 6.6%，降幅达到 72%。2002 年再分配前后收入的相对贫困率较 1995 年有小幅上升，表明低收入人口有所增加。Xia et al.（2007）[①] 也发现中国城

① Xia，Q.，L. Song，and A. Simon（2007），'Trends and patterns of urban poverty in China'（in Chinese），*Economic Research Journal*，9，96-111.

市相对贫困人口数量有上升趋势。

表 8－1 社会保障制度的收入再分配效应（基尼系数及其变化）

年份	不同人群	初始收入	再分配后收入 1(B)	再分配后收入 2(C)	再分配后系数 1 (A－B) /A	再分配后系数 2 (A－C) /A
1995	所有年龄层	0.35437	0.25904	0.35317	26.90%	0.34%
	劳动年龄层	0.29138	0.25689	0.29052	11.84%	0.30%
	老龄人	0.63855	0.26315	0.63514	58.79%	0.53%
2002	所有年龄层	0.40592	0.30102	0.40231	25.84%	0.89%
	劳动年龄层	0.3508	0.3037	0.34686	13.43%	1.12%
	老龄人	0.62874	0.28832	0.62626	54.14%	0.39%

注：

1. 初次收入和再分配收入均为家庭等价规模收入，即家庭初次或再分配总收入除以家庭人口的平方根；
2. 初次收入①＝工薪收入＋经营净收入＋财产收入＋记账收入
   再分配收入 1 ＝ 初次收入 ＋ 社会保障给付－社会保障费
   再分配收入 2 ＝ 初次收入 ＋ 社会保障给付（不含养老金给付）－社会保障费（不含养老保险缴费）；
3. 劳动年龄：男性为 16～59 岁，女性为 16～54 岁；
4. 老龄人：根据中国有关退休年龄的规定，男性为 60 岁以上，女性为 55 岁以上。

资料来源：CHIPS 1995，2002。

其次，我们通过研究社会保障对各个群体产生的不同的收入分配效应，发现随着时间的推移，城市收入分配不平等呈现扩大趋势。虽然整体收入的不平等通过社会保障的收入转移得到缓解，但这种缓解的力度不足以抵消初始收入不平等的增加，导致 2002 年劳动适龄人口和老年人口的基尼系数大于 1995 年。

这一结果有两个原因。首先，与 1995 年相比，2002 年出现了各种收入冲击（如下岗、失业等），增加了初始收入的不平等性。中国于 1996 年启动了劳动力市场改革，造成大量企业职工下岗，下岗人数从 1996 年的 8 916 337

① 需要说明的是这里使用的初次收入概念的构成内容不同于 Atkinson et al.（1995）中的 gross incomc，初次收入中不包含各种公共政策和社会保障的转移收入。

上升至1997年的14 352 155，1998年达到19 772 986。从1999年至2001年，每年新增失业人口达到200万人，达到该年份城市在职职工总数的19%。2002年，下岗人员数量稍有下降，但依然高达19 594 870人，占该年城市职工总数的18.56%。Xia et al.（2007）基于CHIP数据的研究结果也表明，1995年，只有5.55%的家庭中有下岗职工。但在2002年，这一比例增长3倍达到20%。按照规定，下岗职工可以从原工作单位获得一笔遣散费，但在2002年，存在下岗职工的家庭中只有18%的家庭获得了这笔费用。2002年，下岗职工和失业人员的人均年收入仅为在职职工的29%。这种收入冲击无疑加剧了初始收入分配的不平等。

另一方面，截至20世纪90年代末，中国虽已建立了包括基本养老保险、失业保险和最低生活补助在内的社会保障制度，但我们从图8-1中可以看出，在2002年，各种社会保险的覆盖率依然很低，其中覆盖率最高的是养老保险，但其覆盖率也不超过人口总数的50%。而且到2002年时，由于政府允诺承担社会保障责任并且要求下岗职工结束他们与原工作单位之间的合同，工作单位发放的救助已减少到极少量。但事实上只有很小一部分的困难家庭获得了社会保障救助。在2002年的所有下岗职工家庭中，只有11%的家庭获得失业保险救济金，8%的家庭获得最低生活保障补贴。此外，一些地区还出现了退休金拖欠的情况，退休人员无法按时获取养老金。因此，虽然社会保障制度中的收入转移效应的确在一定程度上缓解了收入的不平等性，但效果非常有限。为了更好地理解中国社保系统在调节收入分配中的扮演的角色，我们将继续研究不同收入群体通过社会保障制度获得的转移支付。

我们将样本家庭根据再分配后收入按等值分配方法从最低到最高分为五组（第一组为最低收入组，第五组为最高收入组），并根据中国领取养老金的年龄规定将所有样本分为3个年龄组，分别为青年、中年和老年，在此基础上观察不同收入群体和不同年龄层的社会保障净收益的分布情况。如图8-2所示，无论社会保障福利中是否包括公费医疗等实物给付，中年和老年群体的社会保障净福利分布状况相同。在所有群体所获得的净福利方面，无论收入层次如何，其获得的社会保障福利均大于为其支付的费用，获得的净福利为正并且随收入的增加而增加。老年群体获得的净福利增幅最大，而且在这一群体中，最高收入者获得的净福利达到收入最低者的 3.4 倍。

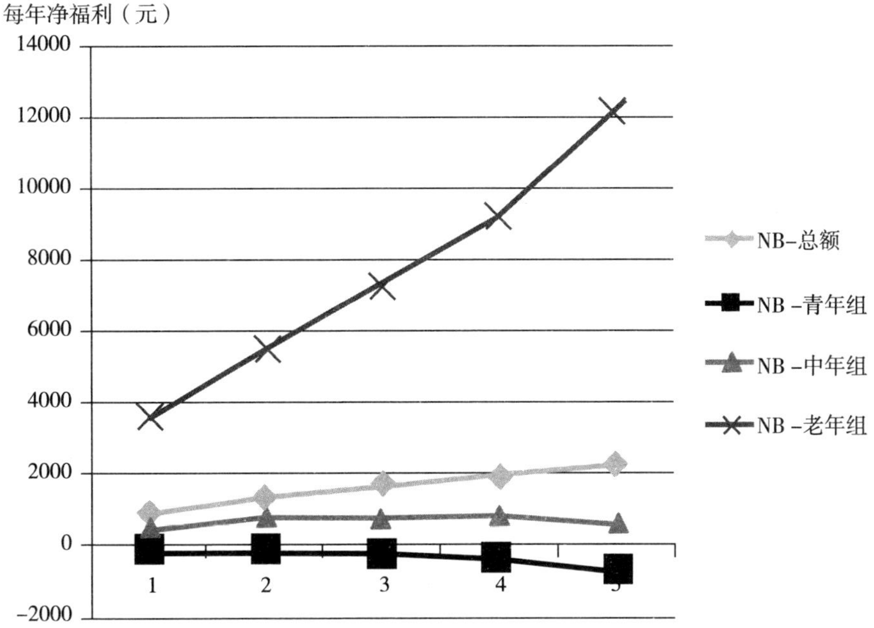

图 8-2a 对不同的再分配后收入层的社会保障净福利（2002 年，实物福利除外）

此外，在青年人群中，高收入和低收入者的净福利收入均为负值，这说明青年人为社会保障支付的费用超过了其所获得的福利，导致这一群体的净福利为负。负福利随收入的增加而增加。换句话说，收入越高，为社保缴纳的费用越高，说明社会保障在青年群体中具有垂直平等性。但同时，年轻低收入群体的净福利也为负，表明低收入人群也在承担社会保障的成本负担，不过这一负担较小。值得一提的是，虽然同为中低收入组，年轻人的纯受益为负，而中老年人的纯受益为正，可见中国社会保障的再分配主要面向的是中老年人，针对年轻人的再分配很少。这一点从财政社会保障支出的构成也能得到佐证。

人们通常预期社保的收入转移效应为正，也就是从高收入群体向低收入群体的转移。经合组织进行的国际比较研究对欧洲国家和美国的收入分配情况进行了集中分析，结果表明发达国家的收入再分配政策具有从高收入群体向低收入群体转移收入的再分配功能。但中国的情况有所不同，社保制度的再分配功能主要体现在代际收入转移，而非不同收入群体之间的收入转移。

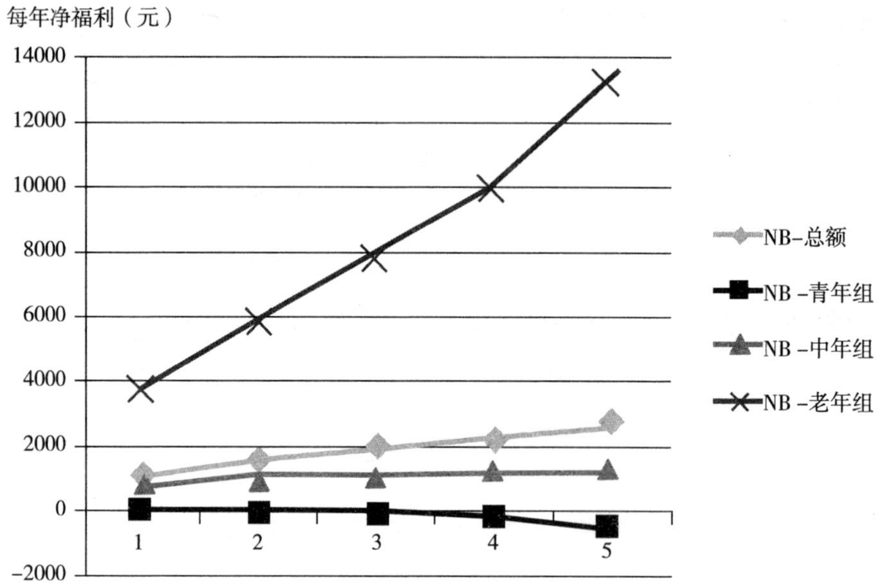

图 8-2b　对不同的再分配后收入层的社会保障净福利（2002 年，包括实物福利）

资料来源：CHIPS 1995，2002。

此外，虽然中老年低收入群体获得的社保福利为正，但这个年龄层的中高收入者获得的福利更多。总体来说，收入最高群体获得的净福利是收入最低群体的 2.8 倍，对老年人群来说，这一数字为 3.4 倍，这说明中国城市居民社会保障制度具有逆向转移倾向，在宏观数据基础上的计算结果也证明了这一点。

如图 8-3 所示，如果只分析某一特定年份的收入转移，中国社保制度最大的受益者并不是低收入群体，而是高收入群体。2002—2008 年期间，家庭每年获得的净福利随着收入的上升而上升，最高收入群体获得的收入转移达到最低收入群体的 7.4～9.3 倍。不仅如此，从 2002—2008 年之间的变化趋势来看，低收入群体获得的净福利小幅增长，其福利绝对量远远低于中高收入家庭。因此，中国城市社会保障制度的逆向收入分配状况至今未有改观。

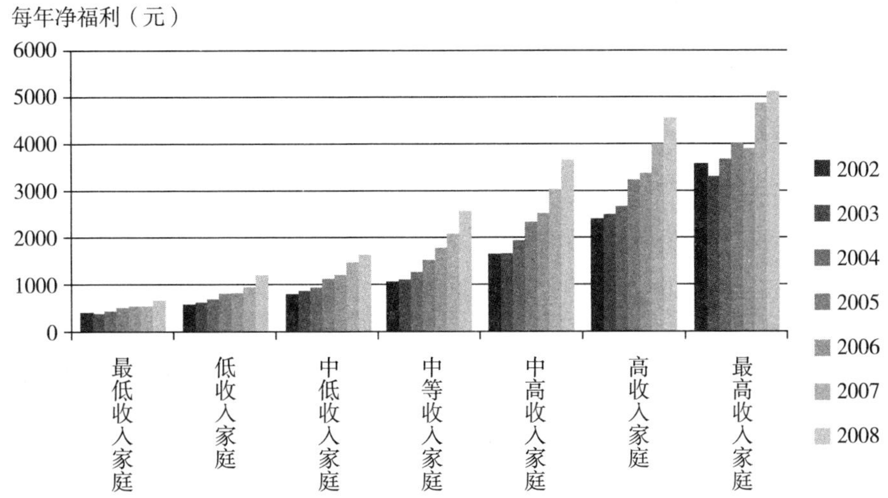

图 8－3　不同城市家庭的社会保障净福利（2002—2008）

注：将城市家庭收入进行分组的方法，首先将所有家庭按照人均可支配收入从高到低排列，然后将他们分为七个组：最低收入家庭、低收入家庭、中低收入家庭、中等收入家庭、中高收入家庭、高收入家庭和最高收入家庭，每组家庭的比例分别为 10%、10%、20%、20%、20%、10%和 10%。

资料来源：《中国价格水平和城市居民收支调查，2002—2003 年》《中国城市年鉴，2004 和 2005 年》《中国城市生活和价格年鉴，2006—2009 年》。

如何评估不同的养老金制度

正如罗森（2008）所指出的，年收入可能无法充分反映个人的实际经济状况，尤其在讨论养老保险的分配效应时，年收入无法反映从养老保险制度中获得的实际养老金。由于养老保险的缴费和养老金的领取贯穿于不同的生命阶段，如果只考虑某人年轻时的收入，那么他（她）的养老保险缴费就会超过其提供的福利，使净福利为负；相反，如果只考虑老年阶段的收入，则养老金大于缴费额。一个人一生中获得的养老保险净福利究竟是正还是负我们尚且无法确定。过去以年收入为基础的研究表明，中国社保制度具有逆向收入转移效应，但如果改用终生收入来评估，这种逆向分配效应是否依然存在？此处将在 He（2008a）的研究基础上探讨中国城镇养老保险制度在同代的不同收入群体之间以及代际之间的收入转移。

He（2008a）以2002年中国辽宁省、广东省和四川省三省城市家庭调查收集的微观数据为基础，估算了个人终生收入和个人获得的基本养老保险净福利，并评估了1997年和2005年改革措施的收入分配效应。研究结果表明，根据1997年的养老保险改革方案来衡量，在2002年，45岁以下群体的终生净福利随着收入增加而下降。例如，20～29岁之间的低收入人群的平均养老保险终生净福利为－5 277元，同一年龄阶段的高收入群体的净福利为－186 866元。但在45岁以上人群中，终生净福利显示随工资收入的增加而增加的基本趋势，换句话说，这一年龄层中，养老保险具有逆向收入转移的倾向，但在45岁以下的群体中，养老保险具有从高收入群体向低收入群体进行收入转移的分配效应，不存在这种逆向转移。

He（2008a）还发现，与1997年的改革方案相比，2005年改革方案中，养老保险制度的收入逆向转移现象向更低年龄层移动，从起初的45岁以上变为40岁以上，而且逆向转移的程度有所增加。图8－4描绘了上述两个改革方案中收入逆向转移的不同程度。可以看出，与图8－2中的NB-老年组趋势相似的是，在图8－4中，不同收入阶层的养老保险终生净福利也呈现一条偏向右上方的曲线，这说明收入越高，养老保险获益越大。因此可以得出结论，基于年收入的计算结果中出现的逆向收入转移在使用终生收入的计算中同样明显。

上述比较是对不同收入阶层养老保险终生净福利绝对值的比较。如果再将个人从公共养老金中获得的福利与其终生工资收入进行对比，结果将如何？图8－5描绘了1997年的改革方案和2005年的改革方案中广东省的个人终生收入净转移比率（终生净福利与终身工资的比率），纵轴表示所有年龄层样本的平均终身净转移率，横轴代表2002年时的样本年龄。从图中不难看出，在1997年的改革方案中，终生净转移率与水平轴的交点为35岁，表明35岁的群体获得的终生养老保险福利与其养老保险缴费额相同。但35岁以下群体的养老保险缴费额高于其所获得的福利，其终生工资收入的1%～10%被养老保险系统转移给了公共养老体系；35岁以上群体获得的收入转移为正，且年龄越大，净福利越多。在2005年的方案中，所有年龄层的终身净转移率都有所改善，但30岁以下的人群仍然面临养老净福利为负的状况，这说明青年群体参加养老保险后承受了损失。公共养老金的收入转移会打击年轻人参加养老保险制度的积极性。

我们还发现，私营企业和个体企业中收入较低的员工以及弹性就业人员通过参加养老保险系统可获益最大，但他们面临的终身保费比例也最高，其终身缴费与收入的比例高达30%～40%，对他们来说，参与公共养老系统是不现实的。因此，为了扩大公共养老金的覆盖率、鼓励城市各类企业员工参加公共养老保险，政府还需配套实施其他收入再分配措施。

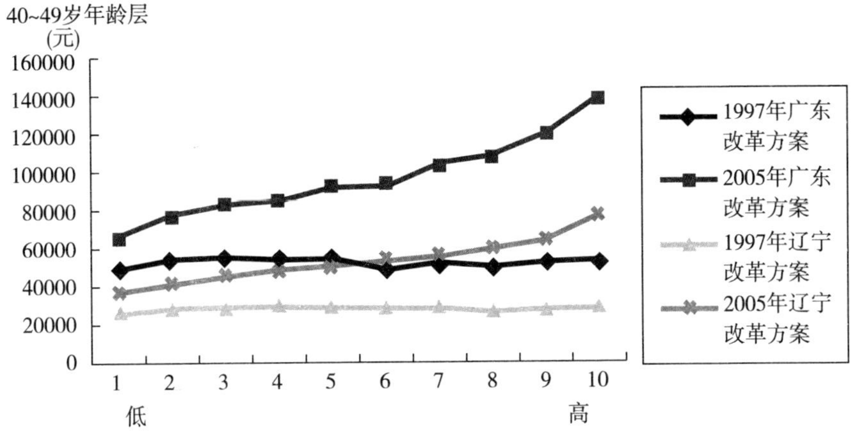

图 8-4a　十个不同收入阶层的终生净福利比较

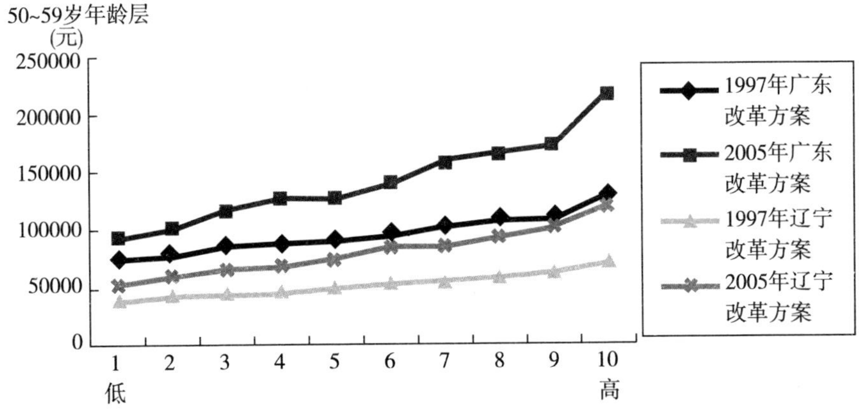

图 8-4b　十个不同收入阶层的终生净福利比较

资料来源：He（2008a）。

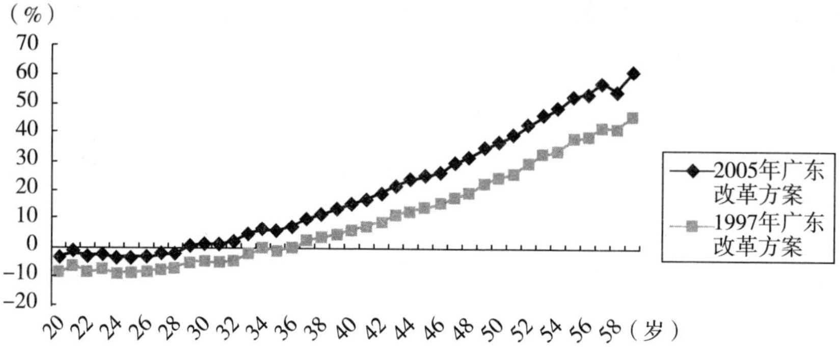

图 8-5 不同年龄层的终生净转移率

注：

1. 终生净转移率＝（终生养老金福利－终生养老保险缴费）/终生工资收入×100%；

2. 终生养老金福利＝2002 年贴现值；年龄为 2002 年的年龄。

资料来源：He（2008a）。

如何完善社会保障的收入分配效应

当前，中国经济与全球经济日益融合，中国进入了加快工业化和城镇化步伐的发展阶段。社会保障制度建设面临许多挑战，主要集中在以下方面：工业化的加速和经济生活的不确定性要求不断完善各种社会保险制度以实现风险分担；城乡结构发生剧烈变化，农村地区的养老和医疗问题成为焦点；人口的迅速老龄化使社会保障系统面临如何保证长期资金平衡的巨大压力；全球化的影响不断深化，社会保障系统需在促进社会保障和降低运营成本、保持国际竞争力之间寻求平衡。

社会保障中的多种失衡

城乡失衡

前文我们讨论了中国城镇地区社会保障体系的收入分配效应，但并未谈到农村地区，主要原因是农村社会保障系统仍然处于发展的初期阶段，目前还没有相关资料。与城市相比，农村社会保障项目数量极少，即使存在这种项目，其保障水平也很低。本章第三部分中的实证分析表明中国城镇地区社会保障系统在一定程度上发挥了降低城市收入差距的作用，但如果考虑到农村居民获得的转移收入远远低于城市居民，那么农村社会保障就有可能起到了增加总体收入差距的负面作用。据 Li and Luo（2007）① 估计，如果将城镇地区社会保障开支认为是隐性收入，并将其纳入城镇居民的收入，那么城乡居民收入差距将进一步扩大。

所以，如果能够建立一个城乡平等的社会保障体系，其收入分配效应将会增强。自 20 世纪 50 年代早期中国建立了社会保障制度以来，政府一直对城乡地区区别对待，因此很难在短时期内实施一个完全平等的社会保障体系，但我们至少可以增加社会救助投入并提高农村最低生活保障。2008 年，城市地区平均最低生活保障金额是人均每月 205 元，是城镇家庭人均每月可支配收入的 15.61%，而在农村地区，最低生活保障仅为人均每月 82 元，是农村家庭人均每月净收入的 5%。无论是最低生活保障的绝对值还是在居民平均收入中的比率，农村地区的社会保障都低于城镇地区的一半。截至 2008 年年底，2335 万城镇居民和 4305 万农村居民获得了最低生活保障金，如果我们能够建立城乡统一的最低生活标准，无疑将降低农村贫困人口数量并缩小城乡收入差距。

行业间和地区间的失衡

第三部分的实证分析得出了一个重要结论，无论是按年收入还是按终生收入计算，社会保障制度在老年人口中存在逆向分配转移，低收入阶层获得的社保福利低于高收入阶层。如 Song（2010）② 所指出的，中国社会保障中存在的逆向收入分配与各种机制设置密切相关，其宏观背景是中国社会保障制度改革的初衷是支持国有企业改革，因此忽视了为城市非国企职工提供平等的保障和待遇，也忽视了农村地区。在此，我们将对比不同行业和地区之间养老保险制度的区别。

---

① Li, S. and C. L. Luo (2007), 'Re-estimating the income gap between urban and rural households in China', *Journal of Peking University (Philosophy And Social Sciences)*, 2, 111-120.

② Song, Xiaowu (2010) http://economy.caing.com/2010—06—13/100152366.html.

中国的公共养老金与美国或日本有所不同，采取个人缴费个人受保的方式，受险范围不包括缴费人的家属等，因此中国的养老保险制度对不同类型的家庭并不提供差别性的服务，不过，养老保险制度对企业和公共部门确实存在差别。表 8-2 列举了机关单位、事业单位和企业职工的退休工资，这些数据表明，在过去十年中，上述三个部门的退休金均有所上升，但机关事业单位职工的退休工资明显高于企业职工，前者达到后者的 1.45～1.83 倍。主要原因有两个：(a) 退休金的计算和支付方法不同；(b) 不同部门在职职工的工资不同。正如上文提到的，企业计算和支付保险福利的方法与机关事业单位不同。企业退休职工的退休金由社会统筹和个人账户两部分组成，目标替代率为 58.5%。而政府机关的养老金则是退休前工资的一定比例（75%～100%），这一比例明显高于企业的替代率。从过去的工资统计数据来看，机关事业单位的平均工资高于企业，也就是说，机关事业单位的养老金替代率以及退休前工资都高于企业，在这两个因素的共同作用下，企业与机关事业单位的退休职工养老金就产生了差距。

表 8-2 若干年全国要老金水平（1999—2008）

年份	福利-1	福利-2	福利-3	比率 1	比率 2	比率 3
1999	494	721	725	0.73	0.97	1.00
2000	544	947	871	0.71	1.13	1.08
2001	556	940	894	0.64	0.93	0.93
2002	618	1077	1031	0.62	0.92	0.93
2003	640	1124	1091	0.57	0.86	0.90
2004	667	1223	1154	0.51	0.82	0.84
2005	719	1257	1208	0.48	0.72	0.77
2006	835	1364	1290	0.49	0.70	0.73
2007	947	1717	1576	0.47	0.72	0.73
2008	1121	1822	1663	0.47	0.65	0.67

注：

福利—1：企业退休人员的养老金福利；

福利—2：机关组织退休人员的养老金福利；

福利—3：事业单位退休人员的养老金福利；

比率 1：福利—1/城市企业职工的平均工资（元/月）；

比率 2：福利—2/城市机关组织职工的平均工资（元/月）；

比率 3：福利—3/城市事业单位职工的平均工资（元/月）；

资料来源：《中国人力资源和社会保障年鉴（2009）》，《中国劳动力统计年鉴（2000—2009）》。

另一方面，从表 8-2 中可以看出，在过去十年里，企业、机关和事业单位的公共养老金替代率都在逐年下降。与机关事业单位相比，企业的降幅相对较小，但其替代率的绝对值依然较低。同时，不同地区之间的养老金也存在差异。2008 年，每月退休工资最高的地区是西藏（1754 元）、北京（1691 元）和上海（1501 元），海南（862 元）、江西（868 元）和湖南（914 元）三省的退休工资最低。但就替代率而言，大多数地区的退休工资相当于全国企业在职职工平均月工资的 40%～60%（图 8-6）。从图 8-6 中可以看出，北京（72%）、上海（64%）和西藏（74%）的养老金替代率远远高于全国平均水平（47%），但是，如果与当地平均工资相比，上海和北京的养老金替代率最低，分别是 33%和 37%，而其他地区的养老金替代率介于 40%和 60%之间。因此，如果使用养老金替代率作为衡量退休收入的指数，需要特别注意这个指数的确切定义。在第四部分中，He（2008b）在 1995 年微观数据的基础上估算了多种养老金的替代率。图 8-6 所示的替代率较 1995 年下降了 20%，较 1997 年改革中设定的目标替代率下降幅度更大。随着人口老龄化的继续，如何保证老年人口收入变得十分重要。迄今为止，养老金是城镇老年人口最主要的收入来源，占其总收入的 85%，如果不开辟其他收入途径，养老金替代率的下降将增加老年贫困人口。因此，在实施公共养老制度改革时，应特别注意制定有助于向老年人口进行收入转移的政策。

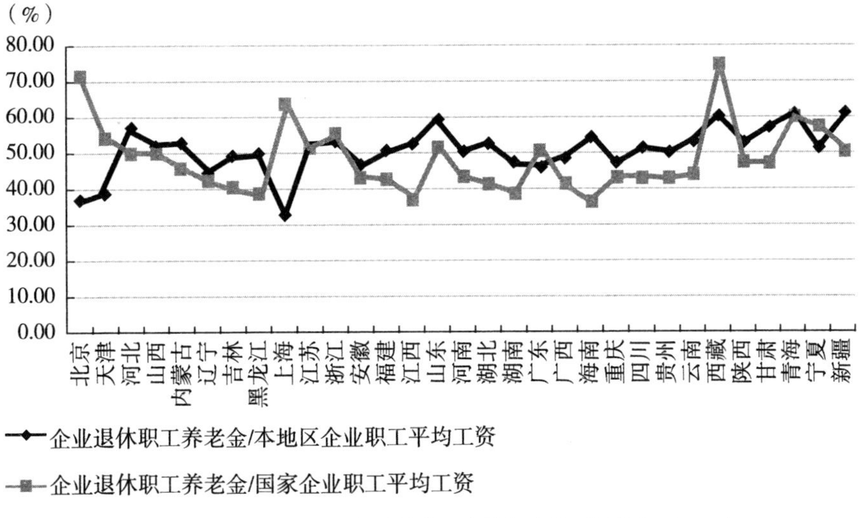

图 8-6 使用不同指数衡量的养老金替代率地区间差异（2008）

资料来源：《中国人力资源和社会保障年鉴（2009）》，《中国劳动力统计年鉴（2000—2009）》。

此外，在医疗保险方面，中央政府机构、大多地方政府和事业单位依然依靠公共资金支付医疗支出，即使在那些已经参加了基本医疗保险项目的政府机关和公共事业单位，依然存在提供医疗福利、医疗费部分报销等福利，相比之下，企业职工只能享受基本医疗保险体系提供的医疗保险福利，无法获得任何形式的现金补偿，这造成了企业职工和机关事业单位员工在医疗卫生待遇方面的巨大差距。

由于现有资料有限，我们还无法对不同行业的社会保障福利对降低收入差距的影响进行定量分析，但我们可以确定地说，行业间社保福利的差异性将进一步弱化社会保障在缩小收入差距方面的积极作用。因此，为了扭转中国社保对收入逆向分配的情况，政府应实施一系列政策，促进城镇职工的不同养老保险和医疗保险制度的融合并建立覆盖所有行业的统一的基本养老保险和医疗保险体系。

如果考虑到城镇化、老龄化和全球化的宏观背景，社会保障体系的建设不可能超越对其具有支撑作用的经济发展。谈到具体政策时，我们可以考虑先调整财政支出的组成结构、同时扩大能够吸纳农村剩余劳动力的产业，从而提高劳动力收入水平，以此作为缩小城乡差距的主要途径。同时，需建立统一的城乡社会保险制度，提高城乡之间的劳动力流动，在建立统一的社会保险体系时，我们要尤其注意合理的保障力度。Feng et al.（2009）提出了一个对不同收入群体设置不同保险费率的保险体系，决策者可参考这一建议。

融资相关事宜

在上文的实证研究中，我们发现中国社保制度的收入再分配功能的目标群体是老年人，忽视了青年群体。在此，我们将从财政支出结构的角度对这种情况进行证实。

图 8－7 列出了若干财年主要社会保障支出在财政总支出中的比例。从 1999—2008 年，向行政事业单位退休人员支付的养老金是财政支出中的最主要部分，比重超过 3%并稳定保持在这一水平。政府对社会保险的补贴在财政总支出中比例波动较大，但总体呈上升趋势。从 2002 年开始，政府对就业、最低生活保障的补贴以及赈灾的财政支出显著增加，然而到 2008 年年底，上

述支出项目的比例仅仅超过 0.5% ，一直维持在一个很低的水平。另一方面，用于社会保险补贴的财政支出在财政总支出中的比例在 1.2%～2.6%区间波动，总体呈上升趋势。行政机构的养老金开支在总支出中的平均比例已经达到了 3.3% ，远远高于用于就业、城市最低生活保障金以及赈灾资金的比例。从这种支出结构来看，中国的社会保险参保人和退休人员是社会保障制度转移支付的主要受益人群，而其他群体成员如低收入人群和失业人群并没有明显获益。本章第三部分的实证研究已经证实了这一点。为了提高社会保障体系的收入分配效应，我们需要调整其开支的组成结构，并通过最低生活保障制度和医疗救助制度增加政府对低收入群体的转移支付。

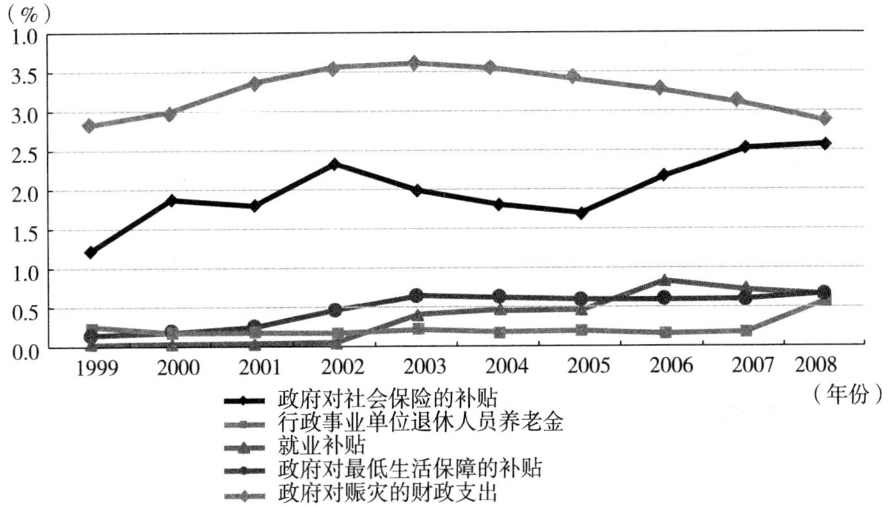

图 8-7　各类主要社会保障开支占社保开支总额的比例（1999—2008）

注：初始收入的组成与 Atkinson et al.（1995）所说的总收入不同，此处的初始收入不包括公共政策和社会保障制度带来的各种收入转移。

资料来源：《2009 年中国金融年鉴》。

此外，我们通过实证研究还发现，公共养老金在中国的代际分配具有不均衡性。在改革时期，青年人对公共养老金的贡献大于他们获得的最终福利，这意味着参与公共养老体系的年轻人得到的福利收入为负。究其原因，这种不平衡性主要在于养老体系设计中存在缺陷。在 20 世纪 90 年代，公共养老金开始改革，尝试向部分积累制养老金制度转型，但系统设计忽略了具体的融资渠道，无法解决旧体制下累计的养老金债务的融资问题，而是通过对新参与者高收费的方式支付债务。因此，现有的公共养老金制度的缴费率高达个人工资的28%。为了改变这种状况，我们需要进一步调整系统设计和资金投入。

从上文的介绍中可以看出，目前中国存在的各种社会保险制度其目的是从缴费中获利，而非进行财政转移支付，但是当社保体系出现资金缺口时，政府财政对其进行补贴。因此，政府补贴不仅要对最低生活保障等社会救济项目提供资金支持，也要对社会保险、就业补贴等其他项目提供财政补贴。从2003—2008年，用于社会保障和就业补贴的财政开支金额从2711亿元增加至6804亿元，年平均增长率达到16.7%。2009年，用于社会保障和就业的开支为7606.68亿元，较2008年上升了超过11.8%。在养老保险方面，自1997年改革开始养老保险基金就已入不敷出了，政府对养老基金的财政补贴已经从1997年的50多亿元和1998年的100亿人民币上升至2009年的1326.29亿元，并于2010年继续增长至1561亿元，在短短十年时间内增长超过了30倍。

因此，尽管中国已经建立了一套基于雇主和雇员共同缴费的公共养老金计划，但该系统的实际运行仍然严重依赖政府财政支持。随着人口老龄化过程的继续，如何保持公共养老基金的长期资金平衡是一个巨大的挑战，尤其是在2005年之后，公共养老金改革的实施增加了各代人的养老福利，也改善了跨代收入分配不平衡的状况，但同时增加了公共养老金的融资压力，使公共养老系统资金的可持续性面临挑战。根据海基·奥克萨宁（2010）[①] 对中国各种公共养老金改革方案的模拟分析结果，必须实施进一步的调整，目前的系统在资金上不具有可持续性。如果进行调整，不应忽视代际分配的问题。戴蒙德（2009）指出，目前的公共养老金制度，即基于资金积累制或现收现付制模式，都必须在代际分配方面作出选择。通过实施改革，提高年轻人的给付额或降低老年人的退休金额，向基金积累制度转向，是将福利从当前一代向子孙后代转移的方式。

---

① Oksanen，Heikki（2009），'The Chinese pension system-first results on assessing the reform options'，Directorate-General for Economic and Financial Affairs，European Commission. Mimeo.

中国目前的情况是提高年轻人的缴费额但不降低老年人的养老金福利，其结果就是，公共养老金制度在转型时期的成本主要由尚未进入享受养老金待遇的年轻人承担。2000 年，中国成立了全国社会保障基金，积累了 2827.69 亿元的资金，其主要资金来源是中央财政拨款和国家持有的上市公司股份进行减持或转让。如果全国社保基金成为公共养老金的资金来源之一，这将在一定程度上缩小养老金的资金缺口，降低养老保险缴费，减轻公共养老金对年轻人造成的负担。此外，通过发行政府债券替补养老金缺口也能够将转型期的成本在未来各代之间分配，改善公共养老金的代际分配。

第九章
中国城市居民面临的住房困境

陈　杰　上海财经大学公共经济与管理学院教授、不动产研究中心执行主任。他于 2005 年在瑞典乌普萨拉大学获得经济学博士学位，主要研究领域包括住宅经济学、住宅融资、房地产政策和城市发展。主要学术兼职包括上海财经大学校学术委员、世界华人不动产协会常务理事、亚太住房研究网络执委会委员等。他多次为中国中央政府及地方政府机构的房地产决策提供建议。在《住房经济学杂志》《城市研究》《住房研究》《经济学研究综述杂志》和《国际人居》等国际 SSCI 期刊上发表论文十余篇。

每个家庭都应该获得一套体面的住房

生活中，存在很多理由令公众对住房负担能力时刻关注。首先，住房开支是大多数家庭预算中金额最大的一项，因此，住房开支带来的经济负担即使出现微小的变化，也会对家庭福利和整体经济的运行产生重大的影响。其次，拥有一套体面并且在经济承受范围之内的住房是每一个人在城市生活和工作的前提。虽然“住房负担能力”这个概念在现有的文献中依然较为模糊，但各界基本认同的一点是，任何社会在某个特定的时间点都存在一个被社会所普遍接受的最低标准。在大多数发达国家，政府都会作出承诺，努力确保“每一个家庭都能够在其经济负担能力之内获得一套体面的住房”，也就是说，每个人都有获得社会公认最低标准住宅的权利，这一点已逐渐获得个人认可。

近些年来，住房负担能力已经成为中国社会最尖锐的话题。虽然所有国家都面临着实现每个家庭都买得起住房的目标，但相比之下，中国面临的挑战尤为艰巨，这不仅因为中国是全球人口最众多的国家，而且中国城市地区的住房供应体系是在十年出头的时间内从过去由政府主导的福利系统向市场化体系转型而来的。在过去 20 年中，中国在城市住房制度改革方面取得了骄人的成就，在很短的时间内为千千万万家庭显著改善了居住条件。但与此同时，中国一线城市的房价自 2001 年开始就持续出现迅猛上涨的趋势，这令各界产生质疑，对中国的城市而言，房地产行业市场化是否真的比过去的福利住房分配制度更为合理和公平。

住房制度大变革和住房市场的发展趋势

住房制度大变革

在计划经济时期，住房被认为是一种福利，而非商品。在1978年之前，中国大部分城市居民都是通过福利公房制度获得住房的，即政府或国有企业自建并免费为职工分配住房，但这一体系从经济角度来看是不具有可持续性的。1978年之前，政府在居民住房的建设和维护方面的平均花费分别为250亿元和100亿元，但收回的租金仅仅约10亿元。结果就是，政府对福利性住房的投资长期保持在极低的水平。

从20世纪80年代到1998年，中国出现了小规模的公共住房销售项目，中国城市地区自此掀起了一轮住房私有化的浪潮。1998年3月，当时1997年的亚洲金融风暴结束不久，为了在一定程度上刺激经济发展，时任国家总理朱镕基实施了一系列力度极大的改革措施，其中包括快速淘汰福利分房制度，鼓励城镇居民从国有企业购买现有住房的产权或在市场上购买住房。最为关键的是，所有1999年1月之后建造的住房都将在市场上公开销售，政府禁止国有企业为职工建造福利住房。这一系列改革为中国城市地区建立以市场为导向的房地产行业及其发展奠定了基础。1997年，80%的城市住房属于国有，而截至2002年，80%的住房已经变为私有。

但是，根据中国法律规定，土地依然属于国有，所有个体和机构都只能“租赁”土地或购买一定期限的土地所有权，而无权“购买”土地本身。因此，根据法律规定，房屋购买者只对房屋拥有一定期限的使用权利，例如，住宅性房产的期限是70年，商业房产的期限为30～50年，工业建筑的期限为20年。在上述期限内，购房者可将房屋及其使用权以市场价格售予第三方。但是，有一个问题一直令各界困扰：住宅性房产70年的使用权到期之后会如何？购房者是否还需为土地使用权支付更多费用？土地使用权是否能自动更新？显然，政府还需时间考虑如何解决这些问题。

城市的住房市场

虽然中国的房地产市场在产权相关的法律问题上还存在许多模糊区域和制度性障碍，但不可否认，中国的住房市场在过去十几年里得到了高速发展。举例来说，从 1997 年年底至 2009 年，城市地区新房交易面积增长超过 10 倍，从 1997 年年底的 7864 万平方米增加至 2009 年年底的 8.5294 亿平方米。同一时期，新房市场价值从 1407 亿元增加至 3.8157 万亿元，翻了 27 番，增幅令人瞠目。如果将所有房产类型都包括在其中，那么 2009 年年底住房的市场价值为 43.944 万亿元，是 1997 年的 24 倍。同时，1991 年之后的房价呈现强劲的上涨趋势，期间只在 2008 年全球金融危机时期出现了小幅下跌。

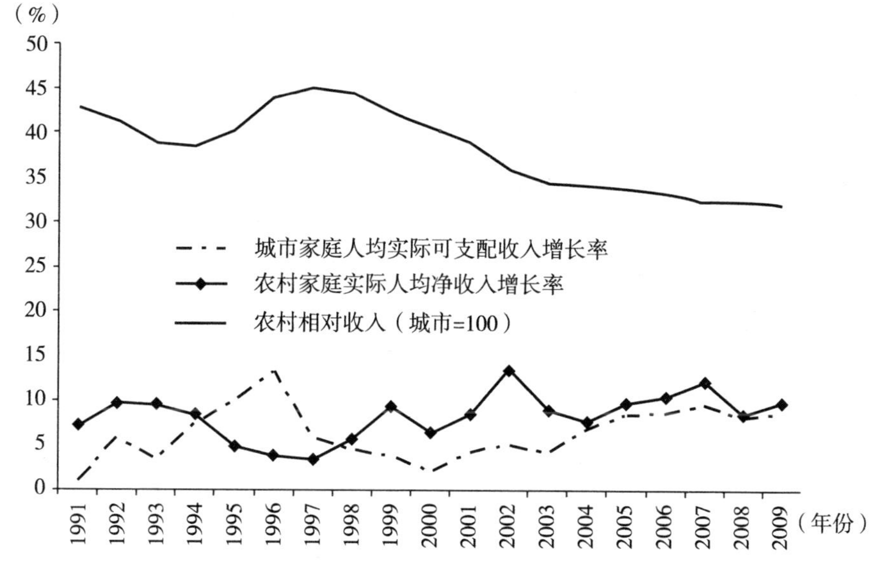

图 9-1 中国新建商品住宅建筑销售面积和价格（1991—2009）

资料来源:《中国统计年鉴（若干年份)》。

无论用什么标准来衡量，房地产业都是目前中国大陆经济中的重要角色，尤其是在过去两年中，房地产行业在中国抵御全球金融危机的过程中发挥了至关重要的作用。根据国家统计局的资料，2009 年中国房地产行业的投资总额为 3.62 万亿元（其中包括非住宅性房地产投资），在固定投资总额中占 16.1%。不仅如此，房地产投资在 GDP 中的比重也持续上升，2009 年达到了

10.64%，是1997年的2.5倍。

城市地区住房供应量的大幅上升增加了房屋储备量，同时显著改善了居民的居住条件。例如，从1998年开始，中国城市人均居住面积以每年1平方米的速度增加，截至2009年，城市居民人均居住面积达到30平方米，是1978年的4倍。

表9-1　2005年中国城市居民居住情况（%）

收入情况分类	最低收入10%	较低收入10%～20%	中低收入20%～40%	中等收入40%～60%	中高收入60%～80%	高收入80%～90%	最高收入10%
比例（%）	10	10	20	20	20	10	10
自有住房率（%）	76.3	81.9	85.0	87.2	88.3	88.7	90.0
拥有两套住房比率（%）	3.4	4.6	5.3	7.0	9.9	13.7	21.0
房屋面积（m^2）	69.5	75.0	79.6	84.4	88.5	92.6	99.5
房屋价值（万元）	6～10		10～12	10～20		16～42	

资料来源：《2005年中国国家统计局家庭调查》，REICO数据库。

如表9-1所示，中国城市居民中自有住房的比率较高，而且这一比率在不同收入阶层并没有很大差异，这源于20世纪90年代后期中国政府对国有住房的大规模私有化，这也是中国城市房价超出居民经济负担能力，但城市居民却依然能够生存，并没有大量无家可归的流浪汉产生的第一个“秘密”。在这一背景之下，城市地区的住宅负担能力问题则主要是在住房私有化改革之后组建家庭的青年人所面对的问题，由于具有购房要求的青年人数在城市总人口中的比例不断上升，因此住房负担能力问题越来越凸显。本文就集中讨论了上述青年人面对的住房负担能力问题。

住房抵押贷款市场

早在1986年，中国就发放了首笔住房抵押贷款，但直到1998年房地产改革实施之后，商业住房抵押贷款市场才开始出现明显的发展，当时的贷款资金的主要来源是小额存款。1998年，福利分房体系被废除，这一举措对刺激家庭住房购买行为起到了关键性的作用，住房抵押贷款在城市普通家庭中迅速普及，迅速成为中国居民购买住房的主要融资途径，五年及五年以上抵押贷款的名义基准利率从1997年的12.4%下调至2000年的5.04%，此后长期较稳定地保持在这一水平，波动幅度不超过1.5%。

目前，中国的住房抵押贷款服务主要由商业银行提供，这种服务的普及不仅为房地产市场注入了充裕的流动性，同时也为商业银行带来了大量利润丰厚的商业机会。自1999年开始，中国的住房抵押贷款服务进入快速发展通道，这种贷款服务因其风险分散和违约率低的特点而备受瞩目。目前，虽然商业银行已成为法律上的独立机构，但银行业依然被五大国有银行主导，该行业依旧是政府为其政策贷款对象提供资金的重要工具。

1997年之后中国抵押贷款行业的表现和发展是令人瞩目的。中国人民银行的资料显示，从1997年至2009年，住房抵押贷款余额从190亿元增加至4.76万亿元，涨幅超过250倍。截至2010年年底，住房抵押贷款余额占商业银行人民币贷款总余额的12.52%，占银行长期贷款余额的21%。

如果将银行向房地产开发商发放的贷款也考虑其中，截至2010年3月，房地产相关贷款余额达到8.18万亿元，在银行贷款总余额和银行长期贷款余额中分别占比19%和33%。房地产行业对银行贷款的高度依赖对中国整个金融体系带来了严重的系统性风险，这是近来国务院出台房地产调控政策的重要原因。

目前，住房抵押贷款合同的条款主要遵循以下原则：住房抵押贷款与住房价格比率最高不超过80%（以购买价或评估价中较低者为准），贷款期限最长为30年，贷款利率受国家管制，随央行利率变动而调整。虽然各种新型贷款产品不断涌现，但就目前而言，分期付款仍然是最主要的贷款形式。

在中国的住房抵押贷款市场上，商业银行一直占据主导地位，其中四大国有银行扮演着市场领袖的角色。2004年，由四大国有银行提供的住房抵押贷款总额达到1.27万亿元，占中国市场该类贷款总额的80%，住房抵押贷款的不良资产率仅为1.5%，远远低于其他贷款服务（中国人民银行，2005年）。

各类文献中经常用住房抵押贷款深度或抵押贷款余额在GDP中的比重来

衡量住房抵押贷款的风险状况。2009 年年底，中国的住房抵押贷款深度为 14.19%，是十年前的 10 倍。不过，发达国家的这一比率通常高于 40%，相比之下，中国的住房抵押贷款市场的发展空间依然巨大。除此之外，中国住房抵押贷款与家庭储蓄的比率较低，考虑到这一特征，中国的住房抵押贷款市场依然较为安全。

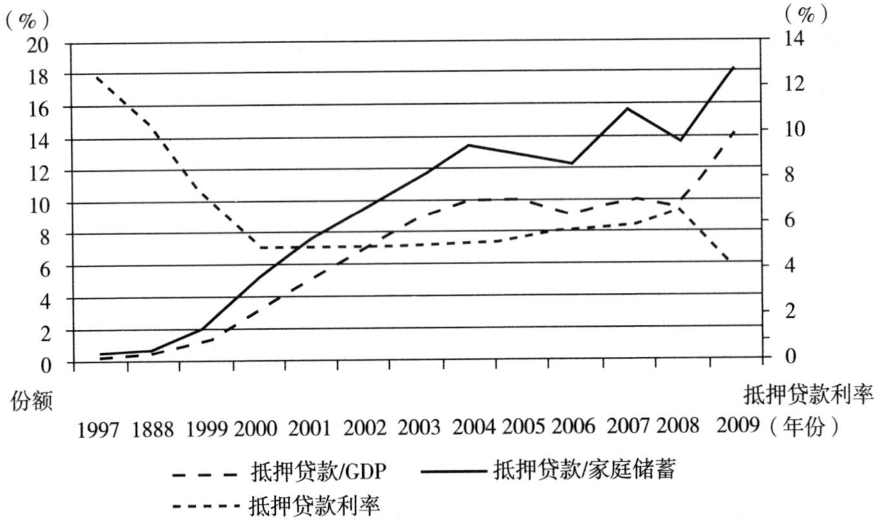

图 9-2 抵押贷款深度和贷款利率（1997—2009）

资料来源：中国人民银行;《中国统计年鉴（若干年份）》①。

实证研究结果

通过住房抵押贷款获得住房的可能性

此处，我们所分析的是新近产生购房需求的人获得足以购买一套标准住房的抵押贷款的能力。分析之初，我们按照惯例，用一套标准住房的购买价除以家庭年平均收入，由此可以得出房价与收入的比率，我们根据收入阶层

① 抵押贷款利率表示贷款期限不少于五年的基准贷款利率。

和不同年份对目标家庭进行了分类，此处标准住房的定义是价格为同类住房平均价格的90平方米住房。

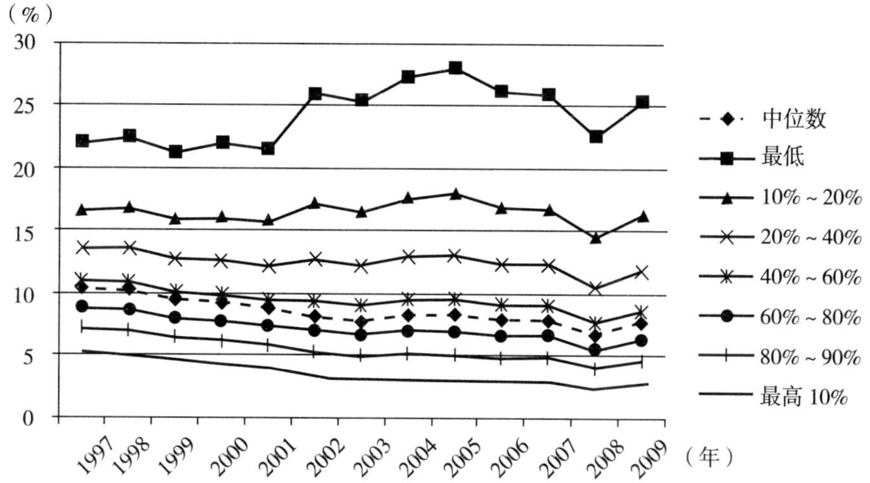

图9-3 中国的房价与收入比（1995—2009）按照收入水平分类

资料来源：作者根据《中国统计年鉴（若干年份）》数据计算的结果。

很有意思的是，1998年住房改革前后，房价收入比一直保持稳定，这表明在1997—2000年期间，房价的增长速度并没有超过家庭收入的增长速度。但是，如果将其与国际标准相比，不难发现，中国城市地区大多数新近产生购房需求的人获得住房的困难极大，在这一时期，超过60%的家庭的房价收入比都超过6。2003年以来，只有收入最高的20%的家庭的房价收入比低于或接近5。我们分析了第六次国际住房负担能力调查结果，它是国际上广为采用的住房负担能力调查数据，对住房负担能力进行测算时，若房价收入比大于5.1就被认为是“极度无力负担”。根据Demographia在2009年对九个国家超过272个城市的调查结果中，只有62%被认定为“极度无法承担”。

图9-4描绘了不同收入阶层家庭每月可支配收入中用于偿还贷款的比例(用M/I表示)，我们使用50%这一比例作为住房负担能力指数（MIR)，这是中国商业银行可接受的最高比例。显然，这个数字高于大多数西方国家的正常水平。例如，在欧盟最近通过的住房指数中，这一比例的最高值为40%(欧盟，2009)。而在美国，居民获得主要联邦资助的最低月供收入比率为30%，这也是美国家庭获得住房抵押贷款的标准比例。不过，也有许多保障

性住房贷款项目允许这一比例更高，许多项目将50%作为衡量“住房需求最差情况”的指数。

1999年之前，商业银行为住房抵押贷款设定的门槛是月供与收入比不超过50%，在这种限制下，很少有家庭有能力通过抵押贷款购买住房，此时的商品房被认为是针对富裕阶层的奢侈品，而且抵押贷款融资也尚未市场化。不过，2000年之后，抵押贷款利率被大幅下调，收入较高的40%的家庭都可以达到银行抵押贷款的要求，不过其中收入位于60%～80%的家庭面临的月供与收入比高达40%。由此可以得到一个重要的结论，即使当房价和收入比没有明显降低的情况下，如果能够大幅下调抵押贷款利率，也可以显著提高住房可获取性。这个结论表明，住房抵押贷款对于提高住房可获取性的重要意义。不过要特别注意一点，我们在此处忽略了抵押贷款利率下调引起房价上涨的可能性。另一方面，此图也表明，在1997—2009年期间，收入较低的60%的家庭根本不可能获得足以购买住房的抵押贷款。

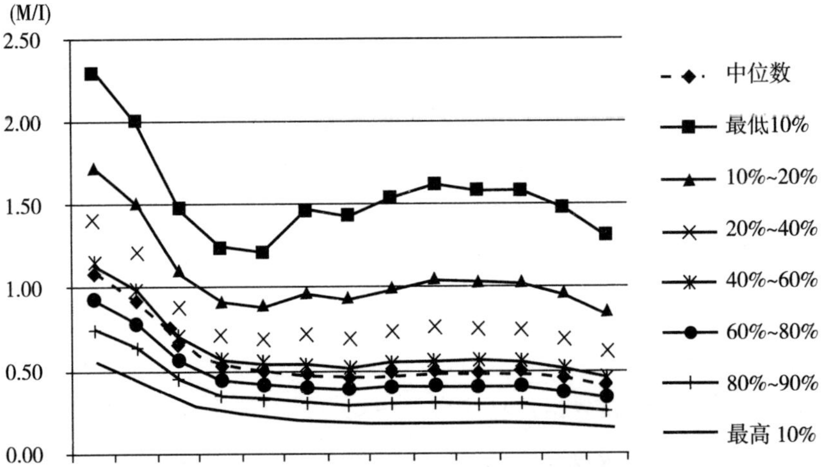

图9－4　中国一套标准住房的抵押贷款每月还款额在家庭每月可支配收入中的比重（1995—2009），按收入水平分类

资料来源：作者根据《中国统计年鉴（若干年份）》数据计算的结果①。

---

① 每月还款额是针对一套以均价购买的90平方米的住房，贷款年限特征为贷款价格比（LTV）＝80%，贷款年限为25年，利率为年度加权利率。

因此，在中国政府停止分配福利住房并表明“是时候由市场提供所有住房”的十多年之后，中国绝大多数居民依然难以在市场上获得住房。

住房开支“负担”随时间而变化

对某个横截面时间点住房负担能力进行的静态分析不足以反应在居民收入不断变化的情况下住房负担能力的变化特征。我们需要使用一种分析方法能够反映，每个新近产生购房需求的人的队列在进入住房市场后其住房负担能力的变化过程（“队列〈cohort〉趋势”）。图 9－5 模拟了 1999 年进入住房市场的家庭住房负担能力的“队列趋势”。

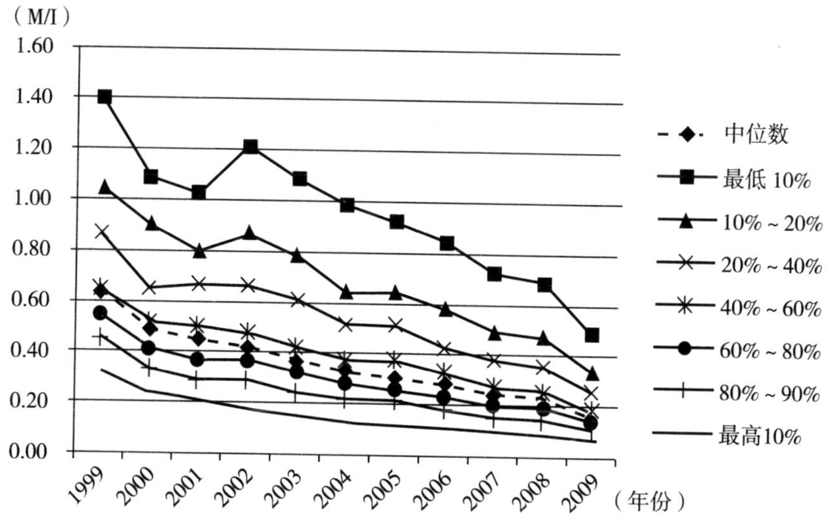

图 9－5　1999 年购置房产的家庭每月偿还贷款额在家庭每月可支配收入中的比重，按收入水平分类

资料来源：作者根据《中国统计年鉴（若干年份）》数据计算的结果①。

如图 9－5 所示，对于收入位于中间阶层（40％～60％）的家庭来说，购置房产是超出经济负担能力的，如果他们在 1999 年购置一套标准面积住房，那么住房成本在家庭收入中所占的比重将超过 50％。但是，如果他们在 1999 年购房时获得了住房抵押贷款，而且他们的家庭收入随同一收入阶层

① 抵押贷款具体条款与图 9－4 相同。

的其他家庭同时增加，那么在购房四年后，该住房开支对他们变为可负担开支（M/I 下降至低于 0.5），六年之后，他们可轻松负担住房开支（M/I 小于 0.36）。

图 9－6 描述了每个队列的住房负担能力的“进入点”随时间而变化的趋势以及每个队列家庭进入住房市场后住房负担能力“队列趋势”演变过程。图中的数字仅适用于中等收入阶层，但其他收入阶层的变化趋势与此极为相似。从图中可以看出，中等收入阶层的上述两个变量显示相反方向：“进入点”趋势一般向上，表明房价上升幅度超过收入上升和利率下降的幅度。相反，每个队列的负担能力趋势（“队列趋势”）在各收入阶层中都明显向下倾斜，但随着时间的推移，变化趋势存在很大差异。队列内的负担急剧下降的现象出现在 2009 年，在这一年，利率出现了整个时期内幅度最大的下调（从 6.66％下调至 4.16％）。此外，正如我们所料，与中等收入群体相比，倒数第二个收入群体要达到 50％这个银行设定的月供收入比门槛要花费更长的时间（六年或七年），中等收入只需花费二到四年。

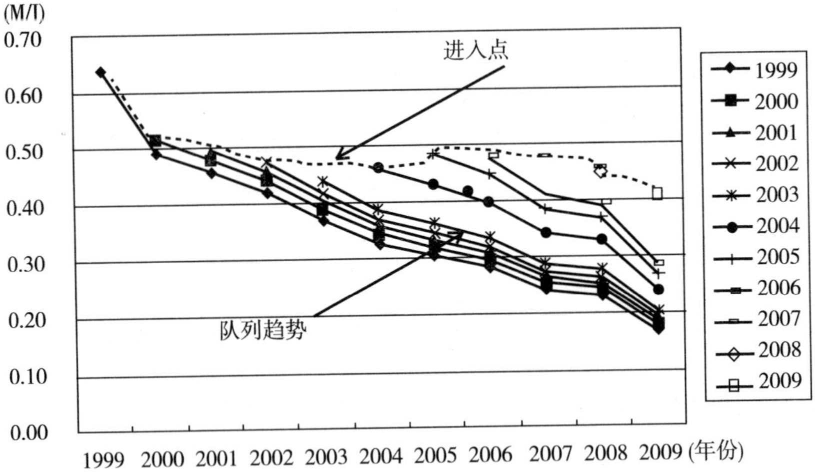

图 9－6　中国住房负担能力的进入点（time of entry）和队列趋势（1999—2009），平均收入群体

资料来源：作者根据《中国统计年鉴（若干年份）》数据计算的结果①。

① 抵押贷款具体条款与图 9－4 相同。

住房开支引致的贫困

即使一个家庭可以通过申请住房抵押贷款购买住房，仍需考虑贷款利率和本金的偿还额是否合理，这一金额在家庭可支配收入中的比重不应过大。住房“负担”量值表明了住房成本和非住房成本之间的平衡度。仅达到一个给定的比率无法保证一个家庭在支付了住房花销之后依然拥有足够的“剩余”收入用于支付最低标准的非住房花销。

本文这一部分中，我们使用剩余收入法对中国城市地区的住房负担能力进行评估。如果一个家庭在支付了一套标准住房开支后的剩余收入低于社会普遍接受的最低非住宅消费标准，这种情况就被称为住房开支引起的贫困，或者称为居住贫困。我们将居住引发的贫困线称为“最低非居住预算”(MNHB)。为了确定一个社会普遍认同的最低标准线，我们考虑城市低保家庭的收入水平，可以用其代替城市贫困线来确定 MNHB，但这会产生两个问题。首先，这一水平线往往设定的过低。例如，在中国最富裕的城市上海，贫困线仅为每人每月 350 元，这远远低于低收入家庭的实际消费水平。其次，这一水平线几年才得以更新一次。近来，国务院决定对城市贫困线进行评估，并适时更新，这也证明中国城市贫困线的设定具有不合理性。我们决定使用收入最低的 20%家庭每月非住宅开支水平推导出 MNHB。

图 9－7 对 1997—2009 年期间进入住房市场的每个购房者队列中基于“进入点”的住房开支引起的贫困进行了模拟，计算了住房开支之后收入与 MNHB 之间的差额，其中负值表示每个群组中出现的住房开支引起的贫困。从图中可以看出，从公开市场购置一套标准面积住房的成本将使中国大多数新近产生购房需求的家庭陷入住宅性贫困，只有最高收入的 10%家庭能够避免这种情况，收入较高的 40%家庭在 2000 年之后才有可能避免这种情况的发生。对收入最低的 20%家庭来说，剩余收入（住房开支后收入与 MNHB 的差额）几乎逐年减少，但收入最高的 20%家庭则截然相反，其剩余收入大幅增加。

住房开支后收入与最低非住宅预算之间的差额也可以表示贫富“差距”，例如剩余收入低于 MNHB 的幅度。这为政府提供了一个有用的工具，可用于确定为各收入阶层提供的住房补贴额度，从而使各阶层能在社会普遍接受的最低住宅消费基础上获得较好的居住条件。

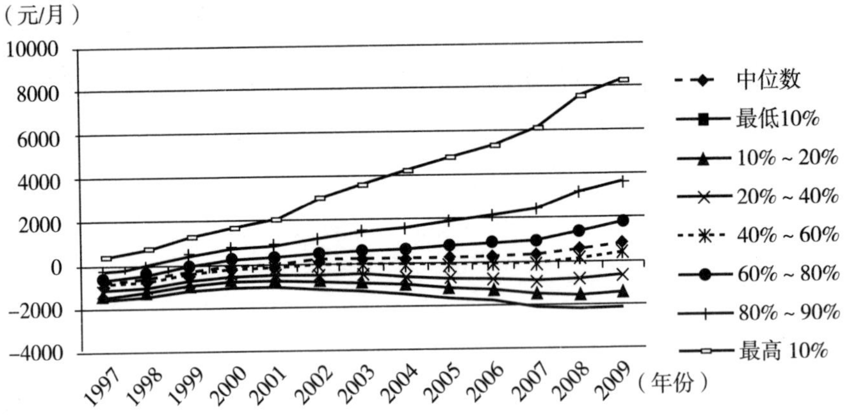

图 9-7　中国城市住房引致的贫困（1997—2009）

资料来源：作者根据《中国统计年鉴（1998—2010）》数据计算的结果①。

我们还将“动态分析法”与“剩余收入法”相结合来确定一个家庭购买房产之后，收入水平的上升带来的住房开支后收入的增加。为了简洁起见，我们此处只提供一个图表，表示不同收入阶层在 2000 年购置房产后住房负担能力的变化趋势（“队列趋势”）。模拟结果表明，上述家庭在 2000 年购房后，其住房负担能力随着收入的上升而增加。特别值得注意的是，对于中高收入家庭来说，购房引发的贫困状况最多持续一两年，有些家庭根本不会陷入这种贫困状态。但是，其他收入阶层的情况截然不同，例如，收入位于倒数第二阶层的家庭在 2000 年购置房产后，直到 2008 年才摆脱了因购房引起的贫困状况，收入最低的 20％家庭在这种贫困状态中的挣扎时间超过十年。

在购房引发的贫困概念基础上，我们可以推导出每年各个收入阶层可负担的最高住宅成本。图 9-9 列出了相关的计算结果，此图表明，在 2009 年，收入最高的 20％家庭每月可负担的住宅成本也不高于 5600 元。

与此相应，我们还可以计算每个收入阶层可负担的最高房价。例如，在

---

① 本图描绘了各个收入群体住房开支后收入与最低非居住预算（MNHB）之间的差异。住房支出包括标准化的贷款按揭和住房的维护及其他成本（包括电、燃料、水）。图中的负值表示相关收入群体因住房开支而陷入贫困。

2009年，对于收入最高的20%家庭来说，要想避免因购置房产而陷入贫困状态，那么房价不能超过每平方米13000元（假设按揭贷款为80LTV，期限25年，利率5.5%）。如果贷款条款相同，那么中等收入家庭可负担的最高房价为每平方米5500元，收入最低的40%人群可负担的最高房价为每平方米3100元。上述研究结果为政府评估房价是否过高并确定某个收入阶层的理想房价提供了指导原则。

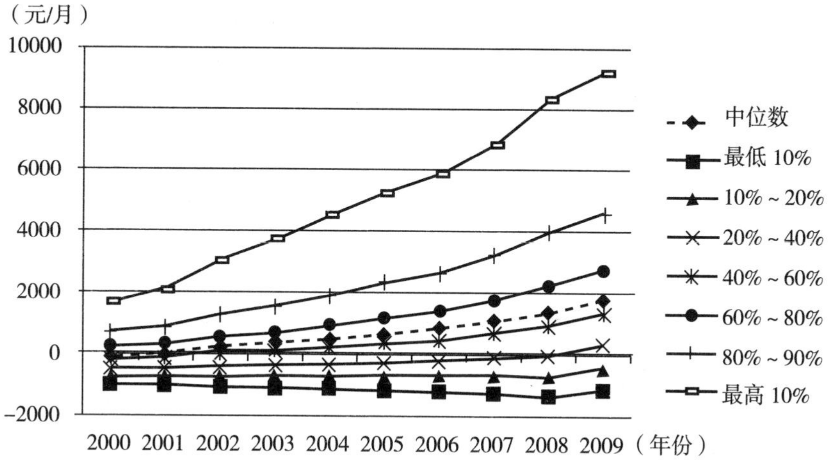

图9-8　2000年购置房产的家庭因住房开支而陷入贫困可能性的变化过程（2000—2009）

资料来源：作者根据《中国统计年鉴（1998—2010）》数据计算的结果。

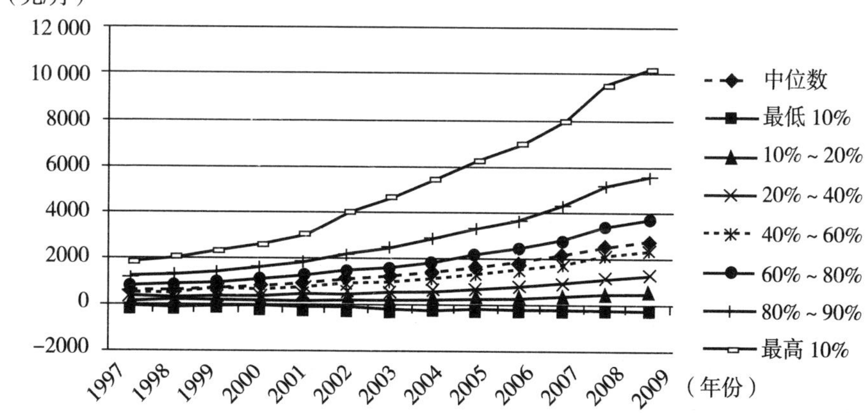

图9-9　可负担住房成本最大值（每月）=家庭可支配收入-MNSB（1997—2009）

增加供给方补贴有效解决购房难问题

以上对住房负担能力这个广义概念中的个体元素进行了分析，包括住房的可获取性、住宅及非住宅开支（“负担”）、住宅开支引起的贫困现象。上述因素对于获得住房负担能力来说都极为必要，但却都不足以构成充分条件。接下来我们将展示不同收入阶层住房负担能力的“圆形”图像。我们忽略了收入最低的20％家庭，因为住房抵押贷款对他们而言并不现实，同时也忽略了收入最高的20％家庭，因为他们并不存在负担不起住房的问题。这样，我们可以对提高住房负担能力的政策进行更为细微的观察。

研究表明，一般情况下，如果政府没有房地产政策干预，房地产市场将会复制并逐渐扩大收入不平等的状况。但研究结果同时表明，决策者应针对不同收入阶层审慎地设计相关政策。对于上文讨论的所有收入阶层，住房是否具有可获取性都是一个问题，至少在一定时期内是一个问题。这个问题可以通过鼓励建设小户型住宅和实施政策减少购房预付款得以解决。2006年夏季以来，中国建设部曾颁布指导意见，要求至少70％的新建住宅应小于90平方米（第2006－37号政府文件），许多城市已落实了这一政策，但在包括上海和北京在内的许多城市，这一政策仍然有待落实。

上述分析结果还表明，需求方的补贴措施不应只着眼低收入家庭，而应该主要针对购置房产后的最初几年。原则上说，住房公积金主要是实现后一目标，但许多评估结果表明，住房公积金的主要受益群体并非低收入家庭，而是高收入家庭。实际上，任何需求方补贴的大幅增加都应该考虑到有可能对房价带来的通货膨胀（负面的）效应。

永久性补贴（供给方的补贴）对多数收入阶层的家庭来说并不是一个有效的提高住房负担能力的途径，不过，就目前来看，与需求方的补贴相比，这一方法产生的房价通胀效应较小。“经济适用房”难以发挥显著的作用，因为1999年以后的经济适用房建设量很少；此外，住房抵押贷款也难以成为低收入家庭购房的可行性选择。由于住房负担能力不足的问题有可能长期存在，因此应增加供求房补贴，例如制定部分住宅用于廉价出租。

中国政府解决城市住房问题的措施

除了20世纪90年代的国有住房私有化，中国政府还重点实施了两项政策来提高城市居民住房负担能力。

首先，中国依照新加坡的先例，建立了住房公积金制度，这一制度于1991年建立，1994年之后在全国得到普及。按照公积金制度，每个员工的雇用单位按其工资的一定比例免税缴费，不同城市的缴费率有所差异，不过一般来说，员工和雇主各支付工资额的7%（Duda et al.，2005）。与此对应，员工可获得多种形式的住房资助，包括补贴性的住房抵押贷款。不过，每位员工可申请的住房公积金贷款额是由他/她的公积金账户余额的乘数来决定，例如在上海，这一乘数为40。此外，每个家庭可申请的公积金贷款额具有一个上限，不同城市具有不同的贷款上限。2009年，中国一线城市的公积金贷款最高额为60万元，中小城市则为40万元。

由于一线城市房价急速上升，公积金贷款额往往难以满足家庭购房的全部资金需求，因此，许多家庭在购买第一套住房时，不得不在申请公积金贷款的同时申请商业住房抵押贷款。虽然公积金贷款利率一般较商业贷款利率低一个百分点，但自1999年以来，商业银行贷款一直在储蓄和贷款业务中扮演主要角色。与商业抵押贷款相比，公积金贷款的普及率非常有限，目前，其贷款总额仅达到商业银行抵押贷款的22%。住房公积金制度的一个主要问题是低收入家庭几乎不可能获得这种贷款。据称，在公积金缴纳人群中，只有15%曾经申请过公积金贷款（世界银行，2006年）。近年来，中国房价以令人瞠目的速度上涨，这进一步削弱了公积金贷款的作用。似乎低收入群体成了小部分高收入贷款者的资助人（世界银行，2006年）。因此，中国的住房公积金制度难以在提高住房支付能力方面发挥重要的作用。

第二，“经济适用房”项目从住房供应方面为居民提供了补贴，其相关措施包括政府免征土地出让金并设定房地产开发商的利润上限，住房销售定价很低，从而防止开发商从政府补贴中获利。起初，这个项目主要是针对大多数城镇居民，但自2003年之后，其目标群体已变为中低收入群体。

“经济适用房”主要存在两点不足：首先，与商品房地产相比，经济适用规模过小，在1978年至2009年期间，其建设总量仅为3.54亿平方米，在城市已出售新房总量中的比例仅为区区的7.8%。因此，这项措施对于提高中国城市居民住房负担能力难以产生显著的作用。

其次，经济适用房往往定价过高，中低收入群体无力购买。如图9－10所示，虽然经济适用房的价格在中等收入家庭的负担能力之内，但完全超出了低收入家庭的负担能力，收入最低的家庭根本无力承担。已有许多报告指出，经济适用房的消费群体其实是中等收入家庭甚至是高收入家庭。因此，这一措施无法对其目标群体即低收入家庭提供帮助。

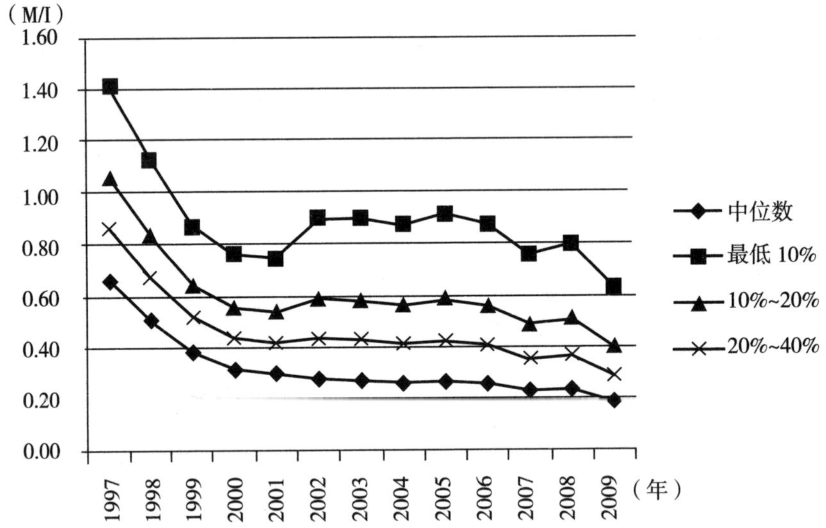

图9－10 “经济适用房”的MIR（1997—2009）

资料来源：作者根据《中国统计年鉴（若干年份）》数据计算的结果①。

近年来，住房公积金制度和经济适用房项目都出现改革迹象，中央政府已将提高住房负担能力列为日程表的头等大事之列（2010年4月13日，中央政府颁布了有关房地产市场发展的指导意见，即第2010—10号政府正式文件）。此外，中国政府已经意识到了住房公积金制度和经济适用房项目存在的问题，并已实施政策对公积金制度进行改革，同时将保障性住房建设的重心从过去的经济适用房转向公租房和廉租房。政府认为，公租房和廉租房对低收入家庭来说更具实用性。不过，上述变革和措施的效果还有待进一步评估。

① 抵押贷款具体条款与图9－4相同。

第十章
政府间的转移支付和区域间均衡发展：新改革议程

范子英 上海财经大学公共经济与管理学院教授，此前的研究集中于中国公共财政和区域经济学、1958—1961年期间的中国大饥荒。在《经济研究》《经济学（季刊）》《管理世界》发表论文。并获得《经济学（季刊）》2006/2007年度最佳论文奖，同时，他还在《经济学（季刊）》《中国社会科学》《经济研究》《管理世界》《世界经济》《世界经济文汇》担任匿名审稿人。

政府大量投资的利与弊

无论在人口数量上还是在国土面积上，中国都是当之无愧的大国。同时，中国也是一个存在巨大地区间差异性的国家，举例来说，其94%的人口都散布在面积不到全国43%的瑷珲—腾冲线的东南地区，而面积超过全国57%的西部地区人口密度仅为世界平均水平的四分之一，不同地区天然禀赋的差异性决定了其发展潜力有所不同。

在中国经济发展初始阶段，出口占据主导地位，东部地区利用便利的海运交通优势以极低的运输成本进入国际市场。在这个阶段，政府集中针对上述地区实施了大量优惠政策，例如，中国最早建立的经济特区就位于珠江三角洲，此后，沿海城市逐渐获准对外开放，内陆城市也陆续效仿。不同地区在地理特征上的差异性以及各个地方政府政策的不同使中国的经济结构发生了天翻地覆的变化，从1994年至1998年，珠江三角洲的三个省份出口量占全国出口总量的46%，同一时期，东北及北部沿海省市则逐渐衰落，其出口量在全国出口总量中的比重从1978年的39%降至1994—1998年间的23%，工业比重从1980年的16.1%降至2002年的8.6%。随着改革的深入和国际贸易量的增长，不同地区之间的经济差距逐渐扩大，东部地区GDP在全国GDP总量中的比重从1980年的50.15%增加至2006年的59.68%，而同期，中西部地区的比重却持续下降，其中西部地区的比重从1980年的20.24%降至2006年的17.14%。中部地区降幅最为明显，从1980年的29.62%下降至2006年的23.19%，曾经“中部陷落”的担忧成为现实。

20 世纪 80 年代的发展政策遵循邓小平提出的“两个大局”的思想。根据这一思想原则，中国作为一个经济基础薄弱、内部差异性巨大的国家，应将有限的资源首先用于发展生产效率最高的地区和行业，待这些地区或行业达到一定的发展程度并出现产业升级的迹象时，内陆地区可通过产业转移实现自身发展。也就是说，在中国形成一个从沿海地区向内陆地区逐渐过渡的“雁行”模式。

在这种背景下，实现不同地区之间的均衡发展是有很大难度的，原因有两个。首先，内陆地区一般基础设施匮乏，不利于科技和工业的扩张。其次，新经济地理理论认为，经济发展具有明显的集聚趋势。也就是说，如果一个地区已经初步形成了发展优势，集聚效应就会产生并逐渐加强，并在该区域内形成一个单极的发展轴心。因此，如何将两个大局的思想落到实处成为困扰决策者的一大难题。

20 世纪 90 年代早期，财政包干制的实施大幅削弱了中央财权，中央政府在财政拨款之余，没有足够的资源用来进行宏观经济调控和区域经济差异调整。1994 年实施的分税制度改革再次形成了财政中央集权的局面，财政收入与国内生产总值的比率以及中央财政收入与政府总收入的比率都出现大幅上升，分别从 1993 年的 11.2％和 22％增加至 2008 年的 20.4％和 53.3％，中央政府再度出现财政盈余，开始实施区域发展战略以实现不同目标。1999 年，中国开始实施“西部大开发”战略，涵盖了西部地区 12 个省、市、自治区，中央政府为这些地区提供基础设施建设资金、政策性和财政性转移支付等。2003 年和 2004 年，中国开始实施“振兴东北老工业基地”和“中部崛起”战略，具体政策措施与“西部大开发”相似。

在各种政策类型中，财政政策被认为是实施区域发展战略的重要途径。自 1994 年以来，中央政府已经实施一系列财政改革措施以提高中央政府收入，收入中的一大部分都用于向落后地区的财政转移。中央政府通过这种方式从东部地区抽取资源向落后地区进行投资，内陆省份获得的资源转移在全国资源转移总量中的比例从 1995 年的 68.1％上升到 2007 年的 82.8％，逐渐成为中央政府财政支出的主要部分，以 2004 年为例，中央政府财政支出总额中的 54％都用于补贴各级地方政府。

上述战略的确取得了明显的成效，政府的大量投资和支出在内陆省份形成了短期极强的经济发展势头。例如，在2008年发展速度最快的五个省份中，除了天津，其他四个均为内地省份，其中三个省份都位于西部地区。但与此同时，上述政策产生的副作用也不可忽视。这些政策带来的财政转移促进了中国国内市场的整合，但也直接导致了内陆省份地方政府迅速扩张、腐败肆虐，行政效率下降。不仅如此，许多地方政府出于发展经济的强烈动机，将某些行业整体迁移，造成环境恶化，增加了未来治理环境的潜在费用。

中国的财政转移支付制度

在中国，政府共分为五个级别，即中央政府、省（直辖市）政府、市政府、县政府及乡政府，各级政府都会向较低级别的政府提供转移支付，但同级政府之间很少进行财政转移。因此，中国的财政转移主要是纵向展开的，大多是中央政府向省级政府的转移支付。1994年之前，中央政府财政转移金额微不足道，仅限于用于填补地区间差距的财政补贴，例如1991年，财政转移支付总额仅为64.5亿元，是该年度中央财政支出总额的4%，对地方政府产生的影响微乎其微。到了2008年，中央政府向地方政府提供的转移支付已超过2000亿元，在该年度中央财政支出总额中的占比高达63%。

从1980年至1993年期间，中国实行了财政包干制度，充分调动了地方政府发展经济的积极性，但地方政府存在机会主义行为，他们普遍隐瞒财政收入或将预算内收入计入预算外收入，导致中央政府一度陷入入不敷出的困境。在某些年份，中央政府不得不要求地方政府“做贡献”(即地方政府向中央政府上缴部分收入)。以1980年为例，中央政府由于财政困难，从地方政府借债70亿元，1982年的借债额为40亿元，这些债款至今尚未偿还。1983年，中央政府实施了更加严厉的措施，相应调整了中央与政府的收入分享比例和补贴额度，以缩小中央财政缺口。到了1993年，转移支付额达到－55.7亿元，也就是说，地方政府提供的转移支付明显超过了中央政府，中央政府已经没有财政盈余用于转移支付。为了扭转中央财政权力持续被削弱的情况，中央政府于1994年开始实行分税制度改革，通过立法规定了中央政府应得的收入。最初的收入分享制度后来演变为分税制度，按照这一制度，所有税收被分为三种类型，分别是国税、地税和中央地方共享税。

分税制度改变了中央政府和地方政府的关系，这主要体现在三个方面。首先，实行统一的税率和分税制度可以确保中央政府拥有较高的可信度，而且，所有省份均采用统一的分税比率，因此发达地区无须担心中央政府会对其税收占有过多。其次，国税与地税被区别开来，地方政府无须再隐瞒税收收入。国税部门不仅征收国税税种如关税，同时征收中央地方共享税，如增值税，因此地方政府无法通过隐瞒计税基数的方法减少中央税收收入。不仅如此，由于税收规模最大的税种增值税属于中央地方共享税，因此提高计税基数也有利于增加地方政府财政收入。最后，中央政府可以通过大规模的纵向转移支付进行宏观经济调控，缩小区域经济差距。

1994年建立的分税制度显著强化了中央集权，提高了中央政府的财政地位，财政收入与国内生产总值的比率以及中央财政收入与全国财政收入的比率都明显增加，前者从1994年的10.8%上升至2007年的20.6%，后者在1994年从22%大幅跳跃至55.7%，此后基本保持在50%的水平。严格来讲，真正的财政转移直到1994年才出现，此后，从1994年至2006年，中央政府提供的转移支付从1819亿元增加至1.2714万亿元，年平均增长率达到17.6%，超过了同年中央政府财政收入的增长速度，同年，中央政府转移支付在其财政支出中的比重从43.9%上升至54.4%。在此前若干年的发展过程中可以看到两个跳跃点，第一个是1994年，转移支付金额增加了2000亿元，但此时的转移支付多为税款返还，这其实是中央政府在推行分税制度进程中所做的妥协。第二个跳跃点出现在1999年，转移支付此后持续增加，这与中央政府实施的西部大开发战略有关。

从财政收入资源的角度来看，不仅分税制度的实行改变了过去的税收分配格局，中央政府在2000年之后还对分税制度和税种做了大幅调整，进一步增强了中央财政集权，减少了地方政府的可用资源。这些调整还伴随着转移支付制度的改变，其中尤为重要的是，如果将消费税和增值税这两大税种的税款返还税额也计入转移支付，那么财政改革和转移支付改革第一次达到了

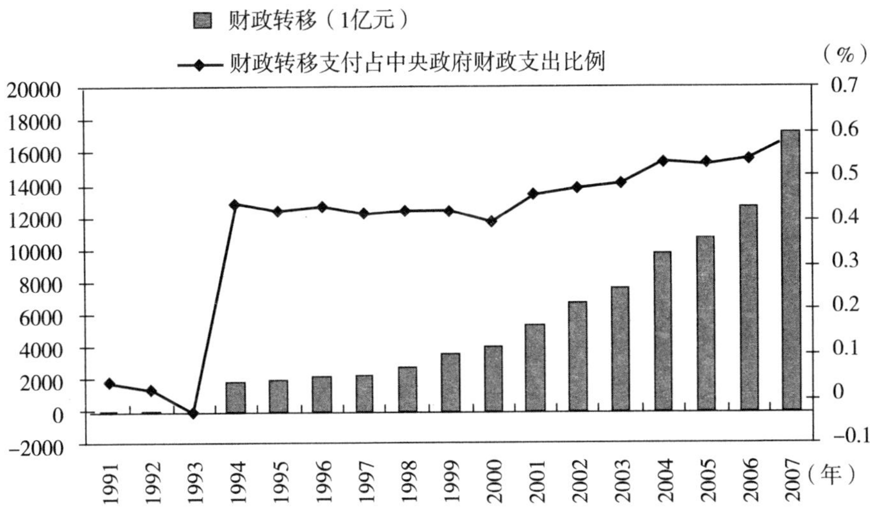

图 10－1　财政转移支付及其在中央政府财政支出中的比例

匹配状态。另外值得注意的是，原有财政制度中有关税收收入在中央政府和地方政府之间的再分配规则依然保持不变，1994 年之后，中央政府提供的补贴是按照原有模式分配的，过去有义务按财政包干制向中央政府上缴收入的地方政府，依然要履行这一职责，这种政府补贴和上缴的做法一直保留至今。

分税制的实行增加了中央政府的财政实力，结果就是中央政府于 1995 年正式开始通过提供一般性转移支付的方式缩小地区间差距，一般性转移支付不仅能确保少数民族地区获得优惠，还能为存在严重财政缺口的地区提供财政补贴。由于这种转移支付模式尚在试行阶段，所以这种一般性转移支付也被称为过渡性转移支付，虽然其总额较小，不足以扭转区域间经济实力差距逐渐扩大的趋势，但是转移支付在中央财政收入中的比重从 1995 年的 0.64％增加至 2001 年的 1.61％，表明实现财政收支平衡已逐渐成为中央政府进行转移支付的主要目标。2000 年，中央政府再次实施改革，常规税取代了过去的行政费用，预算外收入也被纳入预算收入，农业特产税税率下调，屠宰税被取消。这些措施大幅减少了地方政府的财税资源，导致地方政府不得不减少对教育等基本公共服务的投资。因此，地方政府出于实际需求而出现的转移支付需求大增，例如，自 2001 年以来，中央政府通过转移支付为地方农业税费改革的推进提供支持，除北京、天津、江苏、浙江和广东之外，其他省份都获得了中央补贴。

2004 年，中央政府开始下调农业税，部分省份取消农业税，并于 2006 年在全国范围内取消农业税。考虑到这些措施会削弱地方基层政府的财政权力，中央政府于 2004 年提供财政补贴用以支持取消农业特产税和下调农业税的改革，并于 2005 年向县乡级政府提供补贴以缓解其财政困难，这些补贴拨款帮助基层政府维持其正常运营。另一方面，与此前减少地方政府财税资源的改革不同的是，中央政府在 2002 年实施了所得税分享改革，在此之前，所得税全部由地方政府征收，而改革之后，中央政府将收取所得税的 60%，这项改革措施使中央财政收入在全国财政总收入中的比例一度提高了 3 个百分点，其新增收入用于一般性转移支付。从 2002 年开始，缩小不同地区之间的经济差距逐渐成为中央政府向地方政府提供转移支付的主要目的。

表 10－1　1990 年之后的收入分享制度和转移支付制度改革

	1994 年			2001 年	2002 年	2004 年
财政收入制度改革	分税制			税费制度改革	所得税分享	农业税减免
	1994 年之前	**1994 年**	**1995 年**	**2000 年**	**2001 年**	**2005 年**
新转移支付项目	1 专项转移支付 2 定额补贴	（旧体系补贴） 1 税收返还 2 国债补贴 3 工资转移支付增加	一般性转移支付	少数民族地区转移支付	农业税费改革转移支付	县乡奖补转移支付

一般来说，转移支付可分为两类：没有特定目的的转移支付和有特定目的的转移支付。例如，税收返还和财力性转移支付属于第一类，而专项转移支付则属于第二类。目前，税收返还制度涵盖增值税、消费税和所得税，前两类税收的返还额以 1993 年的税收额为基础来计算，中央政府按照 1∶0.3 的递增比例向地方政府返还税收，也就是说，以 1993 年为基准年计算税收返还，在 1994 年，增值税和消费税每增加 1 个百分点，中央政府都会将增加额的 0.3% 返还给地方政府。财力性转移支付一般用于填补地方政府的财政缺口，

中央政府首先用一个“公式”计算出不同地区对转移支付的需求，然后根据一定的比例进行分配，这个方法比较客观公平。举例来说，一般性转移支付是在1995年开始实行的，其目的是缩小不同地区的经济差距，其分配公式如下：

某地区可获得的一般性转移支付＝（该地区标准财政支出－该地区标准财政收入）×该地区转移支付系数

其中，该地区标准财政收入为当地税收收入和中央补贴的总和；标准财政支出为各个相关部门的支出总额；转移支付系数可根据该年份中央政府的财政盈余来确定。随着中央财政盈余不断增加，转移支付系数从1995年的4.2%增至2005年的47.3%（李萍，2006）①，2002年之后，中央补贴开始陡增。

另一类转移支付为专项转移支付，按照具体项目进行分配。与财力性转移支付相比，专项转移支付有三个独特之处。首先，在专项转移支付中，地方政府需承担一定的责任，例如，自2005年开始实行的义务教育“两免一补”政策中，中央政府承担最多不超过80%的支出，其余费用则由地方政府从财政预算中拨款支付。第二，专项转移支付具有特定的目标。严格来讲，这部分资金是不准用于指定项目之外的其他项目的，而且这种转移支付往往针对地方政府不愿投资的领域，例如农业、社会保障、义务教育等。最后，专项转移支付指定的项目由不同部门分管，项目的建立存在许多重叠，缺乏明确规则。例如，2005年，中央政府总共建立了239个转移支付项目，其中41个项目存在重复，65个项目中缺乏（明确的）管理制度（国家审计局，2006年）。

中央政府与省级政府之间的转移支付比较规范和透明，但相比之下，省级以下政府之间的转移支付和政府的财政安排则十分模糊不清，因为按照现行规定，省级以下政府无须执行统一规定，这为各个省政府和市政府各行其道提供了可能性。以增值税和消费税的税收返还为例，中央政府以1∶0.3的递增比例向地方政府返还税款，也就是说，“两税”收入每增加1个百分点，返还税款就增加0.3个百分点。但青海省的做法与此不同，他们采用的比例是1∶0.21，也就是说，中央政府向地方县政府和乡政府返还的税款中有

---

① Li, Ping (2006), *The Figure Interpretations of Chinese Inter-governments* (in Chinese), Beijing: Chinese Fiscal and Economic Press.

30%被省政府截留了。如果将县级政府分为县级市政府和一般县政府，县政府获得的各种财政支持一般都多于县级市政府，但在专项转移支付、环保转移支付和税收返还方面，县级市政府获得的较多，原因在于县级市的经济发展水平较一般县城要高出两倍，因此较容易达到获得专项转移支付的要求。不过，财力性转移支付更多地流向了经济发展落后的县政府，但县政府获得的转移支付也存在巨大的差异性，一般来说，经济发展较为滞后的县政府获得的财力性转移支付与其财政收入成反比，而经济较为发达的县政府获得的转移支付与其财政收入之间没有明显的相关性。对于经济较为发达的县级市，转移支付与当地政府的财政收入成正比，这一现象表明，一般县级政府获得的财力性转移支付较多，而县级市政府获得更多的专项转移支付，但在目前体系中，那些较为富裕的县和经济发展较为落后的县级市往往被中央和地方政府所忽视。

表 10-2　2007 年的转移支付

	类别	亿元	比例（%）
财力性转移支付	一般性转移支付	2505	35.5
	少数民族地区转移支付	173	2.4
	农业税改革转移支付	759	10.7
	工资转移支付	2234	31.5
	县乡奖补转移支付	339	4.8
	其他	1083	15.3
专项转移支付	教育	391	5.7
	科学技术	75	1.1
	社会保障和就业	1961	28.4
	医疗卫生	630	9.1
	环境保护	748	10.8
	农林水事务	961	13.9
	其他	2133	30.9

资料来源：财政部 http：//www.mof.gov.cn。

注：其他财力性转移支付包括城乡义务教育转移支付、资源枯竭型城市转移支付、从旧系统中的转移支付等；其他专项转移支付包括针对公共服务、国防建设、公共安全、文化、体育、传媒、交通等领域的转移支付。

财政转移支付是否促进经济增长

财政转移支付就相当于增加地方政府收入，使地方政府有可能降低实际税率、增加公共服务投资，所以，财政转移支付将改变地方政府的支出结构。

根据贾俊雪和郭庄旺（2008）① 的研究方法，政府支出可分为经济支出、社会支出和维护性支出，这三类支出分别由基础设施建设支出、科教支出和行政支出在地方政府总支出中的比重来表示。经济支出和转移支付之间存在一个U形关系，如图10－2所示，大多省份都位于U形曲线的左边，这表明对这些省份来说，经济支出随着转移支付的增加而减少。经济支出较大的省份位于U形曲线的两端，也就是说，获得的财力性转移支付较少的沿海地区和获得财力性转移支付较多的西部地区省份经济支出比例较高，拿西部地区来说，转移支付有助于这些地区改善基础设施。以上分析表明，西部地区获得了大量转移支付用于指定项目投资，大多都集中在基础设施及其相关领域。

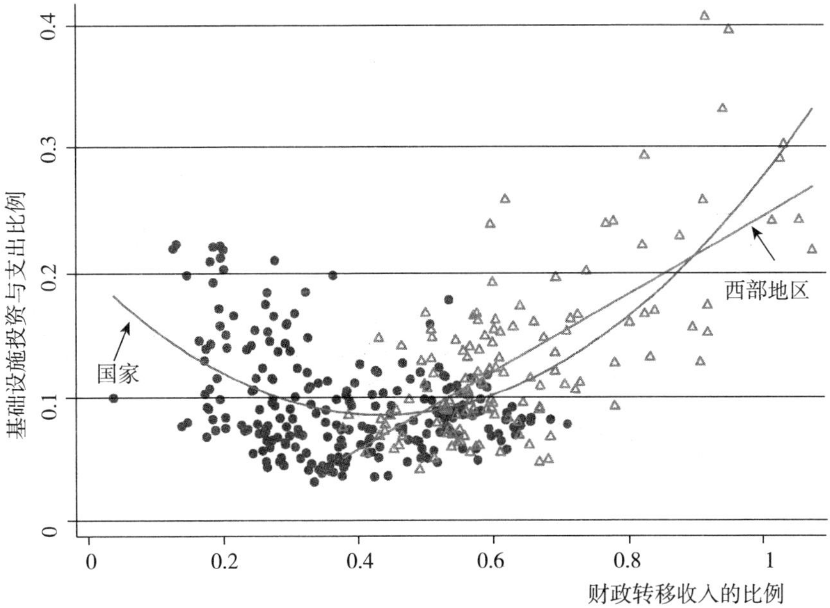

图10－2　基础设施投资与转移支付之间的关系

---

① Jia, Junxue and Qingwang Guo (2008), 'The effects of intergovernmental assignments of public revenue and expenditure responsibility on the regional economic growth' (in Chinese), *The Economic Research Journal*, 6, 37-49.

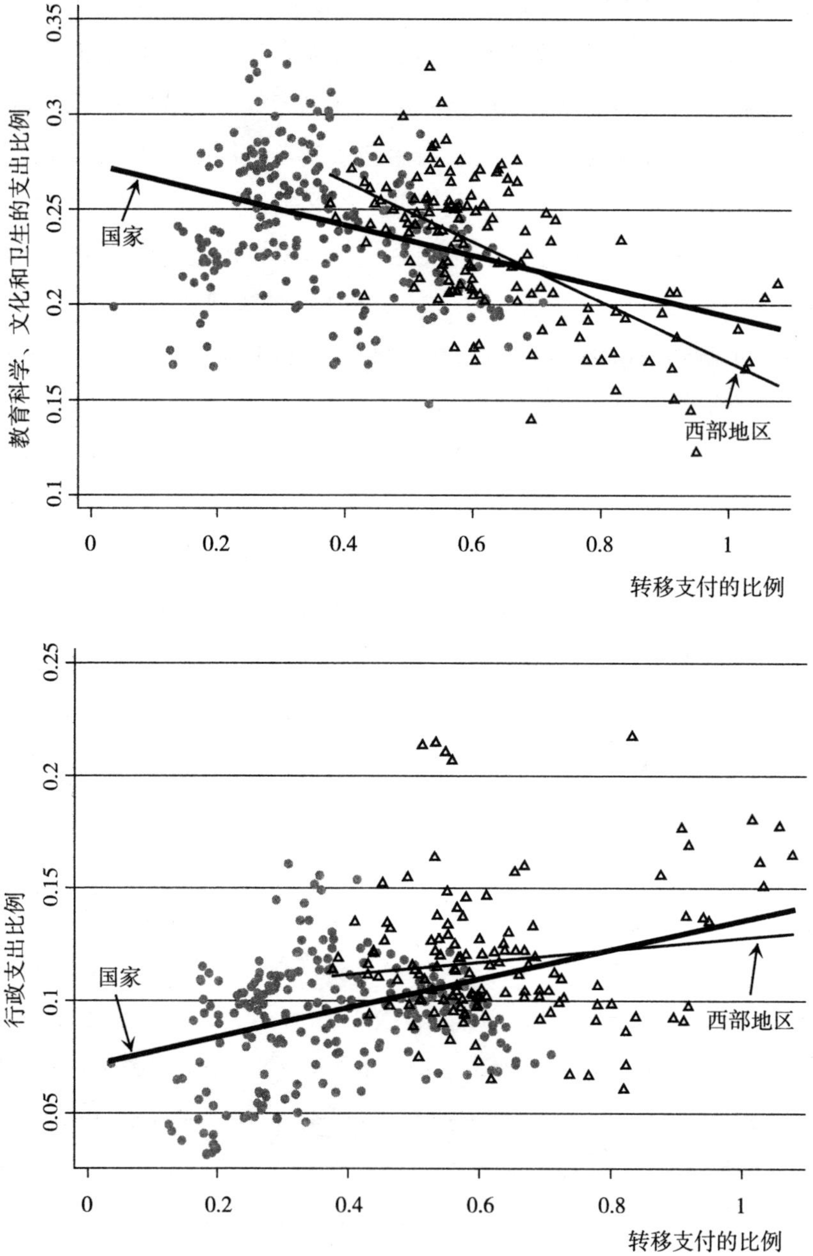

图 10-3　社会支出、行政支出和转移支付

从长期经济发展的角度来看，教育卫生等社会支出的意义更为重大，这些支出有利于提高人力资本，进而产生内生性的经济增长。但是，如图 10－3 所示，目前尚有证据证明转移支付有助于缓解地方政府社会支出的不足。事实上，教育卫生等社会支出的比例随着转移支付的增加而出现下降，在西部地区，这种负相关性更为明显，这说明西部大开发和其他经济发展战略的实施刺激了相关地区的财政支出。与此同时，这些地区的社会性支出却并未随之增加。根据图中最下方的数字，以行政支出比率为代表的维护性支出与财力性转移支付之间存在明显的正相关性。虽然西部地区的拟合线比较平缓，但这种正相关性依然清晰可见，这表明转移支付每增加 1 个百分点，政府维护性支出的增加比例将超过 1 个百分点。

在 Barro① (1990) 提出的理论框架中，维护性支出和经济增长之间存在反向相关性，而社会支出和经济支出与经济增长之间存在正向相关性。自 1994 年以来，经济支出并未带来明显的经济增长，因为中国的基础设施已经比较完善，不再是经济增长的制约因素，而社会支出的重要性越来越重大，维护性支出与经济增长之间呈现极其明显的负相关性。因此，转移支付与长期经济增长之间的关系依然不明确。

无论是用于扩大公共服务的财力性转移支付，还是与经济增长具有更直接关系的专项转移支付，其初衷都与地区发展战略一致，目的就是提高内陆地区的经济发展速度，因此，有必要从经济增长的角度衡量转移支付的作用。不仅如此，"西部大开发"战略的实施已有十年之久，足以产生长期经济增长效应。我们可以参考国际援助与经济增长之间的关系，从理论上说，国际援助不仅可以缓解落后国家的资本匮乏，而且能够刺激贫困国家加强管理，这也有助于巩固国际援助对经济增长的促进作用。但有关的实证研究并未得出明确的结论，即使考虑到不同国家的特殊国情和国际援助的内生性，研究结果依然表明，国际援助与经济增长之间不一定存在明显的正相关关系。

通过理论模型分析，我们可以得出几个基本结论：转移支付对经济增长

① Barro, R. J. (1990), 'Government spending in a simple model of endogenous growth', *Journal of Political Economy*, 98, 103-125.

的短期效应是正面的，从短期来看，转移支付越多，政府的支出和投资越大，直接刺激该年度经济增速的提高。但是，从长期角度来看，从第七年开始，转移支付对经济增长的作用变为负面，并在此后一直保持为负，累计效应也终将由正转负。总体来说，转移支付不利于经济效益的提高，不仅如此，向落后地区提供大量转移支付会进一步降低该地区的经济效益。

财政转移支付引起的经济结构变化

财政转移支付与经济增长之间的关系可以表明财政转移支付与财政收入之间的区别。转移支付能够为经济落后地区提供更多的资金，有利于改善这些地区的基础设施。但与此同时，它引起的经济结构变化不容忽视。获得较多转移支付的地区可能会面临市场机制恶化和政府管理效率下降的问题，中央政府转移支付的不透明性加剧了这一风险。

转移支付未能缩小地方财政收入差距

1994 年建立的分税制度纵向增强了中央财政集权，但横向的差距依然存在。这一制度保护了地方政府的利益集团，通过税收返还制度确保沿海地区的财政收入不会出现下降。与此同时，不同地区之间财政收入差距有望通过旧体系中的转移支付进行均衡，也就是说，旧体系中的转移支付和分税制度实施之前（向中央政府）上缴的收入，但这部分转移支付远不足以弥补不同地方的财政收入差距，许多省份甚至已经取消了从旧体系向基层政府进行转移支付。1995 年，政府开始试行过渡期转移支付，如向贫穷省份增加转移支付，其目的是避免地方财政收入差距过大，但如图 10 - 4 所示，这种转移支付并未能实现缩小财政收入差距的目标。相反，2000 年的人均支出差距大于 1994 年。人均支出的洛伦兹曲线也表明，在 2000 年，一些县的财政支出明显高于全国平均水平。

在财政收支平衡方面，Tsui（2005）[①] 利用 Shorrocks 提出的分解方法对中国 2000 多个县级政府的数据进行了分析，结果表明，在所有的财政转移支付中，旧体系中的转移支付是唯一一种可以缩小财政收入差距的转移支付。2000 年，财政收入差距中的 21％都是由税收返还制度造成的。不仅如此，在转型时期的转移支付制度下，政府使用一个固定公式对存在财政缺口的地区提供的补贴数额进行计算，以实现财政平衡，但这种转移支付其实扩大了财政差距，3％的差距都是由过渡期转移支付造成的。在西部大开发中，大量财政资源都向西部地区转移，中部和东部省份由于自身地理位置的原因无法获取这些财政资源。事实上，一个地区内部的财政差异往往比区域间的差异更明显，这表明将全国分为东部、中部和西部三个部分进行转移支付分配的方法依然存在弊端。

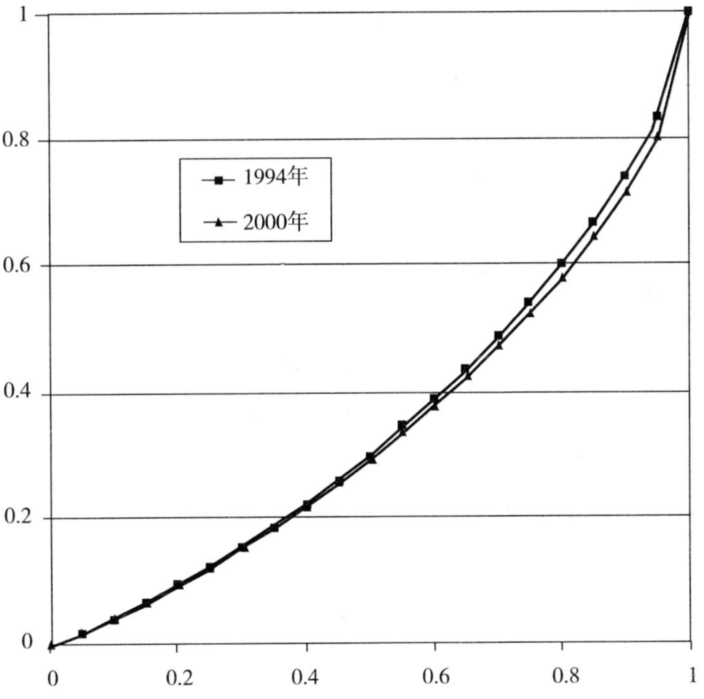

图 10－4 县级政府人均支出的洛伦兹曲线

① Tsui，K.（2005），'Local tax system，intergovernmental transfers and China's local fiscal disparities'，*Journal of Comparative Economics*，33，173-196.

在所有财政转移支付类型中，专项转移支付和税收返还是最不公平的，因为这两者的目标并非缩小财政差距。2003 年，中国最富裕省份的人均财政资源是最贫困省份的 37.4 倍，专项转移支付造成的差距占 17.7%。专项转移支付一般需要地方政府提供资金支持，较为贫困的省份往往无力获得这种转移支付，因此地区间财政差距反而被拉大。

此外，财政转移支付的分配既取决于经济因素也取决于政治因素，经济因素包括收入和城镇化水平，收入最低的省份可获得较多的财政转移支付，由于城镇化水平代表了必要的公共开支，所以城镇化水平与财政转移支付之间存在正相关性。虽然经济因素有助于缩小财政差距，但在转移支付的分配公式中，即使用于缩小地方财政差距的转移支付也是基于地方政府的财政缺口而非当地经济发展水平，在这种情况下，地方政府尤其是县级地方政府会通过增加员工数量等方式增加标准财政支出，故意扩大财政缺口，从而获得中央政府的财政资源，而中央政府也不得不向这些地区增加转移支付，以填补缺口，维持政治稳定。

另一方面，政治因素在转移支付分配中的重要性超过经济因素。例如，美国联邦政府会为负责总统连任选举的州政府提供更多的转移支付。但是，经济因素和政治因素之间往往存在冲突，因为在政治上具有重要性的州政府往往收入水平较高。换句话说，收入较高的州政府反而获得了较多的转移支付。再举例来说，1990 年，东德和西德合并之后，联邦政府将西德产出中的 5%向东德转移，用来缩小东西德之间的差距。中国的情况非常相似，中央政府向少数民族地区提供更多的转移支付。在转移支付的类型上，研究发现，拥有更多中共中央委员会成员的省份获得的专项转移支付更多，这与 Knight (2002)① 得出的结论相似。

转移支付导致地方政府扩张

专项转移支付要求地方政府改变其行为方式，财力性转移支付则没有这

① Knight, B. (2002), 'Endogenous federal grants and crowd-out of state government spending: theory and evidence from the federal highway aid program', *American Economic Review*, 92 (1), 71-92.

个要求。但是，如果转移支付与地方政府收入不匹配，那么财力性转移支付也会在一定程度上改变地方政府的行为方式，对当地的经济发展和行政管理效率产生影响。早期的公共财政理论和瓦格纳定律认为，决定一个地方政府规模的主要因素是收入约束，但收入的组成部分几乎没有影响。换句话说，地方政府将财力性转移支付和当地税收都计入其财政收入，因此，如果他们获得的财力性转移支付较多就会下调税率，反之亦然。所以，来自上级政府的转移支付只会产生收入效应，放松地方政府的预算约束。因此，政府的规模不会因收入结构的改变而变化。

事实上，这也表明，中央政府制定的财政政策不会对地方政府的规模产生影响。但是，实证研究表明，地方政府规模的扩大并非由瓦格纳定律和公共财政所决定。地方财政收入每增加 1 美元，财政支出会相应增加 0.02～0.05 美元，但如果转移支付增加 1 美元，财政支出的增幅接近 1 美元甚至超过 1 美元。这表明，在收入相同的情况下，获得的转移支付越多，地方政府规模越大，这种"反常"现象被称为"粘纸效应"，造成这种现象的因素共有两个：一个原因与转移支付对象的特征有很大关系，例如当地政府的特别制度、不确定性和财政幻觉等；另一个因素与转移支付的拨款人——中央政府有关，中央政府有可能禁止地方政府利用转移支付资金支付其他开支。如果转移支付资金的使用受到监督，"粘纸效应"会愈发明显。研究发现，中国的"粘纸效应"范围介于 0.6 和 1.3 之间，这表明每单位转移支付都会引起政府支出增加 0.6～1.3 个单位（范子英和张军，2010a）①，这与大多数其他国家相似。

转移支付对地方政府规模产生影响还不止于此，政府部门人员臃肿也与此紧密相关。由于中国特有的"向上负责"的政治制度，政府人员超额一直以来都是行政改革的焦点所在。例如，2005 年以来，中央政府实施了"三奖一补"政策，鼓励地方政府解雇员工。自 1982 年以来，中国一共经历了六次大规模改革，但都没有取得明显的效果。其中，1998 年的改革可谓轰轰烈烈，

---

① Fan, Ziying and Jun Zhang (2010a), 'Flypaper effect: an explanation to the expansion of government size' (in Chinese), *China Industrial Economics*, 12, 5-15.

Fan, Ziying and Jun Zhang (2010b), 'Intergovernmental transfer, provision of public goods and the expansion of Government size' (in Chinese), working paper.

国务院部委从过去的40个减少到29个，司局级部门减少了1/4，中央政府公职人员总数从33000下降至16000。1999年，这场改革浪潮开始席卷地方政府，于2002年完成，这场改革要实现省级政府工作人员减半，市、县、乡级政府工作人员减少20%的目标。改革之后，中国各级行政单位人员总数从739万减少至624万，降幅之大为六次改革之首。自1995年以来，政府规模持续缩小，于2002—2003年间达到最小，但此后却出现了反弹，2007年的政府规模又回到了改革之前的水平。如图10-5所示，人员臃肿的现象多出现在内陆地区，行政改革没有产生明显的影响。目前，这些地区的政府公职人员数量达到东部地区的两倍。

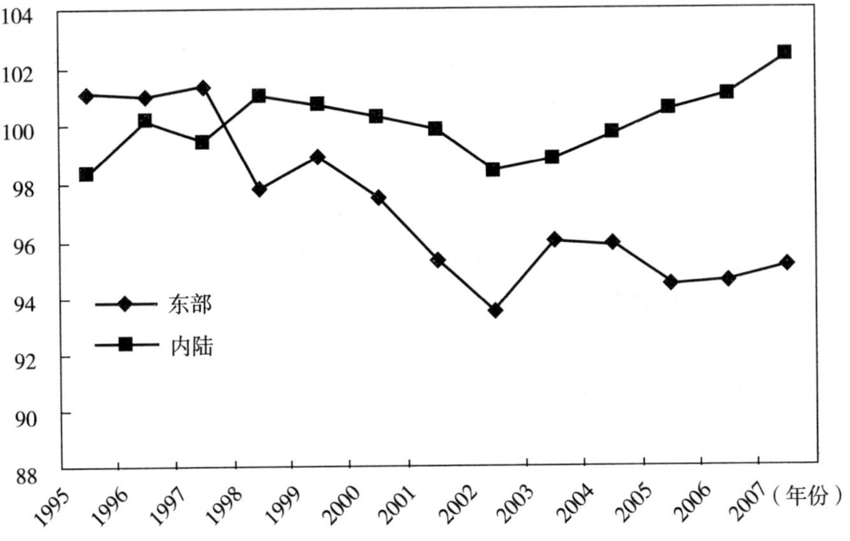

图10-5 每万人的机关人员规模

袁飞等①（2007）对1994—2003年的县级数据进行了研究，发现一个现象，地方政府对转移支付的依赖性越高，该政府公职人员的数量就越多。这也解释了为何经济落后的地方政府往往人员臃肿，原因就在于这些地区经济发展滞后，获得上级政府的转移支付之后往往会增加员工、建立地方政治支

① Yuan, Fei, Ran Tao, Zhigang Xu and Mingxing Liu (2007), 'Fiscal transfers and expansion of fiscal dependents in China's fiscal recentralization' (in Chinese), *The Economic Research Journal*, 5, 70-80.

持系统以维护该地区的稳定。但是，我们通过研究发现，与财力性转移支付相比，专项转移支付更有可能引起地方政府的人员臃肿，人均专项转移支付每增加 10000 元，地方政府职员数量上升 0.986%，中央政府对这种现象也只能容忍，因为专项转移支付虽然会增加地方政府支出和人员数量，但其主要目标是提高公共产品的供应。转移支付之所以会引起政府人员的增加，是因为地方政府需要特定人员运作转移支付项目，这自然会引起政府规模的扩张。省级和市级政府甚至鼓励和引导县级政府招聘更多员工以获得中央转移支付，并截留转移支付的一部分。在分权管理框架之下，中央政府很难越过省级政府而对县级政府的规模直接调整。图 10－6 描绘了 2005 年县级政府的相关数据，表明财力性转移与财政供养人口之间存在正相关性。

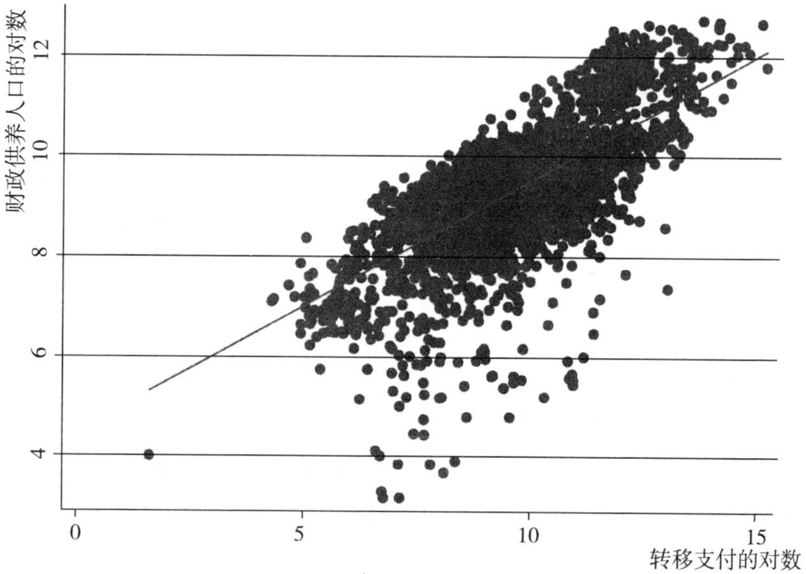

图 10－6　2005 年的财政供养人口和转移支付

转移支付滋生地方政府贪污腐败

贪污腐败是违法行为，政府官员在进行寻租和接受贿赂时都会极力隐蔽，防止被发现，因此，贪污腐败往往存在于缺乏有效监管的地区。此外，政府官员会通过改变政府开支的方式寻求潜在贿赂，这将引起连锁效应，主要包括两个部分：一是打击个人努力的积极性，二是影响政府支出，令该地区部分领域投入不足，但其他领域投资过度。Mauro①（1998）对各国情况进行研究后发现，贪污腐败泛滥的国家往往在大型基础设施建设和复杂难懂的国防建设方面投资较多，在教育领域投资不足。

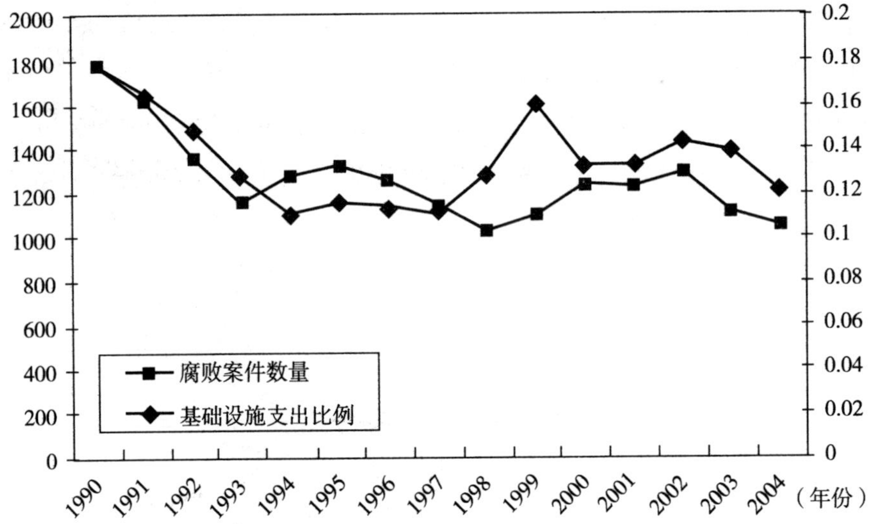

图 10－7　基础设施投资与贪污腐败的关系

中国就是其中之一，例如，从 1997 年至 2002 年的五年时间当中，河南省交通局有三位局长因贪污腐败而被开除，这说明中国的基础设施领域是贪污腐败的温床。图 10－7 描绘了基础设施投资与贪污腐败现象之间的关系，从图中可以看出，两者在发生时间上具有同样的趋势。从 1990 年至 1994 年，基础设施投资和贪污腐败现象均出现下降，在 1997 年之前一直保持稳定水平。1998 年之后，政府为了刺激经济增长，实施了扩张性的财政政策，基础设施投资大幅增加，资金来源主要依靠财政赤字和政府债务，基础设施投资额与政府开支的比率从 1997 年的 11%上升至 1999 年的 16%，并在此后一直保持在这一水平，同一时期，贪污腐败的案例也大幅增加，从 1998 年的 1032 例增加至 2000 年的 1240 例，增幅超过 20%。

① Mauro, Paolo (1998), 'Corruption and the composition of government expenditure', *Journal of Public Economics*, 69, 263-279.

转移支付主要通过两个途径催生贪污腐败。一方面，获得较多转移支付的地区对基础设施的投资较多（图 10－2），因此转移支付可以直接引发贪污腐败。另一方面，转移支付将对基础设施投资的效率产生影响，间接导致贪污腐败，这种间接影响是指地方政府对贪污腐败放松监管，从直观上看，衡量政府是否对贪污腐败有足够监管的主要标准是当地政府对反腐倡廉投入的人力物力是否足够，但在中国，这方面的投入没有详细数据，因此我们只能用司法开支作为代替。简单地说，即地方政府对法律系统的投入越多，对反腐败的投入也就相应越多。而且，反贪部门是法律系统的核心部分，图 10－8 描述了司法支出与政府开支的比率以及转移支付与政府开支的比率之间的关系，从图中可以看出，上述这两者之间存在负相关性，这说明获得转移支付较多的地方政府往往放松对这些资金的管理，原因很简单，转移支付的成本比当地财政收入的成本低。即使贪污腐败导致资金的使用效应降低，但如果这些资金来自中央，那么当地政府也会选择睁一只眼闭一只眼，所以反腐倡廉的努力就会降低（范子英和张军，2013）。

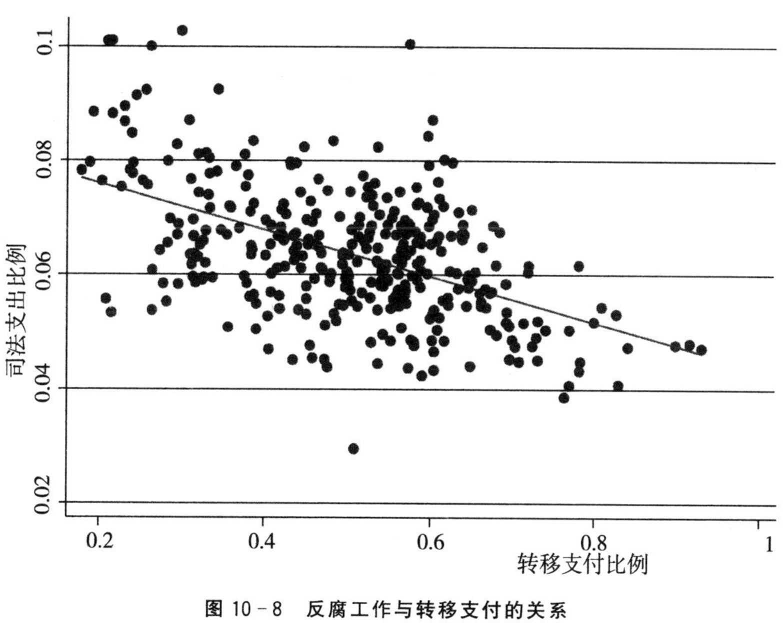

图 10－8　反腐工作与转移支付的关系

财政改革议程表

中国的财政政策是高层政府与地方政府之间相互联系的关键桥梁，中央政府利用财政关系来调节地方政府的行为，因此，财政体系与政治体系紧密相连。在一个实行政治上对上级负责政策的国家，财政制度须与政治的中央集权相匹配，否则，经济权利和政治权利之间会出现脱节。本书这一部分主要讨论如何改进中国的财政政策使其更好地发挥积极作用，以及如何在当前背景下避免上文提到的副作用。

财政收入改革

在财政收入的分享制度方面，中央政府显然有强烈的动机分享地方政府的收入，2002 年的所得税分税制度改革就是一个例子，在这种情况下，降低中央政府对地方财政收入的分享份额是不现实的，也与中央政治集权背道而驰。但是，中国依然有必要推行诸多财政收入改革。首先，在土地出让金管理方面，中央政府会抽取 75%的增值税，留给地方政府的份额很小。其次，中央政府的转移支付主要面向发展较为滞后的地区，对这些开支负有责任的当地政府的负担也因此增加。而在经济较发达的省份，地方政府税收收入减少，只能使用预算外收入，通过经济增长增加收入，但是一般来说，预算外收入往往无法满足他们的资金需求，而且这部分收入在过去的预算制度改革中已遭到挤压，因此，土地出让金成为地方政府的一个最好选择。土地出让金波动很大，既不是预算收入也不是预算外收入，而是属于政府基金收入。经济较为发达的城市聚集了大量劳动力，这将刺激房价上涨，土地出让金也相应上升，这表明土地出让金会随着经济增长而上升。依据中国的现行制度，土地出让金中大部分属于基层县政府，这与目前基层政府的责任分配相符合，土地销售的火热现状也可归因于基层政府的责任分配和财政收入相匹配的制度。

但是，土地出让金的缺陷也是显而易见的，它不仅刺激了房价的上升，也提高了居民的储蓄率，导致消费在 GDP 中的比重出现降低趋势。在杭州等城市，土地出让金的收入甚至超过了政府的预算收入，当地政府对中央在全国范围内展开的房地产调控政策非常抵触，地方政府的顺周期性行为进一步加剧了宏观经济的波动。土地出让金收入一般都投资于城市建设，用于改善城市的基础设施和交通状况，但同时也不可避免地增加了投资规模，降低了投资效率，而且土地出让金管理的不规范也催生了贪污腐败现象。

在土地出让金制度改革方面，土地出让金收入应上缴国库并逐渐作为预算外收入对其进行管理，其收入和支出的管理应保持独立。在用途方面，土地出让金大部分应用于民生项目和公共服务。但是，实现土地出让金统一管理并非易事，一个看似可行的方法就是征收房产税，使其部分取代土地出让金，这也是国际惯例。这种做法可以避免地方政府行为对宏观经济产生不利影响，使地方政府收入更具可持续性。

另一个与财政收入相关的改革是增值税改革。目前在中国，增值税被视为一种投资税，不利于企业的发展。2004 年，东北三省（吉林省，辽宁省和黑龙江省）实施了增值税改革，按照最初的计划，这场改革应在 2005 年向全国推广，但这个目标并未实现。现在有必要对消费性增值税进行改革以鼓励私营经济的发展。增值税的另一特征是征收基数为总额，这对许多中间产品的专业化生产十分不利，但中间产品的生产却是产业聚集的关键因素，因此，应该对不同产品采用不同的增值税税率，尤其应该对中间产品实行优惠税率。增值税的第三个特征，增值税是由企业总部所在地区征收，加剧了地方政府分割。由此可见，有必要重新评估地方政府对于征收增值税的反应情况。

财政支出改革

目前，中国的公共服务主要是由地方政府负责提供的，中央政府会提供相关补助，这也是中国财政转移支付体系规模庞大的原因所在。朱镕基在任时实施的机构改革大幅压缩了中央部委，许多财政支出的责任都下放到地方政府，而且，一系列财政体制改革减少了地方政府可用的财政资源，因此中央政府通过转移支付向地方提供补助。例如，社会保障补贴从 2000 年的 100 亿元增长至 2003 年的 1118 亿元，公务员工资补助增加至 2003 年的 1000 亿元。但是，许多研究结果表明，中央转移支付的效果不尽如人意。当中央政府向地方政府指派任务时，地方政府的第一反应是扩大员工规模，一些落后地区甚至由于公职人员规模的快速扩张而不得不减少对教育和农业的投入，这就意味着来自中央政府的转移支付并没有得到合理利用，反而遭到当地政府侵蚀。此外，公共服务具有规模经济效应，但中央政府制定的相关政策在地方实施过程中往往被分散，违背了规模效应，这对公共服务的数量和质量的提高都产生了不利影响。

如果用财政开支来衡量中国财政权利下放到地方政府的程度，庞大的财政转移支付在地方政府财政总支出的比例超过了55%，可以说中国是一个高度分权的国家。通过对100个国家的数据进行横向对比可以看出，发展中国家和发达国家的上述比例分别为13%和35%，都远远低于中国的水平，主要原因就是中央政府将大量支出责任下放至地方政府。

综上所述，中国中央政府有必要收回部分财政支出责任，其益处有两点。一方面，可以提高公共服务的标准，因为国家收入的提高能够避免公款挪用，有利于提供公平的公共服务；另一方面，国家收入的增加能够避免大规模转移支付导致的诸多问题并缩小地方政府规模。所有社会保障相关支出都应由中央政府负责，因为社会保险尤其是社会保障是一个社会公民生存的底线，由中央政府负责相关开支有助于保障居民的基本权利。除此之外，公共安全支出也应由中央政府提供，因为不同地区在这方面开支的差异性相对较小，不会出现信息不对称。最后，教育和卫生开支可由中央政府和地方政府共同提供，但中央政府提供的资金应足以保证基本开支，地方政府可根据当地经济状况增加相关投资。

财政转移支付的改革

降低转移支付的负面效应，改善这一制度运行方式的改革势在必行。如上文所述，中国目前的财政转移支付已经产生了负面效应，例如，转移支付的分配并未发挥均衡地区间财政实力的作用，转移支付导致地方政府人员扩张，同时也催生了地方政府贪污腐败等。财政转移支付制度相关改革的难点在于，目前的财政转移支付不仅要实现中央政府的目标，比如促进民生项目建设等，同时也要扮演维护中央集权、调整地方政府行为的角色，但这两个目标有时是相互冲突的。

首先，在专项转移支付制度方面，有必要采取一些配套措施以鼓励地方政府参与投资，同时可以增加地税的比率，从而避免专项转移支付对征收地税的动机产生影响。与此同时，有必要改变目前专项转移支付受到多个部门不同政策管理的局面，应将相同或相似的项目并入同一个部门统一管理，或将中央拨款的权力集中，建立相对透明统一的审批制度，避免寻租行为的发生。

第二，对于财力性转移支付来说，因素分解法的作用应该得到加强。不过在机制设计过程中，应使用更客观的指标，避免使用可被地方政府操纵的指标，例如避免使用以总人口而非财政供养人口为基础计算的标准财政支出。除此之外，将全国划分为东部、中部和西部地区进行转移支付分配的政策应该改变，转移支付应与财政均衡直接挂钩。

如何促进区域均衡发展

区域均衡发展是至关重要的，但这一目标的实现应以人均经济产量为基础进行衡量，因此，改革的重点应放在提高人均产出的均衡性。此外，总体的公共服务投资相对较低，这会对未来的经济发展产生不利影响。同时，政府的消费行为会受到现行政治制度的影响，有必要实行行政管理制度改革，使政府更好地发挥公共财政的作用。

短期来说，中央政府需改革现行制度以摆脱当前的尴尬局势。首先，在不久的将来，政府需对评估体系进行改革，避免落后地区使用“非合作对策”，鼓励地方政府集中精力发展经济而不是两眼盯着未来的中央补贴。因此，改革的一个重点是提高对民生项目的评估、鼓励地方政府投入更多精力提供更好的公共服务。另一方面，应在不同地区采用不同的 GDP 评估指数，这样也可以避免地方政府的“非合作对策”，比如在东部地区采用 GDP 规模指数，落后地区可使用人均 GDP 指数。其次，必须对政府的结构和行政边界进行改革，从以上分析中可以看出，省级政府尤其是市级政府在财政转移中往往起负面作用，因此，在目前试行的提高县政府权力以促进其经济繁荣的政策基础上，应该实行“省管县”的结构，逐渐降低市级政府的行政权力。

目前的要素市场依然存在很多缺陷，资本、土地资源以及劳动力的跨地区流动中还存在许多显性或隐性障碍，正是由于要素市场化不足，中央政府才不得不使用行政权力促进区域均衡发展。在一定程度上，生产要素的自由流动和政府的转移支付之间具有相互替代性，转移支付越多，表明地方政府收入越少、公共产品越多，所以，当地居民在公共产品中获得的边际效应与私有产品一致，这就降低了生产要素的流动性。与此相反，如果制度障碍或成本过高导致不同地区间的要素流动性降低，那么中央政府提供的财政转移支付就可以达到帕累托最优。本章的分析表明，在当前阶段，中国的财政转移支付在实现区域均衡方面的作用十分有限。即使转移支付能在提供公共产品方面发挥积极作用，但它对当地经济结构产生的影响不容忽视。如果生产要素能够自由移动，居民就可以通过“用脚投票”的机制提高可获得的公共产品水平，从而避免转移支付带来的负面效应。此外，由于规模经济效应的存在，生产要素的自由流动有助于将“蛋糕”做大，也有助于“蛋糕”的合理分配。因此，未来的改革应着眼于提高不同地区之间生产要素的流动性。一方面，阻碍生产要素流动的政治障碍应该被剔除，例如取消户籍制度、建立城乡统一的社会保障体系。另一方面，应通过提供基本技能培训、建立区域劳动力市场等方式尽可能降低生产要素的流动成本。

第十一章
中国贸易政策的成与败及未来模式

罗长远 复旦大学经济学院副教授。研究领域包括要素收入分配、贸易政策、外国直接投资、中国与世界经济，曾在《中国社会科学》、《经济研究》、《管理世界》、《金融研究》、《世界经济》、*China and the Wold Economy*、*The World Economy Journal of International Trade and Economic Development* 等期刊发表多篇论文。

陈　琳 华东师范大学商学院副教授，研究领域包括中国贸易政策、外国对华直接投资、国际贸易和转型经济学，曾在《管理世界》《世界经济》等期刊发表多篇论文。

中国对外贸易的历史性时刻

中国实行对外开放政策已超过三十多年，从 1978 年到 2009 年，以可比价格（前一年价格＝100）衡量，中国国内生产总值（GDP）及人均国内生产总值平均年增长率分别达到 10％和 8.8％。如果以 1978 年的价格水平为基准，2009 年的国内生产总值和人均国内生产总值分别达到 1978 年的 18.6 倍和 13.4 倍。试想，如果中国没有积极参与全球分工，取得这样的经济成就是难以想象的。1978 年，中国的贸易总额为 355 亿元，占国内生产总值的 9.74％；到了 2009 年，贸易总额达到了 150600 亿元，在国内生产总值中的比重上升至 44％。

值得注意的是，过去四年中，中国的对外贸易经历了许多历史性的时刻。2008 年，贸易总量达到 17.99 万亿元，为 1978 年以来之最。在 2006—2007 年间，贸易额在国内生产总值中的比重达到 67％，为有史以来最高水平。2008 年，贸易顺差达到最高值为 2.09 万亿元，而它占 GDP 的比重则在 2007 年达到 8％的最高水平。中国惊人的经济发展速度有目共睹，现有的研究文献在这方面达成诸多共识，各方认同的一点就是，出口的显著扩张是中国实现高速经济发展的重要原因。图 11－1 描述了国内生产总值增长率和出口在国内生产总值中的比例，通过对上述两者分别取对数并绘制散点图，可以看出，两者之间存在明显的正相关性。

以出口为导向的经济政策是东南亚国家实施的重要发展政策，中国是该地区成员之一，也不例外。中国作为一个赶超型经济体，可以效仿发达邻国的贸易政策，这被称为“后发优势”，所以，我们认为中国的贸易政策是对邻国政策的复制，具有外生性。在此基础上，我们发现贸易政策与经济增长之间存在相关性，也就是说，贸易政策通过对贸易总量产生影响从而间接影响经济增长。由此来看，我们本章的分析是极为必要的。不过，我们更感兴趣的问题是过去 30 年中，中国的贸易政策发生了哪些变化？我们应如何评价这些变化？全球经济目前面临哪些挑战？这些挑战会如何影响中国未来的贸易政策？

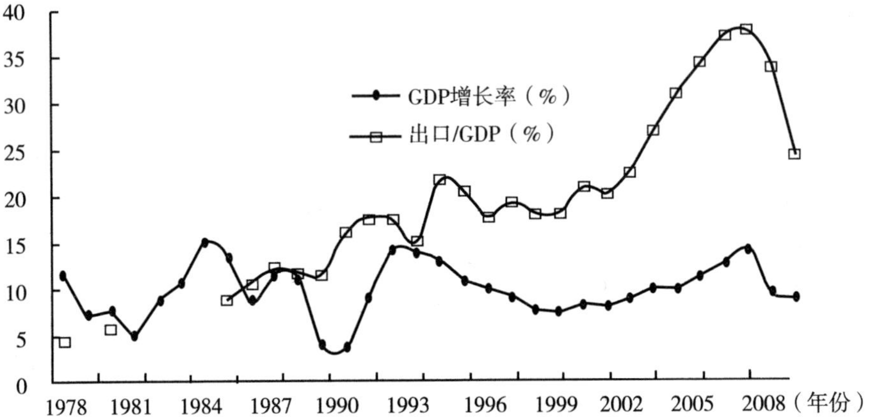

图 11－1　中国过去 30 年的出口和 GDP 增长率

数据来源：《中国统计年鉴（若干年份）》。

需要说明一点，本章讨论不含人民币汇率问题。多数学者都认为人民币应该升值，目前的分歧只在于升值的速度和幅度。更重要的是，人民币汇率问题已不再是单纯的经济问题，而是涉及诸多政治因素。

贸易政策的变化

自改革开放以来，中国的贸易政策发生了深刻的变化，值得我们进行回顾和评论。这些变化可被大致分为三个阶段：第一个阶段是 1978—2001 年期间，尤其是在 1987 年之后的 15 年中，中国一直致力于恢复关税与贸易总协定（GATT）缔约国身份以及加入世界贸易组织（WTO）。为了实现这一目标，中国以建立市场经济体制作为国内经济体制改革的目标，同时努力遵守世界贸易体系规则并进一步开放国内市场。第二个阶段是2002—2006年期间，中国在完全履行了加入世界贸易组织时做出的承诺。其中尤为重要的是，过去受到政府保护的汽车、银行、电信等行业都可以自由进入和竞争。第三个阶段是从2007年至今，国内及国际经济形势都发生了剧烈变化，中国未来几十年的贸易政策将因此受到深远影响。

1978—2001年：回归世界贸易体系的“长征”

关税

1951年，中国颁布了首部《海关进出口税则》。1985年，为了适应改革开放的需要，第二部《海关进出口税则》颁布，下调了1152种商品的进口关税，占税目产品总数的55%。同时，关税结构也出现调整：出口方面，关税共设六种不同出口税率，介于10%～60%之间不等；进口方面，部分商品免征进口关税，其他商品的最低关税税率设17个等级，介于3%～15%之间，一般关税税率共分16个等级，介于8%～180%之间。从1986年至1991年，政府下调了83种商品的进口关税，上调了140种商品的进口税率。在1992年大规模关税下调之前，中国的平均关税税率为47%左右。

为了加快恢复关税总协定缔约国身份的谈判，也为了履行在亚太经合组织领导人峰会上做出的承诺，中国在1992—2001年期间自愿下调了关税（表11-1），平均税率从1992年的42.9%下降至1996年的23.9%。1997年10月1日，税率进一步降低至17.6%，截至2001年，税率已降至15.3%。

中国的关税存在一个问题，那就是实际关税税率（关税收入除以进口总额）与名义关税税率之间存在差距（表11-2）。造成这一现象的因素可能有两个：首先，中国的关税制度包括许多减税和免税措施，加工贸易就是受益者之一，其贸易额占中国出口总额的近一半，经常是减免关税措施的实施对象。第二，中国关税制度还远不完善，大量非法贸易活动无法得到有效的控制，例如偷税漏税、避税、走私等。

表 11-1　1992—2001 年期间的关税下降

年份	关税项目	调整项目	算数平均关税率（%）	加权平均关税率（%）
1992	6525	225	42.9	40.6
1993	6321	3371	39.9	38.4
1994	6350	2944	36.3	35.5
1995	6350	23	35.6	25.0
1996	6549	4998	23.9	25.4
1997	6633	4874	17.6	18.2
1999	6490	1014	17.5	10.8
2001	7111	3462	15.3	10.5

数据来源：《世界发展指标》。

表 11-2　中国的名义关税率和实际关税率

年份	名义关税率（%）	实际关税率（%）
1992	40.6	4.8
1993	38.4	4.3
1994	35.5	2.7
1995	25.0	2.6
1996	25.4	2.6
1997	18.2	2.7
1999	10.8	4.1
2001	10.5	4.2

注：1. 表格中的名义关税率是加权平均关税率；2. 实际关税率＝关税收入/进口总额。
资料来源：《2002 年中国统计年鉴》。

出口退税

出口退税是被世界贸易组织规则所允许的贸易政策，为全球各国所广泛采用。在中国，这一政策的实施在促进出口方面发挥了关键作用。1980 年，财政部下调了对出口商品征收的工商税税率。1985 年，工商税被拆分为产品税、增值税、营业税和盐税。1985 年 4 月 1 日，国务院决定实行出口退税政策。增值税率和出口退税率的设定遵循以下规则：煤炭和农产品征收的增值税税率分别为 5%和 7%，出口退税率为 3%；工业品增值税税率为 13%，出口退税率10%；其他商品增值税税率为17%，出口退税率14%。但是，产品税和增值税同时存在，导致重复征税等问题时有发生，直到1994年税制改革之后这些问题才得以解决。此后，所有商品都须缴纳增值税，部分商品还须缴纳消费税。1994年2月，国家税务总局颁布了《出口货物退（免）税管理办法》，规定出口商品应该享受免税待遇。

出口退税的实施极大地推动了出口的扩张，在1994年和1995年，中国出口增长率分别达到了32%和23%。出口的扩大和出口退税措施的实施大幅增加了政府的财政压力。与此同时，1993—1994年间出现了前所未见的严重的通货膨胀，在这种情况下，政府推出了一系列限制性措施。1995年和1996年，中国政府两次下调了出口退税率，平均比率下降至8.2%。但一年之后，亚洲金融危机爆发，为了应对这场危机对出口的冲击，政府于1998年和1999年前后三次上调了出口退税率，平均比率在1999年上升至13.6%。

加工贸易

加工贸易是指企业进口原材料和零部件，将其加工成成品后进行出口的贸易模式。在中国，优惠的政策、低廉的劳动力成本和全球产业转移的趋势促使了加工贸易迅速蓬勃发展。自1993年开始，加工贸易量超过了一般贸易，成为中国出口的主要形式（图11-2）。

20世纪80年代早期，正值“亚洲四小龙”向其他国家进行产业转移的时期，这为中国发展加工贸易提供了绝佳的机会，毗邻香港的广东省迅速成为发展加工贸易的典范。20世纪90年代，中国的对外开放继续深化和拓展，上海、大连、天津保税区建成，随着商业环境的逐步改善，加工贸易迅速扩张。1999年，中国加工贸易出口额达到了1108.8亿美元，是1989年的4倍。与此同时，外商直接投资（FDI）也涌入加工制造领域，成为加工贸易的主要推动者。1999年，外商投资企业的加工贸易出口额为745.4亿美元，在中国加工贸易出口总额和外资企业出口总额中的比重分别达到67.2%和86.8%。20世纪90年代末，国内和国际经济环境发生了剧烈的变化，加工贸易产品结构升级被提上了日程。例如，1999年5月，国家经济贸易委员会（即商务部的前身）将加工贸易分成了禁止、限制和允许三类。

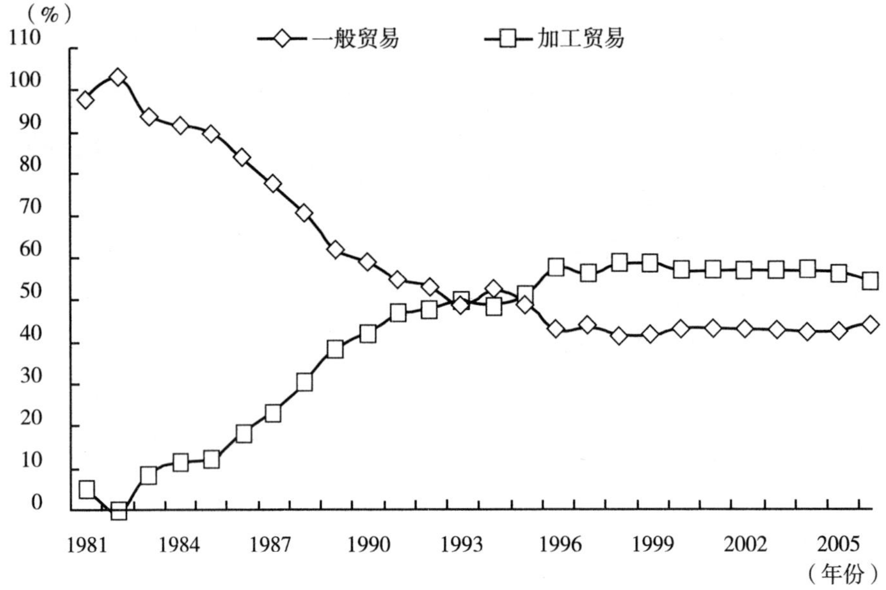

图 11－2　中国一般贸易和加工贸易

数据来源:《2009 年中国统计年鉴》。

外商直接投资

1979 年 7 月,《中华人民共和国中外合资经营企业法》颁布，标志着中国开始致力于吸引和利用外商直接投资。中国稳定的投资环境、充足的劳动力资源和巨大的市场潜力吸引了大量外资流入。自 1993 年开始，中国成为使用外资规模最大的发展中国家。2002 年，它成为全球范围内吸引外资最多的国家。

在改革开放初期，进入中国的外商直接投资数量很小。1992 年，邓小平的“南方谈话”成为一个转折点（图 11－3），为外资的涌入开启了闸门。1998 年和 1999 年，由于亚洲金融危机的冲击，中国的外资流入小幅下降，但 2000 年后有所好转。外商投资的进入与中国对外开放的进程是一致的，1980 年，中国政府批准广东和福建两省实施灵活的经济政策，深圳、珠海、汕头和厦门四个经济特区建立。1984 年之后，14 个港口城市开放，13 个沿海经济特区建成。所有这些都表明，中国改变了对待外国资本的态度，不过在这一时期，进入中国的外资尚处于探索阶段，投资规模相对较小，其中大多投资者都来自香港地区，集中投资于劳动密集型产业。

1986 年 3 月和 10 月，中国政府颁布了《中华人民共和国外资企业法》和《关于鼓励外商投资的规定》。1988 年和 1990 年，《中华人民共和国合作经营企业法》《关于鼓励台湾同胞投资的规定》和《关于鼓励华侨和港澳同胞投资的规定》先后颁布，随着外商直接投资的相关法律框架和政策框架逐步到位，越来越多的地区和行业对外商开放。1988 年，辽东半岛、山东半岛和其他沿海地区对外商开放，同年，海南经济特区建立。1990 年，上海浦东新区成立。在这一时期，外商直接投资业逐渐从旅游、商务和服务行业转向加工制造业，来自欧洲、北美、日本和新加坡的投资开始不断涌入。

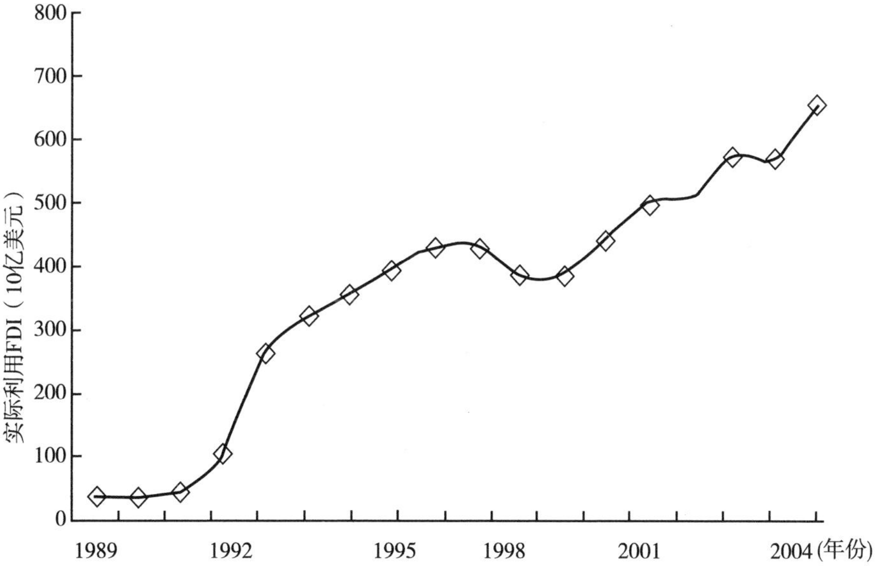

图 11－3 中国外国直接投资流入量

数据来源：《2007 年中国统计年鉴》。

1992 年，邓小平“南方谈话”加快了中国改革开放的步伐，以市场经济为导向的改革逐渐深化，为外国投资者进入中国增强了信心。全方位的开放格局也逐渐成形，跨国公司加快了进入中国的脚步。截至 1995 年年底，世界

500强企业中已有200家企业在中国投资，在通信、仪器、化学制药等资本密集型和技术密集型产业的投资量大幅提高。

然而，外资的大量流入也引起了众多争议，其中争议最多的是外资企业对许多行业的垄断，很多国内企业尤其是国有企业都面临着被跨国公司并购的风险，各界都对外资企业在中国享受的“超国民待遇”表示批判。面对广泛存在的质疑声，中国政府开始实施相应措施改变这一现象。1995年6月，国务院颁布了《指导外商投资方向暂行规定》和《外商投资产业指导目录》，其中，外商投资项目被分为鼓励、允许、限制和禁止四大类，外商投资政策从所有行业欢迎外资转向只有特定行业欢迎外资。亚洲金融危机爆发之后，为了避免外资流入的大幅下滑，中国政府实施了一些新的举措。1997年12月，修订版的《外商投资产业指导目录》扩大了允许外商投资的领域，与1995年的目录相比，新目录中鼓励外商投资的领域达到186个，净增15个产业。

2002—2006年：全面落实加入WTO的承诺

2001年12月11日，中国加入世界贸易组织。此后，中国履行了之前所做的承诺，下调了关税，打破了许多非关税壁垒，同时取消了与世贸组织规则相违背的出口补贴政策。此外，中国根据“非歧视原则”调整了贸易政策，降低了政府对贸易的干预，增加了贸易政策的透明度。

根据之前的承诺：2005年，工业品关税下调至10%；2010年，总体关税税率下调至10%；2020年，关税进一步下调至5%，取消所有与世贸组织规则相违背的非关税壁垒措施。为了履行这些承诺，中国自2002年以来逐渐下调进口关税，总体关税水平从2001年的15.3%下降至2010年的9.8%：其中农产品平均税率从18.8%下降至15.2%；工业品关税从14.7%下降至2010年的8.9%。2002年，5300多种进口商品的关税下调，总体税率从2001年的15.3%下跌至2010年的12%。2005年，900种商品的关税被下调，总体税率从2004年的10.4%下降至9.9%。

中国的服务业也开始对外国投资者开放。2001年12月，中国的音像市场对外资开放。2002 年 4 月，中国扩大了商品贸易、服务贸易、知识产权、投资和透明度上的开放性。自此以后，外国投资者在银行、保险、电信、物流和交通等服务行业获得了更多的投资权利。2006 年，服务业成为利用外资发展经济的佼佼者，部分行业的外资增幅超过了 30%，例如公共管理、社会机构、住宅服务和其他服务、交通、物流邮政、批发零售、租赁和商务服务领域。技术服务和地质采矿、信息技术和软件开发行业的外资增幅超过 10%。

中国加入世界贸易组织之后，随着出口规模的增加，出口退税总额也相应增加，这为政府带来了巨大的财政压力。不仅如此，2003 年，中国经济出现了局部过热的现象，在此情形下，政府采取了一系列限制措施。2003 年 10 月，平均出口退税率从 15.1%下降至 12.1%。高科技设备和电子产品的出口退税率保持在 17%不变，一般商品的出口退税率从 17%下调至 13%，部分资源类商品的出口退税被取消，但其他资源类商品则从 8%下调至 5%。农产品的出口退税率则保持在 5%和 13%不变。2003 年，在局部经济过热的情况下，加工贸易相关政策也被收紧。2004 年 11 月，《加工贸易禁止类商品目录》首次列出了详细的商品名录。2006 年 11 月，《加工贸易禁止类商品目录》包括了 804 种禁止贸易商品。虽然中国的贸易政策在 2000 年之后开始调整，但这并没有阻止加工贸易盈余继续攀升。

2007 年至今：贸易政策“休克疗法”的出台与放弃

2007 年是中国贸易政策的一个分水岭，在此前后，国内国外发生了一系列重要事件，成为中国未来贸易政策变化的推动因素（表 11－3）。政治方面：2006 年 10 月，中国共产党通过了《中共中央关于构建社会主义和谐社会若干重大问题的决定》，次年，“科学发展观”在中共第十七次全国代表大会上被写入党章，这两个概念成为此后中国政策调整的基本原则。经济方面：2007 年 7 月，中国出现了十年来最为严重的通货膨胀，美国次贷危机的影响也逐渐显现，直接影响了中国此后的贸易政策。在国际上，美国次贷危机迅速蔓延至其他国家，并于 2007 年 7 月 8 日引发了“金融海啸”。在此背景之下，二十国集团（G20）这个全新的国际组织应运而生，其成立的目的就是应对危机，截至 2010 年 12 月，G20 已举办了五次峰会。

表 11－3　2006—2008 年期间中国国内和国外的重要事件

类型	时间	事件
国内	2006.10	中国共产党第十六届中央委员会第六次全体会议审议通过了《中共中央关于构建社会主义和谐社会若干重大问题的决定》，强调了“和谐社会”的概念
	2007.07	突然出现的严重通货膨胀标志着十年之久的高增长与低通胀并存时代的结束
	2007.10	中共第十七次全国代表大会将“科学发展观”正式写入党章
	2008.08	美国次贷危机对中国经济的影响逐渐显现，中国开始调整贸易政策
国际	2007.07—08	美国次贷危机迅速蔓延至全球各国，引发了“金融海啸”
	2008.11—2010.11	G20 成员国召开了五次峰会，以寻求全球金融危机的应对之策

数据来源：作者根据相关材料编制。

2007 年 7 月至 2008 年 7 月：出台贸易政策的“休克疗法”

在中国，中共中央的政治决议往往为政策的变化设定基调。2006 年 10 月 11 日，中国共产党第十六届中央委员会第六次全体会议通过了《关于构建社会主义和谐社会若干重大问题的决定》，构建和谐社会这一重心为接下来的经济政策设定了指导方针。2007 年 4 月 5 日，商务部颁布了《2007 年加工贸易禁止类商品目录》，其中新增 184 种商品，禁止商品种类总数增加至 1138 类。2007 年 7 月出现的严重通货膨胀结束了中国持续十年的高增长与低通胀共存在现象，促使中国政府采取措施予以应对。2007 年 7 月 1 日，商务部和国家税务总局对 2831 种商品的出口退税率进行了调整，占税目总数的 37%，2268 种引起贸易摩擦的商品出口退税率被下调，553 种商品被取消了退税待遇，其中包括“高耗能、高污染和资源密集型”商品。2007 年 7 月 23 日，商务部颁布了《2007 年加工贸易限制类商品目录》，其中新增 1853 项税目，税目总数达到 2247 项。2007 年 10 月 15 日，中共第十七次全国代表大会召开，正式将“科学发展观”写入党章。“和谐社会”反映了中国领导人追求的社会愿景，“科学发展观”为实现这一愿景指明了方向。此后不久，2007 年 12 月 1 日，国家发展与改革委员会及商务部共同颁发了《外商投资产业指导目录（2007 年修订版）》，鼓励外资进入高科技和服务行业，限制外商投资稀有及不可再生能源领域。12 月 21 日，商务部颁布了《2007 年第二批加工贸易禁止类商品目录》，其中新增 589 种禁止商品。2008 年 4 月 5 日，《2008 年加工贸易限制类商品目录》正式生效，新增 39 种商品，使商品总数达到 1816 种。

政府采取措施的同时，立法机构也开始行动。2007 年，全国人大常委会共审议通过了三部法律：3 月 13 日，通过了《企业所得税法》；6 月 29 日，通过了《劳动合同法》；8 月 30 日，通过了《反垄断法》。前两部法律于 2008 年 1 月 1 日正式生效，第三部法律于 8 月 1 日生效。从原则上来说，上述法律适用于中国境内所有法人实体。但是，对于在中国长期享受优惠待遇的外资公司来说，这些法律的颁布代表它们在华的优惠政策减少。《企业所得税法》的主要条款是统一了国内企业和外资企业的所得税税率，外资企业长期享受的“超国民待遇”被取消，取而代之的是内资外资企业统一的所得税税率。《劳动合同法》的主要条款是强调不定期劳动合同，这在外资企业中引起了一阵恐慌。按照此法，在同一企业工作时间达到十年或在同一企业连续两次签订定期合同的员工有权利要求与企业签订不定期聘用合同。《反垄断法》规定，外资企业在中国境内的并购活动须经过经营者集中行为审查和国家安全审查。

总而言之，从 2007 年到 2008 年中，中国的贸易政策可以被描述为“休克疗法”，带着明显的“收紧”烙印：提高加工贸易门槛、降低出口退税率、缩小享受出口退税待遇的商品范围、提高外商直接投资进入中国的要求、取消外资企业享受的优惠政策。广东省是中国改革开放的前沿阵地和典范。2007 年 10 月，中共重庆市委书记汪洋在中共第十七次全国代表大会上当选为政治局委员。此后不久，他被任命为广东省省委书记，上任之后，汪洋迅速展开了结构性改革，提出了一系列改革口号，比如“腾笼换鸟”“淘汰落后就是保持先进”等。汪洋的身份比较特殊，他不仅是众所周知的地方政府官员，也是中共中央政治局委员，这种身份使广东省成为实现中央领导意愿的绝佳实验基地。但是，在全球经济环境迅速恶化的形势下，广东省的经济转型和升级很快陷入了困境。

2008年8月至今：贸易政策“休克疗法”的放弃

2007年7月和8月，美国次贷危机引发的全球金融海啸给美国、欧盟和日本经济重重一击。毫无疑问，高度依赖这些国家市场（所谓的G3）的中国也被殃及。为了降低这场危机的冲击，所有受牵连的经济体都开始放松货币政策，为市场注入大量流动性，避免20世纪30年代的“大萧条”再度上演。但讽刺的是，在其他国家都为通货紧缩愁眉不展之时，中国却在与一场前所未有的通货膨胀相抗衡，这一时期所有的经济政策都以经济降温为目标。显然，中国领导人在这场危机面前准备不足，严重低估了危机的冲击性，否则，此前实施的经济政策不可能表现出“休克疗法”的特征。以广东为例，在国内经济政策收紧和出口市场严重缩水的双重打击下，珠江三角洲迅速陷入困境。中央领导为这一局面所震惊，多位领导前往广东一探究竟。时任国务院总理温家宝三次前往广东考察，每次考察结束回到北京后，都会对贸易政策作出调整。

2008年8月1日，财政部和国家税务总局提高了纺织品、服装等商品的出口退税率。此后，出口退税率又先后上调六次，涵盖了纺织品、衣服、机械、电子产品等所有主要出口商品。举例来说，2008年11月1日，3486种商品的出口退税率上调，占税目总数的25.8%。2008年12月31日，商务部和中国海关总署从《加工贸易限制类商品目录》中删除了1747种商品，只保留了500种限制类商品。2009年6月3日颁布的《2009年加工贸易禁止类商品目录》包括了1759类商品，与2008年版目录相比大幅减少。为了吸引外资流向内陆省份，国家发改委和商务部于2008年12月23日颁布了《中西部地区外商投资优势产业目录（2008年修订版）》。2009年1月22日，商务部转达了《国务院办公厅关于促进服务外包产业发展问题的复函》，文中鼓励外资进入服务产业，尤其是服务外包领域。2009年下半年开始，中国的贸易政策总体保持稳定，只做过小幅调整以促进出口，例如，2009年7月1日，国务院关税税则委员会取消或降低了部分农产品和农业用品的出口关税，商务部和国家税务总局取消了部分钢铁和有色金属的出口关税。

在三年时间中，贸易政策经历了一次V形反转。从2007年至2008年中期，中国的贸易政策大幅收紧，表明中央领导对于构建“和谐社会”和“科学发展观”的愿景。2007年中期突然来袭的通货膨胀促使中国政府进一步收紧贸易政策。直到2008年中期，决策层才终于意识到美国次贷危机对中国已产生严重影响，随即全面放松贸易政策。Luo and Zhang（2010）使用政治经济学的方法对这一时期的贸易政策进行分析，他们指出，在现有的政治体系下，中国的贸易政策是“自上而下”和“从外而内”的。也就是说，贸易政策往往取决于决策层对国内经济发展和国际压力的看法。但是，决策层无法及时获得市场的第一手信息，因此这种方式制定的贸易政策往往具有滞后性，所导致的后果就是，中国作为一个高度依赖出口的国家，在应对全球金融危机所带来的冲击方面准备不足，导致沿海地区陷入困境。

中国参与世界分工所产生的影响

从1987年至2001年，中国为适应全球贸易体系规则、加入世界贸易组织付出了巨大的努力，这是中国得以在国际市场上与他国展开竞争的前提条件。中国申请恢复关贸总协定缔约国身份和申请加入世界贸易组织的15年时间可大致分为两个阶段：1992年之前，中国处于计划经济和市场经济的艰难选择中；1992年之后，中国加快了与贸易伙伴的双边市场准入谈判进程。1992年，邓小平“南方谈话”成为一个重要的转折点，自此以后，中国开始建立市场经济体制，让市场在资源配置中扮演关键角色。

自2001年12月11日加入世界贸易组织以后，中国逐渐开始发挥比较优势，对劳动密集型产品的出口使中国充足的劳动力资源得以在全球市场中进行分配。首先，广阔的出口市场使中国获得了发挥生产潜力的机会，使其永远摆脱了短缺型经济状态。第二，中国的产能在全球市场被消费，解决了国内市场有限、产能过剩的问题。第三，从其他国家进口的资源和中间品打破了中国经济发展的瓶颈问题。加入世界贸易组织刺激了生产潜力的发挥，而全球化则是实现和消费这一巨大潜力的“快车道”，中国的经济周期波动也因此变得平缓，20 世纪八九十年代“大起大落”的模式一去不复返，取而代之的是数十年之久的高速稳定发展（图 11－4）。图 11－5 描绘了这一时期中国的消费者价格指数（CPI）和主要消费品的价格水平，从图中可以看出，消费者价格指数较为稳定，部分消费品的价格甚至出现下降趋势。

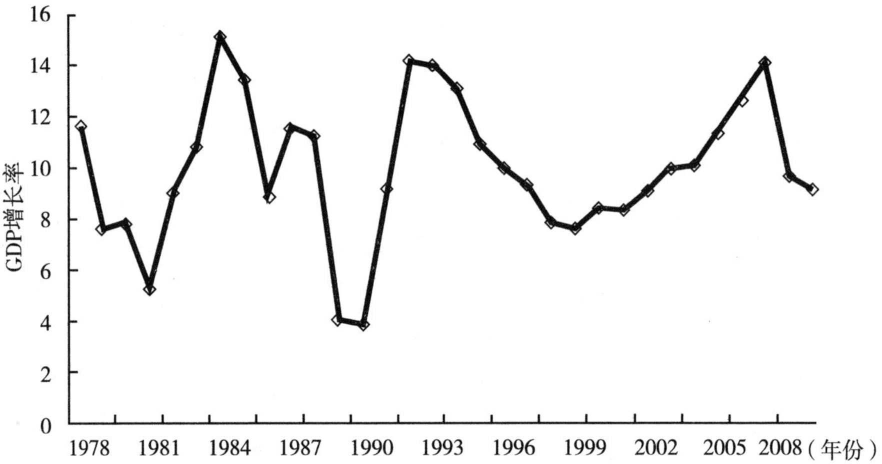

图 11－4　1978 年后中国 GDP 增长率

数据来源：相关年份的《中国统计年鉴》。

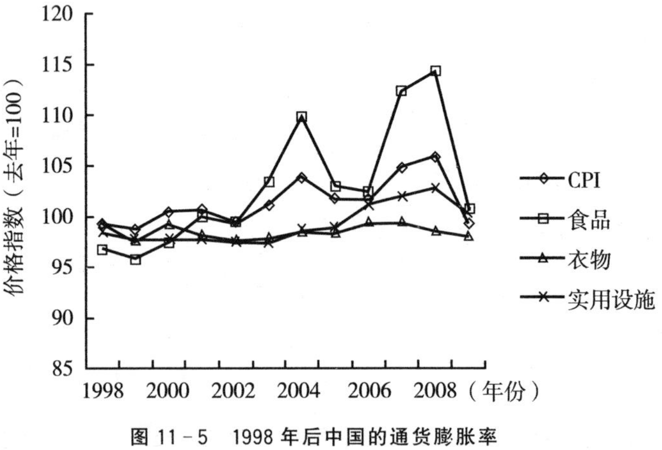

图 11－5　1998 年后中国的通货膨胀率

数据来源：相关年份的《中国统计年鉴》。

现在我们将目光转向中国的主要贸易伙伴，看看他们在中国加入世贸组织后的七年中发生了什么变化。图 11－6 描述了 2001 年之后这些国家的经济增速，虽无法与中国相提并论，但基本都保持了相对稳定的增长。图 11－7 中是这些国家的价格水平，大多都呈现价格稳定的趋势。中国的消费者价格指数与其贸易伙伴之间的相关性系数为正，除了荷兰，中国与其他国家的这一系数都大于 0.6。如上文所述，中国的消费者价格指数在这一时期保持相对

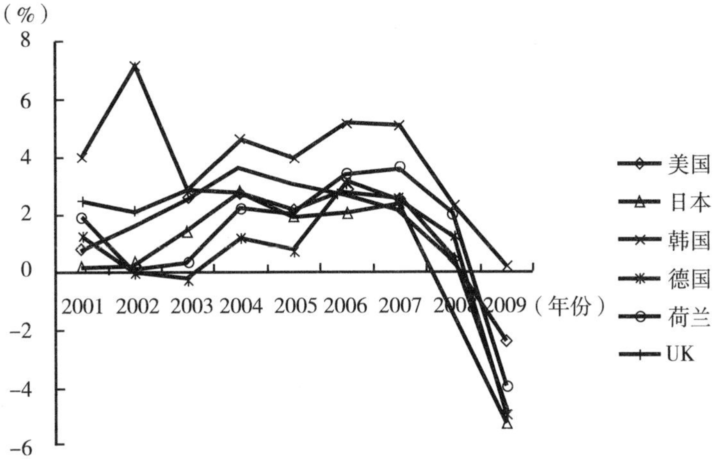

图 11－6　中国主要出口市场的 GDP 增长率

数据来源：《世界发展指标》。

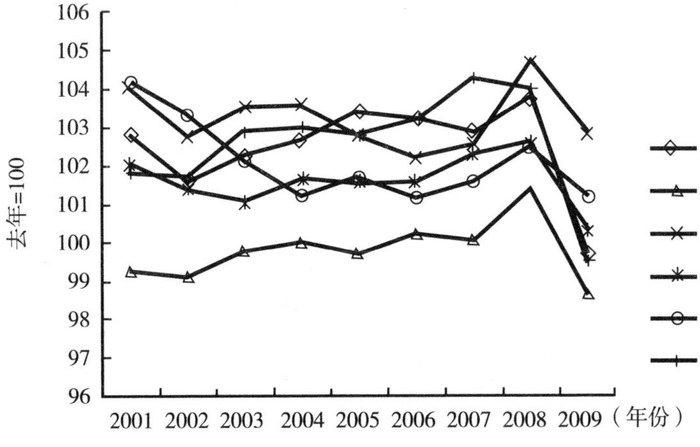

图 11－7　中国主要出口市场的通货膨胀率

数据来源：《世界发展指标》。

稳定，衣服和家用电器的价格甚至出现了一定程度的下跌。因此，中国很可能为其贸易伙伴国的价格水平造成下行压力，这在一定程度上支持了“中国出口通货紧缩”的说法。

许多人认为无论中国还是世界其他国家都会从中国对世界分工的参与进程中获益，但全球金融危机的爆发令这些乐观的人们大失所望。这场危机是国际市场对全球经济失衡自我调节的过程。我们好奇的是中国在全球经济失衡中扮演着怎样的角色。为了得到这个答案，首先要理解中国“出口繁荣”的重要性。中国的贸易顺差大多是由私人部门创造的，在目前的强制结汇制度下，私营企业赚得的外汇必须兑换成人民币，外汇被上缴至中央银行，成为新增的外汇储备。当这些外汇储备被重新投资于美国市场时，以美元计价的资产价格被推高。不仅如此，中国是一个资源匮乏型国家，其对能源消耗型产品的出口也推高了国际市场上能源和资源的价格，2007 年中期出现的通货膨胀就是个例子。图 11－6 表明，这场通货膨胀基本上归咎于食品价格的上涨，这反映了当时的状况——大量农产品被用于生产可替代能源。能源价格和资产价格的攀升达到了不可持续的水平，于是一场危机就在所难免。

中国与世界各国的贸易关系

中国是全球主要贸易国家之一，自从加入世界贸易组织以来，中国一直积极参与多边贸易自由化的进程，同时也致力于与各国签订双边自由贸易协定。截至 2010 年 10 月，中国已与东盟、巴基斯坦、智利、新西兰、新加坡、秘鲁及哥斯达黎加签订了自由贸易协定，与孟加拉国、印度、老挝、韩国、斯里兰卡签署了《亚太自由贸易协定》。此外，中国大陆与香港和澳门特别行政区签订了《关于建立更紧密经贸关系的安排》。目前，中国正在与澳大利亚、冰岛、挪威、海湾合作委员会、南部非洲关税联盟进行自由贸易谈判。

2010 年 5 月以后，有关中国与韩国、印度和瑞士签署自由贸易协定可行性研究已经开始，政府相关部门、企业和学术界也开始对中国、韩国、日本三国之间签署自由贸易协定的可行性展开研究。中国是智利最大的贸易伙伴，是新西兰、秘鲁和哥斯达黎加的第二大贸易伙伴，是新加坡的第三大贸易伙伴，同时是东盟和巴基斯坦的第四大贸易伙伴国。对香港和澳门来说，《关于建立更紧密经贸关系的安排》为它们提供了进入中国内地广阔市场的绝佳机会。巴基斯坦与中国之间的外交关系很特殊，因此两国的自由贸易协定包含许多政治因素。虽然政治因素是中国与东盟建立贸易关系的主要推动力，但不可否认，自 1997 年亚洲金融危机以来，中国与东盟之间的经济融合越来越深入，建立贸易关系也是自然而然的结果。Ko（2010）[①] 对中国与东盟成员国之间的贸易关系进行了实证研究，结果表明，这种合作更多的是出于经济考虑而非政治原因。新西兰是第一个与中国签订自由贸易协定的发达国家，这是中国的完全市场经济地位获得发达国家认可的重要一步。对与中国签署自由贸易协定进行可行性研究的国家如澳大利亚、冰岛、挪威及瑞士都承认了中国的完全市场经济地位。中国与智利和秘鲁之间签订自由贸易协定，其目的是改善中国与拉丁美洲的贸易关系，同时满足自身对资源的巨大需求，因为上述两国都拥有丰富的矿产资源。中国与海合会之间的谈判着眼于海湾地区拥有世界上最丰富的石油资源，与哥斯达黎加的自由贸易协定表明了中国在加强与中美洲国家经贸联系所作的努力，与中国台湾地区建立了所谓的“外交关系”的国家大多在这一地区。但是，令中国感到失望的是，其最主要的贸易伙伴欧盟和美国既没有与其开始自由贸易谈判，也拒绝承认其完全市场经济地位。

全球经济面临的挑战和中国未来的贸易政策

改革开放以来，中国在经济和社会发展方面取得了举世瞩目的成果，在此期间，为了充分利用国际国内资源、扩大出口市场，中国频繁地调整贸易

---

① Ko, Ariel Hui-min (2010), ‘Not for political domination: China’s foreign economic policy towards Vietnam, Singapore, and Malaysia in the open era’, Ph. D. Dissertation, Department of Politics, University of Glasgow.

政策，上文对此进行了回顾。这一部分将集中关注当前及未来几十年的全球经济，分析其对中国未来贸易政策的影响。

全球失衡

在全球经济体系中，大国往往扮演着关键的角色，他们通过经济和贸易对其他国家产生影响。我们将展示大国经济的一些基本特征及其贸易模式，并在此基础上理解全球经济失衡。

大型经济体的 GDP

就 GDP 而言，欧盟 27 国、美国和中国是全球规模最大的三个经济体。根据国际货币基金组织的估测，2010 年，上述三个经济体的 GDP 将分别达到 16.1 万亿美元、14.6 万亿美元和 5.7 万亿美元，占全球 GDP 总量的 26%、23.6%和 9.3%，其 GDP 总和在全球 GDP 中的比重超过一半。国际货币基金组织还预测，截至 2015 年，上述三个经济体的 GDP 将分别达到 19 万亿美元、18 万亿美元和 10 万亿美元，其总和在全球 GDP 总量中的比重依然是 50%出头，但其中只有中国的比重在不断增加。在"金砖四国"中，除中国之外的其他三国在全球 GDP 中的比重将分别从 3.3%、2.4%和 2.3%增长至 3.4%、3.1%和 2.9%。

大型经济体的贸易

按照 2009 年的贸易总量来衡量，欧盟、美国和中国分别位列全球前三名。在主权国家中，美国、中国、德国和日本的贸易总量分别达到 2.4 万亿美元、2.2 万亿美元、2.1 万亿美元和 1.0 万亿美元（数据来源：CIA World Factbook）。就经常账户余额而言，在 2009 年，中国以 2962 亿美元位居榜首，日本和德国紧随其后，经常账户余额分别为 1312 亿美元和 1097 亿美元，美国位列最后，经常账户赤字 3801 亿美元。就经常账户余额在 GDP 中的比例来说，德国为 5.97%，日本为 3.43%，中国为 3.37%，美国为－5.33%。对"金砖四国"中除中国的其他三个国家来说，俄罗斯的这一比例为 2.31%，表明存在经常账户盈余，巴西为－1.21%，印度为－0.71%，表明存在经常账户赤字（数据来源：CIA World Factbook，2010 年 11 月）。2009 年，欧盟 27 国的经常账户赤字在 GDP 中的比例为－1.1%，一年之前的比例为－1.9%（资料来源：欧盟统计局）。

美国和其他大型经济体之间的贸易

再来看看美国和其他大型经济体之间的商品贸易（表 11－4）。中国、日本和德国分别是美国第二大贸易伙伴、第四大贸易伙伴和第五大贸易伙伴，其与美国的贸易量分别占美国贸易总量的 15%、5.6%和 4.4%。在美国贸易逆差中，中国位列第一，日本位列第三，德国位列第五。2009 年，美国与中国之间的贸易逆差占美国贸易逆差总额 5170 亿美元的大约 44%，与日本和德国之间的这一比例分别为 9%和 5%。显然，就贸易份额来说，中国、日本和德国在美国贸易逆差中的比重非常大，其中中国尤为明显。

表 11－4　2009 年美国的主要贸易伙伴（单位：10 亿美元）

商品贸易量最大的五个国家	加拿大	中国	墨西哥	日本	德国
	429.64	365.98	305.53	147.13	114.55
产生商品贸易逆差最大的五个国家	中国	墨西哥	日本	加拿大	德国
	－226.83	－47.54	－44.77	－20.18	－27.95

数据来源：美国人口调查局。

中美贸易

就名义贸易额来说，美国与中国之间的商品贸易额增长了将近 100 倍，从 1987 年的 28 亿美元增长至 2008 年的 2680 亿美元（图 11－8）。图 11－9 描述了美国的国际贸易在全球国际贸易总量中的比重，名义贸易逆差从 1987 年的 1521 亿美元增加至 2008 年的 8162 亿美元，增幅约 4.4 倍。中美贸易逆差级数与美国贸易逆差总额级数之间的相关系数超过 0.95。中美贸易失衡似乎是美国贸易总体失衡中的一个至关重要的因素。与中美实体经济关系相比，在两国货币关系方面，中国拥有的美元资产持续增加。表 11－5 表明，中国是美国国债的最大持有国，占其发行总量的 20.8%。中国和石油出口国等与美国产生贸易顺差的国家一直在收购美元资产，刺激美元资产价格急速上升，导致资产泡沫的产生，助推了次贷危机的爆发。全球经济处于严重失衡的状态。中国和美国是GDP规模最大的两个主权国家，前者具有大量贸易顺差，而后者则具有大量贸易逆差，两国应调整发展战略和贸易政策。

表 11－5　美国国债主要持有国（2010 年 7 月）

国家/地区	持有总量（10 亿美元）	持有量占比（%）
中国	846.7	20.8
日本	821.0	20.2
英国	374.3	9.2
石油出口国	223.8	5.5
加勒比银行中心	150.7	3.7
巴西	162.2	4.0
中国香港地区	135.2	3.3
俄罗斯	130.9	3.2
中国台湾地区	130.5	3.2

数据来源：美国财政部。

注：石油出口国有沙特阿拉伯、委内瑞拉、利比亚、伊朗、伊拉克、阿联酋、巴林、科威特、阿曼、卡塔尔、厄瓜多尔、印度尼西亚、阿尔及利亚、加蓬、尼日利亚。加勒比银行中心包括巴哈马群岛、百慕大群岛、开曼群岛、荷属安的列斯群岛、英属维尔京群岛、巴拿马。

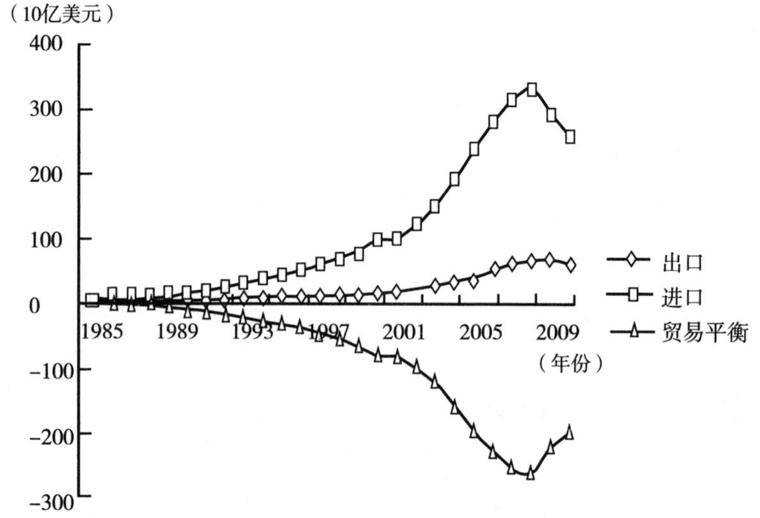

图 11－8　中美贸易

数据来源：美国人口调查局。

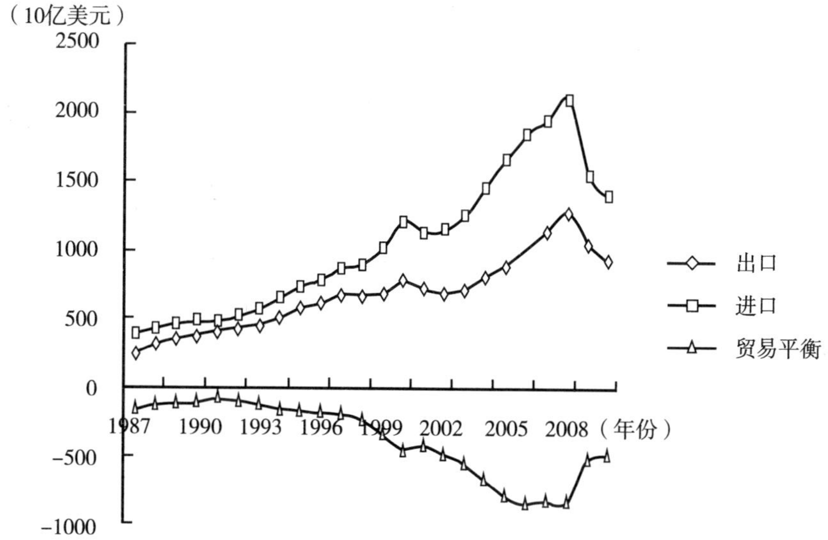

图 11-9 美国对外贸易

数据来源：美国人口调查局。

全球金融危机和经济危机

全球金融危机是世界经济失衡的必然结果，也是重建全球经济平衡的机会。但是，结构性改革并非短期内能实现的事，因此，对大多数国家来说，眼下的危机更多的意味着麻烦而非机会，对中国尤为如此。

中国高度依赖外部市场，次贷危机引发的金融危机对中国的主要出口市场造成了严重的打击。这些国家的经济萎靡不振通过三种方式对中国产生了负面影响：首先，这些国家从中国的进口减少，对中国出口造成直接打击；其次，这些国家的经济疲软产生溢出效应，对其他国家尤其是发展中国家产生影响，进一步打击了中国的出口；第三，在全球经济衰退的背景下，贸易保护主义再度浮出水面，威胁着所有国家的经济，中国尤为明显。根据《中国统计年鉴》，从 2008 年至 2009 年，中国商品出口下跌了 16%，对其最大的出口市场欧盟的出口下降了 19%，对其他主要贸易伙伴美国、日本、韩国和德国的出口分别下降了 13%、16%、27% 和 16%，对 G20 的出口下降了 15%。

随着全球经济不断恶化，中国遭遇了越来越多的贸易保护。根据商务部公布的《国外市场调查报告》（*Foreign Market Access Report* 2010），在2009年，中国的出口产品遇到了116起贸易救济调查，涉及金额127亿美元，其中有76起反倾销调查、13起反补贴调查和20起特殊保障措施调查。在发起调查的国家而言，美国发起过12起反倾销调查，10起反补贴调查和1起特殊保障措施调查。欧盟发起过7起反倾销调查。从1995年到2008年，中国曾是677起反倾销调查对象，远高于紧随其后的韩国，韩国遭遇过252起反倾销调查（表11－6）。

表11－6　1995—2008年期间反倾销调查的主要对象国和发起国

反倾销调查对象国		反倾销调查发起国	
中国	677	印度	564
韩国	252	美国	418
美国	189	欧盟	391
中国台湾地区	187	阿根廷	241
印度尼西亚	145	南非	206
日本	144	澳大利亚	197
泰国	142	巴西	170
印度	137	中国	151
俄罗斯	109	加拿大	145
巴西	97	土耳其	136

数据来源：http：//www. antidumpingpublishing. com。

一方面，出口的下降是国际市场不景气带来的后果，与贸易保护主义的兴起也不无关系。另一方面，出口的下降也是对前些年贸易的快速增长的一种矫正，中国需要调整贸易政策解决新出现的问题。

气候变化和全球变暖

气候变化和全球变暖已成为全球各国普遍关注的问题。在大型经济体中，中国降低碳排放的压力与日俱增。根据美国能源信息管理局发布的《2010年国际能源展望》，在2007年至2035年之间（图11－10），中国碳排放增长速度将达到最大值2.7%，“金砖四国”中其他三国巴西、印度和俄罗斯分别位于第二位、第三位和第七位，其碳排放增长率分别是2.4%、1.8%和0.3%，美国的这一速度是0.2%，位列第九位。日本是全球第三大经济体，是与美国之间存在贸易顺差的第二大经济体，日本的碳排放增长率将是-0.6%。

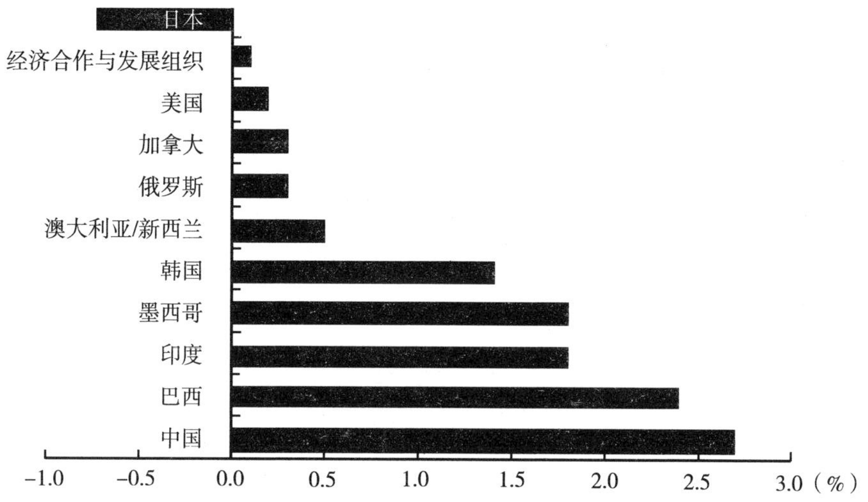

图11-10 能源相关的碳排放平均年增长率（2007—2035）

数据来源：美国能源信息管理局，《2010年国际能源展望》。

上述报告还表明，截至2035年，虽然中国的人均碳排放低于美国和俄罗斯，但是在2035年，中国的人均碳排放增长率将达到最大值，人均排放量将接近日本的水平，印度、巴西和俄罗斯的人均碳排放也将处于上升趋势，但上升速度将低于中国。印度和巴西的人均碳排放将在2035年保持较低水平，其中印度甚至低于中国1990年的碳排放水平（图11-11）。

此外，在能源消耗总量方面，中国2008年的消耗量仅次于美国位列第二。俄罗斯、印度和巴西分别位列第三、第五和第九，其能源消耗总量分别是中国的35%、22%和12%（数据来源：美国能源信息管理局《国际能源统计》）。最后，在每单位国内生产总值的能源消耗方面，2008年，在G20成员国中，中国位列第二，仅次于俄罗斯，印度和巴西的每单位GDP能源消耗量分别是中国的70%和38%，仅是美国的27%（数据来源：美国能源信息管理局《国际能源统计》）。

考虑到中国对外部市场的高度依赖性，能源消耗量的居高不下表明中国的进一步发展必将推高国际市场上基本商品的价格。为了在抵御气候变化和全球变暖方面扮演更负责任的角色，中国也需要调整贸易政策。

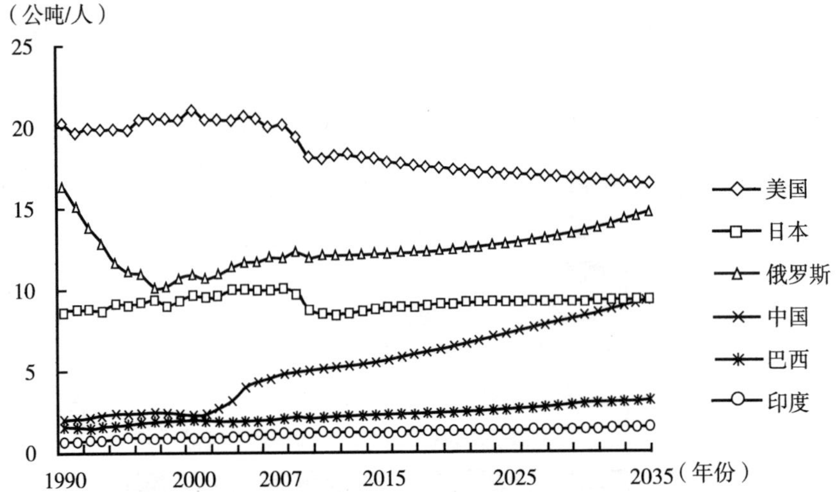

图 11－11　非经合组织成员国的人均碳排放

数据来源：美国能源信息管理局，《2010 年国际能源展望》。

中国未来的贸易政策

中国面对国内国际压力，应该大幅调整贸易政策。根据《第十二个五年计划》，我们建议在四个方面作出调整。

首先，需要改善外贸结构。在贸易总量方面，应进一步扩大进口而非出口；相较于过去以加工贸易为重点的策略，未来应继续促进一般性贸易的增长；比起产业间贸易，中国应大力促进产业内贸易。在出口方面，中国应将重点从推动低端产品出口转向促进高附加值产品和高科技产品的出口；进一步提高国内出口企业的竞争力，尤其是私营企业，不应再继续将发展外资企业作为重点，应将竞争模式从过去的“低成本”向“高质量”转变。在扩大出口的重点沿海地区，尤其是长江三角洲、珠江三角洲和渤海湾经济圈都应建立自己独特的比较优势，避免产业结构重复。在出口市场方面，在保持中国出口产品在欧盟、美国和日本的竞争力的同时，应进一步促进出口市场的多样化，尤其要重点扩大对新兴经济体的出口。在进口方面，应增加具有长期战略意义的设备和资源类产品的进口，不应重点促进普通资源产品进口。同时，应增加消费品进口，尤其是中高端消费品进口，减少对制造加工设备的进口。我们还应提高可交易类服务的进口，相对减少对商品的进口。应适当促进提高农产品进口，不应再重点进口工业品。

其次，中国应更好地利用外国投资。外国在华资本往往青睐于劳动密集型产业。因为长期以来，外资都是在中国廉价劳动力和政府的优惠政策的吸引下选择进入中国的，如今，政府优惠政策逐渐被取消，在华外资企业的运营方式也逐渐转向遵循国际惯例。中国应扩大允许外资进入的领域，更确切地说，应加快外资向现代制造业和高科技产业流动，不应继续鼓励外资进入传统加工制造业；应进一步鼓励外资进入生产性服务行业，不应再鼓励对加工制造业的投资；应鼓励外商投资服务外包领域，减少加工贸易投资；还应优化外资的空间区位结构，将研发、加工制造和服务业在沿海和内陆地区进行合理的分配。

第三，中国应鼓励中国企业对外投资。在其他国家进行结构性调整并将不再具有比较优势的产业向外转移之时，中国应抓住机遇。在过去五六年里，中国企业海外投资快速增长，但仅局限于邻国和资源性行业，未来，中国企业应同时扩大在发达国家和新兴市场的投资，不应继续盲目聚焦于资源型行业。此外，还应抓住机遇对具有长期战略意义的海外资产进行并购，具体来说，除了寻求资源，还应着眼于效率、市场和战略性资产，除了在国外市场新建企业，还应逐渐形成多样化的国际市场进入方式，如并购和褐地投资。

第四，中国应积极参与多边和双边自由贸易谈判。目前，多哈谈判破裂和贸易保护主义浮现都对中国产生负面影响。胡夫鲍尔和劳伦茨（2010）指出，中国和美国应承担起重启多哈谈判的责任，他们认为，中国应在以下方面作出努力：应同意加入世界贸易组织政府采购协定；应加入化学、信息技术硬件设备和环境商品等行业自由化协定，作为回报，包括美国在内的发达国家应承认中国的完全市场经济地位，中国和美国的妥协将为全球自由贸易进程逐渐注入新的能量。此外，中国还有许多机会扩大双边自由贸易：在亚洲，除了与东盟成员国执行和深化自由贸易协定，中国、日本和韩国之间存在紧密的贸易联系，应在这三国的自由贸易对话中实现突破。在国际社会上，中国与“金砖四国”中的巴西、俄罗斯和印度具有不同的比较优势，应与这三个国家签订自由贸易协定。

贸易政策的调整需要其他政策的配合

我们希望中国通过上文提到的贸易政策调整实现以下三个目标。首先，实现商品和服务进口和出口之间的平衡，使贸易顺差更为合理。其次，实现资本流入和流出之间的协调，使私有和国有外汇储备得到更多样化的使用。第三，应积极地与更多国家签订自由贸易协定，保证商品和资本的有序流动。为了实现上述目标，需满足两个外部条件：从国际角度来说，贸易伙伴应该在结构改革和政策设计上相协调，避免博弈理论中“囚徒困境”的出现；从国内角度来说，中国的贸易政策应与其他经济政策相协调，避免内部冲突和摩擦。鉴于篇幅限制，我们只简单讨论第二个条件。

在“十二五”计划中列出的 11 个任务中，深化市场开放位于名单最后。如果前 10 个任务能够圆满完成，那么贸易政策调整将发挥更明显的效果。目前，改革已进入深水区，在各项改革措施中，解决实体部门产出与金融部门资金配置之间不协调的问题至关重要。尤为重要的是，私营部门获得资金支持依然很困难，而国有部门却存在资金滥用的情况。中国尚未形成一个有效的金融系统，而这却是实体经济的支柱。中国的企业尤其是私营企业，如果不进行创新，将陷入低端产品困境而难以走出。随着价格竞争的激烈和贸易状况的恶化，私有资本需要被转移至其他部门和行业。但是，由于制度因素和金融因素的限制，这并非易事。在此背景下，私有资本不得不进行投机，尤其是房地产炒作。我们提到过，私营企业是中国贸易顺差的主要创造者，由于没有合理的资金支持，通过加工贸易赚取小额利润成了私有部门资本积累的主要途径。中国应大力改革金融部门，这既能降低私营企业对出口的依赖，避免出口的盲目扩张，同时也能够促进私营资本进入高附加值的制造和服务领域。

第十二章
节能减排：2009—2049年中国新型发展战略

陈诗一　复旦大学中国经济研究中心研究员。他在韩国庆北国立大学获得经济学博士学位，研究领域包括非参数计量经济学理论、中国经济增长的时间序列预测和实证研究、金融市场风险和节能减排。在《计量金融》《预测杂志》《世界经济》《中国经济评论》等中英文期刊发表多篇论文。同时，他还担任《世界经济论文》杂志编辑以及《世界经济》《实证经济学》《新兴市场金融和贸易杂志》《亚太经济杂志》等英文期刊的审阅人。他撰写的《中国的节能减排、结构调整和产业发展转型》入选2010年“国家哲学社会科学成果库”，发表的论文被授予“上海哲学社会科学优秀科研成就奖”一等奖。

节能减排能否实现经济和社会的双赢目标

2010年，《京都协议书》即将失效，为了使全球各国在此之后能够在降低碳排放这一问题上达成协议，各国展开了新一轮的谈判。但由于各方在减排义务方面存在争议并对经济增速减缓表示担忧，而且在金融危机期间这些争议尤为凸显，因此谈判进程极为坎坷。过去两年中，在哥本哈根和坎昆举行的气候变化大会在如何延长《京都协议书》这一议题上尚无明显进展。事实上，许多国家并未逃避其全球责任。相反，它们将低碳经济看成是未来经济增长的基础，并在金融危机期间将绿色投资作为财政刺激计划的重要内容。例如，美国总统奥巴马提出的《复苏和再投资法案》中一项重要内容就是大力发展可再生能源。不仅如此，美国众议院于2009年通过了里程碑式的《美国清洁能源和安全法案》，这部法案的目标是使可再生能源和低碳技术成为新的经济驱动力。2009年，英国也颁布了国家战略白皮书《英国低碳过渡计划》，意在以此向低碳国家转型，该计划的内容包括：削减碳排放、确保安全的能源供应和充分利用经济发展机会。

根据汇丰银行的研究报告，中国政府利用规模巨大的资金储备和长期规划的传统做法，于2008年11月实施了高达4万亿人民币（约合5840亿美元）的经济刺激计划，其中将近40%被投资于环保相关领域，比重最大的投资在铁路、电网和水利基础设施领域，同时包括环保专项资金。在亚洲其他国家中，韩国推出“绿色新政”，其中80%的资金用于环保相关投资。美国的《复苏和再投资计划》推出了7870亿美元的刺激措施推动经济发展，其中940亿美元用于发展可再生能源、建造高效低碳的交通工具、公共交通网、电网和水利设施，虽然环保投资额度不及中国，但投资范围相对较广，是唯一一个切实促进可再生能源发展的计划。相比之下，欧洲具有大量财政自动稳定器，因此财政刺激措施的规模明显小于中国，但其气候变化程度大于美国，法国、德国等欧盟国家都十分重视对低碳领域的投资。

各国都十分清楚节能环保对国家长期发展的必要性，它对转变经济发展方式和提高未来新型技术竞争力至关重要。但就短期来看，尤其是在全球金融危机的大背景下，实施节能减排措施会占用原本可用于发展其他业务的有限资源，降低经济复苏的步伐，各国在全球气候谈判中对降低碳排放迟迟不愿作出承诺，原因就在于此。事实上，有关节能减排对经济发展的影响，学术界存在两种截然相反的观点，一方称根据波特假说，实施节能减排措施有助于实现双赢的发展机会，在提高环境质量的同时促进生产效率的提高，既能实现社会目标又能实现经济目标，一举两得。而同时，许多学者对这种双赢的发展前景表示质疑，他们认为，如果这种模式的确存在，那么政府就无需对企业征收额外的环保成本，许多学者都对这种双赢发展的可能性进行过实证研究，本章第三部分将对此进行详细分析。

中国的能源消耗量在全球位列第二位，仅次于美国，更确切地说，美国和中国分别位列煤炭消耗总量前两位，这也使中美两国成为最大的温室气体排放国。2007年，中国的二氧化碳排放量超过了美国，中国由此开始面临来自全球的碳减排压力。随着科学发展观的提出，节能减排成为中国经济结构调整和发展方式转变的推动力。因此，针对节能减排措施对中国经济产生的积极效应和消极影响进行深入研究是极为必要的，在全球危机重创实体经济之后，对节能减排对产出增长和生产率的影响进行研究尤为必要。未来数十年是中国战略发展关键期，在这一时期，为中国找到一个最佳的节能减排方案、实现双赢的发展模式是至关重要的。众所周知，工业是中国经济的主要支柱，也是最主要的碳排放者，占中国碳排放总量的80%，是中国节能减排措施的主要实施对象。中国处于工业化中期阶段，这一时期以高耗能、高污染的重工业的繁荣发展为主要特征，在未来的经济增长中，钢铁、水泥、化工等能源和碳排放密集型行业还将继续扮演主要角色。因此，可以预见，节能减排措施还将继续对中国的经济发展产生更多负面影响，对重工业发展的阻碍尤为明显。总而言之，正确理解能源和环境与工业产出和生产率之间的关系对于中国工业经济发展和公共决策具有深远的意义。本章对 38 个子行业进行了集中讨论，我们希望能为中国从今天到建国 100 周年期间找到一条最优的节能减排路径，实现双赢发展。

文献回顾

最近 20 年来，能源、环境和经济（3E）之间的关系一直是学术界和决策层关注的焦点问题。传统的环保观点认为，政府对企业征收额外的环保成本会降低中国企业的国际竞争力，但是波特在 1991 年发表的论文中首次对这种观点提出质疑，他认为高耗能和高排污是经济浪费的一种表示，是资源利用不充分和低效率的标志。在他看来，改变这种低效的现象将为企业创造双赢的发展机会，既能提高生产效率，又能达到环保目标。企业在环保方面的努力有助于其确定和排除生产低效和监管障碍，生产效率提高的同时，环境质量也能得到改善。因此，环保政策能否取得成效取决于上述低效现象在各行业中的普遍程度，尤其是在能源和污染密集型行业中的普遍程度。但是，由于管理体制的欠缺，企业对于上述环保政策能够创造的发展机会缺乏了解。波特和范德林德（1995）① 进一步强调，以经济刺激为形式的合理的环保政策能够促进创新，在一定程度上甚至能够完全抵消环保政策带来的成本，这种抵消效应产生的原因在于环保监管措施的目标与提高资源利用率往往具有一致性，这说明环保政策越严厉，企业的生产率和竞争力越高。这一理论被称为“波特假说”。不可否认，许多学者都对“波特假说”提出过批判，认为这个理论是对有效市场假说和新古典经济学理论的挑战。他们质问为何企业自身无法意识到这些双赢的发展机会，这说明“波特假说”并不具有一般有

① Porter, Michael E. and C. van der Linde (1995), 'Toward a new conception of the environment-competitiveness relationship', *Journal of Economic Perspectives*, 9 (4), 97-118.

效性。

学术界针对“波特假说”进行了大量实证研究。卡尔沃宁（2001）① 将资本替代的生态经济学与“波特假说”相结合，对过去20年来芬兰资本密集型的造纸工业进行了研究，以此证明新型科技的运用对于该产业实现双赢发展所发挥的积极作用以及人为资本投资对自然资本产生的影响。莫尔（2002）② 通过运用一般均衡框架，推导出了与“波特假说”一致的结论。该模型表明，由于内生技术变化的存在，“波特假说”具有可行性。莫蒂和库马尔（2003）③ 使用随机参数的方法估算了印度制造业的产出距离函数，结果表明，企业的技术效率随着环保监管和水资源保护力度的增加而提高，这与“波特假说”的结论一致。博蒙特和塔什（2004）④ 发现，减排成本曲线方法是确定阻碍实现双赢发展或实现工业发展和环境保护一赢一平状况的因素的有效管理工具，也为未来的废物处理战略指明了方向。

格拉克（2006）⑤ 也为“波特假说”提供了支持，研究结果清晰地表明，在尚未形成新型环境治理设备的完善市场之时，政府应该实行严格的环保政策。模拟结果显示，在严格的环保政策环境下，只要污染治理设备的价格逐渐下降，那么环保政策对出口市场份额的影响几乎可以忽略不计，因此，政府首

---

① Karvonen, Minna-Maari (2001), ‘Natural versus manufactured capital: win-lose or win-win? s case study of the Finnish pulp and paper industry’, *Ecological Economics*, 37 (1), 71-85.

② Mohr Robert D. (2002), ‘Technical change, external economies, and the Porter Hypothesis’, *Journal of Environmental Economics and Management*, 43 (1), 158-168 .

③ Murty, M. N. and S. Kumar (2003), ‘Win-win opportunities and environmental regulation: testing of Porter Hypothesis for Indian manufacturing industries’, *Journal of Environmental Management*, 67 (2), 139-144.

④ Beaumont, Nicola J. and Robert Tinch (2004), ‘Abatement cost curves: a viable management tool for enabling the achievement of win-win waste reduction strategies?’, *Journal of Environmental Management*, 71 (3), 207-215.

⑤ Greaker, Mads (2006), ‘Spillovers in the development of new pollution abatement technology: a new look at the Porter-hypothesis’, *Journal of Environmental Economics and Management*, 52 (1), 411-420.

先不应对出台严厉的环保政策存在恐惧心理。库奥斯曼恩等学者（2009）① 提出了环境成本收益分析新方法（ECBA），这种方法不要求对环境影响进行预先估值，它是建立在影子价格的基础之上，对 10 个温室气体减排时机策略进行效益分析，其中考虑了减排的附带效益。此外，有一些研究论文的结论与“波特假说”的结论相同或保持中立。博伊德和麦克利兰（1999）② 在谢帕德的距离函数基础上建立了效率度量，将其视为对“波特假说”的检验，检验结果对有关“波特假说”争论的双方都提供了支持，有证据表明存在既能提高生产率又能减少污染的双赢机会，同时又有证据表明环保措施有可能降低产出。因此，将这研究结果与其他研究进行对比时须谨慎，因为两者在研究方法上会存在巨大差异。费池因格等学者（2005）③ 在研究中允许非线性，更关注学习和技术进步，表明存在学习的情况下，具有一定减排目标的更严格的环保政策对工业利润会产生更明显的负面影响，这与“波特假说”的结论相反。

理论研究和实证研究为争论双方均提供了一定的支持，至今双方尚未达成定论，原因可能在于不同研究所使用的数据组、各国的监管制度、文化背景、消费者行为、工业类型、分析的企业类型、时间跨度等因素存在差异。但是，实证研究结果的差异性主要源于缺乏一个能够对环保监管和经济效益的关系进行研究的合理理论框架。举例来说，通常使用的一般均衡模型适合静态分析，但它在实证研究中的动态扩展十分少见，而且过于简单；参数化宏观计量经济学模型仅限于其先验函数形式和分布假设；环境成本和效益分析首先需要对环境效应进行经济评估，这本身就是个技术难题；基于产权、外部性和交易成本的分析无法对环保监管政策的经济影响力进行评估；传统的谢非尔德距离函数

① Kuosmanen, Timo, Neil Bijsterbosch and Rob Dellink (2009), 'Environmental cost-benefit analysis of alternative timing strategies in greenhouse gas abatement: a data envelopment analysis approach', *Ecological Economics*, 68 (6), 1633-1642.

② Boyd, G. A. and J. D. McClelland (1999), 'The impact of environmental constraints on productivity improvement in integrated paper plants', Journal of Environmental Economics and Management', 38, 121-142.

③ Feichtinger Gustav, Richard F. Hartl, Peter M. Kort and Vladimir M. Veliov (2005), 'Environmental policy, the Porter Hypothesis and the composition of capital: effects of learning and technological progress', *Journal of Environmental Economics and Management*, 50 (2), 434-446.

无法区分 GDP 产出和污染产出之间的不同特征，诸如此类。

直到方向性距离函数出现，我们才终于找到了一种能够描述 GDP 与环境污染之间区别的合理框架，方向性距离函数考虑了“波特假说”中效率低下的典型类别，这也使方向性距离函数成为检验“波特假说”的最理想的工具。本文利用建立在博伊德等学者提出的污染处置强弱假定（strong and weak disposability of pollution）基础上的两种方向性距离函数，以此估测因节能减排而产生的潜在收入和潜在产出损失以及与其相应的生产效率、技术进步和全要素生产率（TFP）。为了预测从今天到 2049 年这一时期内中国工业实现双赢发展的可能性并找到最优的环境监管途径，尤其是通过在方向性距离函数的方向矢量中引入时间滞后算子建立动态行为分析模式的方式找到不同的节能减排方案。

方法论

设计节能减排途径

显然，不同的节能减排方案将对经济产生不同程度的影响，本章设计了 5 种节能方案和 9 种减排方案，相结合后共产生 45 种政策组合，模拟了这些政策对未来的潜在产出和生产率产生的影响，以此寻找能够引领中国工业实现双赢发展的最优监管方案。

节能方案的设计是建立在中国 2006 年颁布的“十一五”规划中节能目标的基础之上，如 2006—2009 年期间每单位 GDP 能耗（能源密度）下降 20%（每年 4 个百分点）。考虑到降低实现目标的难度，选择 3%作为每单位 GDP 的每年下降率。在此基础之上，如果假设未来中国工业总产值平均增长率如下列五项（分别是 4%、6%、8%、10%、12%），我们可以计算出相应的能耗年增长率分别为 0.9%、2.8%、4.8%、6.7%和 8.6%。与 Chen（2009a and 2009b）提供的 1981 年和 2006 年间 11.2%和 6%的工业产出和能耗年增长率相比，上述五种情形中的增长率相对较低，更易于实现。

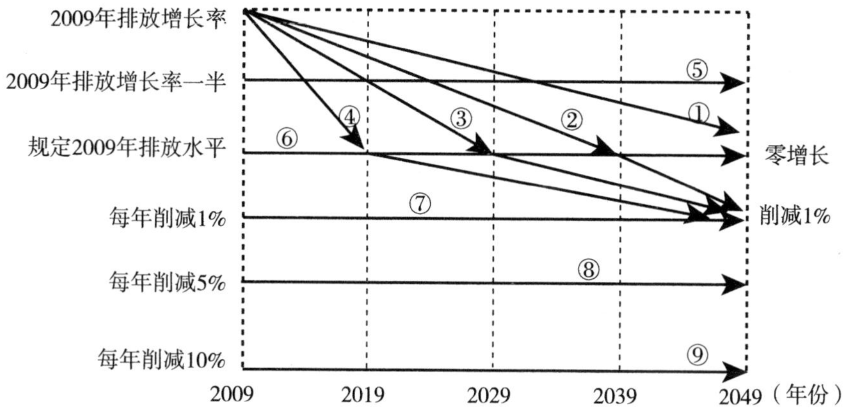

图 12－1　中国工业二氧化碳减排方案（1－9）(2009—2049)

本章根据渐进原则和激进原则分别设计了不同的减排方案，中国依然是发展中国家，其基本国情决定了中国的主要任务仍然是保证经济发展，因此循序渐进的方案将更为适合，这种方案的设计也考虑了减排这一概念的广义概念，即减排并不一定指排放总量的绝对下降，根据渐进式或适度性的原则，排放增长率的下降以及相对于 BaU 的下降也是一种减排形式。因此，如图 12－1 所示，本章设计九种减排方案，从温和到激进分别如下：1. 各行业的二氧化碳排放增长率分别从 2009 年的增长率平稳下降至 2049 年的零增长，也就是说，碳排放量的峰值将出现在 21 世纪中期；2. 所有行业的排放增长率从 2009 年的水平下降至 2039 年的零增长，在碳排放量达到峰值后，继续稳步下降至 2049 年的－1%（即 2049 年的年排放下降率为 1%）；第 3 种方案和第 4 种方案与第 2 个方案相似，区别在于第 3 和第 4 方案中碳排放峰值将分别出现在 2029 年和 2019 年；5. 2009 年至 2049 年期间，所有行业的碳排放增长率保持在 2009 年水平的一半；6. 2009 年后，每个行业的碳排放增长率保持在 2009 年的水平，即从 2009 年开始的碳排放增长保持为零；第 7、8、9 种方案中，在研究涵盖的整个时期，年减排率分别保持 1%、5%和 10%。

上文设计的 45 种节能减排政策组合将通过方向矢量被引入动态行为分析模式。

预测分析

对不同节能减排方案中双赢发展可能性的模拟

表 12 - 1 描述了整个预测期内由 5 种节能方案与 9 种减排方案相结合组成的 45 种环保监管方案中的平均潜在工业产出增长率 β_w 、产出损失率 l 以及相应的产出损失净值。

在表 12 - 1 中，潜在产出增长率、产出损失率和节能减排措施导致的潜在产出损失净值呈现出非常规律的模式，随着工业总产值的增长，潜在产出的增长幅度逐渐从工业总产值（GIOV，为期望产出）增长率为 4％的群组中的 73％下降至 GIOV 为 10％的群组的 60％出头。由此可见，工业的快速增长将降低生产低效现象的范围，从而减小潜在产出增长率的提高空间。但是，节能减排所产生的潜在产出损失基本保持上升趋势（不过一些数值在不同行业表现不同)，所以，从潜在产出增长率和产出损失的对比中可以看出，产出损失净值从 GIOV 为 4％的［－18.12％，－170.71％］增加至 GIOV 为 10％的［－36.41％，－185.23％］，这表明节能减排的最佳方案必定出现在工业生产总值增长率较低的群组。

表 12 - 1 将前四种较为温和的方案归类为渐进式减排方案，将后五种较为强硬的方案归类为激进式减排方案。显然，从方案 1 到方案 9，随着减排力度的增加，潜在产出增长率的变化并不明显，但产出损失却明显上升，从方案 1 中的［－91.55％，－97.09％］增加至方案 9 中的［－244.64％，－248.40％］，产出损失净值也相应增长，这表明最优的节能减排方案一定是渐进式的。表 12 - 1 中，每个 GIOV 群组中的产出损失最小值都用黑体字表示，不难看出，所有群组中的最低值是－17.93％，出现在 GIOV 增长为 4％的群组中，这与方案 3 一致。考虑到中国国情，经济发展仍然是其第一要务，工业总产值的增长率不能太慢，所以我们最终选择了方案 2 中 GIOV 增长为 6％，与此相应的产出损失最低值为－22.95％，将此作为未来 40 年内中国最佳的节能减排方案，每年 3％的降耗目标相一致的能耗增长率为 2.8％。如上文所示，如果充分考虑到中国国情，那么所选择的最佳节能减排方案则是渐

进式的方式，以均衡的方式降低二氧化碳排放量，从 2009 年的增长率水平逐渐降至 2039 年的零增长（即达到所有行业的碳排放峰值），在此基础上，平稳的降低至 2049 年 1%的下降率。表 12－1 中所有的潜在产出损失净值为负值，由此看来，似乎所有方案都无法使企业实现“波特假说”中的双赢发展，即使上文选择的最佳节能减排方案也不例外。

表 12－1　不同节能减排方案的双赢发展预测（%）

二氧化碳及减排方案			GIOV 增长率，4%			GIOV 增长率，6%		
			β_w	$I=\beta_w-\beta s$	净值	β_w	$I=\beta_w-\beta s$	净值
渐进式减排	方案 1	排放峰值出现在 2049 年	73.43	−91.55	−18.12	69.46	−92.42	−22.96
	方案 2	排放峰值出现在 2039 年	73.52	−91.46	−17.94	69.47	−92.43	**−22.95**
	方案 3	排放峰值出现在 2029 年	73.52	−91.45	**−17.93**	69.46	−92.50	−23.04
	方案 4	排放峰值出现在 2019 年	73.41	−91.59	−18.18	69.46	−92.48	−23.02
激进式减排	方案 5	排放增长率将为 2009 年的一半	74.41	−106.58	−32.17	70.30	−101.82	−31.53
	方案 6	保持 2009 年的排放水平	74.55	−155.68	−81.14	70.17	−152.12	−81.95
	方案 7	年减排率为 1%	74.71	−174.94	−100.23	69.92	−176.01	−106.09
	方案 8	年减排率为 5%	74.81	−201.17	−126.37	69.96	−203.87	−133.91
	方案 9	年减排率为 10%	73.93	−244.64	−170.71	70.11	−248.87	−178.77
二氧化碳及减排方案			GIOV 增长率，8%			GIOV 增长率，10%		
			β_w	$I=\beta_w-\beta s$	净值	β_w	$I=\beta_w-\beta s$	净值
渐进式减排	方案 1	排放峰值出现在 2049 年	63.51	−92.95	−29.44	60.68	−97.09	**−36.41**
	方案 2	排放峰值出现在 2039 年	63.62	−92.71	**−29.09**	60.67	−97.10	−36.43
	方案 3	排放峰值出现在 2029 年	63.52	−92.81	−29.29	60.66	−97.35	−36.69
	方案 4	排放峰值出现在 2019 年	63.48	−92.90	−29.42	60.68	−97.24	−36.56
激进式减排	方案 5	排放增长率将为 2009 年的一半	67.46	−105.09	−37.63	64.38	−111.17	−46.80
	方案 6	保持 2009 年的排放水平	65.20	−158.39	−93.19	62.49	−158.51	−96.02
	方案 7	年减排率为 1%	65.59	−178.36	−112.77	62.72	−174.66	−111.94
	方案 8	年减排率为 5%	65.72	−203.70	−137.98	63.19	−202.69	−139.50
	方案 9	年减排率为 10%	65.53	−245.96	−180.43	63.17	−248.40	−185.23

表 12－1 中的发现与其他大多学者的结论一致。库奥斯曼恩等学者（2009）认为，如果研究目标只是以最低的经济成本降低温室气体排放，那么

随着时间的推移以均衡的方式减排的方案较为可取，这些学者都支持渐进式或温和式的减排方案。减排与发展之间存在紧密的关系，雷迪和阿森扎(2009)[①] 的观点与此相似，他们认为气候政策与优先发展目标之间的融合对发展中国家至关重要，他们强调使用可持续发展作为气候变化政策框架的必要性。当然，最优途径也表明，相对较高的产出增长和耗能增长的组合可能与中国传统的、不利于工业双赢发展的模型相关，对产出增长率进行调整并温和地降低能源消耗对未来中国产业结构改造、增长模式转型和可持续发展都会产生积极作用。

最优节能减排方案对未来潜在产出的影响

莫蒂和库马尔（2003）指出，实行环保监管措施所产生的双赢机会在某些行业较多，但在其他行业却相对较少，对于特定行业的研究有助于确定哪些行业不存在这种机会，在此基础上，政府的监测和环保政策就能够向这些缺乏激励因素的行业转移。事实上，我们不仅局限于分析一个集合产业，而且选择分析中国 38 个两位数子行业的原因也在于此。因此，按照上文所选择的最佳节能减排方案继续深入，接下来将进一步对未来 40 年中所有子行业潜在产出增长率与产出损失进行模拟。图 12 - 2 为对各个子行业的前景预测。

表 12 - 1 表明，不同的环保监管方案产生的产出损失的平均净值均为负值，即使在最优节能减排方案中也是如此。但是，如果我们不分析集合工业，而是对不同时间点的每个子行业进行具体分析，情况就大为不同。图 12 - 2 中，虚线表示节能减排措施产生的潜在产出损失的绝对值，实线表示潜在产出增长率。如图 12 - 2 所示，所有行业的潜在产出损失均显示下降趋势，而且大多数行业的潜在产出增长率变化不大，只有六个行业例外，分别为黑色金属冶炼、服装制造、皮革制造、文化用品制造、塑料制造以及燃气生产和供应，而对于除此之外的其他所有行业，潜在产出损失都呈现持续下

---

① Reddy, B. Sudhakara and Gaudenz B. Assenza (2009), 'The great climate debate', *Energy Policy*, 37 (8), 2997-3008.

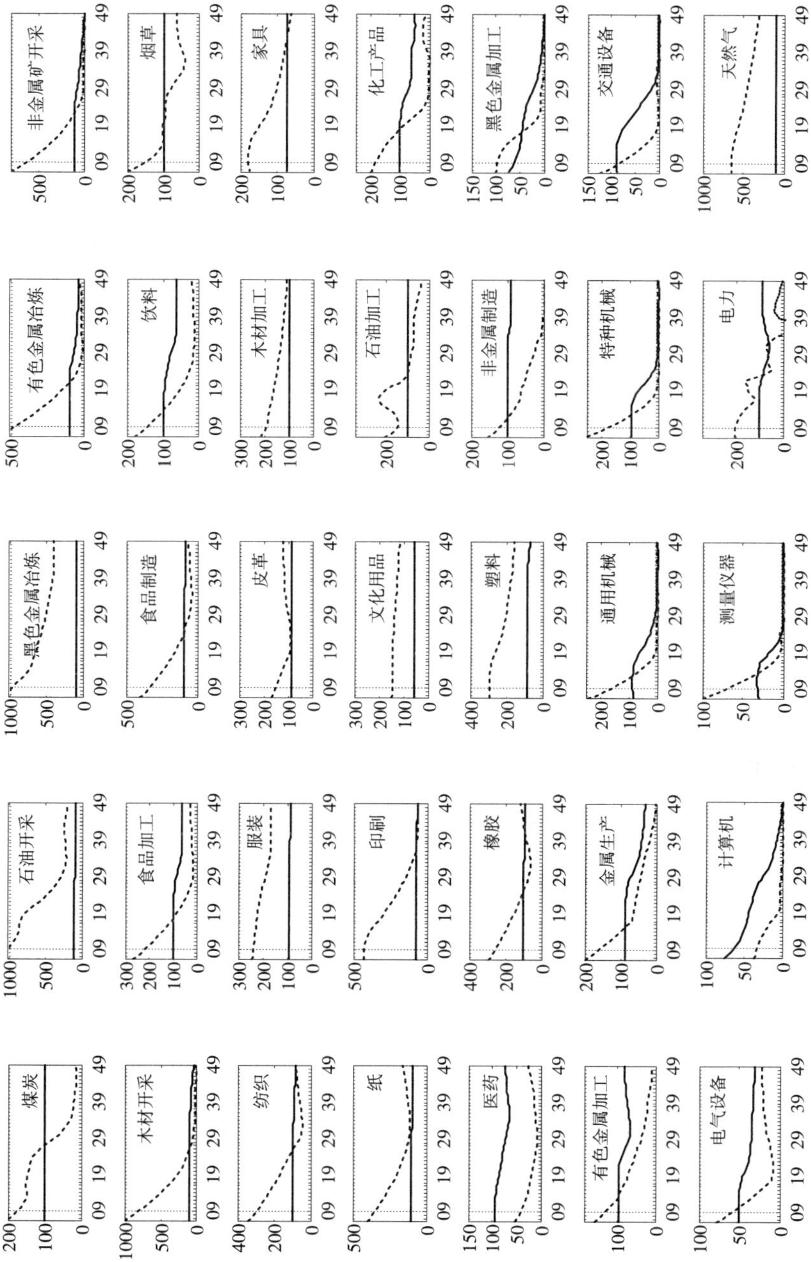

虚线：潜在产出损失的绝对值　实线：潜在产出增长率　　竖轴：%；横轴：年

图12-2　最优节能减排方案中各行业的双赢发展预测（2009~2049）

降的趋势，并在2049年之前开始小于潜在产出增长，这表明对大多数行业来说，实施节能减排措施后，在潜在产出增长超过潜在产出损失之时实现双赢发展，即使对上述六个例外的行业而言，潜在产出损失也同样呈现下降趋势，并于2049年之后的某个时间点开始小于潜在产出增长，从而实现双赢发展。

所有方案中的平均潜在产出损失净值均为负值，其原因在于所有行业（除了医药制造、通信设备和电脑制造）都会在短期内出现大幅潜在产出损失，因此，综合分析的结论是不可靠的，甚至可能得出完全相反的结论。具体来说，炼油、金属冶炼、森林开采、燃气生产和供应等高耗能和高排放行业的潜在产出损失尤为巨大，这应该是集合产业加权平均潜在损失为负值的原因之一。不仅如此，我们对节能减排措施的关注点还在于其最终的影响力水平，并不关心其积累效应，因此，短期内会出现的大幅潜在产出损失只对这一时期的分析有意义，对企业未来实现双赢发展的分析没有意义。医药制造业、通讯设备和电脑制造业是仅有的两个在整个时期内都拥有双赢发展机会的行业，一般机械制造、特殊设备制造、交通设备制造以及测量仪器和设备行业能在2029年左右实现有效生产，这表明他们位于生产边界，无论是否实施节能减排措施，他们都不存在提高潜在产能增长率的空间。总而言之，图12-2所示的行业模拟结果表明，从潜在产出的角度来看，节能减排措施会带来产出成本，这表明“波特假说”在未来短期内无法实现，但是随着时间的推移，节能减排将为中国工业带来双赢发展的可能性，最终实现“波特假说”的结论。

根据切纳尼等学者（1986）[①] 提出的理论以及作者近期的实证研究，根据对工业化的一般理解，随着工业化的推进，发展重心逐渐从轻工业向重工业转移。通常，轻工业因其劳动密集型产业的特征和较低的资本劳动率，在工业化早期占据较为重要的地位，而重工业的重要性在工业化中后期逐渐凸显。因此，我们根据2008年资本劳动率（K/L）将所有行业分为轻工业和重工业两组。也就是说，轻工业组相对应于上半部分，K/L较低，重工业相对应于

---

① Chenery H. B., S. Robinson and M. Syrquin (1986), *Industrialization and Growth: A Comparative Study*, New York: Oxford University Press.

下半部分，K/L 较大。由此开始，我们将其简称为轻工业和重工业，因为按照 38 个子行业分析潜在产出增长和产出损失的模式过于复杂，而且，有时我们只需要研究轻工业和重工业之间的区别。图 12-3 描绘了最优环境监管方案相对应的轻工业和重工业和集合工业的加权平均潜在产出损失和产出增长，其中子行业的比重分别是其在工业总产值中所占的份额。

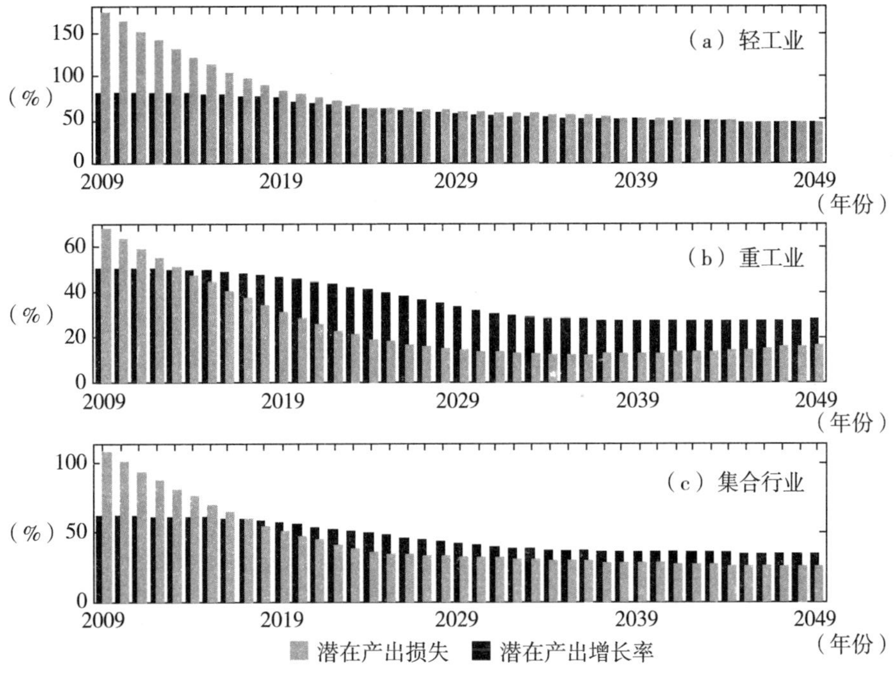

图 12-3 最优节能减排方案中一般工业双赢发展预测（2009—2049）

如图 12-3 所示，在轻工业中，平均潜在产出损失从 2009 年的 −173.95%大幅下降至 2049 年的 −46.85%，与此同时，潜在产出增长率的下降程度相对较小，从 2009 年的 80.51%下降至 2049 年的 46.86%。在重工业中，平均潜在产出损失的变化范围为 [−67.95%，−16.32%]，潜在产出增长的变化范围为 [50.62%，27.75%]，变化幅度明显小于轻工业。显然，轻工业的潜在产出损失和增长均高于重工业。直到 2024 年，轻工业的潜在产出损失和增长才达到了相当的水平，这一情况保持至 2049 年，此后获得双赢的发展机会。但对重工业而言，双赢发展在 2014 年早期就得以实现，潜在产出增长大幅高于潜在产出损失，因此，重工业是节能减排的受益者，而轻工业则是损失者。对集合工业而言，潜在产出损失从2009年的−108.72%减小至2049年的−25.55%，潜在产出增长从2009年的62.11%下降至2049年的34.97%，介于轻工业和重工业之间。在集合工业中，由于重工业所占比重较大，所以集合工业的潜在产出变化模式由重工业主导，呈现与重工业相似的变化趋势，于2018年就能实现双赢发展。

最优节能减排方案对未来工业生产率的影响

按照图12-3的分组方式和比重，图12-4描绘了轻工业、重工业和集合工业最优节能减排方案中TFP（如Malmquist-Luenberger生产指数，MLPI）的平均变化趋势及其组成、生产效率的变化（MLECH）和技术进步的变化（MLTCH）。三个子图显示了类似的模式。也就是说，中国工业在2032年或2033年之前的TFP主要受到生产效率的影响。其中，应环保监管要求而采用先进技术所产生的追赶效应十分明显。当生产效率达到最大极限时，追赶能量几乎被全部释放，技术进步将通过逐渐积累的方式成为主要驱动力，即2033年之后的TFP变化将主要受到技术进步因素的影响。因此，如图12-4所示，整体TFP指数的变化趋势表明工业发展整体向双赢发展转变。

更确切地说，在实施节能减排措施的初期阶段，工业技术进步会受到负面影响，这种影响在轻工业中更为明显。对轻工业而言，在整个预测期间，2023年的技术进步水平仅为2022年的98.48%，达到了生产界限的最大的落后幅度−1.52%；在2026年，重工业技术进步的最大落后程度为−0.5%；2024年，集合工业的最大落后的幅度达到−0.74%。但是，由于显著的赶超效应和生产效率的提高（在效率提高的峰值，2022年轻工业的MLECH为上一年度的1.016倍；2029年重工业的MLECH为上一年度的1.011倍；2023年集合工业的MLECH为上一年度的1.01倍），TFP增长率将在初期阶段保持上升趋势。2031年之后，环境监管措施对技术进步的负面作用逐渐降低，并最终转负为正。三至四年之后，赶超效应消失，这在重工业中尤为明显。

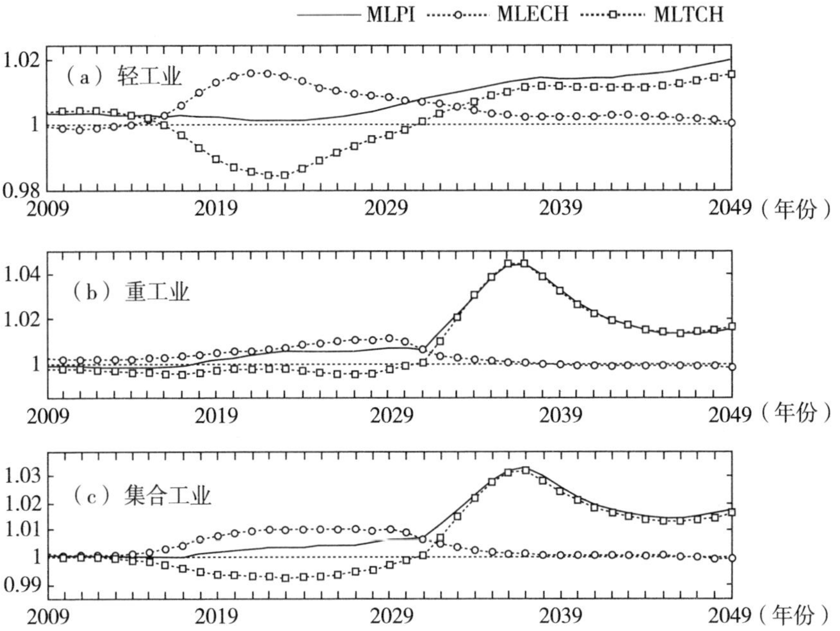

图 12－4　最优节能减排方案中平均生产率预测及其组成

2037 年左右，由于先进技术的长期引进、吸收、采用和创新，技术进步达到最高值，尤其是在高耗能和高排放的重工业，其技术进步将在 2036 年达到 2035 年的 1.044 倍。在此之后，轻工业的技术进步和生产率保持总体稳定、小幅上升的趋势，而重工业和由重工业主导的集合工业的技术进步和生产率会首先减小而后稳步上升，原因在于 2039 年碳排放达到峰值之后减排力度有所加强。

总而言之，从生产率的角度来看，节能减排措施在实施初期会对工业技术进步产生负面影响，但对生产效率和总体 TFP 具有积极影响。在从 2009 年到 2049 年的整个预测期间，TFP 稳步增长，轻工业的年平均增长率为 0.81%，重工业和集合产业的这一数字分别为 1.11% 和 1%。正如我们所预测的，在 2049 年，轻工业、重工业和集合工业的增长率将分别达到 2.02%、1.54% 和 1.72%。可见，生产率有所提升，节能减排目标也得以实现，所以这可谓一个双赢的发展前景。

波特假说适用于中国

为了应对全球变暖并促进经济发展模式的转型，实施节能减排政策、发展低碳经济成为世界各国为实现可持续经济发展的必然之选。但是，节能环保将不可避免地占用本可用于正常生产的物质资料，导致企业期望产出和竞争力的下降，这在全球金融危机之后的复苏时期尤为明显。学术界对波特假说存在不同意见，本章提炼出波特假说的精髓即期望产出增加的同时非期望产出得到下降，并预测了 2009—2049 年期间中国各行业实现双赢发展的可能性，从而研究波特假说是否在中国存在。

从潜在产出的角度来看，实证研究结果表明，节能减排措施在实施的初期阶段会产生较大的潜在产出损失，但从长期来看，产出损失将逐渐减小，最终小于潜在产出增长，从而实现波特假说中的双赢发展。当然，与轻工业相比，重工业和集合工业从环保监管中获得的双赢机会更大。例如，到了 2049 年，集合工业的潜在产出损失和产出增长分别为－25.55％和 34.97％，最终达到 9.42％的潜在产出净增长。从生产率的角度来看，预测分析表明，节能减排政策将在实行初期对工业技术进步产生较大的负面影响，对轻工业来说尤为如此。但是，由于观测期上半期中出现的显著的赶超效应和生产效率的提高以及后半期中期起主导作用的技术进步的加快，工业 TFP 并不会受到负面影响，而是一直保持稳中有升的趋势。在 2009 年至 2049 年的整个时期，轻工业的年平均生产率的增长率为 0.81％，重工业和综合工业的这一速率为 1.11％和 1％。总体来说，虽然节能减排措施在实施早期导致一些损失，但从长期来看，它不仅能够实现环境改善的目标，同时能够提高企业产出和生产率，在未来 40 年中最终实现双赢发展。

第十三章
中国经济奇迹的社会基础：论关系型合约的收益与成本

王永钦 复旦大学中国经济研究中心副教授，耶鲁大学访问学者（2008—2010），于2004年在复旦大学获得经济学博士学位，主要研究领域包括微观经济学理论、金融经济学、发展经济学、政治经济学和公共经济学，在《中国政治学刊》《区域发展研究》《经济研究》《经济学（季刊）》《世界经济》等中英文期刊上发表论文。

中国经济奇迹背后的“制度悖论”

从1978年算起，中国的经济改革和转型已经走过30年。30年里，中国的经济经历了快速的发展，社会结构也发生了深刻的变迁。那么，传统中体现了中国作为一个发展中国家阶段性特征的基于关系的社会结构，对经济转型的阶段性成功起到了什么作用；经济转型又反过来对这种社会结构造成什么样的影响；以及这种影响又是如何进一步影响到未来的经济转型，都构成一组重要而富有挑战性的问题。

本章正要讨论中国经济迈向市场化转型的社会基础，并回答以上问题。实际上，如果要完整地理解中国的发展道路，对于其社会结构的理解是不可或缺的。否则我们将难以理解中国经济奇迹背后的“制度悖论”：中国没有健全的法律体系和产权保护体系，也没有健全的金融体系①，为什么经济在过去三十年中却取得了举世瞩目的增长？换言之，我们需要探查这背后的替代机制，尤其是，如果视市场交易为一个合约实施的过程，那么在正式制度缺失的情况下，中国经济迈向市场化的转型过程中合约实施机制究竟采取了什么样的形式？这样的合约形式对经济组织、进而对经济的进一步转型又将有什么样的含义？这些理论问题都亟待回答。

在本章中，我们将论证，从计划经济向市场经济转型的过程本质上是一个市场从无到有、从不完善到完善的过程。在中国过去30年经济的转型中，

---

① Allen, F. and Qian, J. and Qian, M.: “Law, Finance, and Economic Growth in china”, Wharton Financial Institutions Center Working Paper, 2002.

由于市场的缺失和不完善，基于关系的社会结构和互联性制度安排作为非正式制度，起到了弥补市场缺失和正式制度缺位的作用。

但随着经济的进一步发展，由关系型社会维系的治理成本会变得越来越高，如关系型交易的范围比较小，从而不利于实现规模经济；以及容易将社会分割成“圈内人”和“圈外人”，从而人为地加剧不平等。更重要的是，如果社会关系和政治权力或者经济权力结合在一起，则会放大收入差距效应，造成资源误配置和社会不公。因而在此意义上，在前期的转型中，由于市场制度和正式制度的不健全，关系型交易起到了一种有效的弥补和替代作用，构成了中国经济转型取得阶段成功背后的社会基础；但是，又鉴于持续基于关系的交易很有可能会扭曲新生的市场机制，中国经济的进一步转型也面临着潜在的危机。

除以上提及的不利于规模经济和有可能加剧不平等之外，在未来的市场体系建设和制度转型过程中，关系型社会结构对民主与法治的建设也将构成一个严峻的挑战。如果市场发育和经济发展使得人们的交易范围越来越大，能够产生一种消解关系型社会的力量，那么，民主和法治建设将可能成为一个自然的过程。但是，如果市场发育嵌入在社会关系中，民主和法治的建设就会遇到很大的困难。所以，中国正在进行的继续迈向市场化的转型就存在两种可能：一种可能是市场的力量足够强，冲突了社会关系的羁绊，从而走上了健康的市场化道路；另外一种可能是，市场化的力量被更强大的社会关系所“俘虏”，从而走上了权贵市场化的道路。拉丁美洲地区等发展中国家的历史教训告诉我们，中国现在需要做的是尽可能避免第二种市场化道路，而努力走上第一种市场化道路。

转型前中国作为一个关系型社会的历史基础

中国的关系型社会有着深厚的历史基础，关系型交易是对特定经济结构和政治结构的反映。从经济结构角度讲，中国在历史上长期是一个流动性较低的定居型农业社会，社会分工程度相对较低。流动性低使得居住在同一社区的人们之间可以形成长期的关系，社会分工程度低则使人们之间的关系型交易跨越了很多“市场”。

例如，发展中国家普遍存在的地主和佃农的关系即是如此，由于专业性市场的缺乏，两者之间的交易往往同时跨越几个（非常局部的、人格化的）“市场”：不仅在产品市场上发生交易（如地主会购买佃农的粮食），还会在劳动力市场（地主雇佣佃农）、信贷市场（如地主提供借贷给佃农）和保险市场（如分成租佃制）上同时发生互动。而在社会分工程度高的经济中，人们则会在不同的专业化市场上与不同的主体进行交易。再如，在今天分工程度仍比较低的农村地区，由于很多商品和服务都没有专业化的市场，村民之间的很多交易并没有采取货币交易的形式，而是采取了“帮忙”（互助）的形式。

这种关系型交易有两个维度，一个维度是纵向——时间上的关系性；另一个维度是横向——空间上的互联性：对于交往双方来说，多种交易是“捆绑”在一起的，很难做到在不同的事情上分别计算得失。以至于在单一的市场上无利可图的交易在互联的情况下变得可行，所以，互联性扩大了可行的交易集合（王永钦，2005，2006；Wang，2007）。[①] 在社会分工比较落后的社会中，这种基于互联的关系的交易的交易费用比较低，可以弥补市场机制的缺失。具体到中国的背景下，采用历史的视野，有三个基础可以判定中国属于这种关系型社会结构。

基于家庭的社会纽带的普遍存在

从社会经济的角度来看，传统的中国社会起码存在两大重要特征，一种是费孝通先生强调的“乡土性”（农业性），另一种是商业史研究中强调的“市镇性”（交易范围的局域性）。乡土性一个有力的佐证是，到中华人民共和国成立后的1953年，以一定人口密度、超过2000人、非农业人口占50%的聚居区定义的城市统计显示，中国城市人口比率仅约为10%，换言之有近

---

① 具体论述参见王永钦：《市场互联性、关系型合约与经济转型》，《经济研究》2006年第6期；王永钦：《互联的关系型合约、内生的制度与经济发展》，《学术月刊》2006年11月号；Wang，Yongqin，Interlinking Markets，Relational Contract and Economic Transition，*The Studies of Regional Development*（June. 2007）。

90%的人口分散居住在农村。① 可以想象，自秦以来的整个中国历史，乡土性都是一个典型的特征，其相对应的组织形式即是以家庭为基本单位的社会差序格局，② 亦即个人以家庭、家族（扩大了的家庭）为中心进行生产、消费、交易和开展社会交往，这种交易往往是关系型、互联的；个体的行为是嵌入在所属的社会关系中的。同时，由于农业社会中的交易范围较小，社会分工不够发达，经济交易从地域上来看主要集中于居民聚居地附近较小的“市镇性”中。

“乡土性”与“市镇性”是关系型交易的经济基础，中国社会的基本组织载体——家庭则是关系型交易的社会基础。传统上，市镇本身也不过是家庭的一个延伸。实际上，传统的市镇以及转型前期的小城镇都是适应不断增长的家庭需要而产生的，是消费品和生产工具交易的场所，由于人口数量有限，往往只类似于一个多功能和扩大了的社区，只是承担了更多一些的经济功能。换言之，市镇或小城镇的本质是一个以家庭为基本单位，肩负相应经济功能的社区，不同于高度专业化和交易非人格化的现代城市。这种具有中国特色的农村社区为后来经济转型期出现的乡镇企业埋下了历史的伏笔。

无论是乡土性还是市镇性，都刻画了家庭作为基本生产、消费和社会交往单位的特征，都意味着人与人之间形成了一种较为紧密的以血缘、亲缘和地缘为纽带的相互扶持的社会关系，而且由于交易范围小、人口流动性低，这种关系是可以长期维持、自我实施的。所以，家庭关系是中国社会中富有意义的核心社会结构。③ 而这种社会结构又特别契合了中国传统中以家庭为基础的经济结构。④

---

① 赵冈：《中国城市发展史论集》，新星出版社，2005年。

② 费孝通是这样描述中国社会关系中的“差序格局”的：“以‘己’为中心，像石子一般投入水中，和别人所联系成的社会关系，不像团体中的分子一般大家立在一个平面上，而是像水的波纹一般，一圈圈推出去，愈推愈远，也愈推愈薄。在这里我们遇到了中国社会结构的基本特性。我们儒家最考究的是人伦，伦是什么呢？我的解释就是从自己推出去的和自己发生社会关系的那一群人里所发生的一轮轮波纹的差序。”参见费孝通：《乡土中国》，三联出版社，1985年，第25页。

③ 林南：《社会资本——关于社会结构和行动的理论》，上海人民出版社，2005年。

④ Naughton，Barry：*The Chinese Economy*：*Transition and Growth*，MIT press，2007.

从历史角度看，新中国成立后在农村也确立了以农户家庭为基本单位的生产、消费和社会交往的机制，农业生产也因此得以稳步提升；而此后的农业生产高级合作社及继之的人民公社由于剥夺了农户家庭的这一职能，使得农业部门长时间陷入危机之中；而又恰恰是在推行家庭联产承包责任制度重新确立家庭的主体地位之后，农村部门才又得到了复苏和发展。所以从某种意义上说，整个农村部门转型的历史就是一部逐步重新确立和完善以农户家庭为基本生产、消费和社会交往单位的历史。

集权的、科层的政治结构

从政治组织的角度来看，自秦实施郡县制以来，中国的政治结构一直主要立基于中央集权的、自上而下的科层组织之上。这种科层组织有两个重要特征：属地的分层管理和职业官僚行政。属地的分层管理即是把全国划分若干层级的行政区由职业官僚去管理（有别于列土封国）；职业官僚行政指主权者通过委派经特定程序选拔的官员（大多数情况下非皇族成员）执行政令。这一安排的后果之一，是出现了全面的中央集权，其次是在职业官僚内也创造出一个分层的权力格局。历史地看，由于民主制度的不健全，这种权力结构与关系型社会相结合即产生了“一人得道，鸡犬升天”的现象，甚至于使得本来水平的关系型交易变得垂直化了：以某一个人为核心，其下会串联和并联着一个巨大的社会网络。而且，政治中的关系会跨越到经济领域和社会领域进行资源配置，从而使得关系型交易的范围非常广泛。

集权的、科层的政治结构一直延续到当代。1949 年新中国成立以后，在组织原则上我们采用民主集中制，而属地的分层管理（条块兼顾，以块为主）和职业官僚行政也得以继续。同时，由于新中国在经济制度上采取的是一种以配给为特征的计划经济体制，商品和服务的短缺（供不应求）是一种社会常态，由于价格机制不起作用，关系在资源配置中的作用实际上得到了强化。

较低的人口空间流动性

中国社会长期以来空间流动性的缺乏也强化了关系型的社会结构。自秦以来，除了战争和社会大变动时期，中国的人口流动性都相对较低。历史上的流动性低与农业社会的经济结构和政治上采取属地的行政管理等有密切的关系。新中国成立以来，由于在组织化基础上执行重工业优先发展战略，以及在1958年以后采取的户籍制度又对人口流动进行严格限制，基于关系的社会结构进一步得以加强，其具体内容表现在以下几个方面：①

第一，农村地区的居住地限制。中国为实施重工业化的赶超战略，选择了优先发展城市的政策，并竭力从农村汲取必要的资源。为减少对城市部门的生产可能造成的冲击，并服务于汲取农业资源的需要，一方面政府在1958年颁布《中华人民共和国户口登记条例》实施户口制度，以法律形式规定所有居民都必须进行户口登记，限制农民进城；另一方面又在农业社会主义改造完成之后推行集体化的人民公社化运动。由于以居住地为基准进行户籍登记，不仅农村居民不能向城市移民，农村之间的移民也存在严格的限制。这一情况一直维持到20世纪80年代才有所缓解，主要表现为随着乡镇企业的兴起，农村居民可以向中小城镇移民。

第二，城市部门的单位化。相应地，与优先发展重工业相配套，中国在城市部门普遍建立了单位制。单位制是依据革命时期根据地的建设经验，在建立全国性政权后构建国家与社会关系的一种尝试。由于从根本上铲除了旧政府遗留的治理机构，新中国亟待在城市内实现组织化和恢复生产，单位制恰好发挥了这样一个整合社会与发展生产的作用。由于城市的首要目标是生产，相应地，单位的首要属性是生产性组织，但它又必须同时提供生产者所必需的一切用于劳动力再生产的产品和服务，如住房、医疗、培训、子女教育，甚至需要解决职工配偶的工作问题，从而在经济组织属性之外，又衍生出政治和社会的属性。由于普遍采用单位这种组织形式，城市部门人与人之间、人与单位、单位与政府之间的交往（交易）就更为长期，从而具有关系性；同时由于也要在多个“市场”内进行交往（交易），故而也具有市场的互联性。

---

① 我们强调流动性低主要是指“空间流动性”低。依此标准，近代至1958年，由于持续的社会变动和革命进程，“社会流动性”相对来说则是比较高的。比如，新民主主义革命是由农村包围城市取得胜利的，胜利后革命的武装转而流向建设城市，规模都极其庞大。

第三，狭窄的城市与农村部门的互动。城乡之间的这种分治并不意味着两者之间没有人员上的互动，只是规模有限，且互动的机制主要是基于嵌入在两部门间的“关系”而进行的，使得此间的城乡之间互动并非是一个良性的过程。具体来看，除了政治运动所引致的移民外，城乡之间主要还是基于“关系”和政治关联来互动的，尤其是在户口条例颁布之后。比如在建国初曾有过大规模干部、军队及其家属向城市的移民；又如在二十世纪五六十年代，在行政分权条件下，单位曾经历过一个陡然增加的职工招募进程，由于规模庞大，应该有那么一部分农村居民基于血缘、地缘甚至朋友的关系进入到了城市；再如还存在农村居民以教育、参军和提干这样的方式向城市部门的转移，其中教育转移是通过中专和高等教育来实现的，参军在转业或者晋升之后很多也都转为城市居民，提干则主要表现为农村党员，尤其是行政干部、乡村教师因工作变动而迁入城市的情况。即使是后者这些相对正规的移民方式，都可能是以不同形式的社会关系展开的。比如按照邓曲恒和古斯塔夫森的研究[①]，此类相对正规移民约有 1 亿人，并且其党员身份、与城市部门亲友的关系显著影响移民的概率。

关系型社会在中国经济转型过程中的作用

中国关系型社会的特征和深厚的历史基础，对中国 1978 年后经济的转型和发展起到了非常重要的作用。由于在从计划经济到市场经济转型的初期，市场要么是缺失的，要么是不完美的，关系型交易就可以充当一个替代。中国的渐进式改革保留了原有的政治结构和社会结构，为经济转型和发展提供了必要的政治和社会基础，使得经济转型可以顺利展开。

以家庭为核心的纽带发挥的重要作用

在农村地区，家庭作为基本的经济和社会单位的典型表现，首推在家庭

① 邓曲恒和古斯塔夫森：《中国的永久移民》，《经济研究》2007 年第 4 期。

联产承包责任制的成功推行中所展现出的巨大生命力。与此前的人民公社不同的是，在以家庭为基础的联产承包责任制中，家庭成员偷懒和搭别人便车的动机很弱，因此在改革开放初期，农业部门得到了快速的恢复和发展。而在联产承包责任制下，土地和其他生产资料主要以家庭使用或占有的形式存在，劳动力以家庭为单位来投入，没有严格意义的“个人财产”；在消费上，家庭的产品在成员间共享；社会交往过程中，个体依然不具有完全的独立的人格，相互之间承担连带责任。因此，这种家庭作为一种组织形式，不仅提高了生产效率，还成为一种有效的风险分担机制。

在城市部门，家庭在转型的过程中也是很重要的。以下岗失业职工和农民工为例，如果没有以基于家庭的相互之间的转移支付和帮助，它们所面临的失业、低工资以及融资约束都会带来很大的风险，并会影响到其劳动力配置和生产效率。

以家庭为基本单位进行生产、消费和社会交往，还表现在代际之间、同代成员和配偶之间的转移支付上。先以农村义务教育为例来说明这种代际之间转移支付的力度。义务教育经费在世界绝大多数国家都主要由不同层级的政府之间进行分担，且发达国家一般能做到85%～90%由政府财政支付，但在中国，即使是在开展税费改革后的2002年，政府对义务教育所提供的比例也仅为76.7%①，再考虑到教育资源分配的城市倾向，实际上能够落实到农村的比例就更少了。根据武恒光等人的研究②，在1994—1999年间，农民对义务教育的直接负担比率实际上非常之高，达到34.4%到50.1%不等。家庭的这种作用放松了政府面临的财政约束。农业税费改革之前的义务教育融资体制主要以乡镇政府为主③，面对紧张的财政约束，乡镇政府教育融资的核心手段主要是依赖辖区内的农业税费以及面向农户的集资。而税费改革之后的

---

① 引自武恒光王爱华、綦好东：《我国农村义务教育融资分担研究》，《农业技术经济》2004年第6期。

② 武恒光、王爱华、綦好东：《我国农村义务教育融资分担研究》，《农业技术经济》2004年第6期。

③ 更准确的描述是，中国的绝大多数农村地区，维持一种乡镇办中学，村办小学的格局。而乡镇办中学也并不意味着农民自身不再承担办理中学的费用，不过办理小学的费用基本完全由农民承担。

义务教育融资安排只是把以乡镇为中心的安排提升到以县级政府为中心，但由于财权与事权不对称，中央政府与省级政府的转移支付未必能满足必要的资金需求，那么在正式制度发挥作用之前，以家庭为基础的这种非正式制度恐将要继续发挥作用。

家庭所发挥重要作用的体现是高储蓄现象的持续存在。农村地区高储蓄形成的原因是多方面的，但其中之一正是市场制度（尤其是农村地区保险市场、医疗市场和金融市场）的不完善以及家庭所面临的较大不确定性，使得高储蓄本质上成为家庭成员之间平滑“消费”的安排，是一种家庭内部的保险机制。表 13－1 列出了中国在转型之前以及转型初期家庭储蓄的状况，兼有城市与农村的对比。由表中的数据可知，在转型展开之后，中国的储蓄率有了较大幅度的上升；不过相对于城市部门来说，农村的储蓄率上升更快。

表 13－1　中国家庭储蓄变迁

部门	家庭储蓄占总储蓄的百分比
1957（平均）	5.3%
城市	5.7%
农村	4.9%
1982（平均）	20%
城市	4.8%
农村	26.8%
1984（平均）	24.7%
城市	7.9%
农村	32%

资料来源：Qian（1988）①。

此外，家庭纽带作为一种保险机制的重要表现是养老，即在父母年迈的时候，子女将为父母提供一定的支出和护理。不论在城镇还是在农村，老年人的日常生活照顾有很大一部分来自于后代子女的支持。按照 Zimmer and

① Qian Yingyi, Urban and Rural Household Saving in China, *International Monetary Fund Staff Papers* (Dec, 1988), 35 (4): 592-627.

Kwong（2003）的研究[①]，该比例在农村为60.8%，在城镇为53.3%；同时在物质反馈养老支持上，城镇居民由于有较高的收入和保障，表现在数据上，有物质反馈比例的比重比农村稍低，但也达到了33.5%，而农村则高达43.8%（详见表13-2）。由此可见，不论在生活照顾还是物质反馈上，子女都是父代养老的重要依靠。

表13-2 中国城乡老年居民的养老资源来源百分比（%）

来源	日常生活照顾		物质反馈支持	
	农村地区	城镇地区	农村地区	城镇地区
来自子女	60.8	53.3	43.8	33.5
来自其他	2.8	4.4	9.7	5.4
来自上述两方面	6.0	3.8	29.1	13.0
来自非上述的其他来源	30.4	38.5	17.4	48.1
总计	100	100	100	100

资料来源：Zimmer and Kwong（2003）。

再有即是，由于保险市场并不完善以及金融市场并不完美，家庭养子防老仍然具有非常重要的作用，故而父代往往也寻求通过生孩子和投资于子女教育来养老。养儿防老和家庭教育投资是中国养老模式的关键特征。从这个角度来讲，父母给子代的支出（尤其是教育投资支出）尽管在当期而言具有消费的性质，但对将来的养老而言，则具有投资的性质。在中国实施独生子女政策后，由于子女的数量受到了管制，中国的家长在一定程度上就更重视子女的教育投资（刘永平、陆铭，2008）。[②]

在社区（乡镇、街道、村组）层次上的纽带所发挥的作用

尽管以上研究表明在市场缺失或不完美时，家庭可以通过自身的理性反

---

① Zimmer，Z. and J. Kwong，2003，“Family Size and Support of Older Adults in Urban and Rural China：Current Effects and Future Implications，” *Demography*，40（1），23-44.

② 刘永平、陆铭：《从家庭养老角度看老龄化的中国经济能否持续增长》，《世界经济》2008年第1期。

应来解决有关问题，但其能力毕竟是有限的。家庭也许可以解决个别成员的风险问题，但当整个家庭面临某种风险和冲击时，单个家庭的局限性就显露了出来。另外，家庭还难以解决较大规模的资金需求，以及难以独立解决剩余劳动力的转移等问题，此时，社区内的交往就变得尤其重要，也自然而然会演绎出来。由于中国转型之初的农村地区户籍限制以及城市部门单位制度的存在，家庭往往会在地缘的基础上把交往（交易）的范围延伸至社区，如村落、乡镇或者小区、居委会等，从而便利了家庭及其个体在更广阔的范围内配置资源，可以更大规模地开展生产、消费和社会交往（交易）活动。

表 13 - 3 和表 13 - 4 是以山东邹平为例的一组基于村内和村外两层互助保险的数据，可用以说明在社区层次的合作是如何推动居民福利状况的改进的。表 13 - 3 首先描述的是社区成员之间相互保险的潜力。这里的保险是一个较为广义的概念，包括通过人与人的互助和借贷，使消费水平可以不受（或少受）负面冲击的影响的情况。邹平的数据表明，对于自给自足的纯粹的家庭内部保险而言，消费存在高达 29.5 的变异（变异系数越大说明消费的波动越大，风险被分担的程度越低）；但如果能够在村一级社区内达成相互保险安排，则可以减少以上变异系数约 15.5 个点；而如果可以在县这样一个更大的社区内达成相互保险，则上述变异系数甚至会减到 5.4 的水平。①

表 13 - 3 以山东邹平县为例的不同风险分担形式的作用

家庭类型	消费水平的变异系数
自给自足（收入＝消费）	29.5
有村一级的风险分担	14.0
有县一级的风险分担	5.4

资料来源：Morduch and Sicular (2001)。②

表 13 - 4 则严格区分了村内和村外两层相互保险的安排，给出了实际的

① 上述在村一级的社区内通过相应的转移支付来提供相互保险的安排是指在 16 个村之间，而不是单个村内部。

② Morduch, J. and T. Sicular: Risk and Insurance in Transition: Perspectives from Zouping County, China. In Aoki, M. and Y. Hayami (eds), *Communities and Markets in Economic Development*. Oxford: Oxford University Press, 2001.

村和跨村一级社区相互保险的规模。该表中数据以货币单位计量，它表明约有占样本23.6%的家庭获得了村一级社区内的转移支付，平均每个家庭约获得150.3元；同时，约有占样本9.8%的家庭获得了村外的转移支付，平均每个家庭获得307.5元。

表13-4　以山东邹平县为例的村内、村外转移支付规模比较（单位：元）

	获村内转移支付家庭	获村外转移支付家庭	所有家庭
占观测样本比例	23.6%	9.8%	100%
村内转移支付平均规模	150.3	79	35.5
村外转移支付平均规模	66.4	307.5	30.1
家庭平均收入	1499.2	1352.8	1277

资料来源：同表13-3。

表13-4中转移支付的具体形式富有启发意义。在Morduch等人（1999）的研究中，村民间转移支付除了纯粹的货币之外，还包含肉类、粮食等实物转移，而未包括劳动力（劳务）的转移。但它们的调查也肯定，劳动力（劳务）转移同样是一种极其重要的互助形式，并约有19.2%的受调查家庭报告了劳动力（劳务）转移的互助形式。无论村民间的转移支付通过何种形式实现，有一点可以肯定，它们都不是通过显性的市场机制来实现的，也不是由政府来推动的，相反是居民自发把生产、消费以及社会交往（交易）向社区层次扩展；且由于缺乏市场力量的约束以及政府力量的强制，诸如此类社区层面的互动只能是依赖长期的关系以及市场的互联安排来维持的。

除了以上非正规保险机制以外，鉴于在转型过程中个人和私营企业难以从正规银行部门得到融资，基于关系的非正规金融也替代性地发挥了重要的作用。非正规金融是在亲戚、朋友或者熟人之间的一种借贷形式。表13-5是Tsai（2002）她所调查的中国南方和北方的样本城市中一些非正规金融的情况。从表13-6的数据可以看出，有相当一部分人（在北方甚至超过一半比例）都有从非正规金融渠道借款的经历，且大部分人对贷款的情况也比较满意。甚至还有人估计，在20世纪80年代和90年代这段时间内，非正规金融占私人部门信贷总量的比例高达3/4。从而可以表明，非正规金融在正式的信贷市场不存在，或者不完美时，为私营经济的发展发挥了重要的推动作用。

表 13-5 南、北方分野下的中国非正规金融情况

地区	有借款经历的人比例	平均借款额	平均期限	平均利率（月）	满意的人比例
北方	59.0	18863	10.5	0.32%	74.5%
南方	43.6	43003	6.1	1.14%	83.8%

资料来源：Tsai（2002）。

家庭、社区与（基层）政府之间交往所发挥的作用

前文提到以家庭为核心的生产、消费和社会交往（交易）是自发组织的，在社区层次形成的互动也是自发组织的。实际上，在中国经济转型过程中，除了这些自发的关系型交易之外，家庭、社区、政府之间也存在着互动，而且这种互动未必是基于显性的规则或法律来进行的，乡镇企业的例子即是这种互动的一个典型表现。

在中国转型初期，资本、土地市场等要素市场缺失或者高度不完善，乡镇企业是在此背景中企业家和农村居民以及地方政府之间所达成的一种跨越多个市场的"互联的合约安排"①：一方面，在要素市场不完善的情况下，企业家需要与拥有这些要素资源的地方政府以及所在社区建立良好的合作关系，并同时换取地方政府对企业的产权保护；另一方面，地方政府也需要发展地方经济，以满足财政和税收的要求和解决就业问题。

由于金融市场的缺失，乡镇企业在创办和经营过程中对资本的需求很难直接通过国有银行的融资来完成，此时家庭、社区以及政府在一定范围内形成的关系就是必要的。例如有研究就表明，在乡镇企业创办投资中，原社队集体积累约占 28.17%；由乡镇、村以一定财产担保而获得的银行贷款约占 17%；由干部出面担保获取贷款约占 11%；由政府机关担保获得贷款约占 20.5%。② 除此之外，"七五"期间国家私营企业研究课题组的调查还表明，

① Wang，Yongqin and Li Ming，Unraveling the Chinese Miracle：A Perspective of Interlinked Relational Contract，*Journal of Chinese Political Science*，forthcoming，Vol. 13，No. 3.

② 陈剑波：《乡镇企业的产权结构及其对资源配置效率的影响》，《经济研究》1995 年第 9 期。

私营企业（主体为乡镇企业）还约有15%的资金来源于亲友的借款，以及1.9%的工人自己出资。[①] 依同样的逻辑，由于土地的集体所有以及土地要素市场不健全，企业家在土地使用上也需要与地方政府的合作，地方政府在使用土地方面也向企业家提供便利。

由于劳动力市场的缺失，乡镇企业一定程度上助其解决了紧迫的劳动力就业问题。乡镇企业在创办和经营过程中的劳动力需求基本上是通过相互协作在内部解决的。家庭联产承包责任制推广以后农村出现了大量剩余劳动力，在存在城乡劳动力流动限制的条件下，地方政府面临着解决就业的压力，这也甚至成为乡镇企业创办的重要推动力之一。事实上，乡镇企业约有40.5%的工人是由基层干部安排参与工作的；此外，甚至约有75%的乡镇企业的厂长（经理）由乡镇、村党委任命。[②]

鉴于乡镇企业是企业家和地方政府的一种“互联性制度安排”，乡镇企业在控制权和收益权的配置也就不同于标准意义上的企业，准确地说，其控制权和收益权是在企业和政府之间分割的[③]。以乡镇企业经营权为例，在乡镇企业约十三项重要经营权中，完全由“区乡政府决策”的占企业经营决策权的33%，另有33%由“政府和企业共同决策”，只有剩余的34%由“企业独立决策”[④]。而在收益分配上，政府所获取的份额也远高于税费能够征稽的，不过其间的一部分又通过政府提供公共品和服务的形式返还给了社区；另外，乡镇企业本身还往往直接承担相应的社会责任，如为义务教育、公共卫生提供支持；剩余的部分则才会在劳动者中分配。

除了乡镇企业这种一开始就是企业家、社区和地方政府的合作关系的组织形式之外，在沿海的很多地方还出现了私营企业“戴红帽子”的现象，即

---

① 国家“七五”期间中国私营经济研究课题组：《中国的私营经济——现状、问题、前景》，中国社会科学出版社，1992年12月。

② 陈剑波：《乡镇企业的产权结构及其对资源配置效率的影响》，《经济研究》1995年第9期。

③ Weitzman and Xu（1994）将这种控制权称为“模糊产权”。参看Weitzman and Xu Chinese Township-Village Enterprises as Vaguely Defined Cooperatives，*Journal of Comparative Economics*，Vol. 18，No. 2（1994），pp. 121-145。

④ 陈剑波：《乡镇企业的产权结构及其对资源配置效率的影响》，《经济研究》1995年第9期。

私营企业通过各种方法（如挂靠某个政府机构或者国有企业等）在形式上变成集体或者国有企业，这样可以获得私营企业得不到的资源（如金融资源、出口权），还可以得到政府的产权保护；地方政府及其相关的机构也可以收到一笔管理费，而且还可以向这些戴上红帽子的企业分流一部分国企的员工，解决地方政府面临的就业问题。根据中国社会科学院民营经济研究中心、零点市场调查与分析公司和全国工商联信息中心的联合问卷调查，1993 年时被调查的私营企业主认为“红帽子”企业占集体企业的比例为 50%～80%，1994 年对 360 户私人企业调查时，有 50%的私营企业主认为，上述比例大致在 30%～50%之间。① 如同乡镇企业，“红帽子”现象也是中国转型时期要素市场不完善、对私人产权保护不力时期的过渡性制度安排。可以作为该论述佐证的是，到 20 世纪 90 年代后期，由于要素和产品市场得到了很大程度的发育，宪法及其他法规对私人产权的保护也更加明确之后，乡镇企业就开始了向私人企业的转制，“红帽子”现象也就基本上消失了。②

城市中国有部门基于关系与结构互联的转型安排所发挥的作用

国有部门的市场化改革也是一场组织结构的变革，因而也是一个打破原有单位制的过程。以作为典型单位制的国有企业的转型为例，由于转型涉及劳动力、教育、医疗、保险、住房等多个市场的调整，且由于历史上职工的工资被国家压低，并存在无失业风险和政府提供福利的隐性承诺，因此，这些领域的转型就非常谨慎，以至于在改革的很长时间内企业都与员工保持着互联的关系。国有企业的转型选择实际上存在职工下岗、企业歇业、破产以及产权转移四种状态。但无论采用哪一种安排，企业在转型期间都没有断然抛弃它本来承担的保险、教育等产品和服务的提供职能。例如，职工即便在下岗之后也依然有企业不同程度的补贴，并享有由国家和企业联合提供的相

① 数据来自戴园晨：《迂回曲折的民营经济发展之路——“红帽子”企业》，《南方经济》2005 年第 7 期。

② 对乡镇企业更深入的分析，参阅 Wang，Yongqin and Li Ming，Unraveling the Chinese Miracle：A Perspective of Interlinked Relational Contract，*Journal of Chinese Political Science*，forthcoming，Vol. 13，No. 3。

应的再就业培训，同样企业也没有骤然停止其所开办的学校；再如，企业歇业时，职工依然能够得到一定的生活补助；即使是企业所有权发生转移时，政府对企业和受让方的一项核心要求也是对职工进行补偿，以及使之承担相应的社会责任，而不只是简单追求产权转移的市场价值。可以作为一项佐证的是，根据国务院发展研究中心2004年的一份调查报告，在国有企业改制过程中，中央所属改制国有企业约承担对职工约人均1.4万元的补偿支出，而地方所属改制国有企业对职工的补偿支出甚至达人均4.05万元。[①]

城乡间在保留生产技术和社会关系方面优势基础上转型安排的作用

在向市场经济转型的过程中，由于经济结构和生产方式上的差异，农村的社会关系往往比城市的更加牢固。藉此优势，一方面农民工群体在从农村流动到城市工作和生活的过程中，可以享受到由于较高的生产技术带来的高于农村地区的工资，成为连接农村和城市的桥梁；另一方面，他们仍然能够在一定程度上享有农村地区的社会关系带来的好处（如风险分担、融资、就业信息共享等）。由于中国的全民社会保障制度尚未全面建立，农村信贷市场还不够发达，劳动力市场信息不对称问题仍大量存在，作为一种过渡性的制度安排，农民工对于农村部门社会关系网络的依赖具有一定的合理性。[②] 当然，随着相应的制度和市场更加健全，特别是城乡一体化和城市内部社会融合进程的推进，"农民工"应该会成为一个历史名词。

综上所述可以看出，在转型的初期，由于信贷、保险、土地、劳动力等市场的不完备以及对私人产权保护的不力，无论在农村部门、城市部门，还是在城乡之间，也无论在家庭层面、社区层面还是它们与政府之间，都普遍出现了一系列替代性的合作关系和制度安排，这些替代性的合作关系和制度

---

① 数据来自国务院发展研究中心企业研究课题组：《国有企业改制重组调查报告》，《产权市场》2005年第1期。

② 关于这种两部门互动过程的比较优势的一个理论说明，参看 Mookherjee D. and Ray D, Contractual Structure and Wealth Accumulation, *American Economic Review*, Vol. 92, No. 4. (Sep. 2002), pp. 818-849。

安排，既促进了经济转型的顺利开展，也缓解了市场化过程中的“阵痛”，消解了部分转型成本。

关系型社会与市场机制的互动：一个理论说明

无论是在传统的中国社会，还是在转型过程之中，基于关系的互动在经济和社会生活中都发挥了重要的作用。首先以历史的视野来看，关系型社会结构特别契合传统中国以农业为基础的经济社会结构。农业社会交往（交易）的关系性和互联性、交易范围的乡土性和市镇性，以及属地管理的集权的科层政治结构构成了社会结构、经济结构和政治结构三位一体的理想组合，保证了社会的长治久安和经济的发展。其次从经济转型的过程来看，由于专业化市场的缺失以及正式制度的不到位，关系型交易在社会经济中也起到了重要的替代性作用。

在专业化市场缺失或不完美时，关系型交易本身就成为一个有效的模拟交易机制

从资源配置的角度来看，转型是一个从计划作为资源配置手段转向市场作为配置手段的过程。由于转型是在农村实施集体化、城市实施单位化，基本取消了市场交易的基础上展开的，转型初期甚至不具备最粗糙的专业化产品和要素市场，在这种情况下，能否模拟出一个一定规模的交易，往往就构成转型能否成功的关键。

市场的形成必须既要具备有效的需求面，又要具备有效的供给面。在转型之前的中国社会中，在城市部门，居民的产品和服务需求基本上是经由严格的计划体制和单位制来满足的；而农村地区也没有专业化的资本、劳动力、保险等要素市场，以至于相关的需求也无法得到满足。并且由于农业生产本身的分散特点，以及过度的集体化已被证明是一种低效率的组织形式，从而在很大程度上推动了迈向市场化的转型率先由农村来突破。

由于农村居民的社会纽带和网络比城市地区的更牢固，从乡村展开转型可能是一个比较好的安排；反之，若市场化转型首先从城市部门展开，由于城市居民之间的社会纽带比农村脆弱，会给改革带来更大的风险，极有可能出现正式制度和非正式制度同时缺失的状况。可以看到，在农村地区，迈向市场化的转型的确是在没有破坏农村基于家庭的社会纽带的基础上展开的。例如，土地的集体所有和户籍制度使得农村居民的社会关系在市场化的改革中没有很快解体，从而可以维持家庭、社区和基层政府之间长期的、互联的关系，维持了较好的社会秩序，并解决了农村地区信贷、保险等市场的缺失问题。

农村地区改革的成功使城市地区的改革变得相对容易。农村的发展不仅为城市的工业产品提供了市场，还提供了城市所需的食品和原材料，还为城市部门释放了廉价的劳动力。同样，开始于1984年的城市改革也没有马上破坏建立在“单位制”基础上的社会联系。在劳动力、住房、医疗、金融等制度高度不完备的情况下，单位一直保持着与员工密切的、互联的关系，直到20世纪90年代中期很多专业性的市场逐渐形成之后，才全面推进了养老、就业、医疗、住房等市场化改革。

转型是一个旧制度在逐步瓦解但新的制度又未确立的过程，关系型交易可以充当一个替代机制来实施社会治理

从制度的角度来说，转型是一个旧制度逐步解体而新的制度还有待确立的过程。在这个过程中，如果实行如俄罗斯那样的激进制度变革，将原有的组织体系几乎一夜之间打破，很有可能出现“制度真空”的状态：即呈现出原有的（正式和非正式）制度被打破了，而替代性的新的（正式和非正式）制度还没有建立起来的状态。而在面临制度真空的情况下，容易出现社会的失范和混乱，并替代性地由一些并不健康的社会组织和合约实施手段（如俄罗斯等国家出现的“黑手党”现象）来实施治理。相对而言，中国渐进式转型的一个特征是在原来的政治和社会结构基本不变的背景下推进市场化，因此市场化的背后一直有各种非正式制度的支持，因而并没有出现制度真空和

社会混乱，更没有类似于黑手党治理结构的出现。

同时，在经济转型的过程中，正式的法律所能发挥的作用本身就极为有限，以至于转型过程定然会主要在关系型社会结构的基础上自发展开。论及转型过程中法律的作用，朱苏力（2000）就曾对中国送法下乡的实际效果这样描述[①]：即在实际过程中，旨在解决基层社会纠纷的法律帮助在基层社会并没有什么效果，人们甚至倾向于私下解决也不选择用法律来裁决。实际上，不仅农村社会曾经存在这种情况，众多城市经济纠纷中，法律裁决也往往都不是第一选项。其背后的原因在于，在关系型社会结构下，交易是长期的和跨越多个市场的，而法律裁决则主要基于单期和单一交易情形进行，未必符合行为人的长期利益，所以人们理性的选择就是不会把纠纷诉诸司法途径来解决。[②] 电影《秋菊打官司》实际上可以形象地说明这个问题。秋菊的丈夫有一次被村长踢伤了，秋菊就千辛万苦地去告状。在告状的过程中，秋菊有一次差点难产，在这危机时刻，是村长在雪夜里将秋菊送到几十里之外的医院抢救，使她最终脱离了危险。事后，秋菊满怀感激，摒弃前嫌，并带着礼物去村长家里致谢。但就在这个时候，村头却响起了警笛的声音，村长由于踢伤秋菊的丈夫被拘捕了。这时秋菊却感到万分的困惑和难过。这个故事生动地说明了合约的互联性，如果在分工程度比较高的社会，秋菊在难产的时候完全可以打一个出租车就到医院去了，她起诉村长在事后应该是无悔的，但在分工程度比较低的中国，你说不定什么时候就会在其他的“市场”上与别人发生互动，很难做到在不同的事情上分别计算得失。

表 13－6 根据一份对长江三角洲地区企业的问卷调查，描述了该地区企业认为的最有效的解决纠纷的方式，鉴于长三江的市场经济的特殊比重，可以说明这里的逻辑。

---

① 参见朱苏力：《送法下乡：中国基层司法治度研究》，中国政法大学出版社，2000 年。

② 即使打官司本身是不花费成本的。如果司法效率比较低下，打官司实际上需要很高的成本，那么法律的作用就进一步受到了限制。

表 13-6 长三角企业认为最有效的解决纠纷的方式（%）

最有效解决纠纷的方式	外资企业	国有企业	民营企业	集体企业
1. 与纠纷方直接谈判解决	46.6	52.5	56.4	54.9
2. 通过中国内地司法途径	37.5	36.0	35.6	33.3
3. 通过当地政府行政干预	17.8	15.8	8.6	9.8
4. 通过私人管道（如内地合伙人）	8.7	5.0	11.8	5.9
5. 无有效的解决途径	5.5	6.5	5.7	5.9
6. 其他	4.0	2.2	4.9	3.9
总计	120.1	118.0	123.0	113.7

资料来源：王于渐等（2007），第154页，表6.14。

注：因存在多选情况，所以总计超过100%。

表13-6表明，即便是在专业化市场相对比较完备，法律等正式制度较为完善（地方性法规充分）的地区，如长江三角洲地区，当企业面临纠纷时，大量企业仍会选择“与纠纷方直接谈判解决”、“通过当地政府行政干预”以及“通过私人管道”（如内地合伙人）来解决。实际上反过来也可推知，在一般的转型经济中，基于关系的社会互动都往往是主要的治理模式，而并不是靠正式的法律来保障交易合约的执行，以及维持社会秩序的稳定。

在分工水平较低、市场范围比较小时，关系型社会结构本身能够节省交易费用

从经济发展阶段来说，关系型交易比较适合市场范围比较小时的发展阶段；而基于第三方（如法庭）而实施的正式制度则比较适合于市场范围比较大时的发展阶段。[①] 关系型交易是通过固定主体之间的长期关系来自我实施的，其维持仅要求双方知道交易的局部信息并且对结果有着共同的预期即可。基于正式制度（如法律）的交易则要求相关的交易信息是第三方（如法庭）可以验证的（从而要求比较高），而且，还需要在制度的基础设施方面投入大

① 我们将在下文讨论正式制度在市场范围扩展到一定的范围后的好处。

量的建章立制（如立法、设立法庭等）的固定成本。① 所以，这两种交易形式各有其比较优势，并能支持上面的结论，即在在经济转型初期市场范围比较小的时候，关系型交易是一种比较好的交易形式，因为其对交易的信息结构要求比较低（不需要第三方验证），② 而且几乎不需要花费设立法律制度的固定成本（Li，2003）。③ 同时，由于交易具有跨越多个市场的“互联性”，也能进一步地降低平均交易成本，因为同一“关系”下，可以发展出多种交易。其内在机理在于，“互联性”加强了人与人之间交易的可行性：如果交易不是以市场互联来进行，那么，如果当事人在单笔交易中受损，他就将选择退出交易；但如果交易跨越多个市场，不仅交易对象不敢贸然违约，即便当事人的确在某笔交易上有损失，它退出交易也可能是不经济的，因为它极有可能会丧失在潜在的关联交易上的收益。

基于以上论述，可以达成以下结论：即在转型初期市场主体交易范围比较小、专业化程度低时，关系型交易方式相对于基于正式制度的交易方式，是一种能够节省交易费用的方式；而不同的经济发展阶段又的确需要不同的交易方式，后面我们将会分析，随着市场范围的扩大，逐渐引入正式的制度框架就将是一个理性的选择。

---

① Shleifer 和 Mulligan（2005）的实证研究也说明了这一点。他们用美国的州一级的数据证实，法规的制订受市场范围的限制，人口越多的州制订的各种法规也越多。参看 Shleifer，A. and C. Mulligan：The Extent of the Market and the Supply of Regulation，*Quarterly Journal of Economics*，Vol. 120（Nov. 2005），pp1445-1473。

② Basu（2001）提出的“核心定理”也说明，理论上凡是由正式合约来实施的，都可以通过社会规范（即非正式合约）来实施。这里的逻辑在于，如果书面上的法律不是博弈中的纳什均衡，那么它就得不到实施；但是社会规范却都是现实世界中的纳什均衡。换言之，社会规范可以替代法律，但是法律却不能替代社会规范。法律只有与社会规范重合的时候，才是有效率的。参看 Basu，K.，*The Role of Social Norms and Law in Economics：An Essay on Political Economy*。In Scott and Keates（eds.），*Schools of Thought*，NJ：Princeton University Press，2002。

③ Li，S.：Relation2based versus Rule - based Governance：an Explanation of the East Asian Miracle and Asian Crisis，*Review of International Economics*，11（4）（2003），pp651-6731.

综合以上三点，转型过程的社会基础是非常重要的。① 俄罗斯等国家激进的自由化改革几乎是一夜之间摧毁了传统体系维系的关系性与互联性，而没有（也不可能）在短期内建立起一套行之有效的正式制度，由于社会的自我治理被打破而没有相应的制度来替代，结果就只能是面临治理危机。而中国的渐进式转型则尽可能地维持了传统社会体系的关系性和互联性，从而在专业化市场和正式制度缺位时维持了社会的自我治理，没有出现类似于俄罗斯的困境，并最终在制度层面确保中国经济转型取得了阶段性的成功。②

转型和发展对关系型社会的消解

中国渐进式转型的成功在很大程度上，依赖于转型过程是在关系型社会结构的背景下进行的。但一个显见的事实是，市场化转型本身推动了市场范围的扩大，和分工水平的深化，那么一个自然而然的问题即是，市场化和经济发展本身反过来又是如何消解它所赖以成功的关系型社会结构的呢？伴随着专业化市场的出现和完善，它替代并弱化了原来由家庭和社区发挥的功能，而且人口流动性的增强也缩短了人们之间互动的时间长度，从而动摇了关系型社会的基础。由于在很多方面传统的关系型社会都在消解，如果我们下面论及的经济发展与关系型社会的动态关系成立，那么中国进一步的转型就将面临很多严峻的挑战。

---

① Stiglitz（1999）也强调了社会基础在经济转型中起的作用。参见 Stiglitz，J.，Quis custodiet ipsos custodes? Corporate Governance Failures in the Transition。In Pierre - Alain Muet and J. E. Stiglitz（eds.），*Governance*，*Equity and Global Markets*，*Proceedings from the Annual Bank Conference on Development Economics in Europe*，ABCDE Conference. Paris：World Bank，1999。

② 具体论述参见王永钦：《市场互联性、关系型合约与经济转型》，《经济研究》2006 年第 6 期；王永钦：《互联的关系型合约、内生的制度与经济发展》，《学术月刊》2006 年 11 月号；Wang，Yongqin，Interlinking Markets，Relational Contract and Economic Transition，*The Studies of Regional Development*（June. 2007）。

转型与家庭、社区和政府纽结的解体

首先随着市场化的推进和一些社会政策（如独生子女政策）的实施，家庭、社区和地方政府等层面的关系性和市场互联性得到了不同程度的弱化。

图 13-1 是在王跃升（2006b）研究的基础上给出的分地区家庭结构的一个说明，原始数据来源于 2000 年全国第五次人口普查的 1%样本，从中可以清晰地看出家庭层面社会纽结解体的可能。图 13-1 显示，无论是在城市、镇还是在农村，由父母与子女组成的核心家庭都是家庭的主要形式，从比例上看城市核心家庭规模高于镇，又高于乡村的核心家庭规模。历史地看，20 世纪 60 年代中国核心家庭只占相对优势，而在目前则占绝对优势，同时代表大家庭的复合家庭类型则在逐步萎缩（王跃升，2006a）。而且，在核心家庭内部，转型以来夫妻核心家庭的比例也在逐步增大，尤其是随着提倡晚生晚育和计划生育政策的推进，单子女家庭逐步增多，且高等教育入学率的提高又进一步通过分流使得家庭更微型化。中国平均家庭规模已经由 1982 年的 4.41 人降至 1990 年的 3.96 人和 2000 年的 3.44 人（王跃升，2006a）。①

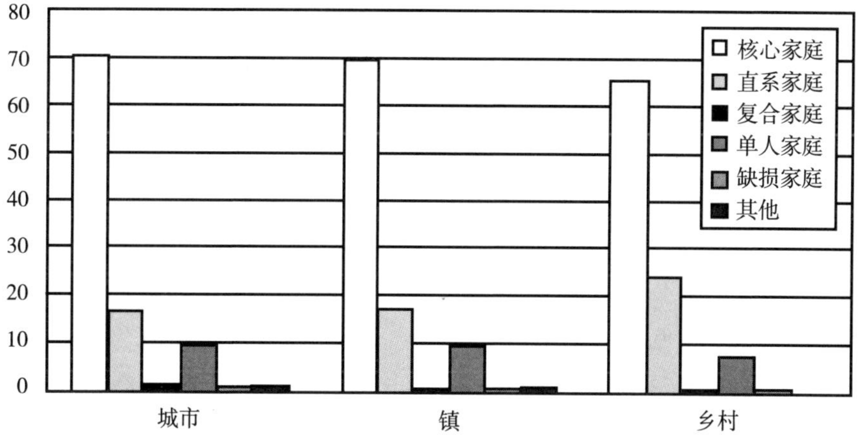

图 13-1　全国各类家庭结构所占比例（%）

资料来源：王跃升（2006b）。

① 王跃升：《当代中国家庭结构变迁》，《社会》2006 年第 3 期；王跃升：《当代中国家庭结构变动分析》，《中国社会科学》2006 年第 1 期。

家庭微型化对于经济生活的深远影响恐怕要在很长时间内才能显露出来，但它确实弱化了家庭层面的社会纽结。例如，一些特定的称谓——姑父母、舅父母、姨父母等——在逐步减少。而消逝的并不仅是名称，本质上正是以家庭为纽结的社会关系的消解。即使是核心家庭内部，由于家庭微型化，相互之间的保障能力也有可能下降。家庭微型化会弱化农村甚至城市老年家庭的生活料理和养老能力①；并且在专业的保险市场、信贷市场和社会保障尚未完全建立的情况下，家庭层面纽带的弱化会加剧个体所承担的风险。

在社区和政府层面，前文曾说明乡镇企业的创业和经营有赖于在个人、社区、政府之间保持的良好的社会关系，以及在此基础上进行市场互联性的交易。不仅克服了金融市场、土地市场等的缺失问题，政府还给企业提供了必要的政治保护和政策支持，以及其他的公共品和服务，与此同时，政府也从乡镇企业的发展中分享到了剩余，以及得到地方就业压力的缓解等好处。但是，专业化市场的发育削弱了乡镇企业这种企业形式的优势，企业家可以不再那么倚重社区和地方政府；而且，随着劳动力市场的发育和流动性的增强，人们也可以离开自己的社区到外地务工。这在一定程度上导致了很多乡镇企业在 20 世纪 90 年代中期之后的解体。② 20 世纪 90 年代中期之后，政府在城市国有部门大规模地推进民营化和就业、医疗、教育、住房等方面的市场化改革之后，传统的单位制也开始解体，而伴随着单位制解体当然也有长期以来围绕着单位形成的社会关系，使得城市从一个相对的熟人世界逐渐变成一个陌生人世界。

市场化弱化了个人、社区和政府之间原有的互联的社会关系，并导致了居民对地方政府的公共信任度下降。以上结论并非仅出于理论上的猜度，实证研究的确表明，随着市场化的推进，农村居民对政府机构的公共信任存在一个先下降后再上升的趋势（陆铭、张爽，2006）③，这与波兰的情况不谋而

---

① 王跃升：《当代中国家庭结构变动分析》，《中国社会科学》2006 年第 1 期。

② Wang, Yongqin and Li Ming, Unraveling the Chinese Miracle: A Perspective of Interlinked Relational Contract, *Journal of Chinese Political Science*, forthcoming, Vol. 13, No. 3.

③ 陆铭、张爽：《离开了土地，却未离开家乡——中国农村的公共信任与劳动力流动》，复旦大学 2006 年工作论文。

合，波兰在转型的初始阶段也经历过公共信任下降的过程（Sztompka，1999）。①

劳动力流动与关系型社会的消解

以上我们粗略讨论了家庭、社区与政府纽结随转型的推进而不断消解的情况，现在我们以劳动力流动性增强为例，稍微深入地讨论其是如何影响关系型社会结构的。为此我们首先简单考察中国劳动力流动的具体情况。表13－7是近二十年来按目的地来划分的中国劳动力流动的有关情况。可以看出，在转型的初始阶段，乡镇是劳动力流向的主要目的地，当然这与乡镇企业的崛起有关；但在20世纪80年代中期以后，向乡镇的流动比例就开始下降，同时向城市的流动则显著增加，尽管数据还表明在1995—2000年间存在一个向乡镇流动的回潮。

表13－7　中国约20年间劳动力流动的情况

目的地	1982—1987	1985—1990	1990—1995	1995—2000
城市	36.6	61.7	61.4	59.4
乡镇	39.8	20.1	10.0	19.16
农村	23.6	18.2	28.6	21.43

资料来源：Shi（2006）。②

乡镇范围内的移民与乡镇企业的发展有关，1990—1995年间正是乡镇企业改制较为集中的时期。而按照Brooks and Tao（2003）的研究③，乡镇企业所容纳劳动力从1980年占农村劳动力的9.4%增长到1995年的约占26%之

① Sztompka，Piotr，*Trust：A Sociological Theory*，the Press Syndicate of the University of Cambridge，1999.（中译本，彼得·什托姆普卡：《信任：一种社会学理论》，中华书局，2005年。）

② Shi，Anqing，"Migration in Towns in China，a Tale of Three Provinces：Evidence from Preliminary Tabulations of the 2000 Census"，World Bank Policy Research Working Paper 3890（April，2006）.

③ Brooks，Ray and Ran Tao，"China's Labor Market Performance and Challenges"，IMF Working Paper（Nov. 2003）.

后，确实就基本停滞，到目前也只维持在27%～29%。与此相反，自1990年以来，城市部门则在国有企业职工下岗的情势下，仍然保持了年均约3%的就业增长率（Shi，2006）[①]。综上所述，就总量而言，中国的劳动力经历了比较大规模的流动；在结构上则存在从乡镇、农村内部流动向城市流动的转变趋势。

中国经济转型期间这种大规模的、结构性的劳动力流动，不仅长期内会弱化原来的关系型社会的纽带，同时短期内也降低了社会的信任度。一般而言，劳动力的流动性加强会削弱人们相互间的信任水平，因为信任的形成需要在长期重复博弈中形成的合作，需要来自于人们对于未来长期互动的期望；由于人口流动会降低人们对未来合作的期望，所以会减少信任。基于美国的实证研究表明，尽管个人的流动对于信任并没有显著影响，但社区层次的流动率增加却会显著地减少信任（Alesina and Ferrara，2000）。[②] 而在印度尼西亚，伴随着快速工业化进程，劳动力向外地的流动也降低了当地的相互合作和信任（Miguel *et al.*，2006）。[③] 而中国的劳动力市场的一个特殊之处在于，离开家乡在城市务工的农民工在城市面临着各方面的严重的歧视性社会政策，并不能真正融合到工作地的社会中，大量的流动劳动力最终还是要回到家乡。所以，劳动力从农村流动到城市的结果反而可能加强家庭对农村公共机构的信任（陆铭、张爽，2006）。[④] 但是，一方面该结论间接认可了劳动力流动不利于在城市层次建立普遍的信任的结论；另一方面，由于该结论依赖于城乡分割这一制度背景，那么随着政府更加致力于消除城乡分割，劳动力流动仍有可能消解农村社会的关系纽带。

---

① Shi，Anqing，“Migration in Towns in China，a Tale of Three Provinces：Evidence from Preliminary Tabulations of the 2000 Census”，World Bank Policy Research Working Paper 3890（April，2006）.

② Alesina，A. and E. L. Ferrara：“The Determinants of Trust，” NBER working paper（2000），No. 7621.

③ Edward Miguel，Paul Gertler and David Levine，Economic Development and Cultural Change，vol. 54，issue 2（2006），pp287-317.

④ 陆铭、张爽：《离开了土地，却未离开家乡——中国农村的公共信任与劳动力流动》，复旦大学2006年工作论文。

经济发展与关系型社会的动态变化

随着经济转型和发展的推进，关系型社会结构正在逐步消解，这并非是中国的一个独特过程，相反它应具有一般的意义。实际上，经济发展和社会变迁本身就是并行的两个过程，我们完全可以基于中国的观察，在一般意义上总结出经济转型和发展与社会结构的动态关系，具体来说，经济发展会通过下面两种效应来影响关系型的社会结构。

一是专业化效应，即随着市场范围的扩大和分工水平的深化，市场不断专业化，原来需要由互联的关系来实现的交易可以在专业化市场上进行。例如，在农村地区，原来需要村民“互助”的活动，此刻就可以从专业化市场上购买；而如果专业化市场的效率比较高，就能够实现规模经济，即每笔交易的成本对双方都比较低，专业化市场的运作就有更多的比较优势。在这种情况下，人格化的互联的关系型交易就会逐步让位于非人格化的市场交易，关系型社会结构也就必然会发生转变（王永钦，2006a，2006b；王永钦、陆铭，2007；Wang，2007）。①

二是市场厚度效应，即随着市场范围的扩大和分工水平的深化，专业化市场的交易频率和交易量不断提高，即市场逐步变“厚”；而市场变厚，会进一步通过降低买卖双方的搜寻成本和市场交易费用，从而会吸引更多的买者和卖者参与到专业化的市场交易中来，关系型交易的吸引力就会进一步下降，最终可能会解体（Kranton，1996）。② 那么一个自然的结论也就是关系型社会结构本身也将逐步解体。

从经济发展阶段的角度来看，关系型交易在市场范围较小、专业化水平较低的时候，是一种比较节省交易费用的交易方式，因为这种交易方式是交

---

① 参看王永钦：《市场互联性、关系型合约与经济转型》，《经济研究》2006 年第 6 期；王永钦：《互联的关系型合约、内生的制度与经济发展》，《学术月刊》2006 年 11 月号；王永钦、陆铭：《千年史的经济学：一个包含市场范围、经济增长与合约形式的理论》，《世界经济》2007 年第 10 期；Wang，Yongqin，Interlinking Markets，Relational Contract and Economic Transition，*The Studies of Regional Development* (June. 2007)。

② Kranton，R.，Reciprocal Exchange：A Self-Sustaining System，*American Economic Review*，86，No. 4：(1996)，pp830-8511.

易各方之间可以自我实施的，而正式制度则需要比较高的建章立制的成本。但是随着经济的发展和市场范围的扩大，关系型交易的代价就会越来越高，而规则型交易的优势越来越突出，因为在关系型交易下，增加一个“圈外人”参加交易的成本（如搜集信息成本和监督成本）会越来越高，而在规则型交易下，增加一个人参加交易反而可以分摊建章立制的成本。换言之，由于先期的大量用于建章立制的固定成本投入，规则型交易具有规模经济，交易量越多，平均交易成本越低。所以最优制度安排取决于经济发展阶段和市场范围：在经济欠发达的阶段，依赖关系型交易的非正式制度比较重要；在经济发展到一定程度，市场范围足够大的时候，依赖正式制度（法治）的规则型交易更重要，并能更好地实现规模经济和技术进步。以上总结的一般意义上的经济发展与交易制度（从而社会结构）之间关系总结如图 13－2 所示。

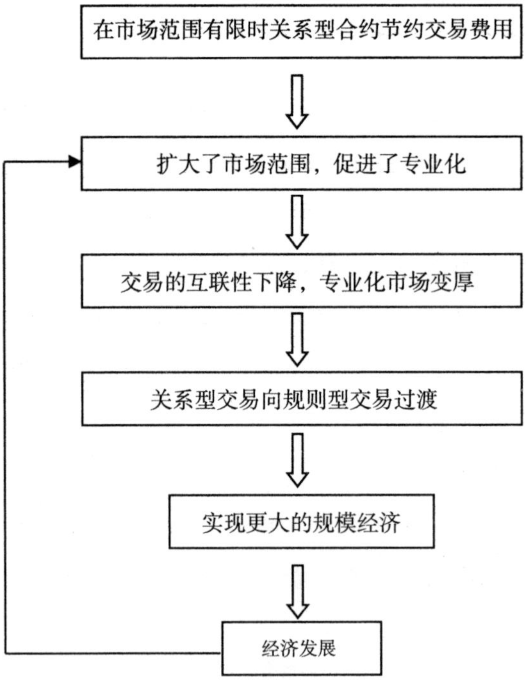

图 13－2 经济发展与交易方式的动态关系

总之，在一般情形下，经济转型和发展会通过专业化和市场厚度两个效应来促进关系型社会向规则型社会的转变，而这个转变也将进一步促进经济发展，进一步的经济发展又会强化这个过程，形成一个如图 13－2 所示的良性循环。用波兰尼的表述来说，这个转变即“经济关系嵌入到社会关系中”的状态，到“社会关系嵌入到经济关系中”的状态的转变，也即从经济关系从属于更广泛深入的社会关系，到社会关系从属于更广泛深入的经济关系的转变（Polanyi，1944）。[①]

从关系型社会到规则型社会的转型与挑战

结构性的“大转型”究竟能否实现，取决于专业化效应和市场厚度效应能否发生。但是，在中国现有的政治和社会结构中，又的确存在一些妨碍这两种效应得以充分发挥的因素，从而影响着中国迈向市场化转型的进一步走向。我们分别从三个方面来讨论这样一些障碍。

专业化、市场整合的要求与现有的分权式政治结构之间的矛盾

过去的三十年中，中国进行了分权式的改革，对政府官员实施了基于GDP相对绩效的考核机制（周黎安，2004、2007）[②]，这些机制在促进中国经济增长的同时，也引发了如地区之间的恶性竞争（表现为重复建设、产业结构雷同等），以及地区之间的产品市场、要素市场和公共服务的分割（王永钦等，2007）[③] 等不良状况的出现。

产品和要素市场的分割不仅不利于实现规模经济，还限制了地区之间的专业化分工和市场范围，从而阻碍了关系型社会向规则型社会的转变。而公共服务的地区分割不仅限制了人们在地区间的流动，甚至还影响了社会信任和社会融合。再次以农民工为例，地方政府虽然欢迎廉价农民工为本地经济

---

① Polanyi，Carl，*The Great Transformation：The Political and Economic Origins of Our Time*. Boston：Beacon Press，1944.

② 周黎安：《晋升博弈中政府官员的激励与合作》，《经济研究》2004 年第 6 期；周黎安：《中国地方官员的晋升锦标式赛研究》，《经济研究》2007 年第 7 期。

③ 王永钦等：《中国的大国发展道路：论分权式改革的得失》，《经济研究》2007 年第 1 期。

做贡献，但是却没有积极性为他们及其子女提供医疗、教育等公共服务，因为这些服务都构成了地方政府的成本。以至于农民工很难融入当地的社会，不利于城市地区的社会融合。经济的逻辑和行政的逻辑在这里产生了一定的矛盾，产生矛盾的核心问题又在于，分权体制下地方政府的地方主义倾向与全社会市场统一和专业化的要求相矛盾。这种矛盾的存在使得中国在进一步的转型中极有可能出现社会失范和混乱，表现为关系型社会解体的同时，规则型社会也没有建立起来。换句话说，日益发展的经济和劳动力的流动冲击着传统的关系型的社会；但与此同时，市场的行政性分割又不利于社会融合，不利于在全社会建立统一的规范和制度。

市场化被嵌入到现有政治权力和社会关系中

世界各国经济转型和发展的历史和现实告诉我们，存在两种市场化：一种市场化不是彻底的市场化，是被权力和社会关系嵌入、俘获和左右的市场化；另一种市场化是市场力量能够冲破现有的权力结构和社会关系的羁绊，使得市场化本身能够得到全面推进，且有利于实现公正和效率的市场化。

第一种市场化的危险在理论上是存在的。在渐进式的转型过程中，由于传统体制下权力结构和社会关系持续发生作用，并在市场化的过程中获得了市场价值，因而被“资本化”。而权力和社会关系的资本化更进一步强化了它的力量，拥有权力和关系的人在资源配置中拥有更大的主导权和谈判力量，于是，市场机制就很有可能被现有的权力和社会关系所俘虏。

经济学家做了一些实证研究关注权力和关系对收入的影响，结果发现，有利的政治身份和社会关系网络的确会提高收入水平。① 那么，市场化水平提

---

① Knight和Yueh（2002）采用中国城市调查数据发现，党员身份在市场化程度较高的私有企业可以显著地提高个人收入，参见John Knight and Linda Y. Yueh：“The Role of Social Capital in the Labor Market in China” No 121，Economics Series Working Papers from University of Oxford，Department of Economics，Oct. 2002。Li*et al*.（2005）的研究表明，尽管党员身份本身并不对个人的收入产生直接的正效应，但与党员身份相关的家庭背景却提高了个人的收入水平，参见Li，Hongbin，Pak Wai Liu，Ning Ma and Junsen Zhang，“Economic Returns to Communist Party Membership：Evidence From Chinese Twins，” Working Paper，Chinese University of Hong Kong，2005。

高后，社会关系网络对收入的影响会产生什么样的变化呢？研究发现，相对于国有部门而言，社会网络在私有部门更能够提高个人的收入水平，如果可以认为私有部门的市场化水平相对更高的话，那么，该结论就意味着社会网络对收入水平的正向影响可能会随市场化水平的提高而提高（Knight and Yueh，2002；李爽、陆铭和佐藤宏，2007）。①

如果既有的政治社会权力嵌入到市场化进程中去，就可能会恶化社会的收入分配。静态地看，不同的人所拥有的政治社会权力是不均等的，于是，权力不均等就可能借助于不规范的市场机制而扩大收入、福利和公共服务享用等各方面的不均等。不平等首先表现为机会上的差异，由于市场机制会被现有的权力俘获，必然会在市场机制运行和政策制定中形成"圈内人"和"圈外人"的分野，"圈内人"更多地享有参与资源配置的权力。例如，在2004年之后备受争议的国有企业转制过程中的资产流失问题，其实质就是在既有的国有企业管理体制中拥有权力的人左右了企业的转制过程，使得表面上看起来非常公正的企业转制过程为拥有权力的人侵吞国有资产提供了机会（陆铭、陈钊、张爽，2007）。② 动态地来看，拥有更多权力的人，不仅财富积累得更快，而且正因为如此，它们积累财富的激励更高，它们在获得了财富以后，又会投资于能够带来财富的权力，这样就会加剧社会的两极分化，并且还会在代际之间延续下去。③

一个检验权力不均等是否真的影响到机会不均等的有力工具，就是研究该社会是否已陷入到收入流动性下降的困境中去。我们就中国和美国的收入

---

① John Knight and Linda Y. Yueh："The Role of Social Capital in the Labour Market in China" No 121，Economics Series Working Papers from University of Oxford，Department of Economics，Oct. 2002；以及李爽、陆铭、佐藤宏：《权势的价值：中国的市场化改革与党员身份、社会网络的回报》，复旦大学2007年工作论文。

② 陆铭、陈钊、张爽：《公有制理想的代价：腐败与企业转制的中国案例》，复旦大学2007年工作论文。

③ Mookherjee和Ray（2002）的研究表明，强势的一方能够通过占有较多的财富而降低弱势群体财富积累的激励，长期来看会加剧两极分化，参看Mookherjee D. and Ray D，2002，"Contractual Structure and Wealth Accumulation"，*American Economic Review*，Vol. 92，No. 4.（Sep.），pp 818-849。此外，还有一些研究证实，父母的身份的确会影响子女的收入和机会。比如，父母是干部的民营企业家更有可能成为人大代表和政协委员，参看陈钊、陆铭、何俊志《权势与企业家参政议政：一项实证研究》，《世界经济》即将刊出。

流动性情况进行了一个对比，其中第一组比较是 1979—1988 年 10 年左右时间的美国和在几乎相同时期的中国农村收入流动性的情况。在美国最高收入 20%的人口组别里，经过 10 年以后只有 14.2%的人仍然留在最高收入组，相反，在最低收入的 20%的人口组别里，10 年后有 64.7%的人仍然留在最低收入组（Frenze，1996）。① 而通过对中国 1978—1989 年间农村的数据比较，最高收入组里 40.3%的人在经过 10 年以后仍然是在最高收入组，同时，在最低收入组里，只有 35.1%的人仍然留在最低组（Nee，1994）②，从而与美国的情况形成了鲜明的对比。以上对比表明，在美国基本上所有的人都以相对较高的概率有希望变成富人，但是如果某人不幸成为最穷的人，则它几乎没有希望。但中国农村的情况则恰恰相反，如果某人有幸成为最富的人，则该人富有的地位相对来讲比较容易得到保持，反倒是对于穷人来说有希望摆脱最低的收入组别，所以，中国转型时期的社会流动性呈现出和美国完全不同的特征。另一项最近的研究则比较了 1990—1995 年间中国和 1993—1998 年间美国的收入流动性情况（表 13 - 8），表中的数据表示起始年份在纵轴表示的某个组别的人口，到终点年份后在横轴表示的某个组别的人口比重。结果也显示，同样是 6 年的时间跨度中，中国社会比美国社会体现出更高的收入流动性。特别是在左上至右下的对角线上，这些数字表示收入组别没有发生变化的人口比例，数据显示中国的这组数据明显地低于美国。

以上检验的是转型至 20 世纪中期的收入流动性变动的情况，那么近年来中国巨大的社会转型过程是不是仍然维持了较高的收入流动性呢？有研究利用 1989、1991、1993、1997 和 2000 年的家户收入数据测量了这 11 年间中国家户收入的流动，发现中国的家户收入流动始终保持在较高的水平上，并且高于美国、西德和比利时同期的收入分布的变动（丁宁、王有贵，2005）。③ 但我们在解释这些结果的时候要非常谨慎，因为这些国家社会相对稳定，而

---

① Frenze, C.: "Income Mobility and Economic Opportunity". In E. Mansfield (ed)., *leading Economic Controversies of* 1996, W. W. Norton & Company.

② Nee, V.: "Social Inequalities in Reforming State Socialism: Between Redistribution and Market in China," *American Sociological Review*, Vol. 55, 1991, pp267-282.

③ 丁宁、王有贵:《中国家户收入流动及其构成》，第四中国经济学年会会议论文，2005 年。

转型的中国是一个变动不居的社会，因此很大程度上我们与这些发达国家没有什么可比性。比如，甚至已有研究发现，中国的收入流动性出现下降趋势（王海港，2005）。① 但无论如何都可以设想，由于市场制度尚不完善，在中国的经济转型过程中，如果在原有的政治和社会结构下的富人利用自己的权势产生收入，然后再用收入投资于权势，那么，中国的收入流动性就有可能会下降。

表 13－8　中国和美国的收入转换矩阵

		1995 年中国				
		I	II	III	IV	V
1990 年中国	I	0.492	0.271	0.144	0.073	0.019
	II	0.219	0.247	0.249	0.206	0.079
	III	0.132	0.210	0.229	0.242	0.187
	IV	0.102	0.158	0.203	0.260	0.277
	V	0.055	0.114	0.174	0.219	0.438
		1998 年中国				
		I	II	III	IV	V
1993 年美国	I	0.704	0.230	0.041	0.019	0.008
	II	0.199	0.480	0.236	0.054	0.030
	III	0.054	0.171	0.420	0.274	0.081
	IV	0.027	0.076	0.192	0.417	0.290
	V	0.019	0.043	0.111	0.236	0.591

资料来源：Khor and Pencavel（2005）。②
注：由 I 到 V 分别表示最穷到最富的组别。

另外，从企业和政府的关系来考察权力是否已嵌入到社会经济中去，也是一个恰当的选择，因为企业相对于个人更有能力去影响政府决策，以谋取利益。那么在理论上，如果企业与政府保持好的“关系”获得收益的可能性

① 王海港：《中国居民家庭的收入变动及其对长期平等的影响》，《经济研究》2005 年第 1 期。

② Khor, Niny, and John Pencavel: “Income Disparities and Income Mobility in China”, Paper presented at the conference on “China's Policy Reforms: Progress and Challenges”, Stanford Center for International Development, 29 September－1 October, 2005.

越高，企业向政府“寻租”就会越严重。遗憾的是在实际中，世界银行对中国 23 个城市投资环境的调查的确揭示这种可能性的存在。世界银行的调查测度了企业部门给政府和监管部门送礼和行贿的费用占销售额的比例，值得引起我们注意的是，它们的研究表明，在私营企业比较高，从而市场化程度相对来说比较高的深圳和温州两个城市，企业非正常支付也最高（世界银行，2003）。[①]

再有就是，被权力和社会关系左右的市场化还可能通过影响市场厚度效应来间接阻碍关系型社会向规则型社会的转化。其内在机制在于，如果一个经济中盛行的是关系型交易，那么专业化市场就会变得稀薄（市场搜寻成本就会很高），这样就使得人们更加倚重关系型交往，关系型交易本身就会呈现出一个自我加强的均衡状态（Kranton，1996）。[②] 一个典型的例子是劳动力市场，如果人们的就业都是靠社会关系来进行的，那么劳动力市场就会变得很稀薄，企业的搜寻成本也就会很高，最后的均衡很可能是企业只得靠关系来聘用员工。

被权力和社会关系所俘获的市场化是危险的。拉丁美洲经济发展的困境与既得利益集团通过权力扭曲了资源配置过程密切相关，这种扭曲不仅会损害公正和经济效益，而且还使得有效的社会变革不能实现。中国的经济发展要想避免权贵市场化的陷阱，必须避免权力结构和社会关系的“联姻”及其对市场化进程的“俘获”。在现有的治理结构中，政府官员更多地对上负责，在地方层面缺少民众对官员的监督机制，地方官员很容易被利益集团所俘获。所以，必须坚定不移地按党的十七大的精神，推进中国的政治体制改革和民主化进程，保证中国未来的市场化向健康的方向发展。

进一步转型中可能会出现制度不匹配和制度真空的状态

前文中我们分析了市场化可能使得关系型社会消解的情形，同时，也分

---

① 世界银行：《改善投资环境，提升城市竞争力：中国 23 个城市投资环境排名》，世界银行研究局（杜大伟、王水林、徐立新、时安卿执笔），中国财政经济出版社，2004 年。

② Kranton，R.，Reciprocal Exchange：A Self-Sustaining System，*American Economic Review*，86，No. 4：(1996)，pp830-8511.

析了影响关系型社会向规则型社会转变的一些障碍。在现实中，很有可能会出现这样一种状态：在经济发展到相当的程度、市场规模足够大后，经济发展本应该更多地利用正式制度（规则）规约，但由于正规制度没有到位，关系型交易仍然盛行，从而产生制度结构与经济发展阶段的不匹配的情况。最危险和微妙的地方发生于关系型社会向规则型社会转变的临界点，这时候极有可能出现制度上的真空状态，在经济上会表现为经济危机，在政治上会表现为政治危机。① 所以，在经济发展到一定的历史阶段，把握制度化（民主化和法治化）的时机就变得很重要。② 反过来，如果在经济还没有发展到可更多采用正式制度的时候，过早地进行制度化建设也是一种制度与经济发展阶段的不匹配。在当今世界，有些实行民主制的国家并没有实现快速的经济发展，一种可能正是制度与经济发展阶段的不匹配。

我们将中国的转型和发展放在东亚模式下的背景中来探讨，以求更清楚地理解制度化时机的重要性。③ 东亚模式至少有以下几个特点：(1) 从政府职能上看，在经济发展初期（如日本和亚洲“四小龙”，还有现在的中国）强政府都对经济发挥了很重要的作用；(2) 从经济结构上看，都经历了从集权的经济到分权的经济的转变；(3) 从制度结构上看，与西方国家不同，法律等显性的规则在社会经济生活中的作用并不是很大，而基于长期博弈的关系却起了很大的作用，并渗透到社会生活的很多层面；(4) 从经济组织的层面来看，家族制企业占了很重要的地位；(5) 从金融体系的角度看，通过资本市场的融资发挥的作用与英美体系相比较小，而以银行为中介的关系型融资则在经济中发挥了重大的作用；(6) 从经济发展的阶段来看，初期的经济发展都非常的成功，曾经创造了“亚洲奇迹”，但在1997年很多国家和地区都遭遇了经济危机，日本甚至早在20世纪90年代初就陷入了长期的停滞。

---

① Li (2003) 认为，1997年爆发的东亚金融危机根源是两种制度转换的断层。参见Li, S.:“Relation2 based versus Rule - based Governance: an Explanation of the East Asian Miracle and Asian Crisis”, *Review of International Economics*, 11 (4) (2003), pp651-6731。

② 很多实证研究表明，日本从20世纪90年代初期陷入长期的经济低迷与日本银行和企业之间的关系型交易有关。

③ 王永钦 (2007) 从关系型合约的角度对东亚模式进行了更深入全面的分析，具体可参见王永钦：《互联的关系型合约、内生的制度与经济发展》，《学术月刊》2007年11月号。

东亚模式的经验有助于我们理解以下现象。(1)政府在经济发展中的作用。政府之所以在早期能够发挥很大的作用，是因为在经济发展的早期阶段，分工程度较低、市场范围较小，市场缺失或不完美，关系型交易是一种节省交易费用的有效机制。但是，在依靠人（而不是正式制度）实施关系型的治理结构之下，经济中有多种可能的结果和预期，所以社会规范和政府所发挥的作用非常大，好的政府能够实现对社会有益的结果。但随着经济的发展，分工水平深化和市场交易范围扩大，关系型社会就应该向规则型社会过渡，这时候政府的干预反而会妨碍正式规则的作用，对经济发展不利。(2)经济结构从垄断到竞争。东亚模式的早期阶段，经济通常由几个大的财团或者家族垄断，市场结构不是竞争性的。这时，关系型交易可能是一种有效的结构，因为关系型交易只有在少数几个固定主体的长期博弈下才可以维持。发展初期的垄断结构可以不让其他企业自由进入，不会破坏关系的稳定性和可维持性。但随着经济的发展，垄断性的市场结构所带来的低效率问题将越来越不利于经济发展的可持续性。(3)法治与民主在经济中的作用。东亚发展初期，具有自我实施性的关系性交易维持了社会经济生活的运行，在这个阶段不宜过早地引入依赖第三方实施的正式制度。东亚模式早期的发展也说明了这一点。但是，随着社会分工的深化和市场范围的扩大，关系型交易的局限性就会越来越大，超过一定的临界点后，第三方实施的、非人格化的正式制度就将成为“适宜的制度”。

置于东亚国家的背景下可以看到，中国既是一个发展中的大国，又是一个转型中的大国。从发展中经济的角度，中国30年改革开放走过的发展轨迹与上述东亚特征中的(1)至(5)是非常吻合的。并且考虑到中国的改革是强政府主导下的渐进式转型，政府所发挥的作用要比东亚模式中政府发挥的作用还要大。而与其他转型经济相比，中国没有出现俄罗斯与其他东欧经济转型国家生产迅速下降以及社会混乱的情形，这就完全有赖于中国选择了一条渐进转型的道路，实施了有利于经济发展早期阶段的适宜制度，包括在政治治理方面中国保持了经济分权基础上的政治集权，以及在社会治理方面更多地维持了关系型社会的自我治理。但中国的转型和发展，本身要求不断推动市场范围的逐步扩大和分工水平的深化，而大国则又意味着规模经济对中国来说更为重要，这时，由分权体制所导致的市场分割，以及关系型社会对市场范围的限制都越来越不利于可持续的发展，同时，由权力与关系的结合所导致的不公正也会对可持续发展产生不利影响。因此，为了达成可持续发展的目标，通过正式制度的构建，实现“从管理型政府到服务型政府”和“从关系型社会到规则型社会”两个转变也就变得越来越重要。如果我们不希望看到市场制度被嵌入到现有政治社会权力结构中去（拉美化），不希望出现发展过程中的制度真空（东亚危机），我们就必须牢牢地把握住推进正式制度建设的时机。唯有如此，我们才能走出一条冲破了原有的权力结构和社会关系羁绊的、公正的、健康的市场化道路。也唯有如此，中国才能够为实现可持续的发展提供制度保证，才能够实现中华民族的伟大复兴。

第十四章
中国未来政治改革路径：产权解释

谢千里（Gary Jefferson） 布兰迪斯大学教授，研究领域包括制度改革、技术变革、技术研发、外国直接投资和中国的能源，近期在《经济学和统计学观察》《布鲁金斯经济活动论文集》《比较经济学研究》发表论文。

张　军 复旦大学“当代中国经济”长江学者特聘教授，中国经济研究中心主任。他在国际期刊《中国经济评论》《世界经济》《亚洲经济学杂志》《经济体制》《比较经济研究》等发表了数十篇论文。最近的著作包括《中国经济研究十篇》(2009)、《不为公众所知的改革》(2009)、《改革、转型与增长：观察与解释（当代中国经济学家文库—张军卷）》(2010)、《这样的故事最中国》(2011)、《张军自选集》(2013) 以及《中国经济再廿年》(2013)。

政治体系应扮演什么样的角色

近年来，经济学研究界展开了一场激烈的辩论，究竟是制度尤其是约束政府权力的民主制度刺激了经济增长，还是政府通过积极作为实现经济增长和人力资本积累，从而改变了国家政治制度？笔者认为，中国的改革属于后者，即中国国民收入的增加和人力资本的积累推动了政治改革的推进。更重要的是，我们没有局限于经济发展推动政治改革的一般理论，而是对推动中国政治体制转型的具体因素进行了探讨。

自1978年改革开放以来，中国创造了有史记载以来GDP和生活水平的最快增速，这主要源于推动了过去由国家所有的财产权向个人重新分配的改革措施，这些权利包括农业土地使用权、劳动力流动权、企业决策权和财产权以及房屋所有权。随着民众获得的权利越来越多，大多数民众的生活水平得到明显提高，因此中国的改革历程可以被称为“没有输者的改革”。

20世纪90年代早期和中期，中国加快了改革步伐并为加入世界贸易组织作准备，在过去很长时间里保证了一定国民福利津贴的双轨制逐渐退出了历史舞台，数以百万计的国企职工在公有制企业私有化的进程中遭遇了下岗的命运。与此同时，随着经济高速增长的影响逐渐扩大，许多负面溢出效应也浮出水面，环境恶化、贪污腐败、农民和其他土地占有者的迁移、劳动力的大规模迁移等问题层出不穷，凸显了社会保障体系的不完善。随着中国经济逐渐表现出新型资本主义经济的特征，越来越多与经济阶层分化相关的社会冲突和紧张局势也越发严重。于是，改革既产生了赢家，也产生了输家。中国共产党实施了一系列重点建设“和谐社会”的政策，由此可见上述社会分化程度之深和中国政治精英阶层对此担忧之重。

在缺乏多党派相互竞争的政治体系且因不存在选举过程而导致程序合法性缺失的情况下，中国共产党通过实现全民经济繁荣维持了政绩合法性。他们通过财产权重新分配的方式激励了中国民众，实现了经济的长期繁荣发展，并因此确立了政绩合法性。然而，中国虽然在这一政治体系下成功地推进了经济改革，但在此过程中，由于财产权的私人所有制为不同经济阶层的分化创造了条件，产生了诸多经济风险。政治体系的经济职能开始从过去的经济改革者和管理者的角色向调解者的角色转变。长期以来，中国存在产权模糊不清的现象，在明确产权过程中产生了经济回报不均的矛盾冲突，中国的政治体系中需形成调节这些矛盾冲突的制度安排。

本章主要着眼于先进资本主义经济体中政治体系所扮演的角色。在大部分经合组织成员国的政治体系中，私有部门往往获得了管理经济的权利，在这种经济体系中，家庭和企业自行设定经济目标并通过对大部分资源的支配权以实现经济目标。政府在承担公共基础设施投资任务的同时，还肩负另一主要使命，那就是建立合理的制度，对企业、家庭和其他非政府团体在行使财产权时产生的冲突进行调解。资本主义体系中通常由私有部门所拥有的这些调解制度包括建立和执行“游戏规则”的法律体系和监管体系，也包括建立有效的立法机构，使存在利益冲突的不同选区能够通过投票选举的方式维护其权益。

在公民文化中，个体和私人团体能够运用媒体、公众抗议和非政府组织的力量维护其权益，这对于政治体系有效发挥调解者的功能、解决内生于经济分权中的矛盾冲突至关重要。尚处于初始形成阶段的中国的政治体系却不得不开始培育一些制度安排，以有助于其发挥调解职能，从而帮助维持中国经济体系有效运转。

经济增长和发展与政治体系演变之间的关系

经济研究领域有一个悬而未决的话题，这与制度和经济增长之间的关系有关。第一种观点强调民主制度和其他政府制度检查机制对于确保产权的重要性，如果这种经济和政治制度能够到位，投资和经济的增长必将随之而来。第二种观点强调人力资本和生活水平的提高对于确保财产权的重要性，即使不存在制度约束，亲市场的专制者也能够通过政策选择保护财产权。从贫困国家的角度来看，民主制和其他制度建设并不是教育水平和收入水平提高的原因，而是其必然结果。

上述两种观点都不乏支持者。有关约束政府的重要性，早在 19 世纪的经典文献中就有提及，后来的新制度经济学文献也对此展开了讨论。德朗和施莱费尔（1993）①，柯娜科和基弗（1995）②，伊斯特利和莱文（2003）③ 还对这一观点提供了大量实证支持。

但是，还有一种观点与上述结论相反，即经济增长和人力资本是制度改善的原因，这种观点也拥有可靠的理论基础。李普塞特（1960）提出，受过教育的人更倾向于通过谈判和投票的方式解决分歧，通常不会选择暴力方式，教育和扫盲也让民众获得了有关政府渎职的知识，使其具备了参与政府决策的能力。从这个角度来看，人力资本积累所产生的主要溢出效应并非促进了技术扩散，而是在形成高收入和高教育水平社会中产生了民众参与政府决策和政治问责制的需求。

格莱泽等学者（2004）④ 对朝鲜和韩国进行了实证研究，结论对教育提高与经济增长现行的观点提供了支持。图 14 - 1 描述了朝鲜战争之后韩国朝鲜分裂之后出现的情景，可谓是一项天然实验。在朝鲜战争之前，双方有着相

---

① Delong, J. Bradford and Andrei Shleifer (1993), 'Princes and merchants: city growth before the industrial revolution', *Journal of Law and Economics*, 36 (2), 671-702.

② Knack, Steven and Philip Keefer (1995), 'Institutions and economic performance: cross-country tests using alternative measures', *Economics and Politics*, 7 (3), 207-27.

③ Easterly, William and Ross Levine (2003), 'Tropics, germs, and crops: how endowments influence economic development', *Journal of Monetary Economics*, 50 (1), 3-39.

④ Djankov, S, E. Glaeser, R. La Porta, F. Lopez-de-Silanes and A. Shliefer (2003), 'The new comparative economics', *Journal of Comparative Economics*, 31 (4), 595-619.

似的历史；1950年朝鲜战争结束之后，双方都处于贫困状态。在图14-1中，格莱泽用政策的“行政约束”作为对制度的衡量标准，测量值在0～7之间不等，结果显示，在1950年至1980年期间，朝鲜的“行政约束”平均值为1.71，韩国则为2.16。在这一时期，韩国专制政府选择了资本主义制度并保障了财产权，使国民经济得到了快速发展。截至1980年，人均收入水平已达到1589美元。而朝鲜的情况截然相反，它选择了社会主义制度，1980年的人均收入不及韩国的一半。从图14-1中还可以看出，从1981年开始，衡量韩国政治制度的“行政约束”大幅上升，格莱泽据此得出结论，政治制度质量的提高是1950年之后经济增长的结果，不是刺激经济增长的原因。

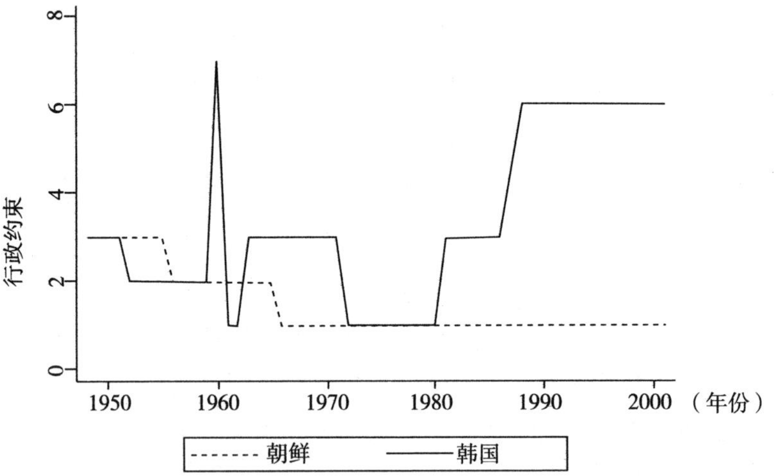

图14-1　朝鲜和韩国的行政约束（1948—2001）

资料来源：格莱泽（2003）。

新政治经济学研究的一个重要主题是专制政权带来了政治稳定，而政治的稳定性能够确保有助于公民文化形成、市场的完善和民主制度的建立的环境。波波夫（2007）[①] 强调了国家制度的关键性：“国家制度的能力（可以被）理解为国家实施其法律法规的能力……”根据波波夫的观点，“……有资料显

① Popov, Vladimir (2007), ‘Shock therapy versus gradualism reconsidered: lessons from transition economies after 15 years of reforms’, *Comparative Economic Studies*, 49 (1), 1-32.

示，专制政权和民主政权都可能建立强有力的法治，都能形成有效的制度，但是在法治相对较为薄弱的情况下，专制政权能够比民主政权更好地保持有效的制度。”他得出结论：“这种牢固的制度框架是越南取得成功的原因所在，这个国家保留了强硬的专制政权，在新型市场制度稳固建立之前，CPE 制度没有解体……”显然，这个观点与格莱泽等学者（2004）提出的观点一致，后者认为，在稳定的政治环境中出现的教育水平提高和经济增长是政治变革的基本前提。

同样，德加科夫等学者（2003）① 分析了社会动荡与专制政权之间的关系，这是私人征用财产造成的社会损失与国家征用财产造成的社会损失之间的置换。他们用制度可能性边界代表了这种置换关系，即一系列点的轨迹，由此可见，只有独裁专制（社会混乱）增强，社会混乱（独裁专制）才可能降低，按照他们的解释，这种置换关系的原因是独裁专制弥补了尚未建立完善法律法规的缺陷。由此可见，格莱泽（2004）的观点与波波夫一致，即在法律法规较为薄弱的发展阶段，独裁专制政权比民主制度相比更有利于有效政治制度的形成。

中国的领导层以及大部分知识分子和渐渐兴起的中产阶层享受了稳定的政治制度带来的经济发展成果，执政者拥有分配财产权的权利，同时具备行使财产权和调解财产权矛盾所需的稳定的政治环境，但上述阶层对于经济沿着制度可能性边界发展过快所产生的风险依然保持警惕。财产权的重新分配最初源于中国共产党领导人意识到“文化大革命”之后有必要刺激经济发展，并为政党重新确立合法地位，这种权利分配本身就产生了大量既想保护自己刚刚获得的权利，又想从中获取最大回报的个人和群体。随着企业资产所有者、房产所有者、土地所有者和知识产权所有者开始行使他们刚刚获得的权利，这些权利的扩张就越来越可能造成矛盾冲突，需要合法途径进行调解。而建立合法调解途径的任务就落在了政府身上，既要通过法庭、监管机构等组织机构直接提供调解服务，又要通过法律事务所和非政府组织等非政府途径间接提供调解服务。

---

① Djankov, S, E. Glaeser, R. La Porta, F. Lopez-de-Silanes and A. Shliefer (2003), 'The new comparative economics', *Journal of Comparative Economics*, 31 (4), 595-619.

中国政治体系职能的演变过程

本章分析的出发点在于中国的领导层具有保持经济高速发展和推动全球地缘政治经济结构重建的强大动力。索洛（1956）[①] 低估了这一点，他认为保持生活水平在较长时期内上升的唯一途径是生产率的持续上升，在现实中，这源于持续的技术进步、制度变革和这两者间的互动。为了使生活水平不断上升并确立国家领导层的政治合法性，物权、财产权和人力资本开始大范围的从国家向个人进行重新分配，这些具体权利包括：

• 家庭农业生产——向农民分配土地使用权，使其能够开展农业活动、培养种植各种农作物，农民向政府上缴农作物产量的一定配额作为土地租金，配额之外的收成归农民自己所有。

• 劳动力和人力资本——劳动力分配体系被废除，劳动力获得流动的权利，户籍制度被放松，人口迁移的限制部分解除。

• 公司所有权——开放市场、允许集体企业（以乡镇企业为主）、外资企业以及个人独资企业等非国有制企业进入某些行业。

• 住房所有权——单位按补贴价格向职工出售住房，允许房地产市场上的房产买卖行为。

• 知识产权——可申请和获得专利权、商标权和版权，从而确保对知识产权的控制、确保知识产权遭到侵害时获得经济赔偿。

• 社会保险——为失业、疾病、老年贫困投保，获得失业保险、医疗保险和养老保险。

在 1978 年改革之前，除了社会保险体系较为普及，其他权利都不存在。

产权从国家向个人的分配鼓励了中国民众的投资和财富积累，拥有不同财产利益的中产阶层和企业家阶层迅速成长。不仅如此，随着权利的分配，收入和财富逐渐增加，财产分配的不平等性也越来越明显，这种现象导致不同利益主体之间产生矛盾冲突，对政府调解的需求也越来越强烈。在改革初

① Solow, Robert (1956), 'A contribution to the theory of economic growth', *Quarterly Journal of Economics*, 70 (1), 65—94.

期，我们可以为改革贴上“没有输家”的标志，但如今，中国的经济转型产生了巨大的负面溢出效应，包括收入分配不平等、土地强占、社会保险体系不完善、环境恶化等，这些负面效应都对底层社会产生了更显著的影响。

只要中国领导人依然将大力推进改革、提高大多数民众的生活水平作为首要任务，政府就能够从经济的繁荣发展中为其政权确立合法性。换句话说，政府确立了政绩合法性。但是，随着政治体系的角色逐渐转向社会调解者，即对产权分配带来的输家和赢家之间的种种矛盾冲突进行调解，许多民众，尤其是那些原本拥有的优势有所减弱的民众开始对政府扮演的社会调解者的角色产生质疑。时任国家主席胡锦涛及其领导的中共中央提出了构建“和谐社会”的理念，这可以被视为政府巩固其社会调解者的功能并确立其合法性所做的努力。但是，以经合组织成员国的资本主义运作来看，相互竞争的各方将最终要求政府通过公平竞争确立政权，比如通过竞争激烈的选举。也就是说，政治领导只有确立了程序合法性才能够行使其社会职能。如果缺乏有效发挥仲裁功能的政治体系，权利分配的合法性就将遭到破坏，从而降低产权价值并影响产权的有效行使。如果有关产权的分配与行使的矛盾冲突，那么行使权利和交换权利的交易成本就会上升，交易成本的上升有可能增加经济发展的社会成本和经济成本，大幅降低经济增速。

政治改革的四个阶段

中国的政治改革进程可大致分为四个阶段。首先是实现经济刺激和财富积累所需的产权重新分配，产权的重新分配又会产生财产、收入和经济利益分配不平等的现象，而经济资源和经济利益的分配不均导致了不同派别的分化，经济发展成绩难以调解这些矛盾冲突，因为经济发展成果的分配必然是不平等的，政府部门为满足一个群体的利益所做出的努力很可能会遭到其他利益群体的阻挠和破坏，政府不可能继续通过经济发展确立其政权合法性，必须通过选举等手段确立其程序合法性。

下列是这四个阶段的逻辑原理。

一、产权的早期分配，没有产生输家的改革使中国共产党确立了政绩合法性。“文化大革命”期间，中国的政治动荡、经济疲软，在此之后，中国共产党试图通过有限的引入市场刺激经济增长。中国农村实现了集体化并通过家庭承包责任制恢复了小农经济，其影响范围和速度远远超出中共中央领导的预期。家庭承包责任制的实施的确产生了巨大的激励效应，农业生产效率快速上升，家庭需求的增加刺激了农村工业化的快速推进。在十年的时间内，数以百万计的农村居民摆脱了贫困。

农村的去集体化只是一系列包括增加劳动力流动性和推动企业、住房所有权以及知识产权从国家向个人和私人团体转移的举措之一。产权的重新分配激励了中国民众，实现了经济高增速和收入的大幅增加，大多数居民的经济流动性增强，中国共产党的政绩合法性也因此得到巩固。中国经济转型的这个阶段可以被称为“没有输家的改革”。

二、产权的分配不平等导致赢家和输家的分化。随着经济改革的深入推进，权利分配不公平的现象越来越严重，通过这些权利而获得的收入和财富的分配不均也渐渐凸显。改革对收入分配的上述影响在阿吉翁（2004）[①] 的研究中有所体现，在他的研究模型中，如果不实施改革，所有个体将获得均等收入，而随着改革的积极推进，“由于一项改革是通过一个领导的努力而实现……大多数民众‘形成’（并获得）对改革的明确偏好，例如，他们从改革中越来越清楚的得知谁将是赢家谁会是输家。”一般来说，改革力度越大，对分配产生的影响就越扭曲，因此，虽然获益的民众相对更多，但是利益分配上的差异也逐渐增加。中国近 30 年的改革造成了产权和收入分配的高度扭曲。

随着各种权利由国家分配给了个体，有产阶层由此兴起，他们的大部分生计都是从物权、金融资产所有权和人力资本所有权中获取。相比之下，中国的工人阶级主要依靠低技能劳动或他人的资本维持生计。经济高速增长产生的影响之一是对工人阶层以及贫困地区农村居民的十分显著的负面溢出效应。高速增长以及随之而来的收入不均、社会保险体系不完善、滥用部分担

---

① Aghion, Philippe, Alberto Alesina and Francesco Trebbi (2004), ‘Endogenous political institutions’, *Quarterly Journal of Economics*, 119 (2), 565-611.

保的土地所有权、环境恶化等均等的负面效应产生了存在经济利益冲突的赢家和输家。在中国，这些不同的经济群体出现的趋势与图 14 - 2 所示的基尼系数稳步上升的趋势相吻合。

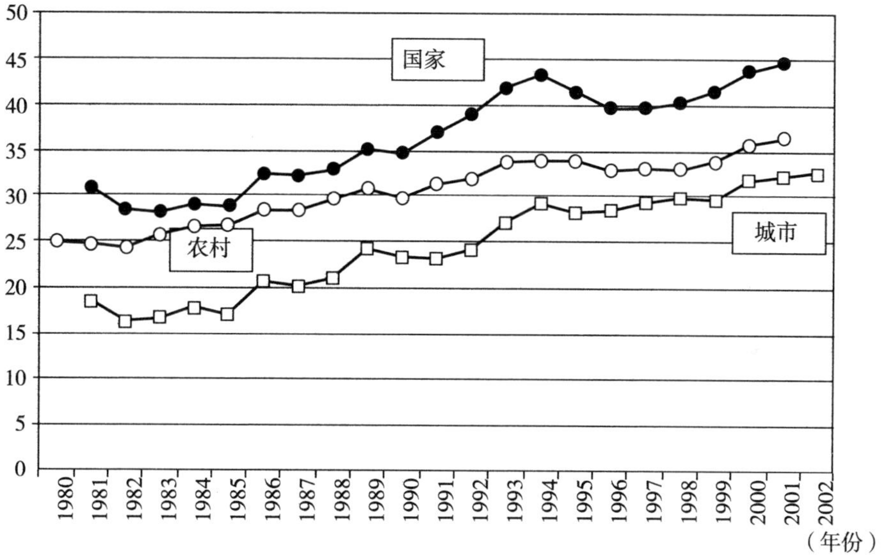

图 14 - 2　中国经济基尼系数变化

资料来源：诺顿（2007），Ch. 9。

三、不平等的权利分配和财富积累导致了社会政治局势紧张，这改变了政治体系的职能。除了产权及其经济回报的分配不平等，产权的划分也存在模糊不清的现象。以家庭承包责任制和住房改革为例，由于政府保留了土地所有权，因此农民的非土地资产的控制权也不明确，住房所有人对于建筑物的所有权也模糊不清，尤其是在对耕地和房屋所在地进行重建时，这一问题尤为明显。

产权重新分配所产生的权利不明确和矛盾冲突有可能导致贪污腐败和不必要的法律诉讼，从而增加行使权利和交换权利的交易成本。富裕阶层和贫困阶层都需要对权利的明确，或者说重新定义。有产阶层要求对私有财产的制度性保障，例如 2007 年春季的全国人民代表大会颁布的相关制度。与此同时，收入和产权积累有限的民众需要政府提供救济。在经济发展到达某个特定阶段之前，单个党派有能力将其政治议程扩大到包容和应付不同利益群体的需求，构建“和谐社会”就是以时任国家主席的胡锦涛为首的中共中央为创造共识型社会所作出的努力。但是，随着不同阶层的分化，各个阶层的需求出现越来越大的差异，由此产生的分歧和争议也越发严重，一党专政制难以有效管理。更为重要的是，以中国为例，唯一的执政党中国共产党可能不具有在需要解决的不同事宜中进行优先选择的合法性，尤其是在存在不满的一方有权对政治体系表示抗议的情况下。

四、政治体系开始建立有助于其提供调解服务的相关程序。政治经济是由存在差异性、相互冲突、互不妥协的各个利益群体组成的，相互竞争的各群体要求政治体系在他们之中作出偏好选择。在这个阶段，当共识政府已无法实现时，政府和主流党派也无须被所有主要集团所接受，经济主体获得权利的制度途径也应被利益相关者视为合法。为了使最后的抉择具有合法性，各个党派会要求调解机构通过具有透明性和竞争性的途径获得调解权利，这其中可能会涉及争论、辩论、抗议，也可能存在投票。

对程序合法性的要求可能出现的较晚，在产权分配完成之后。但是，现实中可能存在的一些情况要求尽早建立合法程序。比如，土地和企业资产所有权分配的过程很可能被认为存在腐败现象，在此过程中，权利分配是在利益相关方与身居高职的官员进行了投票交易之后得到的结果。在这种情况下，通过竞争性的选择机制确立政权的合法性成了必然要求，这不仅是政府确立调解权利纠纷的合法性的需求，也是为权利的初始分配结果赋予合法性的必然要求。从这个角度来看，各方对全国人民代表大会最近颁布的《物权法》所持的异议主要针对的并非私有产权的原则，而是这种产权的分配方式。也就是说，不论是特定的政治权利机构还是权利的分配过程都被认定为不具有合法性。

巴里·诺顿（2006）[①] 将中国共产党面对的挑战和应对方式总结为它在过去 25 年中孕育了改革：

“中国共产党意识到新兴的经济力量对党的执政权带来了长期的挑战，但与此同时，这些经济力量也引导中国走上了实现繁荣发展的唯一可能途径。

---

① Naughton, Barry (2006), ‘Reframing China policy: the Carnegie debates, debate 2: China’s economy’ (arguing against the motion), The Carnegie Endowment for International Peace.

为了应对这些挑战，中国共产党逐步形成了听取人民意见和批评的能力，在确定最紧要任务时总能与人民达成共识。共识形成之后，他们便采取行动。”

这段描述提出了一个问题，在产权和收入分配不公平的现象越来越严重的情况下，中国共产党在关键事务上达成共识并借此驱动中国经济发展和维持社会稳定的状况还能持续多久？政治改革进程中的关键阶段就是中国政治领导无法继续通过党内政治程序达成共识。中心问题是政治体系该如何演变并形成有效的制度基础设施，使一党执政能够通过相关竞争各方都满意的程序途径解决挑战。

中国当前的政治条件：新型竞争制和问责制

为一部分群体创造了利益的经济发展使中国的政治体系在这些群体内确立了合法性，但其他群体却认为政治体系中存在诸多不均与不公现象。在这些群体中，政治体系难以确立政绩合法性。经济利益的差距和对政治体系合法性的态度分化越来越明显，经济高速增长促生了中产阶层和企业家阶层，他们通常承认政府的合法性，但与此同时，农村居民、城市失业民众、老年群体以及新近移民却抱怨自身获得的物质利益过少、生活水平过低或停滞不前。

民众中的这种分化现象逐渐开始体现在他们为获取救济和赔偿而提起的法律诉讼和有组织抗议活动中。在这种情况下，在一个社会群体中确立政绩合法性就有可能失去其他社会群体中的合法性。当共识政府或者和谐社会摇摇欲坠时，一种解决方法就是建立竞争机制，通过这种机制形成对公共事务具有合法仲裁权的民主建制。

胡锦涛在推行“和谐社会”这一概念时，其主要着眼点在于建立有效的政治和行政职能，使其具备通过包容性协商途径解决产权分配不公平所造成的利益冲突的能力。中共第十六届中央委员会第六次全体会议于2006年10月11日闭幕，会议通过了在2020年之前建立和谐社会的决议。第六次全体会议提出的和谐社会主义社会概念包括下列几个特征：民主法治是和谐社会的基础；公平正义是构建和谐社会的核心价值；和谐社会是诚实友爱的社会；和谐社会是安定有序、充满活力的社会。需要强调的是，正如第一点所表达的，中国共产党在努力扩大其政绩合法性的群众基础的同时，也在努力通过程序手段为其政绩合法性提供必要的补充。

在过去十年里出现了大量新兴程序型途径，为政府确立了或有助于政府在未来确立政绩合法性。具体如下：

（1）党的领导权：选择程序和任职期限。中国共产党已建立了一套复杂的制度，用以确保党的最高领导人忠于党和人民。首先，这套制度限制了党的主要领导人的任期不得超过两届、每届五年。中共中央总书记和中华人民共和国国家主席由中共中央委员会全体会议每五年选举产生。

中共中央委员会的198名委员和158名候补委员参加了2003年的第一次全体会议，会议选举产生了中共中央委员会政治局委员及其候补委员、中共中央委员会政治局常务委员以及中共中央总书记。在中共中央政治局常委的提名基础上，会议通过了中共中央书记处成员、中央军委委员以及中央纪律检查委员会书记、副书记和常委名单。

通常，每年3月召开的全国人民代表大会负责政府领导换届选举，党代表大会上进行党领导换届选举，然后由中共中央委员会选举国家主席。在这种权力制衡结构之下，党和政府领导人都要遵守更高的责任要求。

（2）党内小党派利益。近年来，党内派系的分化越来越明显，其争论也越来越激烈。尤为明显的是，保守派或“左派”要求放缓改革步伐的声音越来越大，他们主张在国有企业部门解体过程中对毫无经济防范能力的下岗职工的利益给予保护，这一政治派系的主张在《人民日报》等主流媒体杂志得到广泛传播。

（3）越来越独立和谨慎的立法机构。全国人民代表大会由来自中央政府直属的省、市、自治区的人民代表以及部队代表组成。全国人大代表每五年选举一次，代表每年举行一次会议，由全国人大常委会主持召开。一般情况下，当一项议案提交全国人大投票时不会遇到反对或争论，但在幕后，这些议案有时会遇到激烈讨论，也会被修改。

其中一个例子就是《破产法》。在2006年这部法律通过之前的12年中，破产法草案经历了广泛的讨论和修改。按照修改之前的版本，在企业清算资产的分配过程中，企业职工比债权人具有优先权，但最终通过的法律版本对此作了大幅妥协。物权法草案在通过之前也经历了激烈地辩论，遇到了大量不同意见，这项议案首先于2002年颁布，后来一度推迟，由于内容引起较大争议，在2006年全国人民代表大会宣读时再度遭到否决，最终于2007年第八次宣读时才通过。

（4）地方选举。1998年，《村民委员会组织法》要求中国最基层的民事管理机构即村民委员会实行民主管理，并要求其承担财政责任。这部法律规定：(i) 由村民而非村组直接参与直接提名；(ii) 须有多名候选人；(iii) 实行不记名投票；(iv) 设立不记名投票站；(v) 公开计票并在计票后立即宣布投票结果；(vi) 撤销程序。虽然《村委会组织法》的执行条款比较薄弱，而且选举操作不规范的现象随处可见，但不可否认，村民的确从中获得了权利，村民对管理层进行投诉也更加便捷。有这样一种说法："政府引入村级民主的理由是政治改革和经济改革具有互补性且民主与法治密不可分，但民主制在全国范围内并没有得到推广。"

（5）越来越独立的司法机构。1989年，《行政诉讼法》的颁布赋予个人对行政机构提起诉讼的权利，也为行政诉讼制定了相关标准和程序。Lu (2008)① 介绍了许多在中国备受瞩目的公益诉讼案例，讨论了中国行政诉讼案例以及公益诉讼维权人士的增长，如图14－3所示，行政诉讼案例总数从1991年的25 000起大幅增加至2004年93 000起，现有资料表明，2004年，中国行政诉讼案例的败诉率为大约67%（图14－3）。

（6）非政府组织。近年来，中国共产党和中国政府"面对越来越多来自对独立组织意识越来越强的民众的压力"。从东部富裕城市到贫困的农村地区，不计其数的中国人对当前僵化的政治体系施加压力，要求对劣质的卫生保健、土地的非法占有、环境的恶化和官员腐败等现象进行整改非政府组织成为推动社会变革的关键角色。根据官方数据，中国总共注册有300 000个非

① Lu, Yiyi (2008), 'Public interest litigation and political activism in China', Droits et Democratic (Rights&Democracy), http://www. dd — rd. ca/site/ _ PDF/publications/demDev/Litigations%20China%204.pdf.

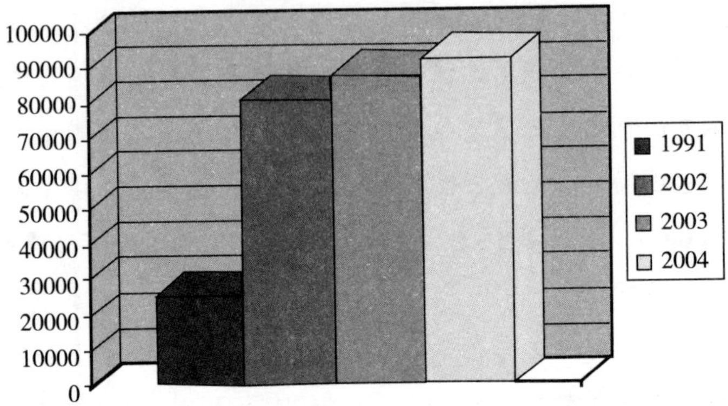

→2004年行政诉讼案例的败诉率：67%。
→来源：《工人日报》，网址为
http://www.grrb.com.cn/news/news detail.asp?news id=234400&type id=108

图 14－3　行政诉讼案

政府组织，鉴于在 20 世纪 90 年代初期中国根本不存在非政府组织，目前的数字可谓十分庞大。但据一些专家估计，实际数字可能达到 200 万，其中许多规模很小，大多都无视政府注册要求。非政府组织的爆炸式增长已在悄然改变民众与政府之间的关系。许多维权人士表示，中国专制的政治体系已经开始向公开透明和问责制转变。非政府组织的生根发芽也在政府内部引起担忧，一些官员已经发出警告，非政府组织有可能成为西方民主的载体。

综上所述，这些制度安排为建立有效的竞争性政治制度描绘了大纲。

现状：竞争性垄断?

我们可以得出一个关键性结论，那就是多元的、竞争的政治体系所需的政治制度基础设施的关键元素在中国已经存在。现有制度具有多元化，能够满足中国社会继续多元化的要求。各个派系之间不存在紧张关系，原因在于他们在中国经济政策的关键议题上已达成共识。但是，随着各个派别的不断变化以及社会政策相对于经济政策的重要性不断提升，这些多元化的制度内部或之间的关系开始逐渐紧张起来。

在改革期间，逐渐浮出水面的制度分化和专业化对于中国形成多元化的政治制度起到了促进作用。教育程度和整体素质不断提高的中国国民越来越强烈地要求建立和利用各种渠道对政府决策施加影响，这些渠道包括非政府组织、多元化的媒体以及现有政治体系中的不同派别、政府、立法机构和选举程序。

随着政治体系的发展，各种各样的利益群体都能够找到表达诉求的途径。有关土地征用、环境污染和官员腐败的争论随处可见，根据公安部的数据，2005 年，中国总公告发生了 87 000 起公众抗议活动，大幅超过了 1994 年的 10 000 起。根据坦纳的研究，“（许多）警察发现了一种新的逻辑开始生根发芽，不满的群众越来越相信和平抗议是一种危险性很小、但对于赢得让步行之有效也不可避免的途径。警察们经常说‘大闹大解决，小闹小解决，不闹不解决’”。

与此同时，非政府组织的壮大开始改变民众和政府之间的关系。中国领导人在面对这种趋势时显得有些举棋不定，许多官员开始对独立的公民社会对国家政权产生的威胁发出警告，但是，另一些人已经意识到，如果没有拥护者、民间组织和知识分子的协助，政府难以对社会问题面面俱到。

个人晋升渠道的多样化也会产生可竞争性。在二十世纪五六十年代，加入中国共产党是个人向上晋升的唯一渠道，这不仅表现在政治晋升上，也表现在知识分子、企业管理者甚至也包括一般员工的晋升上。但是，如马尼恩(2007)① 所指出的，最近几十年以来，新型晋升途径已经出现，其中包括西方的高教育水平、个人财富的积累等，这些都可能成为政治生涯的途径。近年来，中国共产党党员招聘时偏爱知识分子和私营企业主。

政绩合法性的确立要求和谐社会的继续存在，但是，随着不同利益群体的分化，中国已不可能通过经济发展保持社会和谐，很可能会出现“阶级斗争”的状态，但这种阶级斗争并不是毛泽东时代从上而下的斗争，而是与发达国家民主政治类似的通过民主途径进行的斗争……据诺顿（2006）称：

---

① Manion, Melanie (2007), ‘From Mao to Deng and beyond: the fate of policy oscillations in the quest for a “Harmonious Society” ’, *Foreign Policy Research Institute*, Vol. 12, No. 2, http://www.fpri.org/footnotes/122.200702.manion.maodengharmonioussociety.html.

> 独立经济力量的成长、民众教育程度和整体素质的提高以及对财产权和个人安全的需求逐渐增强都对党的执政带来挑战。在中国共产党内部，强大的利益集团将开始分化，在战利品分配和财产损失的保护方面展开斗争。到了一定阶段，不同的利益集团将站在社会混乱的鸿沟两面互相对视，最终意识到，比起斗得你死我活，实现法治和政治民主是更好的选择，双方的休战产生的很可能是民主政治，而不是一个需要小心翼翼呵护的和谐社会……

诺顿在同一章节还提出了与本文同样的观点，民众教育程度和个人收入的提高要求进行政治改革；在财产权上存在矛盾冲突并相互竞争的利益集团都给党的执政带来挑战。这些矛盾冲突的解决需要在政治民主方面不断创新，避免不改革可能带来的社会动乱。

图书在版编目（CIP）数据

中国经济未尽的改革／张军 主编；张媛 译. —北京：东方出版社，2014. 11
ISBN 978-7-5060-7846-7

Ⅰ. ①中… Ⅱ. ①张… ②张… Ⅲ. ①中国经济—经济体制改革—研究 Ⅳ. ①F121

中国版本图书馆 CIP 数据核字（2014）第 283438 号

中国经济未尽的改革
（ZHONGGUO JINGJI WEIJIN DE GAIGE）

主　　编：张　军
译　　者：张　媛
责任编辑：袁　园
出　　版：东方出版社
发　　行：人民东方出版传媒有限公司
地　　址：北京市东城区朝阳门内大街 166 号
邮政编码：100706
印　　刷：北京中科印刷有限公司
版　　次：2015 年 3 月第 1 版
印　　次：2015 年 3 月第 1 次印刷
印　　数：1—8000 册
开　　本：710 毫米×1000 毫米　1/16
印　　张：22. 25
字　　数：341 千字
书　　号：ISBN 978-7-5060-7846-7
定　　价：52. 00 元
发行电话：（010）64258117　64258115　64258112